职业院校教学用书(电子类专业)

电路基础

(第3版)

崔金辉　蒋海娜　主　编
郑　严　副主编

電子工業出版社
Publishing House of Electronics Industry
北京 • BEIJING

内 容 简 介

本书在2005年版同名教材的基础上重新编写，教学时数为140学时。全书共分9个模块：电路的基本概念和基本定律，直流电阻电路、电容和电感、正弦交流电路的分析与计算，非正弦周期性电路、互感和理想变压器、谐振电路、线性动态电路的分析，双端口网络与滤波器的介绍。

重新编写后的本书更加注重基本概念、基本原理和基本分析方法的阐述，注重联系工程实际，突出理论知识的实用性和适度性，难度明显减小，删除了不必要的推导与计算。本书例题丰富，各章有小结与习题，便于教学与自学。

本书可作为高职、中职院校电子类各专业的教材，同时可供大中专院校选做教材，也可供有关工程技术人员参考。

为了方便教学和自学，本书配有电子教案和习题答案，请至华信教育资源网下载使用。

图书在版编目(CIP)数据

电路基础/崔金辉，蒋海娜主编．—3版．—北京：电子工业出版社，2014.5(2025.7重印)
职业院校教学用书. 电子类专业
ISBN 978-7-121-23060-8

Ⅰ．①电… Ⅱ．①崔… ②蒋… Ⅲ．①电路理论—中等专业学校—教材 Ⅳ．①TM13

中国版本图书馆CIP数据核字(2014)第081909号

策划编辑：杨宏利
责任编辑：杨宏利
印　　刷：河北虎彩印刷有限公司
装　　订：河北虎彩印刷有限公司
出版发行：电子工业出版社
　　　　　北京市海淀区万寿路173信箱　邮编100036
开　　本：787×1092　1/16　印张：14.75　字数：377.6千字
版　　次：2003年9月第1版
　　　　　2014年5月第3版
印　　次：2025年7月第12次印刷
定　　价：29.00元

凡所购买电子工业出版社图书有缺损问题，请向购买书店调换。若书店售缺，请与本社发行部联系，联系及邮购电话：(010)88254888，88258888。

质量投诉请发邮件至zlts@phei.com.cn，盗版侵权举报请发邮件至dbqq@phei.com.cn。

本书咨询联系方式：(010)88254592，bain@phei.com.cn。

前言

《电路基础》是中高职和院校大中专电子类各专业的一门重要技术基础课。本教材包括了电路的基本概念、基本原理和基本分析方法，根据教学的实际需要，增加了无线电技术基础的基本知识，删除了传输线等知识，精选了各部分内容，注意联系工程实际，使学生掌握相关基本知识及分析电路、计算电路参数的基本方法，为学习专业课程打下良好基础。书中标*部分属于选学内容，请读者根据自身情况选择学习。

本教材系按照全国电子技术编委会编审规划的要求重新编写。第2版教材自2005年出版以来，得到了广大读者的关爱，提出了一些好的建议。我们根据读者的意见，不断改革教学内容与教学方法，不断完善教材内容，简化计算推导过程，保证理论知识的阐述更加准确、明了，力求使教材能够更好地适应职业教育的需要。为使该教材体例新颖，采用了模块和单元的编排方式，以满足广大院校的教学需要。另外，本书的版式设计所采用的字体和字号都尽量征求读者意见，特别感谢有关院校教师给我们提出的宝贵意见。

本书由本溪电子工业学校崔金辉和重庆电子工程职业学院蒋海娜任主编，蒋海娜编写了模块1～3，崔金辉编写了模块4～6，大庆职业学院郑严编写了模块7～9，全书由崔金辉最后统稿。

为了方便教师教学，本书还配有教学指南、电子教案及习题答案（电子版），请有此需要的教师登录华信教育资源网（http://www.hxedu.com.cn）下载或与电子工业出版社联系，我们将免费提供。E-mail：hxedu@phei.com.cn

由于编者水平有限，书中难免还存在一些缺点和错误，殷切希望广大读者批评指正。

编　者

2014年2月

目　录

模块1　电路的基本概念和基本定律 …………………………………… (1)

单元1　电路和电路模型 …………………………………… (1)

1. 电路的一般概念 …………………………………… (1)

2. 电路模型 …………………………………… (2)

3. 单位制 …………………………………… (3)

单元2　电流与电压的参考方向 …………………………………… (3)

1. 电流的参考方向 …………………………………… (3)

2. 电压的参考方向 …………………………………… (4)

单元3　电阻元件和欧姆定律 …………………………………… (5)

1. 电阻与电阻元件 …………………………………… (5)

2. 电导 …………………………………… (5)

3. 欧姆定律 …………………………………… (5)

单元4　独立电源与受控源 …………………………………… (8)

1. 电压源及其表示法 …………………………………… (8)

2. 电流源及其表示法 …………………………………… (9)

3. 电源模型的等效互换 …………………………………… (10)

*4. 受控源 …………………………………… (12)

单元5　电功率与电能 …………………………………… (13)

1. 电阻元件的功率 …………………………………… (13)

2. 电能 …………………………………… (14)

单元6　基尔霍夫定律 …………………………………… (15)

1. 电路的结构 …………………………………… (15)

2. 基尔霍夫电流定律 …………………………………… (15)

3. 基尔霍夫电压定律 …………………………………… (17)

单元7　电路中各点电位的分析 …………………………………… (20)

1. 电路中电位的概念 …………………………………… (20)

2. 电路中各点电位的分析与计算 …………………………………… (20)

3. 等电位点(同电位) …………………………………… (21)

*4. 电路的简化画法 …………………………………… (22)

小结 …………………………………… (23)

习题1 …………………………………… (24)

模块2　直流电阻电路的分析 …………………………………… (29)

单元1　电阻的串联、并联和混联 …………………………………… (29)

1. 电阻的串联及分压 …………………………………… (29)

2. 电阻的并联及分流 …………………………………… (30)

3. 电阻的混联 …………………………………… (32)

单元 2　电阻的星形连接与三角形连接的等效互换 …………………………………………… (33)
1. 电阻的星形连接与电阻的三角形连接 ………………………………………………… (33)
2. 星形连接与三角形连接等效互换公式 ………………………………………………… (34)
单元 3　戴维南定理和诺顿定理 …………………………………………………………… (37)
1. 戴维南定理 ……………………………………………………………………………… (37)
2. 应用戴维南定理解题的方法与步骤 …………………………………………………… (37)
3. 戴维南等效电路参数的测定 …………………………………………………………… (39)
4. 诺顿定理 ………………………………………………………………………………… (39)
单元 4　节点电压法 ………………………………………………………………………… (40)
1. 节点电压法 ……………………………………………………………………………… (40)
2. 弥尔曼定理 ……………………………………………………………………………… (42)
单元 5　叠加定理 …………………………………………………………………………… (43)
1. 叠加定理 ………………………………………………………………………………… (43)
2. 叠加定理的重要性 ……………………………………………………………………… (45)
单元 6　负载获得最大功率的条件 ………………………………………………………… (46)
小结 …………………………………………………………………………………………… (49)
习题 2 ………………………………………………………………………………………… (50)
模块 3　电容和电感 ………………………………………………………………………… (57)
单元 1　电容元件 …………………………………………………………………………… (57)
1. 电容和电容元件 ………………………………………………………………………… (57)
2. 电容元件上电压与电流的关系 ………………………………………………………… (58)
3. 电容器中的电场能量 …………………………………………………………………… (59)
单元 2　电容器的并联、串联和混联 ……………………………………………………… (60)
1. 电容器的并联 …………………………………………………………………………… (60)
2. 电容器的串联 …………………………………………………………………………… (61)
3. 电容器的混联 …………………………………………………………………………… (63)
单元 3　电磁感应定律 ……………………………………………………………………… (64)
1. 法拉第定律 ……………………………………………………………………………… (64)
2. 楞次定律 ………………………………………………………………………………… (65)
3. 电磁感应定律 …………………………………………………………………………… (65)
单元 4　电感元件 …………………………………………………………………………… (66)
1. 自感现象和电感 ………………………………………………………………………… (67)
2. 电感元件上电压与电流关系 …………………………………………………………… (67)
3. 电感线圈的磁场能量 …………………………………………………………………… (69)
小结 …………………………………………………………………………………………… (70)
习题 3 ………………………………………………………………………………………… (71)
模块 4　正弦交流电路的分析与计算 ……………………………………………………… (74)
单元 1　正弦交流电的基本概念 …………………………………………………………… (74)
1. 正弦电压和电流的参考方向 …………………………………………………………… (74)
2. 正弦量的三要素 ………………………………………………………………………… (77)
3. 同频正弦量的相位差 …………………………………………………………………… (79)
单元 2　正弦量的有效值和平均值 ………………………………………………………… (80)
1. 周期性交流电的有效值 ………………………………………………………………… (80)
2. 正弦量的平均值 ………………………………………………………………………… (81)

单元 3　复数概念 …………………………………………………………………………………… (82)
1. 复数的 4 种表示形式 ……………………………………………………………………… (82)
2. 复数的四则运算 …………………………………………………………………………… (84)
3. 旋转因子 …………………………………………………………………………………… (85)
单元 4　正弦量的相量表示法 ………………………………………………………………… (85)
1. 正弦量的表示法 …………………………………………………………………………… (86)
2. 两个同频正弦量之和 ……………………………………………………………………… (87)
单元 5　正弦交流电路中的电阻元件 ………………………………………………………… (88)
1. 电阻元件上电压与电流的关系 …………………………………………………………… (88)
2. 电阻元件上电压与电流的相量关系 ……………………………………………………… (88)
3. 电阻元件的功率 …………………………………………………………………………… (89)
单元 6　正弦交流电路中的电感元件 ………………………………………………………… (90)
1. 电感元件上电压与电流的关系 …………………………………………………………… (90)
2. 电感元件上电压与电流的相量关系 ……………………………………………………… (92)
3. 电感元件的功率 …………………………………………………………………………… (92)
4. 电感元件中储存的磁场能量 ……………………………………………………………… (93)
单元 7　正弦交流电路中的电容元件 ………………………………………………………… (94)
1. 电容元件上电压与电流的关系 …………………………………………………………… (94)
2. 电容元件上电压与电流的相量关系 ……………………………………………………… (95)
3. 电容元件的功率 …………………………………………………………………………… (96)
4. 电容元件中储存的电场能量 ……………………………………………………………… (97)
单元 8　RLC 串联电路的分析………………………………………………………………… (98)
1. 相量形式的基尔霍夫定律 ………………………………………………………………… (98)
2. 用相量法分析 RLC 串联电路……………………………………………………………… (99)
单元 9　阻抗的串联与并联 ………………………………………………………………… (103)
1. 复阻抗串联电路…………………………………………………………………………… (103)
2. 复阻抗并联电路…………………………………………………………………………… (104)
3. 导纳法分析并联电路……………………………………………………………………… (105)
单元 10　用相量法分析复杂交流电路 ……………………………………………………… (108)
1. 节点电压法………………………………………………………………………………… (108)
2. 戴维南定理………………………………………………………………………………… (109)
单元 11　功率因数的提高 …………………………………………………………………… (110)
1. 提高功率因数的意义……………………………………………………………………… (110)
2. 提高功率因数的方法……………………………………………………………………… (110)
单元 12　正弦交流电路的阻抗匹配 ………………………………………………………… (112)
1. 负载的电阻和电抗均可调………………………………………………………………… (112)
2. 负载的阻抗模可调而阻抗角不变………………………………………………………… (113)
单元 13　三相交流电源 ……………………………………………………………………… (113)
1. 对称三相电源……………………………………………………………………………… (113)
2. 对称三相电源的连接……………………………………………………………………… (114)
单元 14　三相电路的分析 …………………………………………………………………… (116)
1. 负载星形连接与三角形连接的特点……………………………………………………… (116)
2. 不对称三相负载的分析…………………………………………………………………… (119)
3. 三相电路的功率…………………………………………………………………………… (121)

小结 …………………………………………………………………………………………… (122)
习题 4 ………………………………………………………………………………………… (125)
模块 5 非正弦周期性电路 ……………………………………………………………… (128)
单元 1 非正弦周期量 ……………………………………………………………………… (128)
1. 非正弦周期波的分解……………………………………………………………………… (128)
2. 常见非正弦周期函数的傅里叶级数……………………………………………………… (129)
3. 非正弦周期波的有效值…………………………………………………………………… (130)
单元 2 非正弦周期性信号的频谱 ………………………………………………………… (131)
1. 频谱的概念………………………………………………………………………………… (131)
2. 频谱的特点………………………………………………………………………………… (132)
单元 3 线性非正弦周期性电流电路和计算 ……………………………………………… (133)
单元 4 非正弦周期性电流电路的功率 …………………………………………………… (135)
小结 …………………………………………………………………………………………… (136)
习题 5 ………………………………………………………………………………………… (137)
模块 6 互感和理想变压器 ……………………………………………………………… (138)
单元 1 互感现象与同名端 ………………………………………………………………… (138)
1. 互感现象…………………………………………………………………………………… (138)
2. 互感电压…………………………………………………………………………………… (139)
3. 同名端……………………………………………………………………………………… (139)
单元 2 互感线圈的串联 …………………………………………………………………… (141)
单元 3 互感消去法 ………………………………………………………………………… (143)
1. 互感线圈的并联…………………………………………………………………………… (143)
2. 互感消去法………………………………………………………………………………… (144)
单元 4 空心变压器 ………………………………………………………………………… (146)
1. 空心变压器的组成………………………………………………………………………… (146)
2. 空心变压器的等效电路…………………………………………………………………… (146)
单元 5 理想变压器 ………………………………………………………………………… (147)
1. 理想变压器的概念………………………………………………………………………… (147)
2. 理想变压器的变压比……………………………………………………………………… (148)
3. 理想变压器的电流比……………………………………………………………………… (148)
4. 理想变压器的阻抗变换…………………………………………………………………… (148)
小结 …………………………………………………………………………………………… (150)
习题 6 ………………………………………………………………………………………… (151)
模块 7 谐振电路 ………………………………………………………………………… (154)
单元 1 概述 ………………………………………………………………………………… (154)
1. 谐振电路的作用…………………………………………………………………………… (154)
2. 谐振电路的组成…………………………………………………………………………… (155)
单元 2 串联谐振电路 ……………………………………………………………………… (155)
1. 串联谐振电路的谐振现象………………………………………………………………… (155)
2. 串联谐振电路的频率特性………………………………………………………………… (159)
3. 串联谐振电路的选频特性指标…………………………………………………………… (161)
单元 3 并联谐振电路 ……………………………………………………………………… (164)
1. 并联谐振电路的谐振现象………………………………………………………………… (164)
2. 并联谐振电路的频率特性及选频指标…………………………………………………… (166)

单元 4　复杂并联谐振电路 …………………………………………………………… (169)
1. 复杂并联谐振的形式…………………………………………………………… (169)
2. 双电感并联谐振电路…………………………………………………………… (170)
3. 双电容并联谐振电路…………………………………………………………… (172)
单元 5　耦合谐振电路 ……………………………………………………………… (175)
1. 耦合谐振电路的种类…………………………………………………………… (175)
2. 耦合谐振电路的等效…………………………………………………………… (176)
3. 互感耦合双调谐电路的次级电流频率特性…………………………………… (177)
4. 互感耦合电路的通频带………………………………………………………… (178)
小结 ……………………………………………………………………………………… (179)
习题 7 …………………………………………………………………………………… (181)
模块 8　线性动态电路的分析 ……………………………………………………… (184)
单元 1　换路定律 …………………………………………………………………… (184)
1. 过渡过程的概念………………………………………………………………… (184)
2. 换路定律………………………………………………………………………… (185)
3. 线性动态电路初始值的计算…………………………………………………… (186)
单元 2　RC 串联电路的零输入响应 ……………………………………………… (187)
1. 零输入时的电压和电流………………………………………………………… (187)
2. 时间常数………………………………………………………………………… (188)
3. 能量关系………………………………………………………………………… (188)
单元 3　直流激励下 RC 串联电路的零状态响应 ………………………………… (189)
1. 零状态时的电压和电流………………………………………………………… (189)
2. 电容中储存的电场能量………………………………………………………… (190)
3. RC 串联电路过渡过程的应用 ………………………………………………… (191)
单元 4　RL 串联电路的动态分析 ………………………………………………… (194)
1. RL 串联电路的零输入响应 …………………………………………………… (194)
2. 直流激励下 RL 串联电路的零状态响应 ……………………………………… (196)
3. 电感中储存的磁场能量………………………………………………………… (197)
单元 5　一阶电路的全响应及三要素法 …………………………………………… (197)
1. 一阶电路的全响应……………………………………………………………… (197)
2. 一阶电路的三要素法…………………………………………………………… (199)
小结 ……………………………………………………………………………………… (201)
习题 8 …………………………………………………………………………………… (202)
模块 9　双端口网络与滤波器 ……………………………………………………… (205)
单元 1　双端口网络的概述 ………………………………………………………… (205)
1. 双端口网络的概念……………………………………………………………… (205)
2. 互易定理………………………………………………………………………… (206)
单元 2　双端口网络的基本方程和参数 …………………………………………… (207)
1. 阻抗方程与 Z 参数 …………………………………………………………… (207)
2. 导纳方程与 ***Y*** 参数 …………………………………………………………… (208)
单元 3　网络的传输函数与传输常数 ……………………………………………… (210)
1. 网络的传输函数………………………………………………………………… (210)
2. 传输常数………………………………………………………………………… (211)
单元 4　滤波器 ……………………………………………………………………… (213)

1. 滤波器的基本概念…………………………………………………………………………………… (213)
2. 滤波器的种类………………………………………………………………………………………… (213)
3. 滤波器的特性阻抗和传通条件…………………………………………………………………… (214)
单元5 其他类型的滤波器 ………………………………………………………………………… (216)
1. 晶体滤波器…………………………………………………………………………………………… (216)
2. 陶瓷滤波器…………………………………………………………………………………………… (218)
3. 声表面波滤波器(**SAWF**) ………………………………………………………………………… (219)
小结 ……………………………………………………………………………………………………… (219)
习题9 …………………………………………………………………………………………………… (222)

模块1

电路的基本概念和基本定律

《电路基础》是电子类专业的一门重要的技术基础课。电路理论包括分析与综合两个方面。电路分析的任务是由已知的电路结构和元件参数，通过分析和计算求得电路的特性；而电路综合则是根据所要求的电路性能来设计电路的结构，并确定元件的参数。《电路基础》主要是阐明电路的基本规律和线性电路分析的基本方法，是电子类各专业的入门课程。

本模块主要阐述电路的一些基本概念——电压、电流的参考方向、电位、理想独立源、电功率与电能的概念及电路的基本定律——基尔霍夫定律。

单元1 电路和电路模型

1. 电路的一般概念

人们在日常生活中所见到的，从简单的手电筒，室内的照明设备到较复杂的电视机及电子计算机等，它们都是由各种各样的实际电路组成的。

那么，什么是电路呢？简要地说，由电源、负载、连接导线、控制电器所组成的回路称为电路，如图1.1所示。确切地说，由电气设备和元器件按一定方式连接起来，为电流流通提供路径的总体称做电路。复杂的电路也叫网络。

电源是供给电路电能的设备，它完成将其他形式的能量转变为电能的任务，如发电机、蓄电池、干电池等。

负载是各种用电设备和元器件的总称，其作用是将电能转变为其他形式的能，如电动机可将电能转变为机械能，日光灯将电能转变为光能等。收音机是电源的负载，喇叭又是收音机的负载。

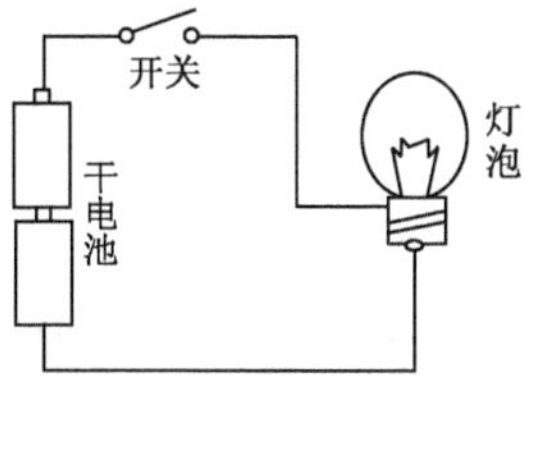

图1.1 手电筒电路

连接导线是用来传输和分配电能的，同时将电源与负载连成一个闭合回路，常用的导线有铜线和铝线等。

控制电器是用来控制电路的通、断，并保护电源与负载不受损失，如开关、熔丝、继电器等。控制电器在电路中起辅助作用，所以又称为辅助电器。

电路有3种状态：通路（闭路），开关接通，构成闭合回路，电路中有电流；开路（断路），开关断开或电路中某处断线，电路中无电流；短路，电源或元器件不应该接触或连接的地方而连接起来了，电路中出现了超过额定值的大电流，实际工作中，电路应严禁短路现象的发生。电路有外电路与内电路之分，外电路是从电源的一端经过和它连接的全部负载及导线再回到电源的另一端，电流所经过的电路叫外电路；电源内部叫内电路。对于一个网络来说，网络以外的电路叫外电路，网络内部的电路叫内电路，如图 1.2 所示。

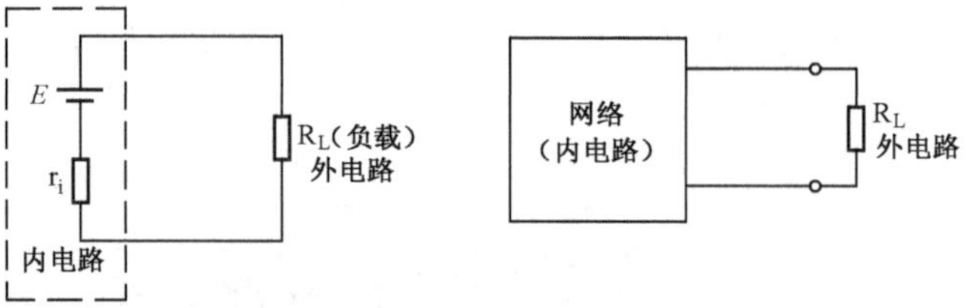

图 1.2 外电路与内电路

2. 电路模型

1）理想元件

为了对电路进行分析和计算，常把实际元件加以近似化、理想化，在一定条件下忽略其次要因素，考虑其主要特性的元件称为理想元件。如电阻器不考虑它的分布电感、分布电容，只考虑电阻消耗电能的特征。把所有电阻器、电炉、电烙铁等实际元件都用理想电阻元件来表示，简称电阻元件；又如电感线圈，不考虑分布电容和电阻，只考虑电感储存磁能与释放磁能的特性，把它称做电感元件；而电容器不考虑漏电阻和分布电感，只考虑其储存与释放电场能量的特性，把它称做电容元件。

2）电路模型

由理想元件构成的电路称为实际电路的“电路模型”。

用特定的符号代表元件连接的图形叫电路图，如用图 1.3（a）表示电池或蓄电池，用图 1.3（b）表示灯泡，用图 1.3（c）表示开关，就可以画出手电筒的电路模型图，如图 1.3（d）所示。

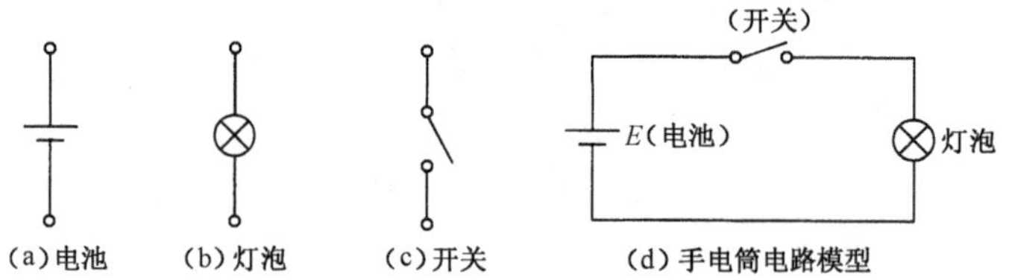

图 1.3 手电筒电路模型

电路基础中常用的元件符号如表 1-1 所示。

表 1-1 电路图常用元件符号

名　称	符　号	名　称	符　号	名　称	符　号	名　称	符　号
干电池或蓄电池	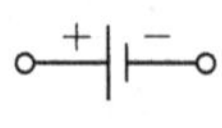	固定电阻		固定电容	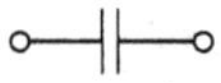	电感线圈	
一般电压源	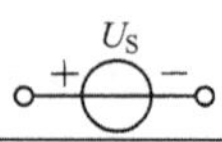	电位器	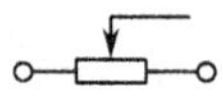	可调电容		带铁心线圈	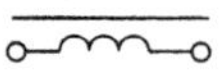
一般电流源	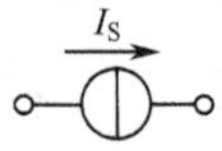	一般可调电阻		半可调电容	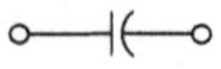	互感线圈	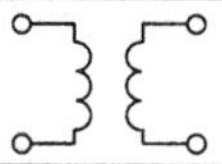

续表

名　称	符　号	名　称	符　号	名　称	符　号	名　称	符　号
电流表	○─Ⓐ─○	开关	○─╱ ○─○	接地	⊥	不相连接的导线	┼
电压表	○─Ⓥ─○	熔丝	○─▭─○	相连接导线	┿		

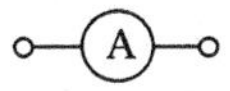

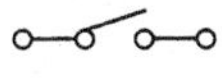

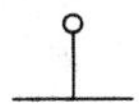

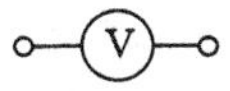

3. 单位制

国际单位制是我国法定计量单位的基础。在国际单位制中有 7 个基本单位：长度：米（m）；质量：千克（kg）；时间：秒（s）；电流：安培（A）；温度：开尔文（K）；物质量：摩尔（mol）；光强：坎德拉（cd）。

电路基础的基本物理量分为两大类：基本变量和基本复合量。基本变量有 4 个：电流、电压、电荷、磁通。其中最常用的是电流和电压。电路的基本复合量有两个：电功率和电能。

单元 2　电流与电压的参考方向

1. 电流的参考方向

在物理课中已讲过，电荷的定向移动形成了电流。电流的实际方向规定为正电荷运动的方向。

电流的种类很多，可按以下划分：

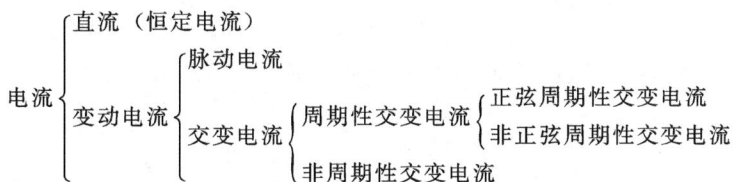

$$电流\begin{cases}直流（恒定电流）\\变动电流\begin{cases}脉动电流\\交变电流\begin{cases}周期性交变电流\begin{cases}正弦周期性交变电流\\非正弦周期性交变电流\end{cases}\\非周期性交变电流\end{cases}\end{cases}\end{cases}$$

直流为大小和方向不随时间变化的电流，记作 DC，用 "I" 表示。

变动电流为随时间变化的电流，记作 AC，用 "i" 表示。

脉动电流属变动电流，其方向不变而大小随时间变化的电流。

交变电流为大小和方向都随时间变化的电流。

周期性交变电流为大小和方向都随时间作周期性变化的电流，简称交流。

正弦周期性交变电流为随时间按正弦函数规律变化的电流。

非周期性交变电流为大小和方向随时间变化而没有周期规律的电流。

各种电流的波形如图 1.4 所示。

电流的基本单位是安培，用 "A" 表示。它表示 1 秒（s）内通过导体横截面的电荷为 1 库仑（C）。单位换算关系是：

$$1A = 10^3 mA, \quad 1mA = 10^3 \mu A$$

对图 1.2 的简单电路来说，电流的实际方向沿外电路是从高电位到低电位，沿内电路是从低电位到高电位。但在一个复杂电路中要预先正确判断一段电路或一个支路的电流方向，往往并非易事。所以在实际分析计算电路之前总是先任意假定一个电流的方向，这一方向称为电流的参考方向。经过分析计算，所得电流强度的数值为正值，则电流实际方向与参考方向一致；如果电流强度的数值为负值，则电流实际方向与参考方向相反。电流强度是一个代数量，而不是矢量。习惯上把电流强度简称为电流。

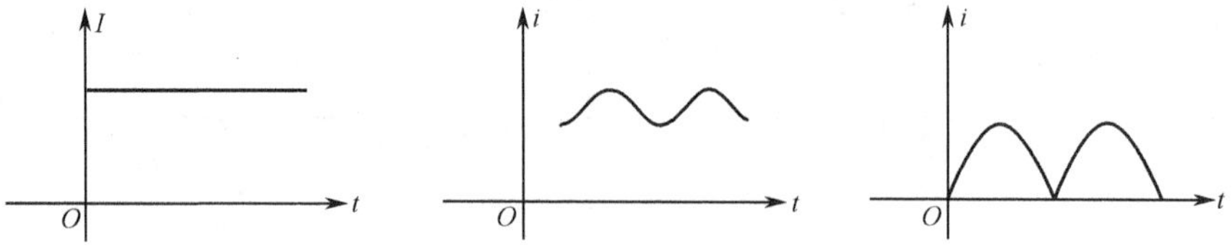

（a）直流　（b）脉动电流

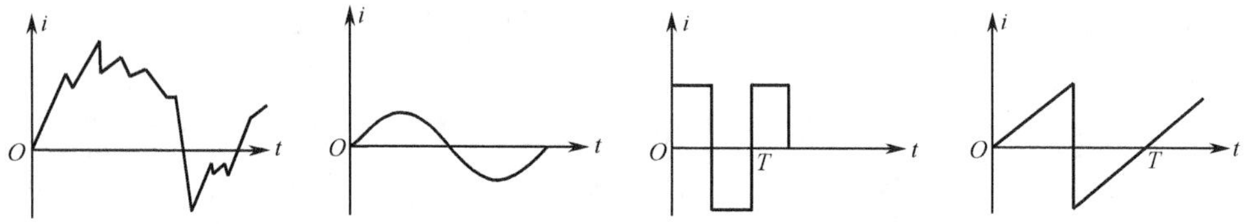

（c）非周期性交变电流　（d）正弦周期性交变电流　（e）非正弦周期性交变电流

图 1.4　几种电流波形图

如果电路中没有假定电流的参考方向，那么电流强度的正负值是没有意义的。今后，在电路图中仅标明电流的参考方向，而不标实际方向，以免混淆。

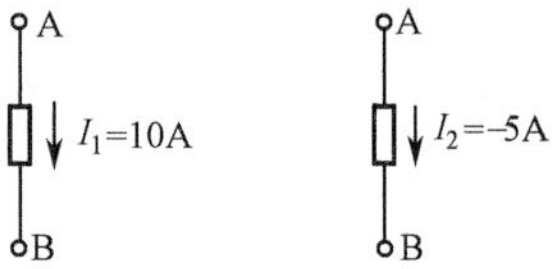

图 1.5　电流参考方向

本书中电流参考方向用实线箭头表示，如图 1.5 所示，已知 $I_1=10\text{A}$，$I_2=-5\text{A}$。说明：$I_1>0$，表示 I_1 的实际方向与参考方向一致，电流 I_1 由 A 流向 B，大小为 10A。$I_2<0$，表示 I_2 的实际方向与参考方向相反，电流 I_2 由 B 流向 A，大小为 5A。电流的参考方向有时也用双下标表示，如 $I_{AB}=10\text{A}$，表示参考方向由 A 指向 B，而 $I_{AB}>0$，说明实际方向与参考方向一致。

2. 电压的参考方向

电路中两点间电压的大小等于电场力在这两点间移动单位正电荷所做的功，也就是这两点间的电位之差。

电压的基本单位是伏特，简称伏，用符号 V 表示。电压单位之间的换算关系是：

$$1\text{kV}=1\,000\text{V},\quad 1\text{V}=1\,000\text{mV},\quad 1\text{mV}=1\,000\mu\text{V}$$

在分析、计算电路的时候，往往并不知道电路中某元件或某两点之间的电压方向。为了便于分析，在元件的两点之间任意假设一方向为电压的参考方向。在电路图中用实线箭头表示电压参考方向，也可用双下标表示，也可用“+”、“−”符号表示。“+”表示高电位端叫正极，“−”表示低电位端叫负极。

电压的参考方向如图 1.6 所示。图（a）中，$U_{ab}=10\text{V}>0$，说明电压实际方向与参考方向一致，由 a 到 b，大小为 10V。图（b）中，$U_{ab}=-5\text{V}<0$，说明电压实际方向与参考方向相反，由 b 到 a，大小为 5V。

（a）　（b）

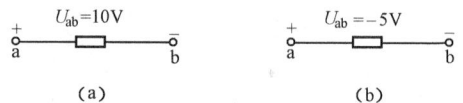

图 1.6　电压的参考方向

今后在电路图中只标参考方向，不标实际方向。

电流参考方向的选定与电压参考方向的选定是独立无关的。但为了方便起见，对一段电路或一个元件，如果选定电流的参考方向与电压的参考方向一致，即电流从电压“＋”极流入，从“－”极流出，则把电流和电压的这种参考方向称为关联参考方向，简称关联方向。

单元 3　电阻元件和欧姆定律

电阻元件是电路的基本元件之一，研究电阻元件的规律是研究电路理论的基础。

1. 电阻与电阻元件

导体内部，在电场力的作用下，电荷作定向运动时，所受到的阻碍作用称电阻作用。用电阻材料制成的实际元件有很多种，如电炉、电烙铁、电灯泡、电阻器等。当有电流通过电阻元件时，就要消耗电能，将电能转换成热能、光能等能量，所以电阻元件是一种对电流呈现阻碍作用的耗能元件。物体对电流的阻碍作用，称为该物体的电阻，用符号 R（或 r）表示。电阻的基本单位是欧姆（Ω）。单位之间换算关系是：

$$1\text{k}\Omega = 1\,000\Omega,\quad 1\text{M}\Omega = 1\,000\text{k}\Omega$$

当温度一定时，长直金属导体的电阻与金属材料的性质有关，与导体的长度成正比，与导体的截面积成反比，即

$$R = \rho \frac{l}{S} \tag{1-1}$$

式中，l 为导体的长度，单位为米（m）；S 为导体的截面积，单位为平方毫米（mm^2）；ρ 为材料的电阻率，单位为欧姆·平方毫米/米（$\Omega\cdot\text{mm}^2/\text{m}$）。

2. 电导

电阻的倒数称为电导，它是表征材料导电能力的一个参数，用 G 表示。

$$G = \frac{1}{R} \tag{1-2}$$

电导的单位是西门子，用符号“S”表示。

3. 欧姆定律

1827 年，德国物理学家欧姆通过大量的实验，总结出了在电阻元件电路中电流、电压和电阻三者之间关系的规律，称为欧姆定律。

1）一段无源电路的欧姆定律

一段只有电阻而不含电源的电路称无源电路，如图 1.7 所示。

(a) 关联方向下　(b) 非关联方向下

图 1.7　一段无源电路

通过电阻的电流与加在电阻两端的电压成反比，与电阻的阻值成正比。在关联方向下，表达式为

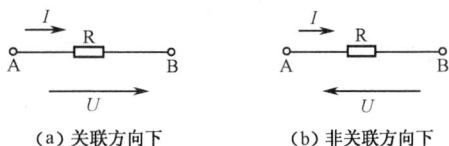

$$I = \frac{U}{R} \tag{1-3}$$

或者

$$U = IR \tag{1-4}$$

在非关联方向下表达式为

$$I = -\frac{U}{R} \tag{1-5}$$

或者

$$U = -IR \tag{1-6}$$

用电导来表征电阻元件时，在关联方向下表达式为

$$I = \frac{1}{R}U = GU \tag{1-7}$$

在非关联方向下，表达式为

$$I = \frac{1}{R}(-U) = -GU \tag{1-8}$$

式（1-3）还可写成

$$R = \frac{U}{I} \tag{1-9}$$

式（1-9）说明：某一确定的无源电路，电压与电流成正比，其比例系数是该电路中电阻的阻值。

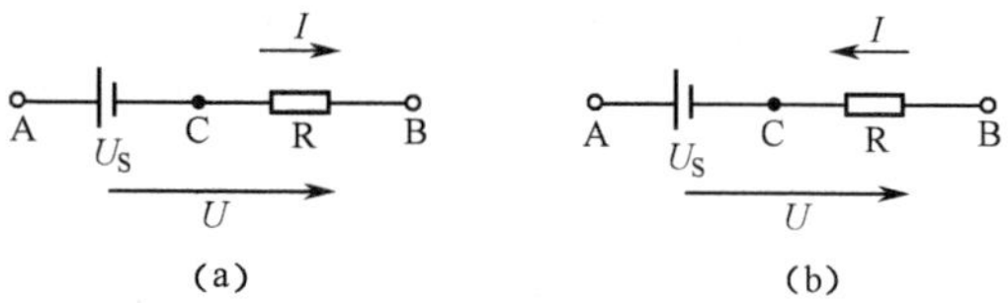

图 1.8　一段含源电路

2）一段含源电路的欧姆定律

一段不仅有电阻同时还有电源的电路叫做含源电路，如图 1.8 所示。

参考方向如图 1.8（a）所示，沿 A 至 B 的电压降为

$$U = U_{AC} + U_{CB} = U_S + IR$$

即

$$I = \frac{U - U_S}{R} \tag{1-10}$$

在图 1.8（b）电路中，电流参考方向反过来了，沿 A 至 B 的电压降为

$$U = U_{AC} + U_{CB} = U_S - IR$$

即

$$I = \frac{U_S - U}{R} \tag{1-11}$$

总结上述两种情况可知，I 的参考方向改变后，U_S 和 U 在式中的符号正好相反，由此可得一段含源电路的欧姆定律一般表达式为

$$I = \frac{\pm U_S \mp U}{R} \tag{1-12}$$

式（1-12）U 前面的正、负号的取法是：U 的参考方向和电流 I 的参考方向一致时取正，相反时取负。电源电压 U_S 前面的正、负号的取法是：U_S 电压源方向与 I 的参考方向一致时取负，相反时取正。

3）全电路欧姆定律

一个包含有电源和负载电阻的无分支闭合回路，称为全电路，如图 1.9 所示。图中 U_S

是电源电压，r_i 是电源内阻，R 是外电路的负载电阻，U 是 A 与 B 两点之间的电压。

整个电路可看做由两部分组成，A 与 B 两点左边由 U_S 与 r_i 组成一段含源电路，有 $U=U_S-Ir_i$；A 与 B 两点右边由 R 组成一段无源电路，有 $U=IR$，整理后得

$$I=\frac{U_S}{R+r_i} \tag{1-13}$$

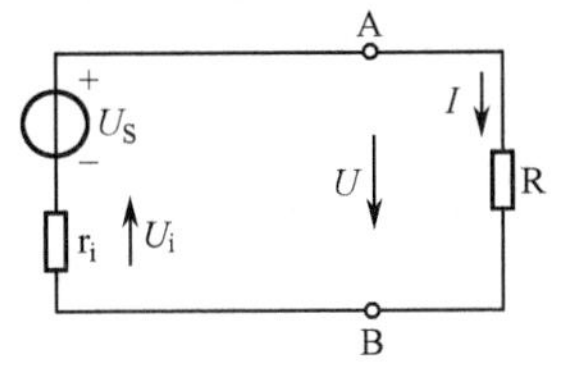

图 1.9　全电路

式（1-13）是全电路欧姆定律的数学表达式，即在整个闭合电路中，电流与电源电压成正比，与电路中的内电阻和外电阻之和成反比。在整个闭合回路中，外电路电流从正到负，产生电位降；电源内部，电流从负到正，产生电位升。

【例 1-1】　如图 1.9 所示，若 $U_S=24\text{V}$，$r_i=4\Omega$，负载电阻 $R=20\Omega$。求（1）电路中的电流；（2）电源的端电压；（3）负载上的电压降；（4）电源内阻上的电压降 U_i。

解：

（1）$I=\dfrac{U_S}{R+r_i}=\dfrac{24}{20+4}=1\text{A}$

（2）$U=U_S-Ir_i=24-1\times4=20\text{V}$

（3）$U=RI=1\times20=20\text{V}$

（4）$U_i=Ir_i=1\times4=4\text{V}$

【例 1-2】　某电源开路时端电压为 3V，闭路时端电压为 2.88V，已知外电路电阻为 9.6Ω，试求电源内阻和电路中电流。

解：

$$I=\frac{U}{R}=\frac{2.88}{9.6}=0.3\text{A}$$

$$U_i=U_S-U=3-2.88=0.12\text{V}$$

$$r_i=\frac{U_i}{I}=\frac{0.12}{0.3}=0.4\Omega$$

4）线性电阻、非线性电阻及伏安特性

按照物体电阻数值同通过该物体的电流（或加于该物体两端电压）有无关系，电阻可分为非线性电阻和线性电阻。在任何时刻，两端电压与其电流关系都服从欧姆定律的电阻元件叫做线性电阻元件，即线性电阻。若不服从欧姆定律的电阻元件则叫做非线性电阻元件即非线性电阻。

表示一个元件电压与电流之间关系的图形称为元件的伏安特性曲线。显然，线性电阻的伏安特性是一条经过坐标原点的直线，如图 1.10 所示。

严格地说，线性电阻是不存在的。例如，金属导体通过不同的电流时，导体的温度就不同，而导体的电阻又是随温度而变化的，因此，导体通过不同电流时，导体电阻也要随之变化，不能保持常数。但是，在一定的电流（或电压）范围内，这种变化常常是很小的，因此，通常将电阻看做是线性的，欧姆定律对这类电阻是适用的。电子管、半导体等器件的电阻一般是非线性的，如图 1.11 所示的特性曲线是半导体二极管的伏安特性曲线。欧姆定律对非线性电阻不适用。

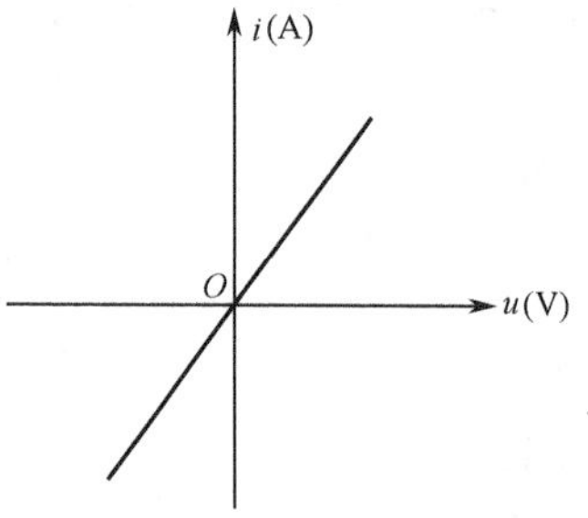

图 1.10 线性电阻的伏安特性

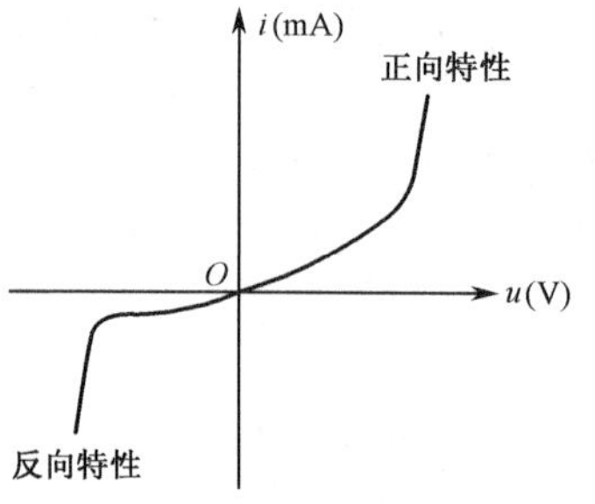

图 1.11 非线性电阻的伏安特性

比较图 1.10 和图 1.11 可知，它们不仅有着直线与非直线的不同，而且对坐标原点来说还有着对称与不对称的区别。对原点对称，说明元件对不同方向的电流或不同极性的电压，其特性是一样的，这种性质是所有线性电阻所具备的，称为双向性。因此，在使用线性电阻时，其两个端钮是没有任何区别的。对原点不对称，说明元件对不同方向的电流或不同极性的电压，其特性是不同的，这种非双向性是大多数非线性电阻所具备的。因此，在使用像二极管这样的器件时，必须认清它的正极和负极。

单元 4　独立电源与受控源

在电路中，负载对电源而言，无非是从电源取得一定的电流，或是取得一定的电压；电源对于负载而言，可以看成是电压的供给者，也可看成是电流的供给者。因此，实际电源可以用两种模型来表示，即电压源模型和电流源模型。

1. 电压源及其表示法

电池是大家很熟悉的一种电源。如果电池本身没有内阻，即没有能量损耗，电池的端电压 是定值的电源叫做理想电压源。

理想电压源又叫恒压源，它具有两个基本性质：

（1）理想电压源的端电压 U_S 是定值，或是具有一定幅度的时间函数 $u\ (t)$，与输出电流无关。

（2）理想电压源的输出电流及输出功率不受限制，也就是说，输出电流随它所连接外电路 的不同而改变。理想电压源符号及理想直流电压源的伏安特性如图 1.12 所示，其中（a）图是电池符号，长线段表示正极性端，即高电位，短线段表示负极性端，即低电位。（b）图是一般符号，“＋”、“－”是 U_S 的参考极性，即 U_S 的参考方向是由“＋”指向“－”。（c）图是理想直流电压源的伏安特性，它是一条与横轴平行的直线，表明其端电压与电流的大小及方向无关。当电流为零或正、负无限大时，其两端电压仍为 U_S。

1）理想电压源端电压与电动势的关系

每个电源都具有一定的电动势，其大小等于电源内部局外力（电池的局外力是化学作用力，发电机的局外力是电磁力）将单位正电荷从电源负极移到正极所做的功。电动势用“e”表 示。电动势的实际方向规定为由电源负极指向正极；而电源电压的实际方向是从电源的正极指向负极，二者刚好相反，如图 1.12（b）所示。如果电源电压 U_S 的参考方向选得与

电源电动势 e 的参考方向相反，那么有 $U_S=e$；选取电源电压 U_S 的参考方向与电源电动势 e 的参考方向相同时，则应有 $U_S=-e$。

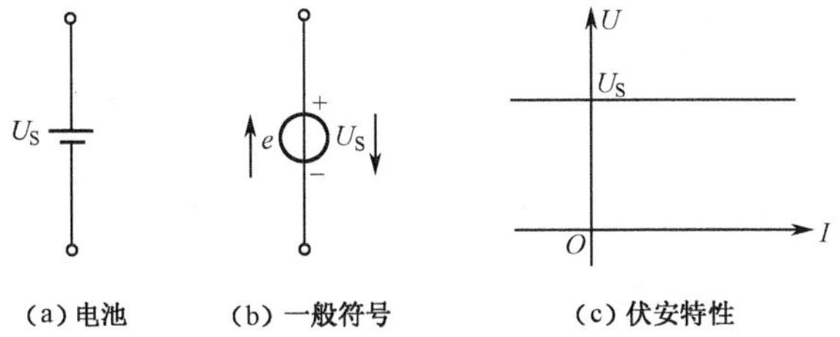

图 1.12　恒压源符号及直流伏安特性

2）实际电压源

理想电压源实际上是不存在的。如干电池就有内阻，电池工作时内阻总要损耗一定能量，能量损耗与电池输出电流大小有关，电流越大，损耗也越大，端电压也越低，因而也就不再具有 端电压为定值的特点。这种具有内阻，其端电压随输出电流的大小而变化的电源称为实际电压源，简称电压源。实际电压源可用一个理想电压源 U_S 和一个内阻 R_i 相串联的模型来表示，如图 1.13 所示，图（a）为实际电压源模型，该模型端电压 U_{ab} 为

$$U_{ab}=U_S-U_{Ri}=U_S-IR_i$$

上式表明，实际电压源的端电压 U_{ab} 随 I 的增加而下降。同时也可看出，实际电压源的开路电压就等于恒压源电压，因此实际电压源可用它的开路电压及内阻的参数来表示。实际电压源内阻越小，就越接近于理想电压源。

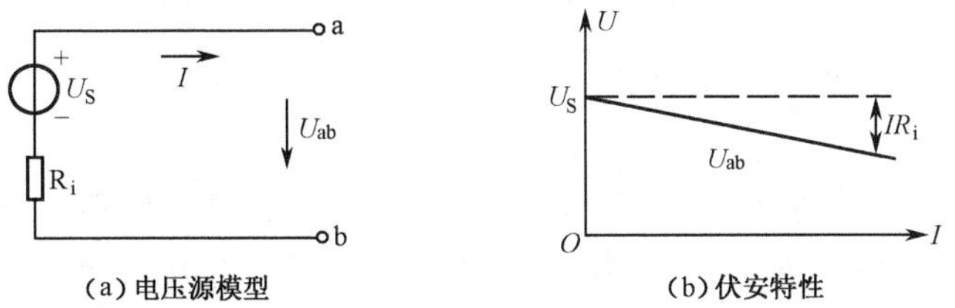

图 1.13　实际电压源模型及直流伏安特性

2. 电流源及其表示法

除了电压源以外，还有一种电源叫电流源。光电池就是一例。在具有一定光照度的光线照射下，光电池将产生一定值的电流。这种不论外电路的电阻是多少，都能向外电路输送恒定电流的电源称为理想电流源。理想电流源又叫恒流源。恒流源有如下两个性质：

（1）恒流源的电流是定值，或是幅度为定值的时间函数 i（t），与端电压的大小及方向无关。

（2）恒流源的输出电压仅与外接负载有关，外负载越大，输出电压越高；反之，则越低。或者说，恒流源的输出电压、功率不受限制。

恒流源的符号及伏安特性如图 1.14 所示。图（a）是直流恒流源符号，图（b）是一般恒 流源符号，箭头方向表示该恒流源电流方向。图（c）是恒流源的伏安特性曲线，表示了理想电流源可提供无限高的电压而保持输出电流不变这一基本性质。

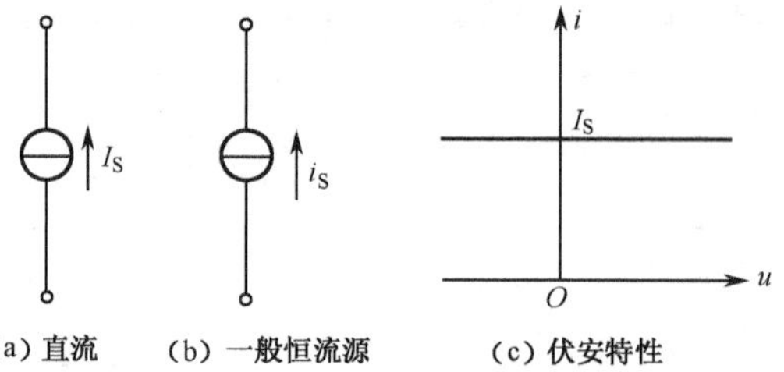

图 1.14　恒流源符号及恒流源伏安特性

理想电流源实际上是不存在的。以光电池为例，由光激发产生的电流，并不能全部流入外电路，其中一部分将在光电池内部流动。这种实际电流源可以用一个理想电流源 I_S 和内阻 R_i 相并联的模型来表示，这种模型称为实际电源的电流源，简称电流源。内阻 R_i 表明电源内部的分流效应，如图 1.15 所示。

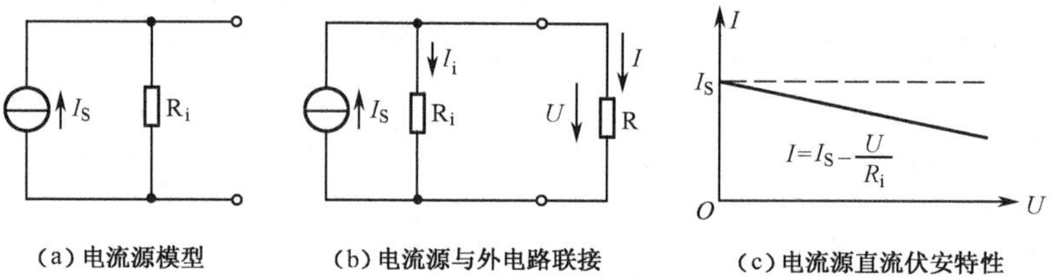

图 1.15　实际电流源模型

当电流源与外电阻相接时，输出电流 I 为

$$I = I_S - \frac{U}{R_i}$$

上式说明，通过负载的电流 I 是小于恒流源 I_S 的，端电压越高，则内电阻分流也越大，输出电流越小。

显然，实际电流源的短路电流等于恒流源电流 I_S。因此，实际电流源可以用它的短路电流及内阻的参数来表示。实际电流源内阻越大，内部分流作用越小，也就越接近理想电流源。

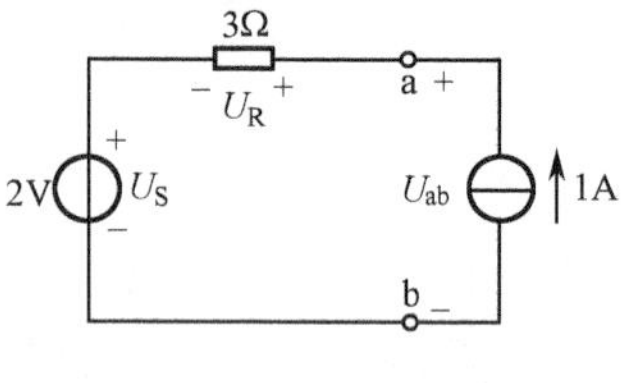

图 1.16　【例 1-3】图

【例 1-3】　计算图 1.16 所示电路中 3Ω 电阻上的电压及电流源的端电压。

解：根据恒流源的基本性质，电流为定值与外电路无关，故知流过 3Ω 电阻上的电流为恒流源的电流，即 1A，其电压 $U_R=3\times1=3V$。

电流源的端电压由与之相连接的外电路决定。设端电压极性如图 1.16 所示，则电流源的端电压为

$$U_{ab} = 3\times1+2 = 5V$$

3. 电源模型的等效互换

在对含有两种电源模型的电路进行分析计算时，为了使分析问题方便，有时需将电压源变换成电流源，有时又需要将电流源变换成电压源。所谓等效是对外电路而言的，即变换前后，外电路的电压、电流关系不变。应当明确，对外部等效，而对电源内部不等效。

如图 1.17 所示两种电路，不论用哪种电源供电都能保持通过 R 的电流及两端电压不变。在图 1.17（a）中输出电压与电流的关系为

$$U = U_S - IR_i$$

$$I = \frac{U_S - U}{R_i} = \frac{U_S}{R_i} - \frac{U}{R_i} \tag{1-14}$$

在图 1.17（b）中，输出电压与电流的关系为

$$U = (I_S - I)R'_i = I_S R'_i - IR'_i$$

$$I = I_S - \frac{U}{R'_i} \tag{1-15}$$

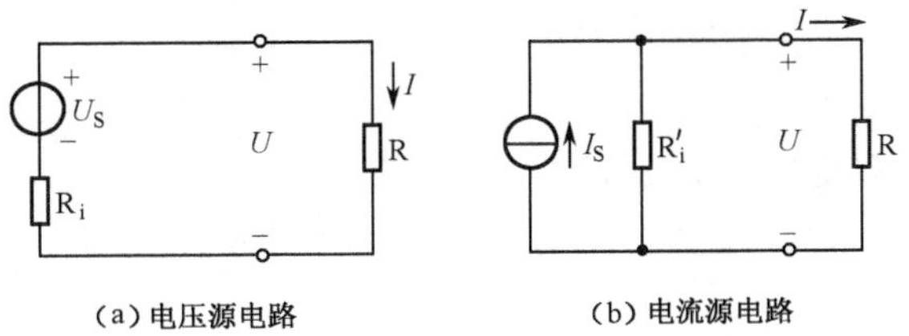

图 1.17　电源等效互换原理电路

比较式（1-14）和式（1-15）两式可得等效互换的条件是

$$U_S = I_S R'_i, R_i = R'_i$$

或

$$I_S = \frac{U_S}{R_i}, R'_i = R_i \tag{1-16}$$

【例 1-4】　求图 1.18（a）所示电压源模型参数和图 1.18（b）所示电流源模型参数。

解：

图(a) 中　$$U_S = \frac{1}{G} I_S = \frac{6}{0.1} = 60\text{V}$$

$$R_i = \frac{1}{G} = \frac{1}{0.1} = 10\Omega$$

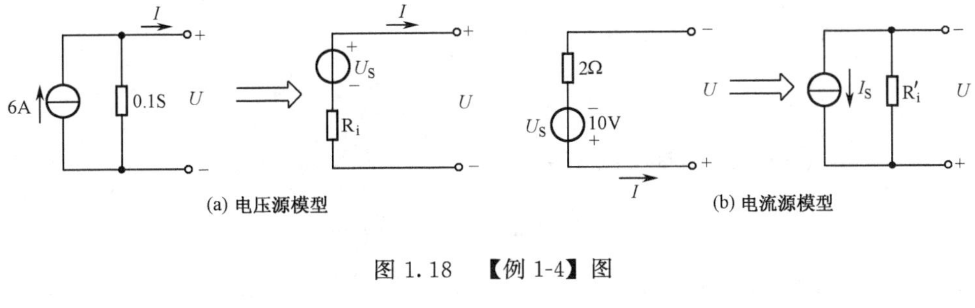

图 1.18　【例 1-4】图

图(b) 中　$$I_S = \frac{U_S}{R_i} = \frac{10}{2} = 5\text{A}$$

I_S 的方向应与电压源产生的电流方向一致，如图所示，应该指向下方。

$$R'_i = R_i = 2\Omega$$

电源等效互换中应注意两个问题：

（1）电流源箭头方向与电压源正极性端应该保持一致。

（2）恒压源与恒流源相互不能转换。因为与恒压源并联的元件不能影响电压源的端电压；同理与恒流源串联的元件不能影响电流源的输出电流。

*4. 受控源

前面介绍的电源都是独立源，它们的电压或电流是一定值或是一个固定的时间函数。在网络分析中还会遇到另一类电源，它们的电压或电流受电路中其他部分的电压或电流的控制，称为受控源。“受控”的含义就是这类电源的电压或电流受其他电压或电流的控制，所以受控源又称为非独立源。

独立源与受控源在电路中的作用不同。前者作为电路的输入，反映了外界对电路的作用；后者是用来表示电路的某一器件中所发生的物理现象，反映了电路中某处的电压或电流能控制另一处的电压或电流。

例如晶体三极管的集电极电流受基极电流的控制，即 $i_c=\beta i_b$，可用电流控制电流源来描述其工作性能。场效应管的漏极电流则受栅极电压的控制，可用电压控制电流源来描述其工作性能。

根据控制量是电压还是电流，受控量是电压源还是电流源，受控源有 4 种：电压控制电压源（VCVS）、电压控制电流源（VCCS）、电流控制电压源（CCVS）和电流控制电流源（CCCS）。它们在电路中的图形符号分别如图 1.19（a），（b），（c），（d）所示。图中菱形符号表示受控电压源或受控电流源，其参考方向的表示方法与独立源相同。

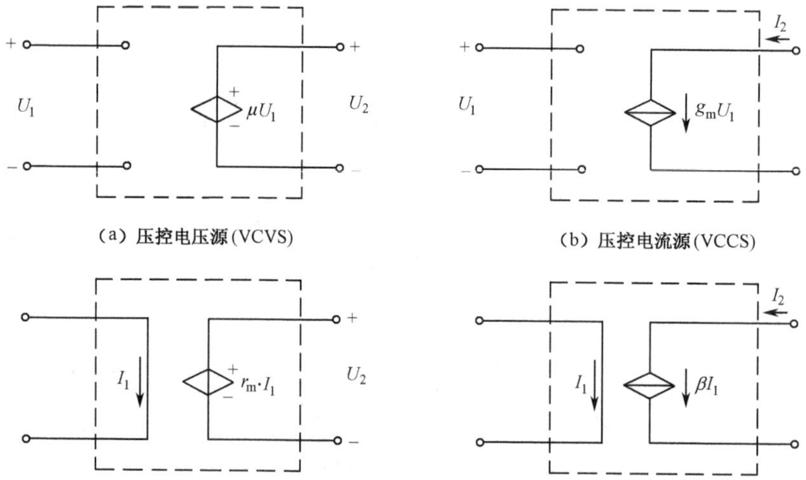

(a) 压控电压源(VCVS)　(b) 压控电流源(VCCS)
(c) 电流控制电压源(CCVS)　(d) 电流控制电流源(CCCS)

图 1.19　4 种受控源电路图形符号

4 种受控源在受控源端与控制端之间的转移关系分别用 μ，g_m，r_m，β 来表示，即：$\mu=\dfrac{U_2}{U_1}$为电压控制电压源的转移电压比；$g_m=\dfrac{I_2}{U_1}$为电压控制电流源的转移电导；$r_m=\dfrac{U_2}{I_1}$为电流控制电压源的转移电阻；$\beta=\dfrac{I_2}{I_1}$为电流控制电流源的转移电流比。

当这些系数为常数时，被控制量与控制量成正比，这种受控源称为线性受控源。在线性电路中，可以既有独立源又有受控源，但受控源必须是线性的。图 1.19 所示 4 种受控源都是理想的受控源。实际受控源含有内阻。实际的受控电压源与实际的受控电流源也可以相互转换，其方法与独立电压源及独立电流源相互转换相同。

单元5　电功率与电能

电能对时间的变化率叫电功率，简称功率，用 P 表示。

元件吸收和发出能量方框图如图1.20所示。

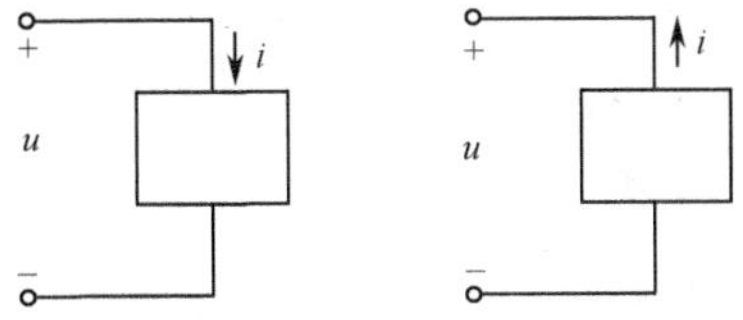

(a) 关联方向　(b) 非关联方向

图1.20　元件吸收和发出能量方框图

在电压与电流关联方向时取

$$P = ui \tag{1-17}$$

在电压与电流非关联方向时取

$$P = -ui \tag{1-18}$$

这样规定后，若计算出 $P>0$，表示元件吸收（或消耗）功率；若 $P<0$，表示元件发出或输出功率。

同理，在直流情况下，功率 $P=UI$ 或 $P=-UI$。

功率的基本单位为瓦特（W），单位之间换算关系是

$$1\text{kW}=10^3\text{W}，1\text{W}=10^3\text{mW}，1\text{mW}=10^3\mu\text{W}$$

【例1-5】　试求图1.21中元件的功率。

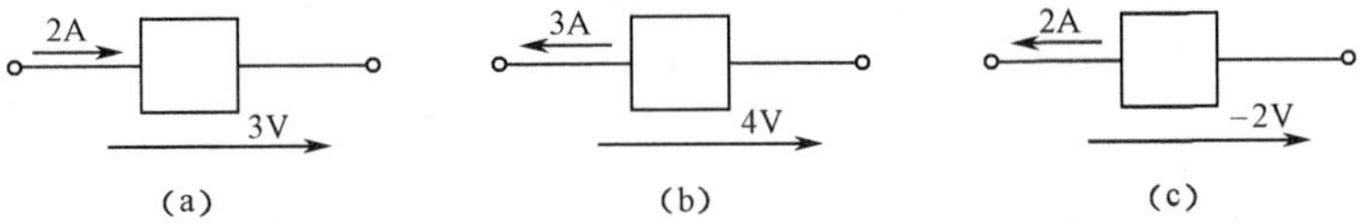

(a)　(b)　(c)

图1.21　【例1-5】图

解：(a) 关联方向时，$P=UI=3\times2=6\text{W}$，说明此元件消耗功率6W。

(b) 非关联方向时，$P=-UI=-4\times3=-12\text{W}$，说明此元件发出功率12W。

(c) 非关联方向时，$P=-UI=-(-2)\times2=4\text{W}$，说明此元件消耗功率4W。

1. 电阻元件的功率

1) 电阻元件的电功率

对于线性电阻元件来说，在电压电流关联参考方向下，任何时刻元件吸收的功率为

$$P = UI = RI^2 = \frac{U^2}{R} = GU^2 \tag{1-19}$$

式(1-19)中，R 和 G 是正实数，所以功率 P 恒为正值。式(1-19)说明任何时候电阻元件都不可能发出功率，而只能从电路中吸收功率，所以电阻元件是耗能元件。

当电阻元件吸收的功率超过它的承受能力时就会烧毁。例如一个110V，15W的灯泡，接在220V电源上，灯泡就会立即烧毁。这时灯泡吸收的功率为

$$P = \frac{U^2}{R} = \frac{220^2}{\frac{110^2}{15}} = 4\times15 = 60\text{W}$$

上式说明，灯泡吸收的功率已经超过承受功率15W的4倍，所以引起烧毁事故。在实验和使用各种电阻元件时，要注意它的功率。

2）额定值

为了保证电器、元件正常合理、可靠地长时间工作，要考虑电器、元件安全运行的限定值。它是生产厂家给用户规定的量限值，如额定电压、额定电流、额定功率、额定转速等。

额定电压是元器件、设备正常工作时所允许施加的最高电压。如果超过额定电压可能损坏设备或元器件，减少其寿命。

额定电流是指元器件、设备安全运行时不致因过热而烧毁，所允许通过的最大工作电流。

根据额定电压和额定电流而得出相应的功率就是额定功率。

通常元器件、设备的铭牌上，只标两个额定值：电压和功率，或电流和功率，或电流和电压，而第三个额定值不标出，由用户自己去推算。

【例 1-6】 由商店购回一电阻器，其上标出 1kΩ，2W，问此电阻器能承受多大电压。

解：

$$P = \frac{U^2}{R}$$

得

$$U = \sqrt{PR} = \sqrt{2 \times 1\,000} = 44.7\text{V}$$

2. 电能

电功率是单位时间内电场力所做的功，那么在一段时间内电场力所做的功，即为时间 t 内所消耗（或发出）的总能量

$$W = Pt \tag{1-20}$$

若功率的单位为瓦（W），时间为秒（s），则电能的单位为焦耳（J）。

在实际应用中，电能的单位常用千瓦小时（kW·h）表示。1 千瓦小时的电能通常叫做 1 度电。1 度电为

$$1\text{kW}\cdot\text{h} = 1000 \times 3600 = 3.6 \times 10^6\text{J}$$

在一个完整的电路中，能量一定是守恒的。任一瞬间，各元器件吸收（或消耗）电能的功率总和等于发出（或输出）电能的各元器件功率的总和，表达式为

$$\sum P_{吸} = \sum P_{发} \tag{1-21}$$

这叫“电路的功率平衡”。

【例 1-7】 某礼堂中有 200 盏电灯，每盏灯泡的功率为 100W，问全部电灯使用 2 小时，总共消耗多少电能？若每度电费为 1.2 元，应付多少电费？

解：全部电灯的功率为

$$P = 200 \times 100 = 20\,000\text{W} = 20\text{kW}$$

使用 2 小时的电能为

$$W = Pt = 20 \times 2 = 40\text{kW}\cdot\text{h}$$

$$40 \times 1.2 = 48 \text{ 元}$$

即付 48 元的电费。

单元 6　基尔霍夫定律

电路分析的任务是根据电路模型，列出电路中电压、电流的关系式，在已知电路结构及元件参数的条件下，求解各段电路的电压、电流。建立电路中电压、电流关系式的基本依据是两类约束关系，一是元件约束关系，即元件的伏安关系（VAR）；二是电路结构对电压电流的约束关系。反映电路结构对电路中电压、电流约束关系的基本定律是基尔霍夫定律，也是本节将研究的内容。

1. 电路的结构

在讨论基尔霍夫定律之前，先介绍几个有关电路结构的名词。

1）支路

一个完整电路中某一段无分支的电路叫支路。如图 1.22 所示的 abc 支路、adc 支路及 R_3 支路，它可以由几个元件串联组成，但通过每个元件的电流是相同的，流过支路的电流（电压）称为支路电流（电压）。一个元件也可组成一条支路，在分析电路时为了方便，不论多少元件串联，只要是无分支地通过同一个电流统称为一条支路。

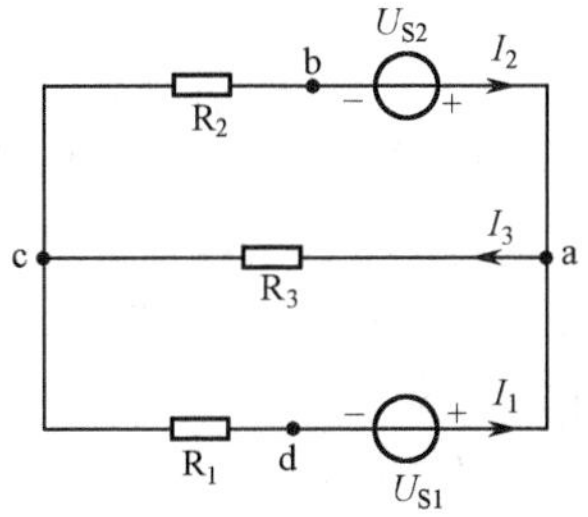

图 1.22　电路结构的名词定义图

2）节点

三条或三条以上支路的连接点叫做节点，如图 1.22 中 a 与 c 都是节点。显然，节点一定是支路电流的汇集点。

3）回路

电路中任一闭合路径称为回路。如图 1.22 中的 abcda，abca，acda 都是回路。只有一个回路的电路，叫做单回路电路。

4）网孔

回路内部不含有跨接支路的回路叫网孔。图 1.22 中，abca 和 acda 回路就是网孔；而 abcda 只是回路，不是网孔。

5）网络

一般把包含元件较多的电路称为网络。实际上电路和网络两个名词可以通用。

2. 基尔霍夫电流定律

基尔霍夫定律有两个，一个是电流定律，另一个是电压定律。这两个定律分别表达了电路结构对电流与电压的约束关系。

基尔霍夫电流定律又称基尔霍夫第一定律（节点电流定律），简称 KCL，内容如下。对电路中的任何节点，在任一时刻，流入该节点电流之和等于从该节点流出电流

之和；或者表述为：任一时刻流入（或流出）任一节点的电流代数和恒等于零。其数学表达式为

$$\sum I_{入} = \sum I_{出}（对交流 \sum i_{入} = \sum i_{出}） \tag{1-22}$$

或

$$\sum I = 0（对交流 \sum i = 0） \tag{1-23}$$

在应用式（1-23）时，可设流入该节点的电流为正，从该节点流出的电流为负（也可以假设相反），列式时一律依据电流的参考方向决定。

如图 1.23 所示电路中的某节点 A，按图中所标各支路电流参考方向可表示为

$$I_2 + I_3 + I_5 = I_1 + I_4$$

或

$$I_2 + I_3 + I_5 - I_1 - I_4 = 0$$

上面两式是一致的。

从以上分析可以看出，在列写 KCL 的表达式时，只根据所假设的各支路电流参考方向决定正负，而与支路上有哪些元件以及元件是什么性质无关。

上面所述的第一定律是对一节点而言，这个结论可以推广到电路中的任一个封闭面上，即流入、流出此封闭面的电流代数和恒等于零。如图 1.24 所示晶体三极管有

$$I_b + I_c - I_e = 0$$

或

$$I_e = I_b + I_c$$

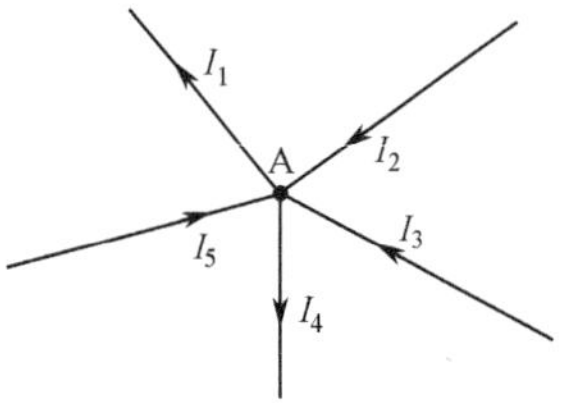

图 1.23　节点电流

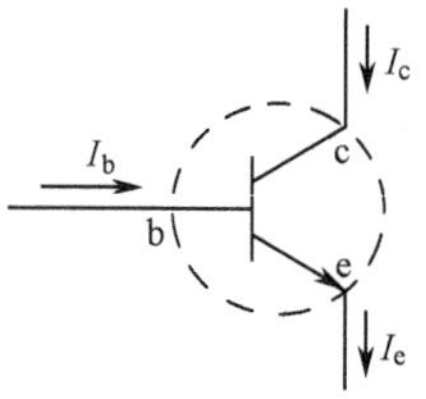

1.24　KCL 的推广

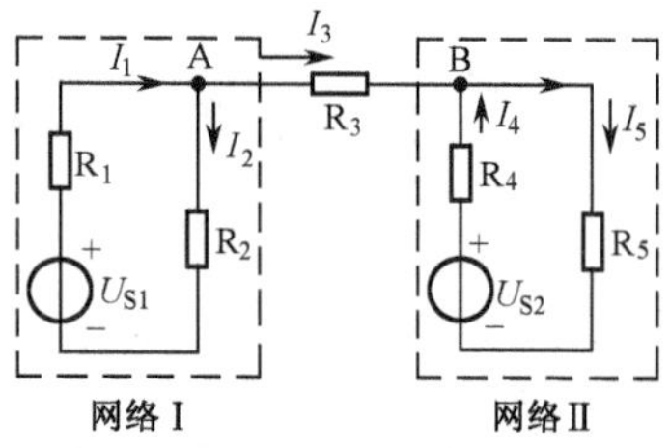

图 1.25　连接两个网络之间的单支路

如图 1.25 所示电路对 A 节点

$$I_1 - I_2 - I_3 = 0$$

因为 $I_1 = I_2$，所以 $I_3 = 0$。

同理，B 节点

$$I_4 - I_5 + I_3 = 0$$

因为 $I_4 = I_5$，也得 $I_3 = 0$。所以可得出，网络之间没有构成闭合回路的单支路电流为零。同理，一个电路中只有一处用导线接地，这根导线中没有电流，如图 1.26（a）所示电路 $I = 0$，（b）电路的 $I_2 = 0$。

KCL 表示对支路电流的线性约束关系，它实质上是电荷守恒定律在电路中的体现。

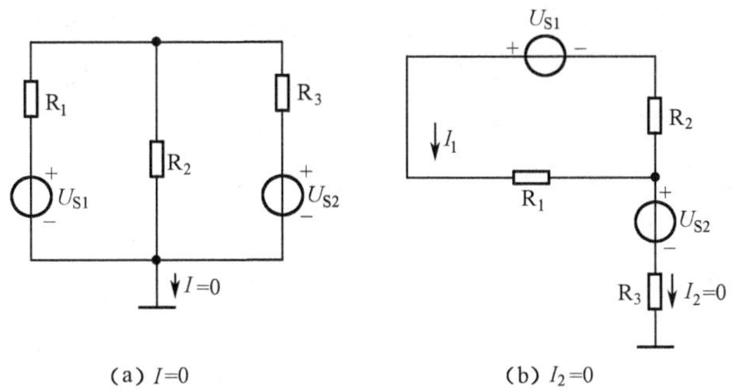

图 1.26　KCL 推广的应用

3. 基尔霍夫电压定律

基尔霍夫电压定律简称 KVL，内容为：任一时刻，在电路中任一闭合回路内各段电压的代数和恒等于零。数学表达式为

$$\sum U = 0 \quad 或 \quad \sum u = 0 \tag{1-24}$$

同样，KVL 与回路中的元件性质无关，不论是线性电路还是非线性电路 KVL 均可应用。

在列 KVL 方程式时，首先选定回路绕行方向。凡电压的参考方向与绕行方向一致时该电压取正，凡电压的参考方向与绕行方向相反时该电压取负。

【例 1-8】　如图 1.27 所示为某局部电路，各段电压已标出。求（1）列出 KVL 方程；（2）如已知 $U_1=2V$，$U_2=-3V$，$U_3=7V$，$U_4=5V$，求 U_5。

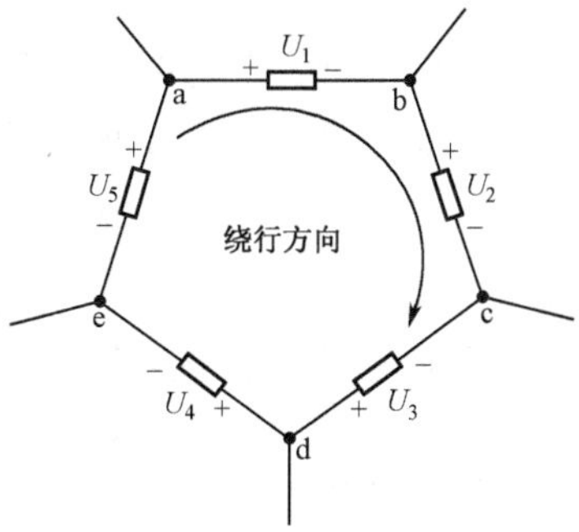

图 1.27　【例 1-8】电路

解：（1）选取 abcdea 顺时针方向绕行，则 KVL 方程为

$$U_1+U_2-U_3+U_4-U_5=0$$

如果按 aedcba 逆时针方向绕行，则

$$U_5-U_4+U_3-U_2-U_1=0$$

很显然这两个方程是相同的，因此列 KVL 方程式与绕行方向无关，而必须选定一个绕行方向是为了决定各段电压的正负。

（2）利用上式并代入数据得

$$U_5-5+7-(-3)-2=0$$

故

$$U_5=-3V$$

U_5 为负值，说明它的实际方向与所假设参考方向相反。

如图 1.28 所示实际电压源电路，选取顺时针方向绕行，则 KVL 方程为

$$U_R+U_i-U_S=0$$

$$U_S=U_R+U_i$$

即

$$U_S=IR+IR_i$$

对于电阻电路，电阻元件上电压用 IR 代入，当绕行方向与支路电流一致时，则电阻上

电压为 $+IR$，相反时为 $-IR$；而当绕行方向经电源时，不论电源是 U_S 或 E 符号，只要绕行方向经电源时为电位降低（从正极到负极），取 $+U_S$ 或 $+E$，反之为电位升高（从负极到正极），取 $-U_S$ 或 $-E$，而与流过电源电流方向无关。图 1.29 所示的局部电路，沿 abcda 顺时针方向绕行，$\sum U=0$ 的方程为

$$R_3I_3+U_{S3}+I_2R_2-I_4R_4-U_{S1}-I_1R_1=0$$

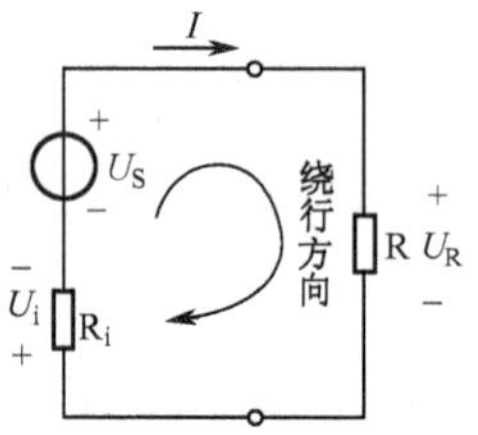

图 1.28　实际电压源电路

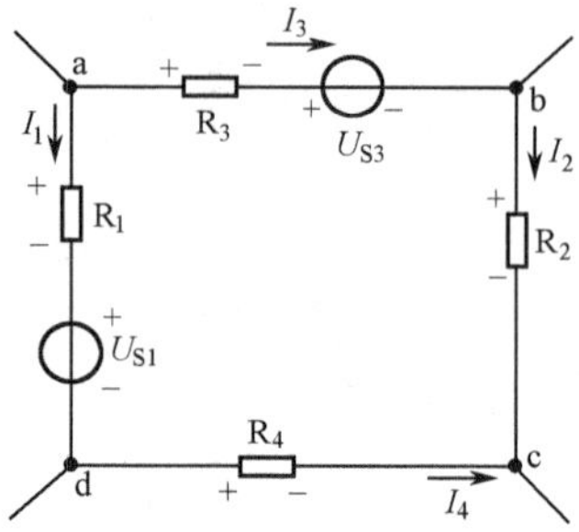

图 1.29　KVL 说明电路

如果将电源电压移到右边得

$$R_3I_3+I_2R_2-I_4R_4-I_1R_1=-U_{S3}+U_{S1}$$

其一般式可写为

$$\sum RI=\sum U_S \tag{1-25}$$

式（1-25）为 KVL 的另一表达式。因此 KVL 定律又可叙述为：在任一时刻，沿任一闭合回路绕行，各电阻上电压降之代数和恒等于所有电源电压之代数和。

在应用式（1-25）列方程时，特别注意电源电压正、负号的取法。当绕行方向经电源时为电压降低则取 $-U_S$ 或 $-E$，若为电压升高，应取 $+U_S$ 或 $+E$，与列 $\sum U=0$ 时刚好相反。

根据一段含源电路的欧姆定律，如图 1.29 所示，有

$$U_{ab}=R_3I_3+U_{S3}$$

若绕行路径为 adcb，U_{ab} 则为

$$U_{ab}=R_1I_1+U_{S1}+R_4I_4-R_2I_2$$

上式说明了 a 与 b 两点之间的电压与所选择的路径无关，不论走哪一条路径，消耗能量或发出能量均是相等的。计算时通常选简便路径计算。

KVL 表示电路结构对回路电压的线性约束关系，它实质上是能量守恒定律在电路中的体现。

基尔霍夫电压定律不仅可以用于闭合回路，还可以推广到任一不闭合的电路上，但要将开口处的电压列入方程。如图1.30所示电路，a 与 b 两点没有闭合，这两节点的开路电压为 U_{ab}，沿 abcda 绕行方向，则有

$$U_{ab}+R_3I_3+R_1I_1-U_{S1}+U_{S2}-R_2I_2=0$$

所以

$$U_{ab}=R_2I_2-U_{S2}+U_{S1}-R_1I_1-R_3I_3$$

可得 a 与 b 两点之间的开路电压即为沿路径从 a 到 b 各段元件的电压代数和。这是求开路电压的常用方法。

【例 1-9】 如图 1.31 所示，已知 $U_{S1}=5V$，$U_{S2}=10V$，$R_1=1\Omega$，$R_2=4\Omega$，$R_3=1\Omega$，$R_4=4\Omega$，求 I 和 U_{ab}。

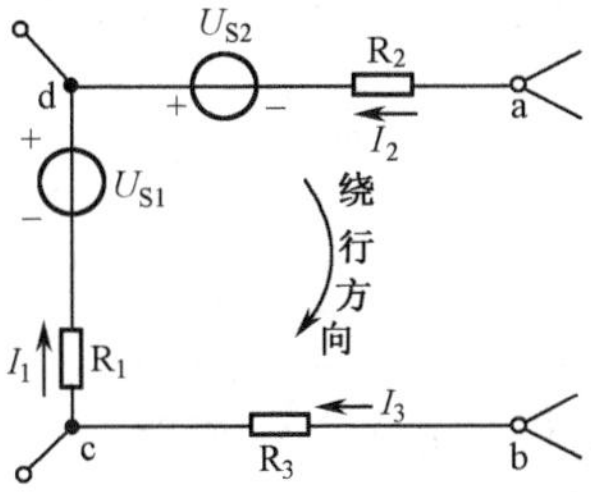

图 1.30　KVL 推广电路

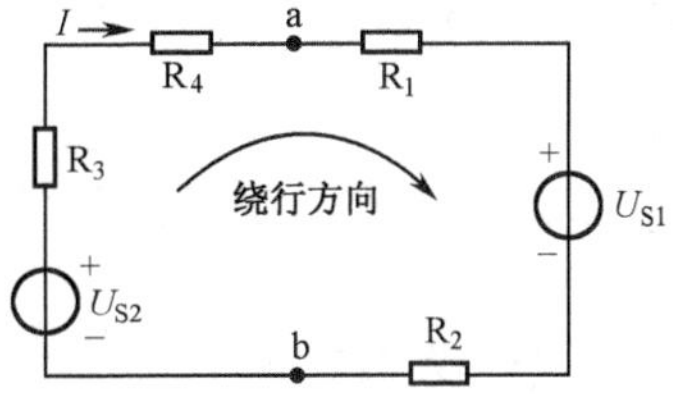

图 1.31　【例 1-9】图

解：选定电流 I 的参考方向及绕行方向如图 1.31 所示。根据 KVL 可得

$$R_1I+U_{S1}+R_2I-U_{S2}+R_3I+R_4I=0$$

即

$$I(R_1+R_2+R_3+R_4)=U_{S2}-U_{S1}$$

$$I=\frac{U_{S2}-U_{S1}}{R_1+R_2+R_3+R_4}$$

此式也就是前面已叙述过的全电路欧姆定律。代入数据得

$$I=\frac{10-5}{1+4+1+4}=0.5A$$

沿右边路径求 U_{ab} 得

$$U_{ab}=R_1I+U_{S1}+R_2I=1\times0.5+5+4\times0.5=7.5V$$

沿左边路径求 U_{ab} 得

$$U_{ab}=-R_4I-R_3I+U_{S2}=-4\times0.5-1\times0.5+10=7.5V$$

可见，两点间电压与路径无关。

【例 1-10】 对图 1.32 所示电路列出节点电流方程和回路的电压方程。

解：先选定支路电流方向、回路的绕行方向及节点代号标于图中。

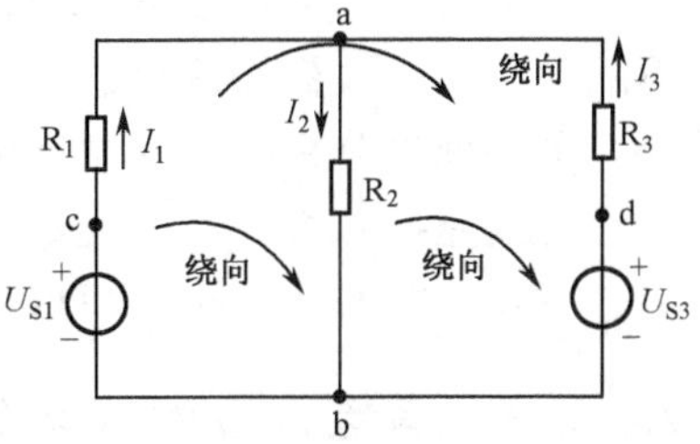

图 1.32　【例 1-10】图

根据 KCL 列出节点 a 方程　　$I_1+I_3-I_2=0$　　(1)

根据 KCL 列出节点 b 方程　　$I_2-I_1-I_3=0$　　(2)

由此可以看出上面两个式是相同的，所以对于具有两个节点的电路，只能列出一个独立的节点电流方程。同理，推广到对于 n 个节点的电路，只能列出 $n-1$ 个独立的节点电流方程。

根据 KVL 列出如下方程：

网孔 abca　　$I_2R_2-U_{S1}+I_1R_1=0$　　(3)

网孔 adba　　$-I_3R_3+U_{S3}-I_2R_2=0$　　(4)

回路 adbca　　$-I_3R_3+U_{S3}-U_{S1}+I_1R_1=0$　　(5)

上面三个方程中的任一个方程都可以从其他两个方程中导出，因此只有两个方程独立。如 (3) + (4) = (5) 式，或 (5) − (4) = (3) 式。

具有 b 条支路，n 个节点的电路，应用KVL只列出 $L=b-(n-1)$ 个网孔电压方程。

综上所述，在具有 n 个节点，b 条支路的电路中，假设以各支路电流为未知数，根据KCL列出 $(n-1)$ 个节点电流方程，根据KVL列出 $b-(n-1)$ 个网孔电压方程，联立求解的分析方法，称为支路电流法。

单元7　电路中各点电位的分析

在电路的分析计算中，特别是在电子电路中，广泛利用电路中电位的概念来分析电路的工作原理。在设备维修中，也经常利用测量电路中电位的方法，来分析判断故障部位。因此，搞清电路中电位的概念，掌握分析电位的方法，对今后学习设备原理和维修都是十分重要的。

1. 电路中电位的概念

在电路中任选一个参考点，某点到参考点的电压叫做该点的电位，电位用符号 V 表示。规定参考点的电位为零，而任意两点之间的电位差等于该两点之间的电压。如图1.33所示，若以b点为参考点，则

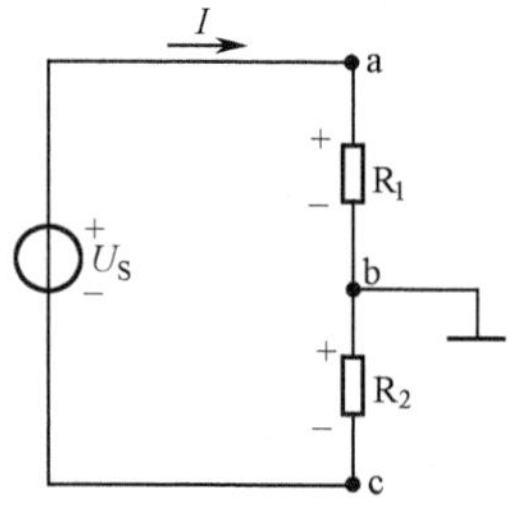

图1.33　电位的概念

$$V_b=0 \qquad V_a=U_{ab} \qquad V_c=U_{cb}$$

$$U_{ab}=V_a-V_b \qquad U_{cb}=V_c-V_b$$

要比较电路中的电位高低，也必须选择参考点．如图1.33所示电路，选择b点为参考点，由于参考点的电位为零，所以参考点又叫零电位点。比参考点高的电位为正电位，比参考点低的电位为负电位。参考点究竟选在哪里，要看研究问题是否方便而定。

在一个系统中，只能选一个参考点，但一经选定之后，各点的电位计算即以该点为准。若改变参考点，则各点的电位随之而改变，所以在电路中不指定参考点而谈电位是没有意义的，但任意两点之间的电位差（即电压）是不随参考点的改变而改变的。

电场理论分析时，常选无穷远点作为参考点。

在工程技术中，常选大地或机壳作为参考点，在电路中常以一条特定的公共线作为参考点，以“⊥”符号表示，叫地线。

2. 电路中各点电位的分析与计算

计算电路中某点的电位，就是计算从该点经过任意一条路径到参考点之间各段电压的代数和。沿选定路径求各段电压时，无论是电阻还是电源，凡电位降低（即从正到负，从高到低）电压取正值，凡电位升高（即从负到正，从低到高）电压取负值。下面举例说明分析计算电位的一般方法步骤。

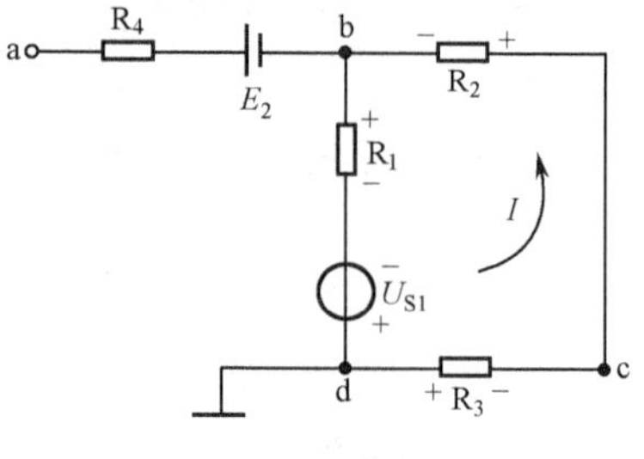

图1.34　【例1-11】图

【例1-11】　如图1.34所示电路，已知 $U_{S1}=20V$，$E_2=30V$，$R_1=R_3=R_4=5\Omega$，$R_2=10\Omega$。求（1）a，b，c各点的电位及 U_{bc}；（2）改为以b点为参考点，再求a，c，d各点电位及 U_{bc}。

解：

（1）选定参考点：此题图已指明 d 点接地，即为参考点，$V_d=0$。

确定电流大小和方向：R_4 上无电流通过，故 R_4 两端无电压。但 bdcb 回路是闭合回路，根据全电路欧姆定律，电流为

$$I=\frac{U_{S1}}{R_1+R_2+R_3}=\frac{20}{5+10+5}=1A$$

电流 I 为正，说明 I 的实际方向与参考方向一致。

根据电源电压和电流方向，比较各点电位的高低，并在图中标出“+”、“−”号。

计算各点电位：

$$V_a=U_{ad}=U_{ab}+U_{bd}=E_2+IR_1-U_{S1}=30+1\times5-20=15V$$

$$V_b=U_{bd}=IR_1-U_{S1}=5-20=-15V$$

或

$$V_b=-IR_2-IR_3=-1\times10-1\times5=-15V$$

$$V_c=-IR_3=-1\times5=-5V$$

$$U_{bc}=V_b-V_c=-15-(-5)=-10V$$

（2）改为以 b 点为参考点，即

$$V_b=0$$

$$V_a=E_2=30V$$

$$V_c=IR_2=1\times10=10V$$

$$V_d=I(R_3+R_2)=1\times(5+10)=15V$$

或

$$V_d=U_{db}=U_{S1}-IR_1=20-1\times5=15V$$

$$U_{bc}=V_b-V_c=0-10=-10V$$

上面计算说明某点电位与路径无关。参考点改变了，各点电位均改变，但任意两点之间的电位差（即电压）并不变。

3. 等电位点（同电位）

电路中电位相同的点叫等电位点。在图 1.35 所示的电路中，a 与 b 点的电位分别是

$$V_a=\frac{20}{12+8}\times8=8V$$

$$V_b=\frac{16}{4+4}\times4=8V$$

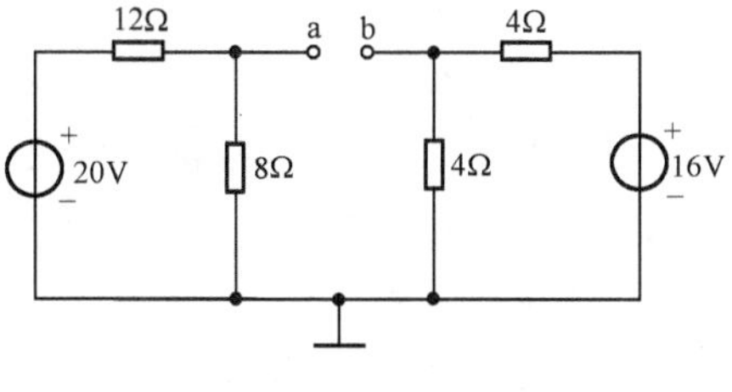

图 1.35　等电位

计算结果表明，尽管 a 与 b 两点没有联在一起，但却是等电位的。等电位点的特点是：电位相等，电压为零，即 $U_{ab}=V_a-V_b=0V$。若用电阻或导线将等电位点连接起来，此电路中无电流，不会影响电路原工作状态。在电路中，若已求得任意两点为等电位点，这两点间的电路无电流，可把等电位点间电路视为短路或开路或接上任意电阻，对电路都没有影响。对分析电路很有用处。

【例 1-12】　如图 1.36 所示的电桥电路，求此电桥的平衡条件。

解：先介绍一下电路结构。图中 R_1，R_2，R_3，R_4 是电桥的四个桥臂。电桥的两条对角

线称为桥。一条对角线 a 与 b 之间接电阻 R，另一条对角线 c 与 d 接电源。整个电路由四个桥臂和两条对角线组成。这样的电路称为电桥电路。如果所接电源为直流电源，则这种电桥称为直流电桥。

电桥电路的四个桥臂电阻值满足一定关系时，会使 a 与 b 两点成为等电位点。在平衡状态下，可把 R 从电路中拿掉而不影响电路的其他工作状态，此时就成为如图 1.37 的样子。设这时总电流是 I，流过 R_1 及 R_2 的电流为 I_a，流过 R_3 及 R_4 的电流为 I_b，并选定 c 点为参考点，则有

$$V_a = -I_aR_1 = I_aR_2 + IR_i - E$$
$$V_b = -I_bR_3 = I_bR_4 + IR_i - E$$

由于 $V_a=V_b$ 可得

$$R_1I_a = R_3I_b$$
$$R_2I_a = R_4I_b$$

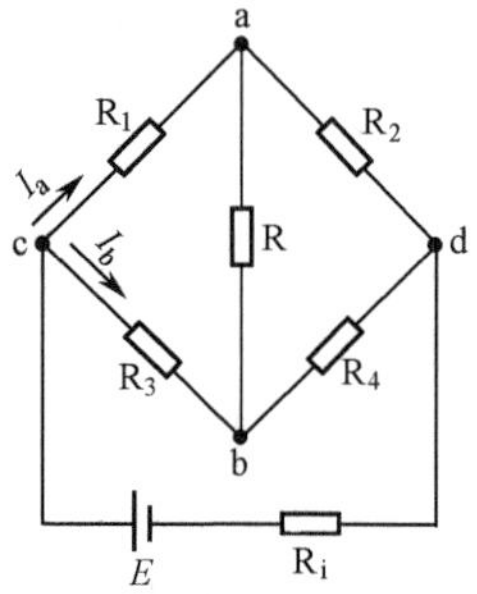

图 1.36 直流电桥电路

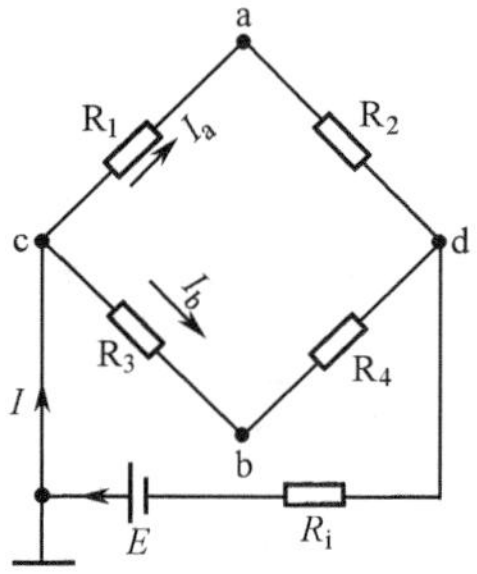

图 1.37 直流平衡电桥

将以上两式相除可得

$$\frac{R_1}{R_2} = \frac{R_3}{R_4} \tag{1-26}$$

或

$$R_1R_4 = R_2R_3$$

R_1 与 R_4 是相对桥臂，R_2 与 R_3 则是另外两个相对桥臂，R_1 和 R_2 是 a 点的相邻桥臂，R_3 和 R_4 是 b 点的相邻桥臂。同理，R_1 和 R_3，R_2 和 R_4 也分别是 c 点及 d 点的相邻桥臂。因此电桥的平衡条件是：相邻桥臂电阻的比值相等或相对桥臂电阻的乘积相等。这也是电桥平衡时的重要特性。

电桥电路有多种应用，例如测量电感、电容等元件值的仪器就是根据电桥平衡原理制成的。根据电桥电路的上述特性，就可以把 电桥电路化为简单的串联和并联来进行计算。

*4. 电路的简化画法

在电子电路中，一般都把电源、输入信号和输出信号的公共端接在一起，作为参考点，因而 电子电路中有一种习惯画法，即电源不再用符号表示出来，而改为标出其电位的极性和数值。如图 1.38（a）简化为（b），图 1.38（c）简化为（d）。

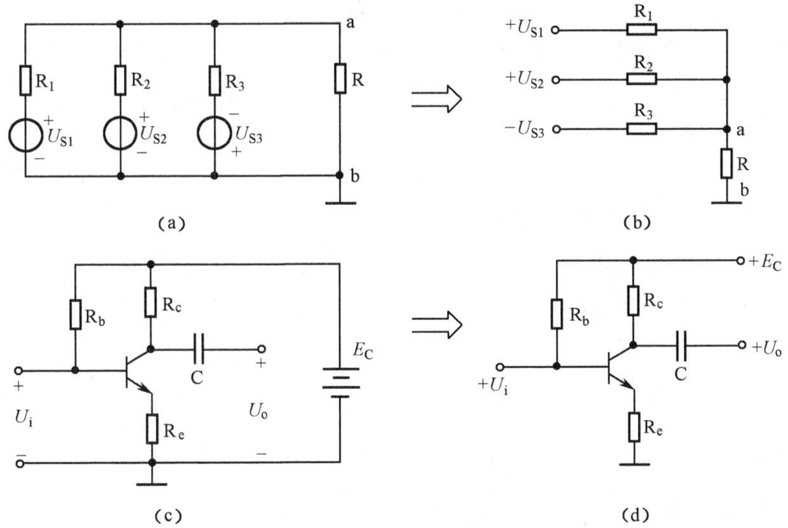

图 1.38　电路的简化画法

小结

1. 电路和电路模型

（1）电流流通的路径叫电路，通常由电源、负载、连接导线及控制电器组成。电路中有持续电流的条件是：

① 电路为闭合通路（回路）。

② 要有电源（或电路两端必须要有电压）。

（2）理想电路元件是指实际电路元件忽略次要因素，只考虑主要特性的理想化模型。由理想电路元件构成的电路，称为电路模型。在电路理论研究中，都用电路模型来代替实际电路加以分析和研究。

2. 电流和电压

（1）电荷的定向移动形成电流。规定正电荷运动的方向为电流的方向，它与负电荷运动的方向相反；电流的大小用电流强度来表示，基本单位是安培（A）。

（2）电路中 a 与 b 两点间电压其大小等于电场力由 a 点移动单位正电荷到 b 点所做的功，方向是由高电位指向低电位点。某点到参考点的电压叫做该点的电位。电压和电位的基本单位是伏特（V）。

（3）电流和电压的参考方向选得一致（电流从电压“＋”端流入，“－”端流出）称电流电压为关联方向。

3. 电阻、欧姆定律

（1）电阻 R 是表示元件对电流阻碍作用大小的物理量（或参数），基本单位为欧姆（Ω）。

（2）欧姆定律是反映电流、电压、电阻三者之间关系的规律，包括一段无源电路的欧姆定律、一段含源电路的欧姆定律和全电路欧姆定律。它们都反映了电阻元件对电压、电流的约束关系。也是电路基本定律之一。

4. 电功和电功率

电流在一段时间内所做的功，叫电功即电能。$W=Pt$，1 千瓦小时叫做 1 度电。

电功率指电能量对时间的变化率，用 P 表示，基本单位是瓦特（W）。

5. 电压源与电流源

（1）恒压源是一个二端元件，它的端电压固定不变，或是一定时间的函数 $u_S(t)$，不随外电路而改变；通过它的电流大小随外电路不同而改变。

（2）恒流源也是一个二端元件，通过电流源的电流是定值，或是一定时间的函数 $i_S(t)$，而与端电压无关；电流源的端电压随外电路的不同而不同。

6. 电路的基本定律

基尔霍夫定律是研究电路互联的基本定律，对电路中任一节点，在任一时刻有 $\sum I=0$，是电荷守恒的逻辑推论；对电路而言，在任一瞬时，沿任一回路绕行有 $\sum U=0$，是能量守恒的逻辑推论。对电阻电路，又可写成 $\sum IR=\sum U_S$。

7. 电位分析法

（1）电位的判断：

电位升
- 在电阻上：逆着电流方向为电位升
- 在电源上：沿电源负极至正极为电位升

电位降则相反。

（2）电位分析方法步骤：

① 选参考点，一般选大地、机壳；

② 求闭合回路电流；

③ 标出各元件上电压方向；

④ 从待求点到参考点，求各段电压的代数和。

（3）注意事项：

① 没有电流通过电阻时，其两端同电位；

② 导线上虽有电流，但电阻为零的导线上各点同电位；

③ 电路中虽无电流，但有电源，两端电位不等，正极电位高，负极电位低。

习题 1

1.1　如果在 5s 内通过导线的电量是 10C，试求导线中的电流强度。

1.2　如图 1.39 所示，当 $U=-150$V 时，试写出 U_{AB}和 U_{BA}各为多少伏。

1.3　如图 1.40 中，以“D”为参考点，已知 $V_A=20$V，$V_B=12$V，$V_C=4$V，试求 U_{AB}，U_{BC}，U_{AC}各为多少伏。

1.4　如图 1.41 所示电路和已知条件（已填在表中），计算后填写在表 1-4 中（单位为伏）。

1.5　在某电场中，有 A，B，C 三点，若已知 $U_{AB}=-2$V，$U_{CA}=5$V，试比较 A，B，C 三点电位的高低；设 $V_A=0$，求 V_B 与 V_C 各为多少？

1.6　如图 1.42 所示，按给定的电压、电流参考方向求出元件端电压 U 的值。

1.7　如图 1.43 所示，已给定电压、电流的参考方向，求电流 I 的值。

1.8　如图 1.44 所示给定的电压和电流的参考方向，计算元件的功率，并说明元件是吸收功率还是发出功率。

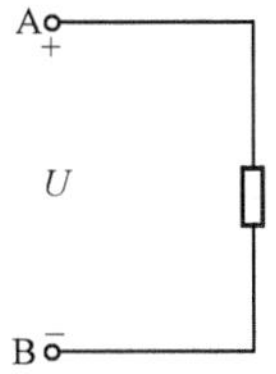

图 1.39　题 1.2 图

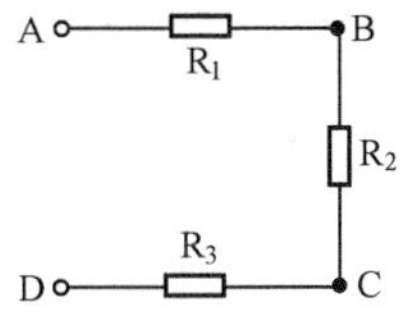

图 1.40　题 1.3 图

表 1-4　题 1.4 表

参考点	V_a	V_b	V_c	V_{ac}
b	3		5	
a				

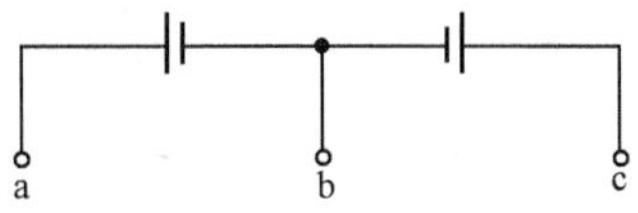

图 1.41　题 1.4 图

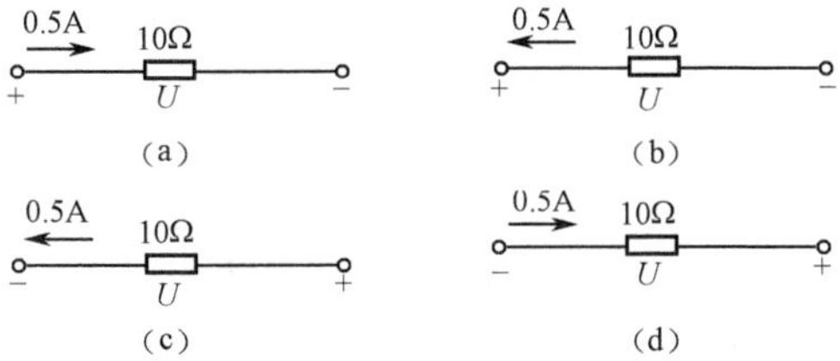

图 1.42　题 1.6 图

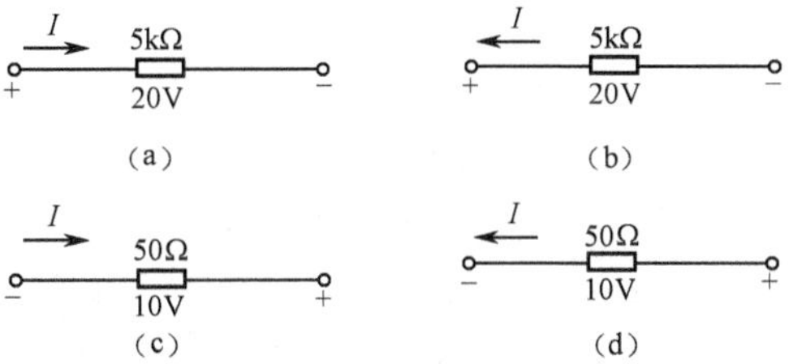

图 1.43　题 1.7 图

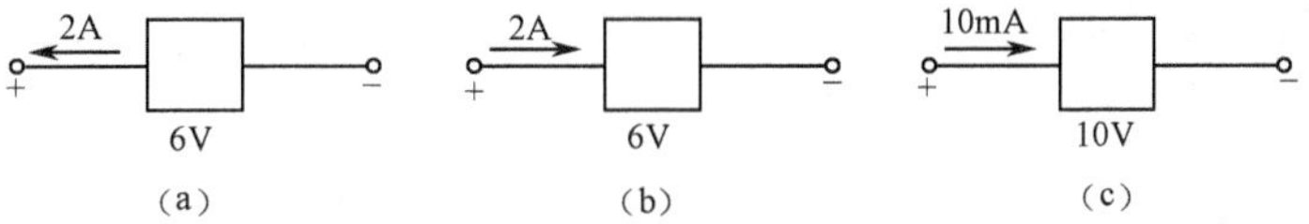

图 1.44　题 1.8 图

1.9　一个蓄电池电源电压为 20V，内阻 3Ω，负载电阻为 7Ω，试求蓄电池发出功率、负载吸收功率及内阻损耗的功率。

1.10　一个 60W，220V 标记的灯泡正常使用多少时间消耗 1 度电？

1.11　一个 100kΩ，10W 的电阻，使用时最多容许加多大的电压？一个 10kΩ，0.5W 的电阻，使用时允许通过的最大电流是多少？

1.12　一个 220V，40W 的灯泡，如果误接在 110V 电源上，此时灯泡功率为多少？若误接在 380V 电源上，功率为多少？是否安全？

1.13　灯光球场共有 6 个 220V，1000W 的灯泡，问工作 2 小时耗电多少度？总路上电流多大？

1.14　某照明线路中熔丝的熔断电流为 5A，现将 220V，100W 的用电器接入线路，试问熔丝是否会熔断？如果现接 220V，1500W 空调呢？

1.15　一个具有电源电压 E、内阻 r_0 的电源，当接上一个 4.5Ω 负载时，通过负载的电流为 300mA，把负载减小到 0.5Ω 时，通过的电流为 1.5A，求 E 及 r_0。

1.16　求图 1.45 所示电路各段的 U_{ab} 或 I，并计算各段电路的功率。

1.17　如图 1.46 所示电路，试求 R 分别为 5Ω，10Ω，20Ω 时各电源的电流与输出功率。

1.18　如图 1.47 所示电路，试求 R 分别为 1Ω，10Ω，100Ω 时各电源的电流与输出功率。

1.19　局部电路如图 1.48 所示，已知 $U_1=2V$，$U_2=3V$，$U_3=4V$，求 U_4 及 U_5。

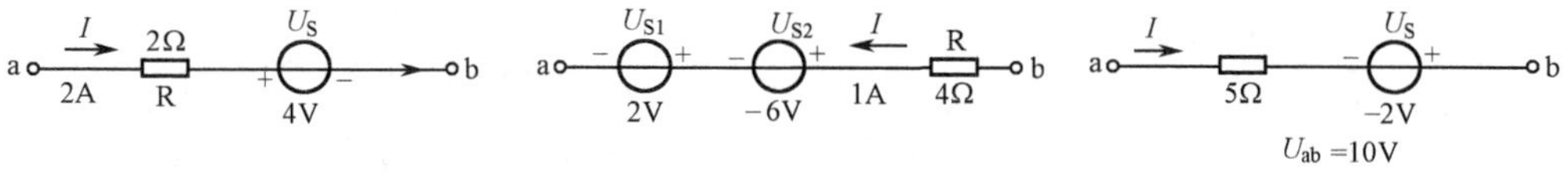

(a)　(b)　(c)

图 1.45　题 1.16 图

1.20　求图 1.49 所示局部电路中 $I=$?

1.21　求图 1.50 所示电路中 $U_{ab}=$?

1.22　求图 1.51 所示（a）与（b）电路中的 V_a，V_b 及 U_{ba}。

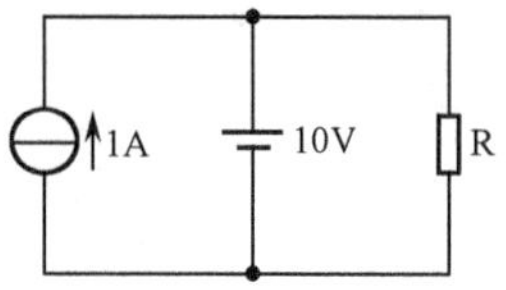

图 1.46　题 1.17 图

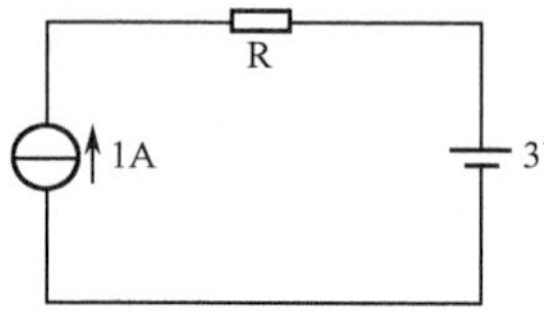

图 1.47　题 1.18 图

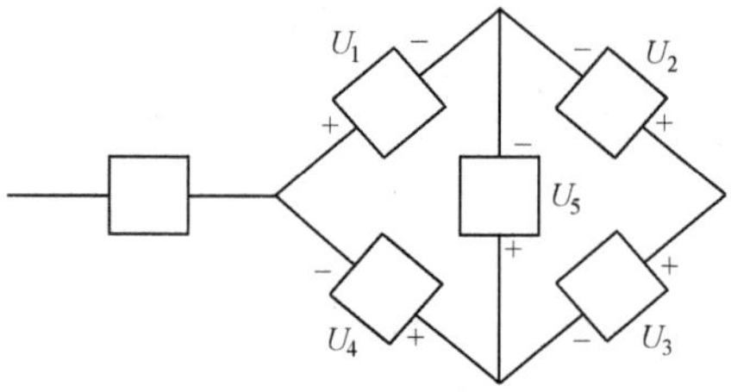

图 1.48　题 1.19 图

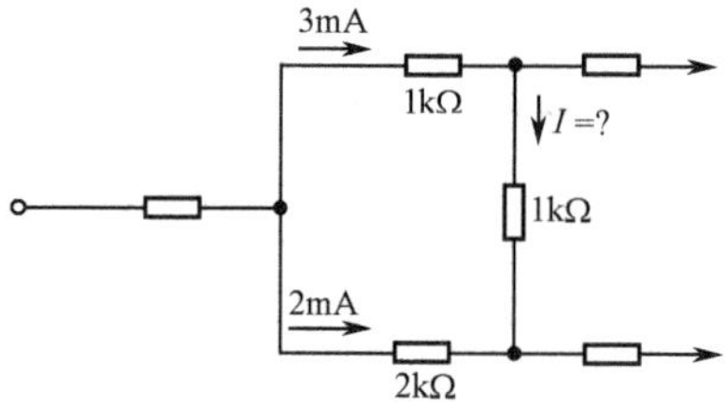

图 1.49　题 1.20 图

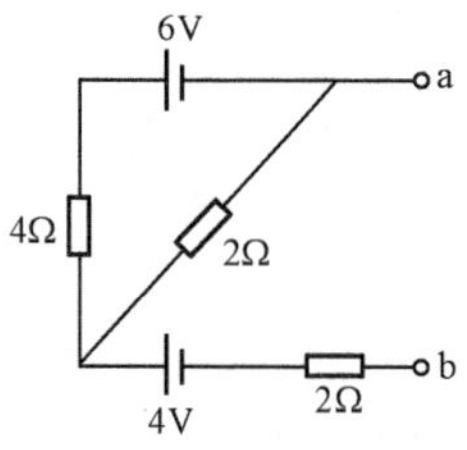

图 1.50　题 1.21 图

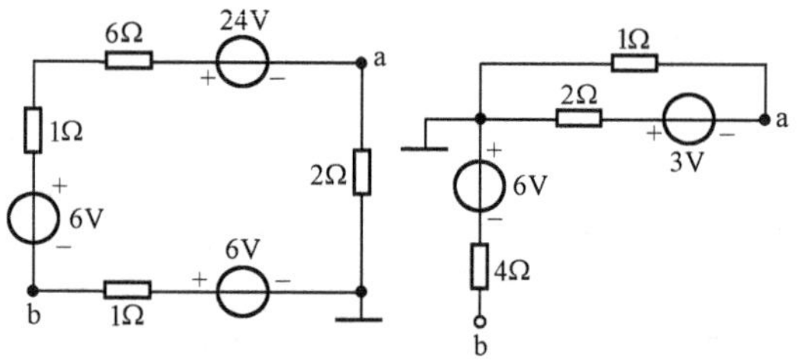

(a)　(b)

图 1.51　题 1.22 图

1.23　求图 1.52 所示电路开关 S 通、断时 A 点和 B 点的电位分别是多少？

1.24　试求图 1.53（a）中电阻 2Ω 所消耗的功率。图（b）中 3Ω 消耗的功率。

1.25　试求图 1.53（b）中，电压源的功率为多少？是发出还是吸收功率？电流源的功率是多少？是发出还是吸收功率？并核算该电路的功率平衡。

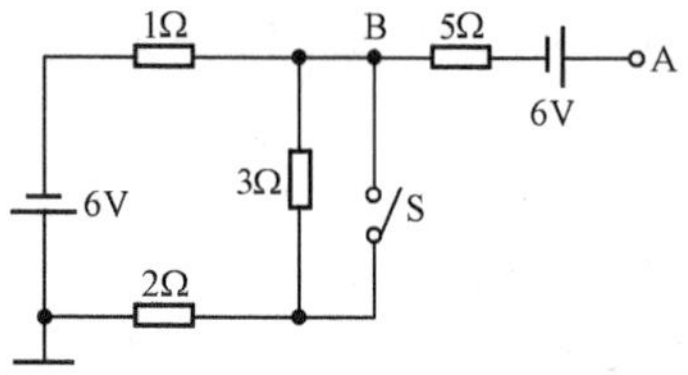

图 1.52　题 1.23 图

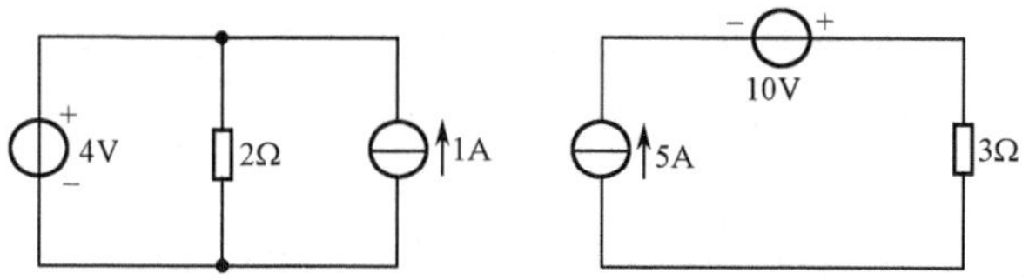

(a)　(b)

图 1.53　题 1.24 图

1.26　求图 1.54 恒流源的功率。

1.27　求图 1.55 局部电路中的 U，I 和 R。

1.28　在图 1.56 中，根据 KCL 列出节点方程，有几个是独立的？根据 KVL 列出所有网孔电压方程。

1.29　如图 1.57（a）所示为一个二端元件，试说明当它的端口电压电流具有图 1.57（b），（c），（d）3 种伏安曲线之一时，各可等效为一个什么元件？

1.30　化简图 1.58 中所示电路为一等效电压源或电流源。

1.31　将图 1.59 中各电路化成最简电流源。

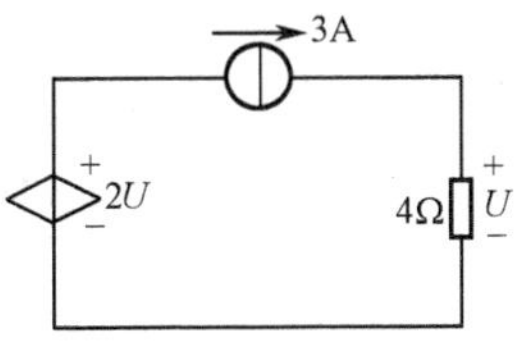

图 1.54　题 1.26 图

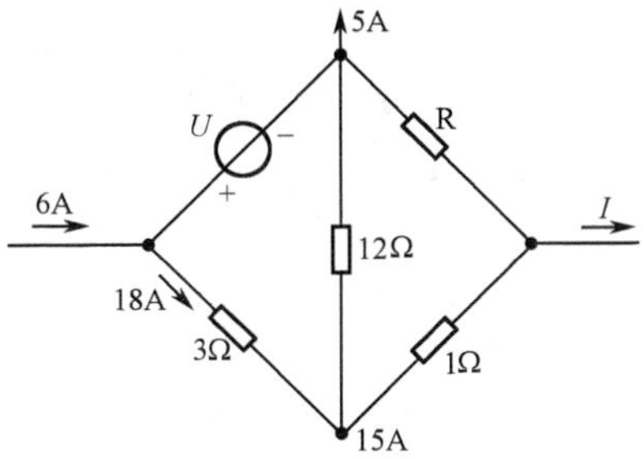

图 1.55　题 1.27 图

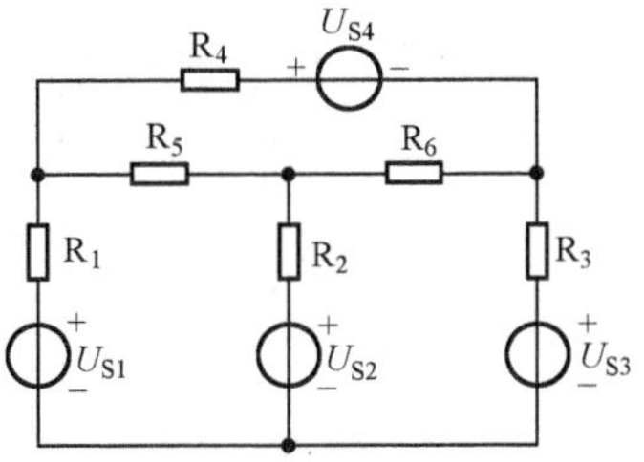

图 1.56　题 1.28 图

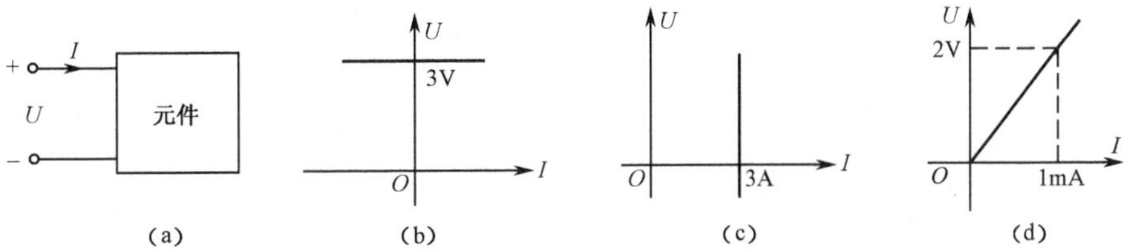

图 1.57　题 1.29 图

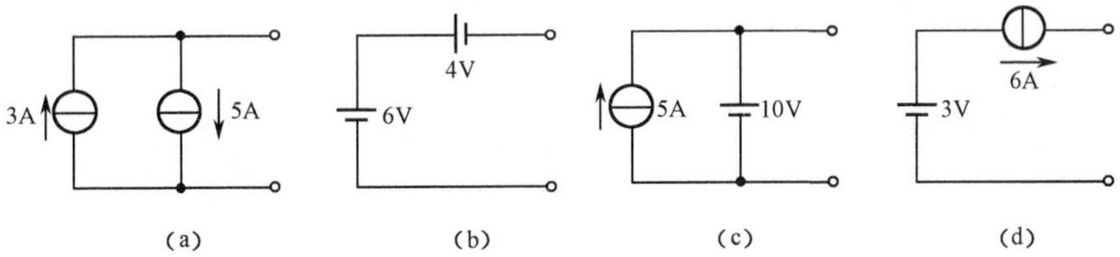

图 1.58　题 1.30 图

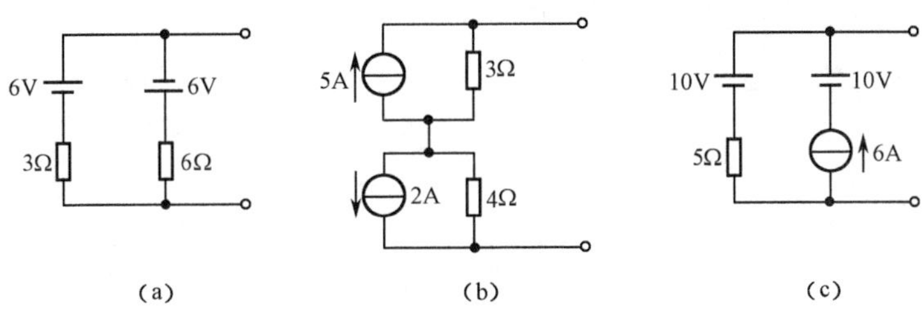

图 1.59　题 1.31 图

1.32　求图 1.60 所示电路中的等效电流源模型。

1.33　求图 1.61 所示电路中的等效电压源模型。

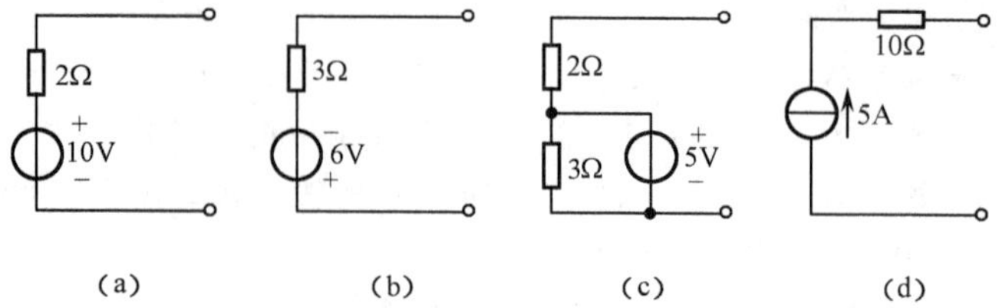

图 1.60　题 1.32 图

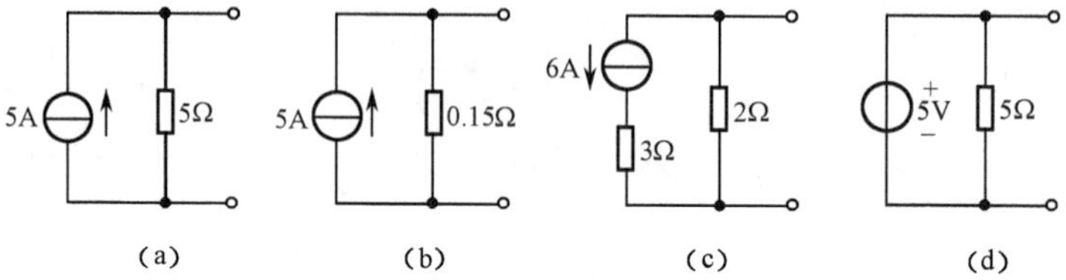

图 1.61　题 1.33 图

模块2 直流电阻电路的分析

本模块将介绍直流电阻电路的分析方法，主要有3类：等效变换、网络一般分析方法和网络定理的应用。电路的分析计算都以基尔霍夫定律和欧姆定律为基本依据。

单元1 电阻的串联、并联和混联

在实际电路中常含多个电阻元件。这些电阻元件根据不同需要按一定方式连接起来，便于在各种不同情况下获得不同的电压、电流及功率。电阻的连接方式有串联、并联、混联3种。

1. 电阻的串联及分压

几个电阻首尾依次连接组成无分支电路，这种连接方式称为电阻的串联。图2.1（a）所示为三个电阻的串联电路，图（b）为图（a）的等效电路，各电压和电流的参考方向如图所示。

串联电路有如下特点：

（1）根据KCL通过各电阻的电流为同一个电流。

（2）根据KVL两端电压等于各电阻上电压降之和，即

$$U = U_1 + U_2 + U_3 \tag{2-1}$$

（3）电阻串联的等效电阻（总电阻）等于各个电阻之和

$$R = R_1 + R_2 + R_3 \tag{2-2}$$

写成一般形式为

$$R = \sum_{i=1}^{n} R_i \tag{2-3}$$

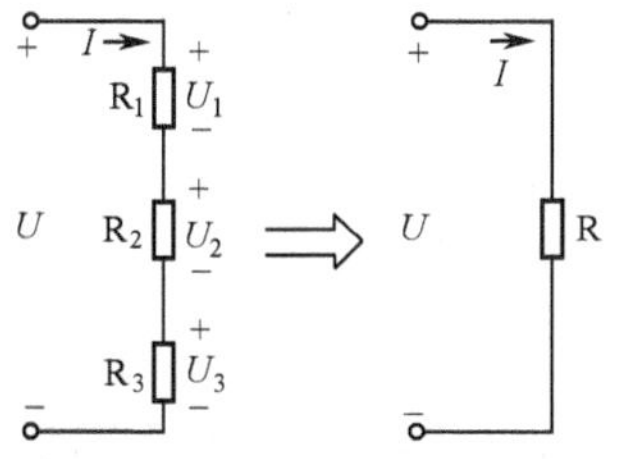

（a）串联电路　（b）等效电路

图2.1 电阻的串联

（4）总功率等于各电阻上消耗功率之和。将式（2-1）两端乘以电流I，则

$$UI = U_1 I + U_2 I + U_3 I$$

即

$$P = P_1 + P_2 + P_3 \tag{2-4}$$

（5）各电阻上的电压及其消耗的功率与其电阻值成正比

$$U_1 : U_2 : U_3 = R_1 : R_2 : R_3 \tag{2-5}$$

当只有两个电阻串联时

$$U_1=\frac{U}{R}R_1=\frac{R_1}{R_1+R_2}U$$
$$U_2=\frac{U}{R}R_2=\frac{R_2}{R_1+R_2}U \qquad (2\text{-}6)$$

各电阻消耗的功率为

$$P_1=I^2R_1,P_2=I^2R_2,P_3=I^2R_3 \qquad (2\text{-}7)$$
$$P_1:P_2:P_3=R_1:R_2:R_3$$

式（2-7）说明，电阻串联时，各电阻消耗的功率与电阻大小成正比。

电阻串联电路应用广泛，常用来降压，调节电流、分压等。

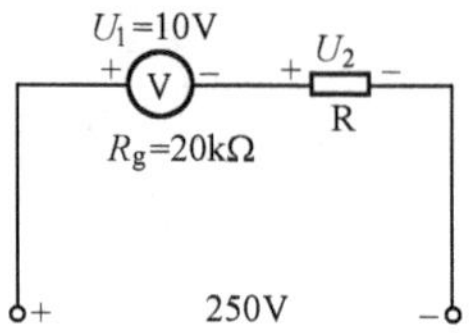

图 2.2 【例 2-1】图

【例 2-1】 如图 2.2 所示，一块 10V 电压表其内阻为 20kΩ，今欲将电压表量程扩大为 250V，问所需串联的附加电阻值。

解：设表头内阻电压降为

$$U_1=10\text{V}$$

附加电阻压降为

$$U_2=250-10=240\text{V}$$

根据

$$\frac{U_1}{U_2}=\frac{R_g}{R}$$

$$R=\frac{U_2R_g}{U_1}=\frac{240\times 20\times 10^3}{10}=480\times 10^3\,\Omega$$

2. 电阻的并联及分流

两个或两个以上的电阻并列连接在电路两点之间，这种连接方式称为电阻的并联。图 2.3为三个电阻并联电路，电压和电流参考方向如图所示。

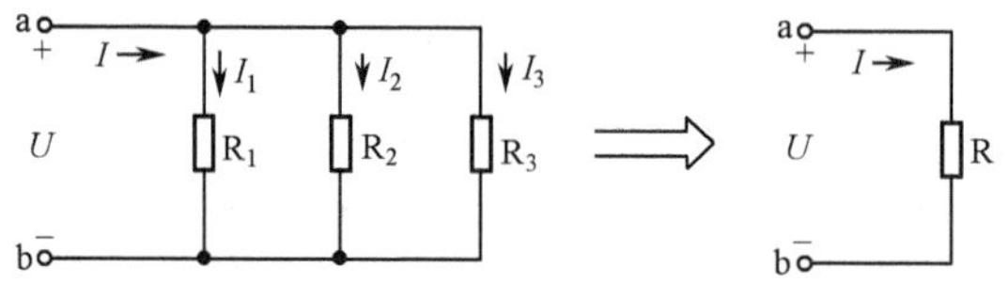

图 2.3 电阻的并联

电阻并联电路有如下的特点：

(1) 各并联电阻的端电压相等。

(2) 根据 KCL 总电流等于各支路电流之和，即

$$I=I_1+I_2+I_3$$

当电路由 n 个电阻并联时，上式可推广为

$$I=I_1+I_2+\cdots+I_n=\sum_{i=1}^{n}I_i \qquad (2\text{-}8)$$

(3) 等效电阻的倒数等于各电阻倒数之和，或者说等效电导等于各支路电导之和

$$\frac{1}{R}=\frac{1}{R_1}+\frac{1}{R_2}+\frac{1}{R_3} \qquad (2\text{-}9)$$

$$G=G_1+G_2+G_3 \qquad (2\text{-}10)$$

当只有两个电阻并联时，则式（2-9）可改写为

$$\frac{1}{R}=\frac{1}{R_1}+\frac{1}{R_2}=\frac{R_1+R_2}{R_1R_2}$$

所以

$$R=\frac{R_1R_2}{R_1+R_2} \tag{2-11}$$

式（2-11）表明两个电阻并联时，等效电阻等于两电阻之积与两电阻之和的比。

（4）电路消耗的总功率等于各电阻消耗功率之和。

因为

$$I=I_1+I_2+I_3$$

两边同乘以 U 得

$$UI=UI_1+UI_2+UI_3$$

$$P=P_1+P_2+P_3 \tag{2-12}$$

（5）各电阻分配到的电流和功率与各电阻的阻值成反比。

由于

$$I_1=\frac{U}{R_1}=\frac{R}{R_1}I$$

$$I_2=\frac{U}{R_2}=\frac{R}{R_2}I \tag{2-13}$$

$$I_3=\frac{U}{R_3}=\frac{R}{R_3}I$$

所以

$$I_1:I_2:I_3=\frac{1}{R_1}:\frac{1}{R_2}:\frac{1}{R_3} \tag{2-14}$$

又由于

$$P_1=\frac{U^2}{R_1},P_2=\frac{U^2}{R_2},P_3=\frac{U^2}{R_3}$$

所以

$$P_1:P_2:P_3=\frac{1}{R_1}:\frac{1}{R_2}:\frac{1}{R_3} \tag{2-15}$$

式（2-13）是三个电阻并联时的分流公式，式中$\frac{R}{R_1}$，$\frac{R}{R_2}$，$\frac{R}{R_3}$称为分流比。当只有两个电阻并联时

$$I_1=\frac{R}{R_1}I=\frac{R_2}{R_1+R_2}I$$

$$I_2=\frac{R}{R_2}I=\frac{R_1}{R_1+R_2}I \tag{2-16}$$

为书写方便，电阻的并联关系常用符号“//”表示。

【例 2-2】 图 2.4 所示有一满偏电流 $I_g=100\mu A$、内阻 $R_g=1\ 600\Omega$的表头，若要改装成能测量 1mA 的电流表，问需并联的分流电阻为多大。

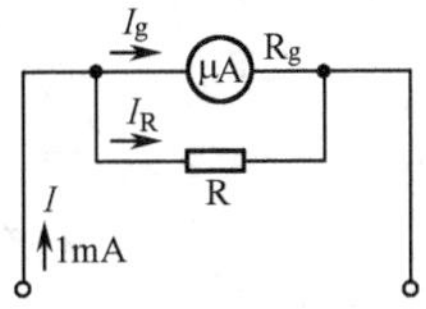

图 2.4　【例 2-2】图

解：满足 $I_g=100\mu A$，则通过 R 的电流为

$$I_R=I-I_g=1\times10^{-3}-100\times10^{-6}=900\mu A$$

根据分流公式

$$\frac{I_g}{I_R}=\frac{R}{R_g}$$

所以

$$R=\frac{I_g}{I_R}R_g=\frac{100}{900}\times 1600=177.8\Omega$$

即在表头两端并联一个 177.8Ω 的分流电阻，可扩大量程为 1mA。

【例 2-3】 今有三组并联电阻，它们的阻值分别为（1）$R_1=20\Omega$，$R_2=40\Omega$，（2）$R_1=20\Omega$，$R_2=20\Omega$，（3）$R_1=20\Omega$，$R_2=400\Omega$。求 3 种情况下的等效电阻。

解：（1）$R=\frac{R_1R_2}{R_1+R_2}=\frac{20\times 40}{20+40}=13.33\Omega$

（2）$R=\frac{R_1R_2}{R_1+R_2}=\frac{20\times 20}{20+20}=10\Omega$

（3）$R=\frac{R_1R_2}{R_1+R_2}=\frac{20\times 400}{20+400}=19.05\Omega$

从计算结果可见：

（1）等效电阻的阻值比并联电阻中最小的一个电阻的阻值还小；

（2）两个阻值相同的电阻 R_1 并联后，其等效电阻 R 等于各电阻的一半；n 个相同阻值的电阻 R_1 并联后，等效电阻为 $R=\frac{1}{n}R_1$。

（3）两个阻值相差悬殊的电阻并联，如 $R_1\ll R_2$，工程计算上，往往略去阻值大的电阻，而认为总电阻 $R\approx R_1$。

3. 电阻的混联

既有电阻串联又有电阻并联的电路叫电阻混联电路。这种电路在实际工作中应用广泛，形式多种多样，如图 2.5 所示。

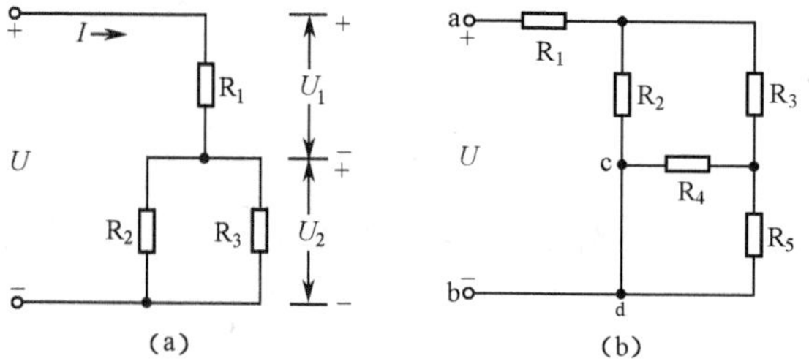

图 2.5 电阻的混联电路

分析电阻的混联电路，首先要弄清电路中各电阻的连接关系：

（1）通过同一电流的各电阻一定是串联关系；

（2）连接在两点之间的各支路一定是并联关系；

（3）通常连接导线的电阻可以忽略不计，因此电位相等的连接线可以收缩为一点；反之，一个接点可以拉长为一根导线。

根据以上三点，可以将不易看清串联、并联关系的电路，改画整理成便于识别的电路，但连接关系不能变更。如图 2.5（b）所示，可将 c 与 d 两点缩为一点，即可看出 $R_4/\!/R_5$，

因而可得等效电阻 $R_{ab}=R_1+R_2//[R_3+(R_4//R_5)]$，然后运用串联、并联电路特点和欧姆定律进行分析和计算。

【例 2-4】 多量程电流表目前常采用环形分流器如图 2.6 所示。若 $I_g=100\mu A$，$R_g=1600\Omega$，今扩大量程为 1mA，10mA，1A 三挡，试求 R_1，R_2，R_3。

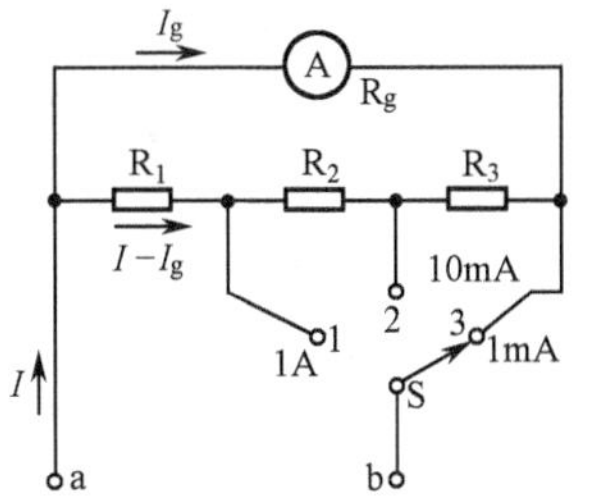

图 2.6 【例 2-4】图

解：分流器 S 在位置“3”时，分流电阻为最大，量程最小；S 在“1”位时量程最大。

1mA 挡：由【例 2-2】已计算得

$$R_1+R_2+R_3=177.8\Omega$$

1A 挡：$(1-100\times10^{-6})R_1=100\times10^{-6}(R_g+R_2+R_3)$

$$R_1=100\times10^{-6}(R_g+R_1+R_2+R_3)$$
$$=100\times10^{-6}(1\,600+177.8)=0.177\,78\Omega$$

10mA 挡：$(10\times10^{-3}-100\times10^{-6})(R_1+R_2)=100\times10^{-6}(R_g+R_3)$

$$10\times10^{-3}\times(R_1+R_2)=100\times10^{-6}(R_g+R_1+R_2+R_3)$$
$$R_1+R_2=10\times10^{-3}(1\,600+177.8)=17.778\Omega$$
$$R_2=17.778-0.177\,78=17.6\Omega$$
$$R_3=177.8-17.778=160\Omega$$

此例就是电流表的扩程原理。

单元 2 电阻的星形连接与三角形连接的等效互换

上节讨论了无源二端网络用串联、并联方法化简为一个等效电阻。这种电路不论有多少电阻，结构有多复杂，都能用串联、并联方法化简为一个等效电阻的电路，称为简单电阻电路。但有些电路电阻与电阻之间的关系既不串联也不并联。如图 2.7 所示，电桥不平衡时不能用串联、并联方法化简，这种类型的电路称为复杂电阻电路。对于复杂电路可用三角形连接等效互换为星形连接，或星形连接等效互换为三角形连接的方法来分析。

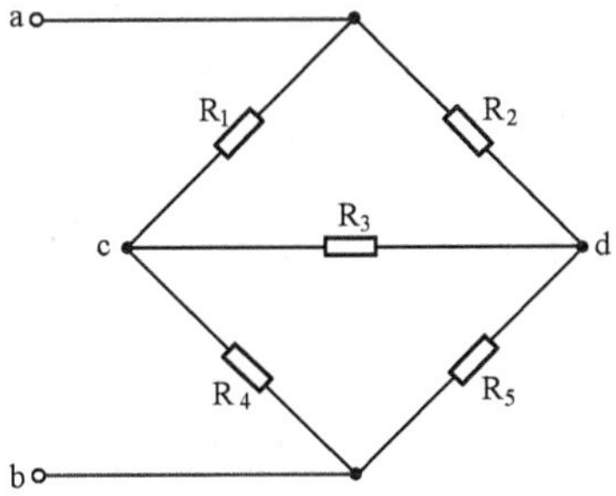

图 2.7 复杂电路

1. 电阻的星形连接与电阻的三角形连接

1) 电阻的星形连接

如图 2.8 (a) 所示，三个电阻的一端接在同一点上，另 一端各自与其他电路连接，由此构成的电路形状像星星发光，称为星形连接；形状又像“T”形，又叫 T 形连接；形状也像“Y”形，还叫 Y 形连接。

2) 电阻的三角形连接

从图 2.7 中，把 R_1，R_2，R_3 构成的部分电路从原电路中取出，这种三个电阻接在三角形的三条边上，称为三角形（Δ 形）连接；若将 3 点拉为一条线，形如“π”字，所以又叫 π 形连接，如图 2.9 所示。

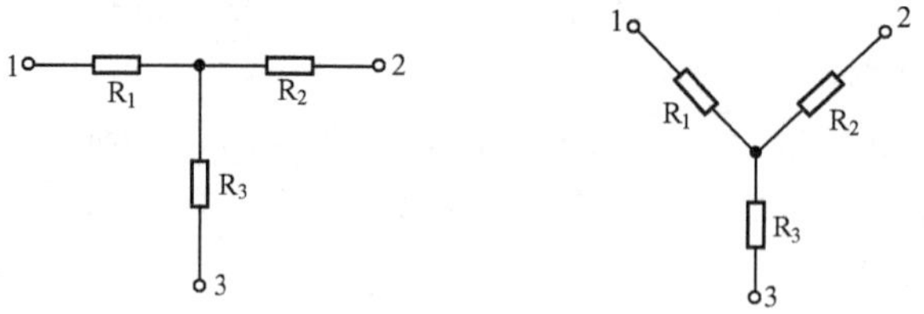

（a）T形连接　　（b）Y形连接

图 2.8　电阻的星形连接电路

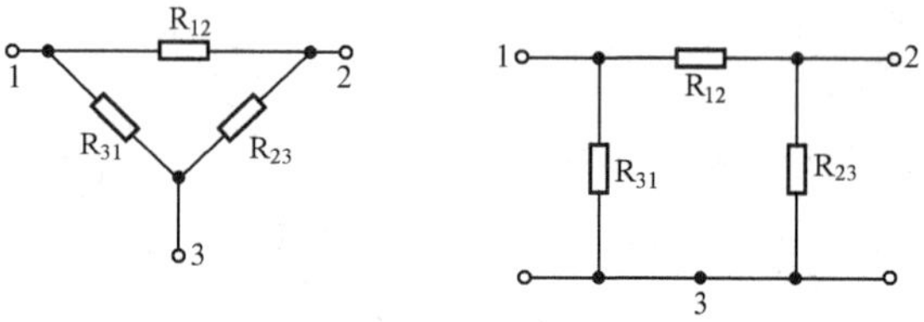

（a）Δ形连接　　（b）π形连接

图 2.9　电阻的三角形连接电路

3）等效互换的目的与原则

如图 2.10（a）所示的电路，欲求通过各电阻上的电流，不能直接用串联、并联的等效化简来计算，但是如能使 R_{12}，R_{31}，R_{23}所构成的Δ形连接等效为Y形连接，如图 2.10（b）所示；或者将 R_{12}，R_{23}，R_{24}所构成的Y形连接等效互换成Δ形连接，如图 2.10（c）所示，则连接的等效电阻可用串联、并联方法等效化简。所以等效互换的目的是为了简化电路的分析与计算。

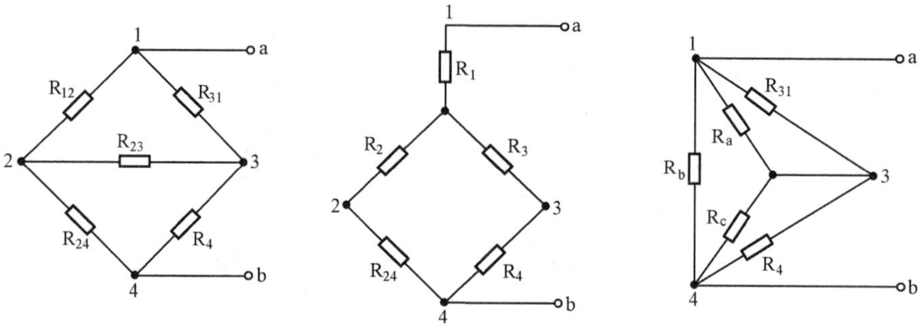

（a）　　（b）　　（c）

图 2.10　Δ形连接与Y形连接等效变换电路

上述的等效互换仍然指外部等效互换，即互换前后对应端钮间的电压不变、流入或流出对应点的电流不变。

2. 星形连接与三角形连接等效互换公式

如图 2.11 所示的Y形连接与Δ形连接，当外部电流 I_1，I_2，I_3 相等、电压 U_{12}，U_{23}，U_{31}相等的条件下，可以证明：电阻的Y形连接能够等效变换为电阻的Δ形连接。已知 R_1，R_2，R_3，求等效 R_{12}，R_{23}，R_{31}的公式为

$$R_{12}=\frac{R_1R_2+R_2R_3+R_3R_1}{R_3}$$

$$R_{23}=\frac{R_1R_2+R_2R_3+R_3R_1}{R_1}$$

$$R_{31}=\frac{R_1R_2+R_2R_3+R_3R_1}{R_2} \quad (2\text{-}17)$$

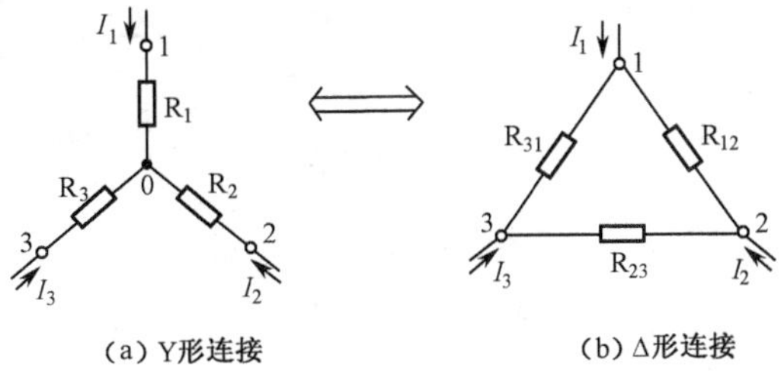

图 2.11　Y 形连接与 Δ 形连接互换电路

或

$$R_1=R_2=R_3=R_Y$$

则

$$R_{12}=R_{23}=R_{31}=3R_Y$$

同理，可以证明：电阻的 Δ 形连接等效互换为 Y 形连接的公式，即已知 R_{12}，R_{23}、R_{31}，求等效的 R_1，R_2，R_3 的公式为

$$R_1=\frac{R_{12}R_{31}}{R_{12}+R_{23}+R_{31}}$$

$$R_2=\frac{R_{23}R_{12}}{R_{12}+R_{23}+R_{31}}$$

$$R_3=\frac{R_{23}R_{31}}{R_{12}+R_{23}+R_{31}} \quad (2\text{-}18)$$

若

$$R_{12}=R_{23}=R_{31}=R_\Delta$$

则

$$R_1=R_2=R_3=\frac{1}{3}R_\Delta$$

【例 2-5】　如图 2.12（a）所示直流电桥电路，已知 $E=2.2\text{V}$，$R_1=10\Omega$，$R_2=30\Omega$，$R_4=4\Omega$，$R_3=60\Omega$，$R_5=22\Omega$，试求此电路的总电阻及总电流、各支路电流。

解：因为 $R_4R_2\neq R_1R_5$ 所以此电桥未满足平衡条件，不能用混联电路方法求解。现将 △ABD 电路中的 R_1，R_2，R_3 连接互换为 Y 形连接电路，如图 2.12（b）所示。这样，根据新的电路，很容易求出总电阻及总电流。

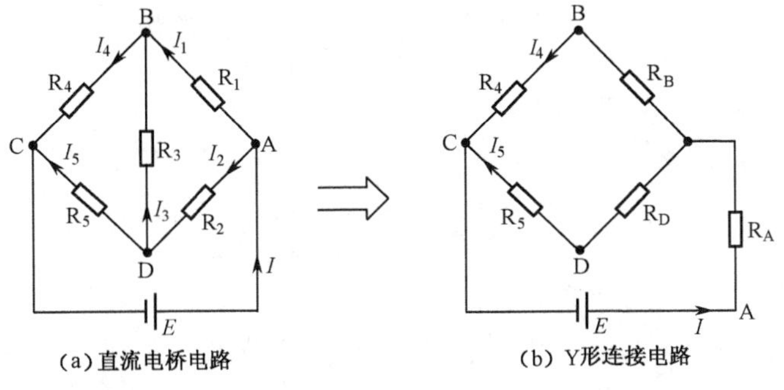

图 2.12　【例 2-5】图

先求出等效互换各电阻值

$$R_A=\frac{R_1R_2}{R_1+R_2+R_3}=\frac{10\times 30}{10+30+60}=3\Omega$$

$$R_B=\frac{R_1R_3}{R_1+R_2+R_3}=\frac{10\times 60}{10+30+60}=6\Omega$$

$$R_D=\frac{R_2R_3}{R_1+R_2+R_3}=\frac{30\times 60}{10+30+60}=18\Omega$$

图（b）的总电阻 R 为

$$R=R_A+\frac{(R_4+R_B)(R_5+R_D)}{R_4+R_B+R_5+R_D}=3+\frac{(4+6)(22+18)}{4+6+22+18}=11\Omega$$

总电流为

$$I=\frac{E}{R}=\frac{2.2}{11}=0.2\text{A}$$

因为在新电路中，R_4 和 R_5 支路没有改变，所以 I_4 和 I_5 可以在图 2.12（b）中求出。根据分流公式可得

$$I_4=\frac{R_D+R_5}{R_B+R_4+R_D+R_5}I=\frac{(18+22)\times 0.2}{6+4+22+18}=0.16\text{A}$$

$$I_5=I-I_4=0.2-0.16=0.04\text{A}$$

若互换后的电路中没有原支路，则必须先求出Y形（或Δ形）连接对应点间的电压，如在图 2.12（b）所示电路中有

$$U_{BC}=I_4R_4=0.16\times 4=0.64\text{V}$$

$$U_{DC}=I_5R_5=0.04\times 22=0.88\text{V}$$

$$U_{DB}=U_{DC}-U_{BC}=0.88-0.64=0.24\text{V}$$

这些电压就是原来对应点之间的电压，因此在图 2.12（a）所示电路中有

$$I_3=\frac{U_{DB}}{R_3}=\frac{0.24}{60}=0.004\text{A}$$

$$I_2=I_3+I_5=0.044\text{A}$$

$$I_1=I_4-I_3=0.156\text{A}$$

如果用Y形连接互换为Δ形连接求解，结果应是一样的，请读者自己练习。

为了便于记忆，将电阻的Δ形连接与Y形连接电路的等效互换关系式归纳成公式和口诀，如图 2.13 所示。

Y形连接互换Δ形连接公式：

$$R_\Delta=\frac{\text{Y形每相邻两电阻乘积之和}}{\text{Y形对角电阻}}$$

口诀是：顶点要对好，分子乘积和，分母对角找。

Δ形连接互换Y形连接公式：

$$R_Y=\frac{\text{对应点}\Delta\text{形相邻两电阻之乘积}}{\Delta\text{形三边电阻之和}}$$

口诀是：顶点要对准，分母单个加，分子夹边乘。

注意：Y形连接互换为Δ形连接时，Y形连接的节点 a 如果是所求等效电阻的一个连接点，则不能互换，因为Y形连接变换为Δ形连接时，节点已变化掉，无法计算所求的等效电阻。如图 2.14 所示，求 R_{ab}，不能先把 R_1，R_2，R_3 组成的Y形连接变换为Δ形连接，这样会把 a 点变掉。同理，不能把 R_1，R_4，R_5 组成的Y形连接互换为Δ形连接，可选 c 点或 d 点的Y形连接，或其他Δ形连接变换为Y形连接。

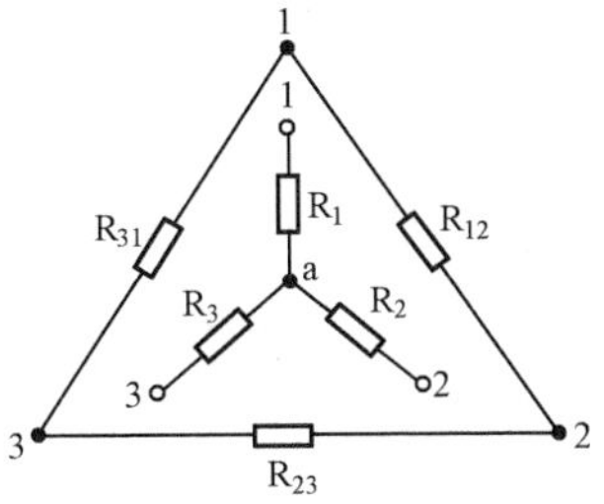

图 2.13　Y 形连接与 Δ 形连接对应点图

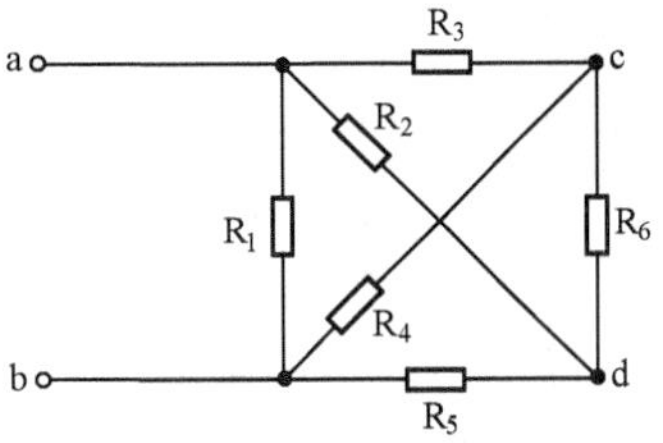

图 2.14　注意事项说明图

单元 3　戴维南定理和诺顿定理

凡具有两个引出端钮的网络，不管其内部结构如何都叫做二端网络。其内部不含电源的称为无源二端网络。内部含有电源的称为有源二端网络。

对于无源二端网络，前面已讲过了，用串联、并联方法或用 Y 形连接与 Δ 形连接互换总可以等效为一条支路的一个等效电阻。对于有源二端网络，通常用戴维南定理等效为一个电压源模型。

在一个复杂电路中，有时只需要研究某一支路的电流、电压和功率，这时，用含源二端网络定理——戴维南定理（等效发电机原理）或用诺顿定理进行计算就比较简单。

1. 戴维南定理

任何一个线性含源二端电阻网络，对外电路来说，都可以用一个等效电压源模型来替代。此等效电压源的电压等于含源二端网络的开路电压 U_{oc}；等效电压源的内阻等于该网络中所有电压源短路，电流源开路（其原电源内阻保留）时，从网络两端看进去的等效内阻 R_i。R_i 称为入端电阻，如图 2.15 所示。

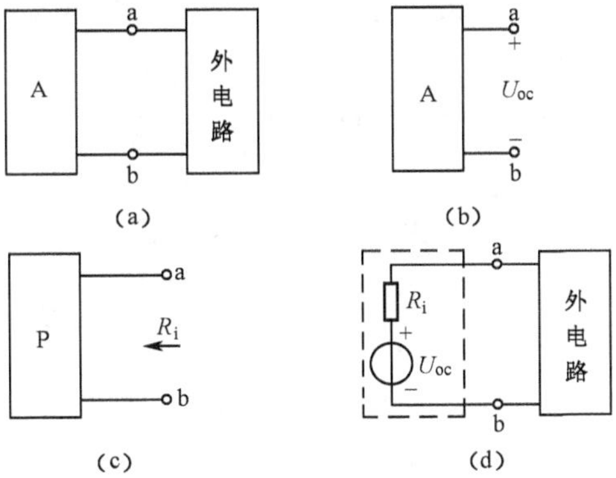

图 2.15　含源二端网络的开路电压和入端电阻

2. 应用戴维南定理解题的方法与步骤

用戴维南定理求解某支路电流的步骤，可用图 2.16 来说明。

（1）把电路分为待求支路和有源二端网络两部分。如图 2.16（a）所示，虚框以内为有源二端网络，以外为待求支路。

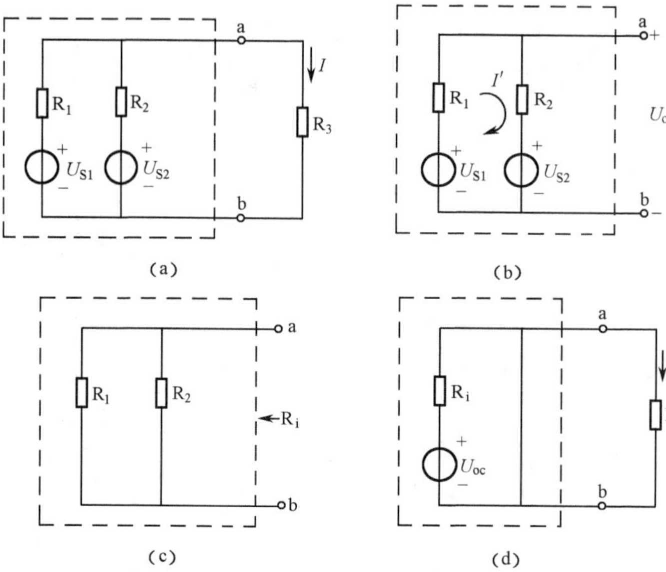

图 2.16　戴维南定理解题步骤图

（2）把待求支路断开，求出有源二端网络的开路电压 U_{oc}，如图 2.16（b）所示。

（3）将有源二端网络内的电压源短路，电流源开路（内阻保留），画出此时的无源二端网络辅助图，如图 2.16（c）所示，求出无源二端网络的等效电阻 R_i。

（4）画出戴维南等效电路，等效电路中的电源电压等于开路电压 U_{oc}，等效内阻等于 R_i，并把待求支路接上，如图 2.16（d）所示。此电路电流

$$I=\frac{U_{oc}}{R_3+R_i} \tag{2-19}$$

（5）求出待求支路其他物理量，如电压、功率等。

【例 2-6】　如图 2.16（a）所示，已知 $R_1=20\Omega$，$R_2=20\Omega$，$R_3=5\Omega$，$U_{S1}=20V$，$U_{S2}=15V$，求通过负载 R_3 的电流 I。

解：（1）应用戴维南定理，断开负载电阻 R_3，求开路电压 U_{oc}，如图 2.16（b）所示。

$$I'=\frac{U_{S1}-U_{S2}}{R_1+R_2}=\frac{20-15}{20+20}=\frac{1}{8}(A)$$

$$U_{oc}=I'R_2+U_{S2}=\frac{1}{8}\times 20+15=\frac{35}{2}(V)$$

（2）如图 2.16（c）所示，求等效内阻 R_i。

$$R_i=\frac{R_1R_2}{R_1+R_2}=\frac{20\times 20}{20+20}=10\Omega$$

（3）画出戴维南等效电路，如图 2.16（d）所示。

$$I=\frac{U_{oc}}{R_i+R_3}=\frac{\frac{35}{2}}{10+5}=\frac{7}{6}(A)$$

应用戴维南定理求解某一支路中电流或功率时比较方便。如果经过等效后电路为一复杂电路时，可进行二次、三次等效，求解方法同前。

应用戴维南定理时需注意的问题：

（1）戴维南定理只对外电路（即断开的待求支路）等效，对内电路中电流、电功率均不等效，切不可用戴维南定理等效电阻、电压源来求内电路的电流、功率。

（2）在画等效电路时，等效电压的方向与开路电压的方向应一致。

（3）a 与 b 两端的开路电压不等于 a 与 b 两端的实际电压，即 $U_{oc} \neq U_{ab}$。

3. 戴维南等效电路参数的测定

戴维南等效电路参数只有两个：即 U_{oc} 和 R_i。

从图 2.17（a）可以看出，含源二端网络的开路电压 U_{oc} 可以用电压表直接测得。

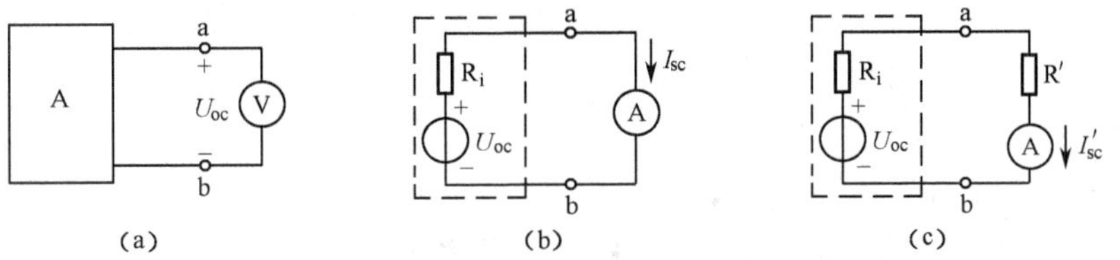

图 2.17　用电流表、电压表测等效电路参数

输入端电阻 R_i 可用电流表测出短路电流 I_{sc} 后（如图 2.17（b）所示），再计算 R_i（忽略电流表内阻不计）

$$R_i = \frac{U_{oc}}{I_{sc}}$$

在上述方法中，短路电流可能超过额定电流很多，不便测量，可外接一保护电阻 R′，如图 2.17（c）所示。则入端电阻

$$R_i = \frac{U_{oc} - U_{ab}}{I'_{sc}} = \frac{U_{oc}}{I'_{sc}} - \frac{U_{ab}}{I'_{sc}} = \frac{U_{oc}}{I'_{sc}} - R'$$

4. 诺顿定理

电压源可以等效变换为电流源，因此戴维南等效电路也可以转换为电流源形式来表示，如图 2.18（c）所示。用电流源等效的电路叫诺顿等效电路。

诺顿定理的内容是：任何线性有源电阻性二端网络可以用电流源模型来替代。其电流源的电流 I_{sc} 数值上等于该网络输出端 a 与 b 的短路电流 I_{sc}；R'_i 则等于网络内部电压源短路、电流源开路（内阻保留）时的等效电阻 R_{ab}。

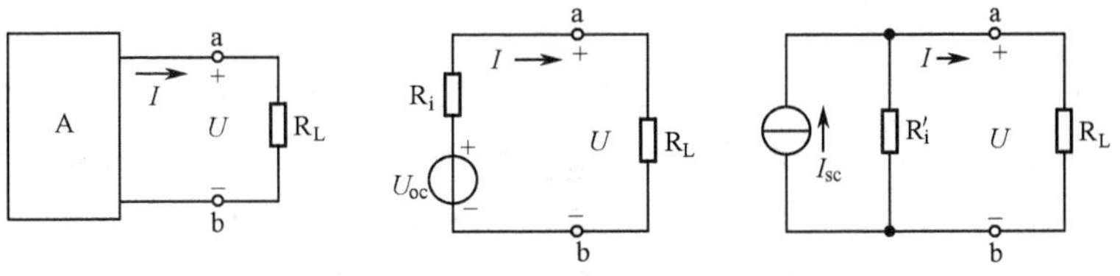

图 2.18　诺顿等效电路

单元4　节点电压法

节点电压法，也叫节点电位法，有时简称为节点法，是电路分析的一种重要方法。对于分析支路多、节点少的电路尤为方便。大型复杂网络用计算机辅助分析时，节点法是一种基本的方法。

1. 节点电压法

电路中，任意选择某一节点为参考点，其他节点与参考点之间的电压便是节点电压。本教材规定节点电压的参考极性均以参考节点处为“－”极性。

以节点电压为未知量，根据KCL列出节点电流方程，从而解得节点电压，然后依据一段含源电路或无源电路的欧姆定律，求出各支路电流，这种分析方法叫节点电压法，简称节点法。

分析推导公式的步骤是：

(1) 列出节点电流方程。

(2) 列出节点间电压方程，求出各支路电流表达式。

(3) 将支路电流表达式代入节点电流方程（本教材具体过程不推导）。整理得到具有三个节点电压方程为

$$\begin{aligned} G_{11}U_{10} + G_{12}U_{20} &= I_{S11} \\ G_{21}U_{10} + G_{22}U_{20} &= I_{S22} \end{aligned} \tag{2-20}$$

以图2.19为例说明式(2-20)方程的符号意义。

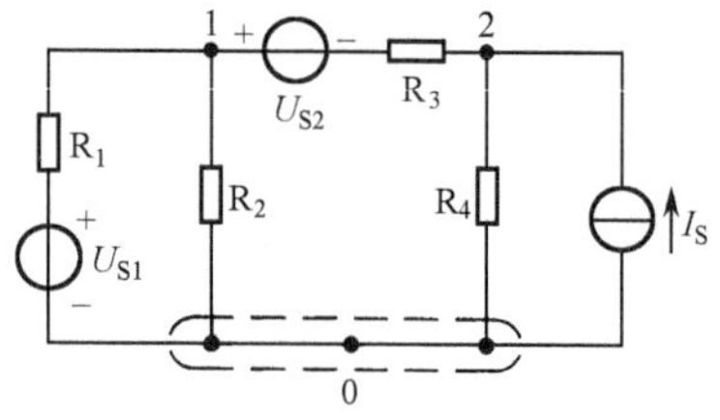

图2.19　节点法方程例图

G_{11}与G_{22}称为自电导。下标“11”表示与“1”节点相连接各支路电导之和，下标“22”表示与“2”节点相连接各支路电导之和，如图2.19电路

$$G_{11} = \frac{1}{R_1} + \frac{1}{R_2} + \frac{1}{R_3}$$

$$G_{22} = \frac{1}{R_3} + \frac{1}{R_4}$$

自电导总是正的。

G_{12}与G_{21}称为互电导，下标“12”表示节点“1”与节点“2”之间的电导；“21”表示节点“2”与节点“1”之间的电导。图2.19所示电路，$G_{12}=G_{21}=-\frac{1}{R_3}$，互电导总是取负值。

其实互电导本身不是负值，是因为经过公共电导的电流总是从一个节点流入另一个节点，所以在另一个节点的电流方程中，这些电流应取“－”号。为了列方程整齐起见，也便于记忆，把这类电流前的负号划给互导，因此互导总是负的。

I_{S11}表示流入、流出“1”节点的各支路电流源的电流代数和。流入该节点的电流源电流取正，流出该节点的电流源电流取负。如果支路中含有电压源，则把它转换为电流源。若某支路既无电压源又无电流源，则此支路的电流源电流代数和为零。在图2.19电路中有

$$I_{S11}=\frac{U_{S1}}{R_1}+\frac{U_{S2}}{R_3}=G_1U_{S1}+G_3U_{S2}$$

同理

$$I_{S22}=-\frac{U_{S2}}{R_3}+I_S=-G_3U_{S2}+I_S$$

将节点电压法解题步骤归纳如下：

(1) 选择好参考节点，以此节点为"－"极，其余节点与参考点间的电压就是节点电压。

(2) 计算各节点的自电导和互电导，自电导取正，互电导取负。

(3) 计算各节点电流源电流的代数和。流入该节点的电流源电流取正号，反之取负号，其中电压源的参考"＋"极性指向节点时，G_kU_{Sk}前面取正号，反之取负号。

(4) 列出节点方程。

(5) 解出各节点电压。

(6) 标出各支路电流的参考方向，用一段电路的欧姆定律，求出各支路的电流，再计算其他物理量。

应用节点电压法时需注意的问题：

(1) I_{Snn}是表示流入或流出第n个节点的各支路电流源的电流代数和，而不是各支路的支 路电流，若某支路既无电压源又无电流源，则此支路的电流源电流为零，但支路电流还存在。

(2) 求电导时，要取得精确一些，否则会造成较大的误差。

(3) 恒流源支路含有的电阻应移去，在计算电导时与该电阻无关。

(4) 若某个节点到参考节点之间只有恒压源，则节点电压即为恒压源电压，可减少一个节 点电压方程。

【例2-8】 如图2.20所示电路，已知$R_1=R_3=4\Omega$，$R_2=2\Omega$，$U_{S1}=2V$，$U_{S2}=4V$，$I_S=6A$，试用节点电压法求各支路电流。

解：以0点为参考节点，节点代号和各支路电流方向如图所示。

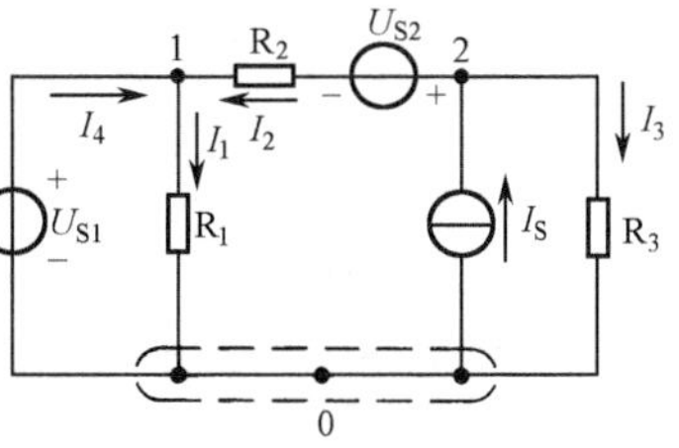

图2.20 【例2-8】图

由图可知$U_{10}=U_{S1}=2V$，所以只列一个方程，即

$$G_{21}U_{10}+G_{22}U_{20}=I_{S22}$$

$$-\frac{1}{R_2}U_{10}+(\frac{1}{R_2}+\frac{1}{R_3})U_{20}=\frac{U_{S2}}{R_2}+I_S$$

代入已知数得

$$-0.5\times2+0.75U_{20}=8$$

$$U_{20}=\frac{8+1}{0.75}=12V$$

$$I_3=\frac{U_{20}}{R_3}=3A$$

$$U_{21}=U_{S2}+I_2R_2=U_{20}-U_{10}=10V$$

$$I_2=\frac{U_{21}-U_{S2}}{R_2}=\frac{10-4}{2}=3A$$

$$I_1 = \frac{U_{10}}{R_1} = \frac{2}{4} = 0.5\text{A}$$

$$I_4 = I_1 - I_2 = 0.5 - 3 = -2.5\text{A}$$

I_4 为负值表明电流从电压源正极流向负极，是吸收功率。

2. 弥尔曼定理

若只有两个节点的电路而应用节点电压法时，称为弥尔曼定理。如图 2.21 所示，用节点 电压法只需一个方程就能求出节点电压，进而求出各支路电流了。

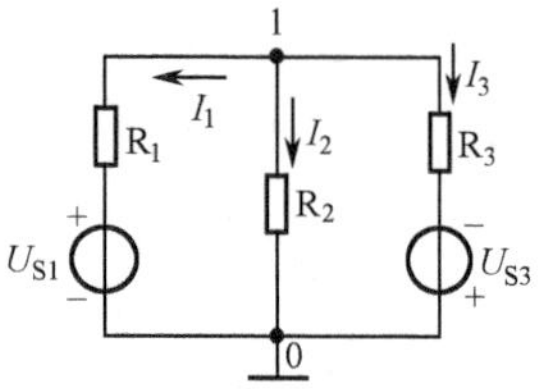

图 2.21 两节点电路

设以 0 点为参考节点，U_{10}为节点 1 的电压，则

$$\left(\frac{1}{R_1}+\frac{1}{R_2}+\frac{1}{R_3}\right)U_{10} = \frac{U_{S1}}{R_1} - \frac{U_{S3}}{R_3}$$

$$U_{10} = \frac{\frac{U_{S1}}{R_1} - \frac{U_{S3}}{R_3}}{\frac{1}{R_1}+\frac{1}{R_2}+\frac{1}{R_3}} = \frac{G_1U_{S1} - G_3U_{S3}}{G_1 + G_2 + G_3}$$

写成一般形式为

$$U_{10} = \frac{\sum G_i U_{S1}}{\sum G_i} \tag{2-21}$$

当电压源 U_{S1} 的参考“＋”极连到节点 1 时，G_iU_{S1} 前取正号，反之取负号。

【例 2-9】 如图 2.21 电路中，已知 $R_1 = 4\Omega$，$R_2 = 2\Omega$，$R_3 = 10\Omega$，$U_{S1} = 12\text{V}$，$U_{S3} = 24\text{V}$，求各支路电流。

解：根据弥尔曼定理

$$U_{10} = \frac{\frac{U_{S1}}{R_1} - \frac{U_{S3}}{R_3}}{\frac{1}{R_1}+\frac{1}{R_2}+\frac{1}{R_3}} = \frac{\frac{12}{4} - \frac{24}{10}}{\frac{1}{4}+\frac{1}{2}+\frac{1}{10}} = 0.706\text{V}$$

$$I_1 = \frac{U_{10} - U_{S1}}{R_1} = \frac{0.706 - 12}{4} = -2.82\text{A}$$

$$I_2 = \frac{U_{10}}{R_2} = \frac{0.706}{2} = 0.353\text{A}$$

$$I_3 = \frac{U_{10} + U_{S3}}{R_3} = \frac{0.706 + 24}{10} = 2.47\text{A}$$

【例 2-10】 求图 2.22 中各支路电流。

解：电路只有两个节点，用弥尔曼定理最方便

$$U_{10} = \frac{\frac{12}{2} - 3}{\frac{1}{3}+\frac{1}{2}+\frac{1}{6}} = 3\text{V}$$

$$I_1 = \frac{U_{10}}{3} = 1\text{A}$$

$$I_2 = \frac{U_{10} - 12}{2} = -4.5\text{A}$$

$$I_3 = \frac{U_{10}}{6} = \frac{3}{6} = 0.5\text{A}$$

I_2 为负值，说明 I_2 的实际方向与参考方向相反，即从 0 流向 1。

【例 2-11】　图 2.23 为一加法电路，U_{S1}，U_{S2}，U_{S3} 为模拟相加的电压，试证明输出电压与被加电压之和成正比。

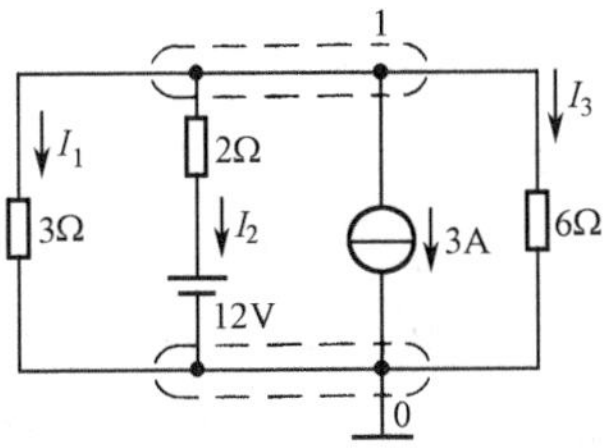

图 2.22　【例 2-10】图

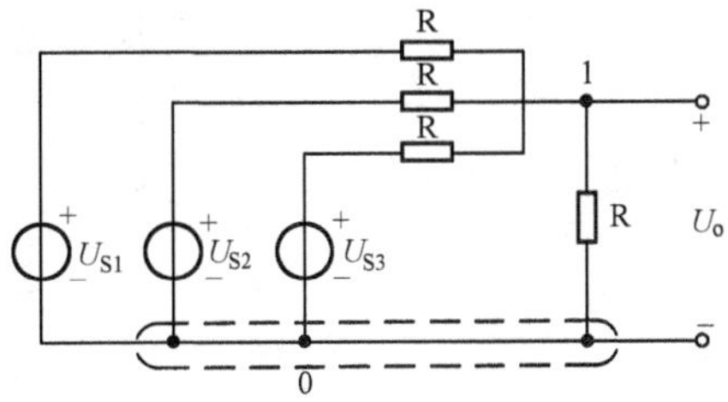

图 2.23　【例 2-11】图

解：以 0 为参考节点，节点 1 的节点电压 U_{10}，就等于输出电压 U_o。

根据弥尔曼定理

$$U_{10}=U_o=\frac{\dfrac{U_{S1}}{R}+\dfrac{U_{S2}}{R}+\dfrac{U_{S3}}{R}}{\dfrac{1}{R}+\dfrac{1}{R}+\dfrac{1}{R}+\dfrac{1}{R}}=\frac{\dfrac{1}{R}(U_{S1}+U_{S2}+U_{S3})}{4\,\dfrac{1}{R}}=\frac{1}{4}(U_{S1}+U_{S2}+U_{S3})$$

即输出电压与被加电压之和（$U_{S1}+U_{S2}+U_{S3}$）成正比。

单元 5　叠加定理

1. 叠加定理

叠加定理的内容为：在一个含有多个电源的电路中，任一支路的电流（或电压），等于在电路中各部分电阻不变的情况下，各电源单独作用时所产生的电流（或电压）的代数和。

应用叠加定理求电路中各支路电流的具体步骤如下：

(1) 分别做出各个电源单独作用的分电路图（此时其他电压源短路，电流源开路），而保留各电源内阻。

(2) 按电阻串联、并联的计算方法，分别计算出各分图中每一支路电流的大小及方向。

(3) 求出各支路电流的代数和。

【例 2-12】　在图 2.24 电路中，已知 $U_{S1}=U_{S2}=17\text{V}$，$R_1=2\Omega$，$R_2=1\Omega$，$R_3=5\Omega$，用叠加定理求各支路的电流。

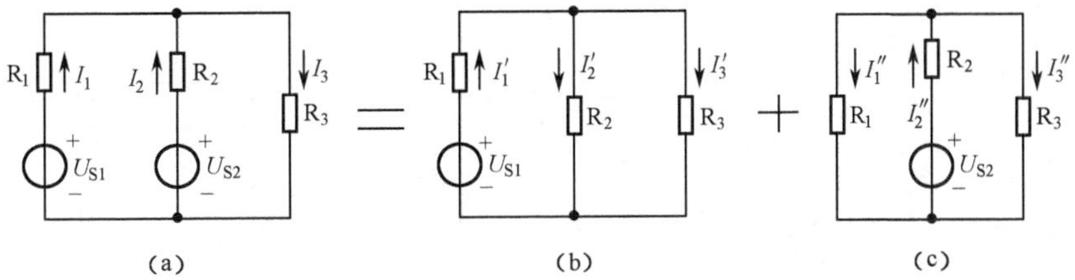

图 2.24　【例 2-12】图

解：(1) 设 U_{S1} 单独作用时，如图 2.24 (b) 所示，则有

$$I_1' = \frac{U_{S1}}{R_1 + \dfrac{R_2R_3}{R_2+R_3}} = \frac{17}{2+\dfrac{1\times5}{1+5}} = 6\text{A}$$

$$I_2' = \frac{R_3}{R_2+R_3}I_1' = \frac{5}{6}\times6 = 5\text{A}$$

$$I_3' = I_1' - I_2' = 6-5 = 1\text{A}$$

（2）设 U_{S2} 单独作用时，如图 2.24（c）所示，则有

$$I_2'' = \frac{U_{S2}}{R_2 + \dfrac{R_1R_3}{R_1+R_3}} = \frac{17}{1+\dfrac{2\times5}{2+5}} = 7\text{A}$$

$$I_1'' = \frac{R_3}{R_1+R_3}I_2'' = \frac{5}{2+5}\times7 = 5\text{A}$$

$$I_3'' = I_2'' - I_1'' = 7-5 = 2\text{A}$$

（3）将各支路电流叠加起来

$$I_1 = I_1' - I_1'' = 6-5 = 1\text{A}$$

$$I_2 = I_2'' - I_2' = 7-5 = 2\text{A}$$

$$I_3 = I_3' + I_3'' = 1+2 = 3\text{A}$$

应用叠加定理时，应注意的几个问题如下：

（1）叠加定理只能用来求线性电路中的电压或电流，而不能直接用来计算功率，这是由于功率是电压或电流的二次函数，很明显，当某一支路的电流为 $I=I'+I''$，电阻为 R 时，则

$$I^2R \neq I'^2R + I''^2R$$

所以

$$P \neq P' + P''$$

（2）对非线性电路叠加定理不适用。

（3）叠加时要注意电流和电压的参考方向，至于各电流和电压前取正号或负号，应根据原电路电流或电压参考方向与分图电流或电压的参考方向是否一致而定。

（4）应用叠加定理，求某一电源单独作用时，对于其他电源，不论是电压源或电流源，都要保留其内阻，把恒压源短路，恒流源开路。

（5）叠加定理可以简化线性电路的计算，但对于多支路、多个电源的电路，用叠加定理计算却比较繁琐。

【例 2-13】　电路如图 2.25（a）所示，应用叠加定理求支路电流 I_1 和 I_2。

解：把原图分解为图 2.25（b）和（c）。如图 2.25（b）所示，根据欧姆定律，则

$$I_1' = I_2' = \frac{24}{20+10} = 0.8\text{A}$$

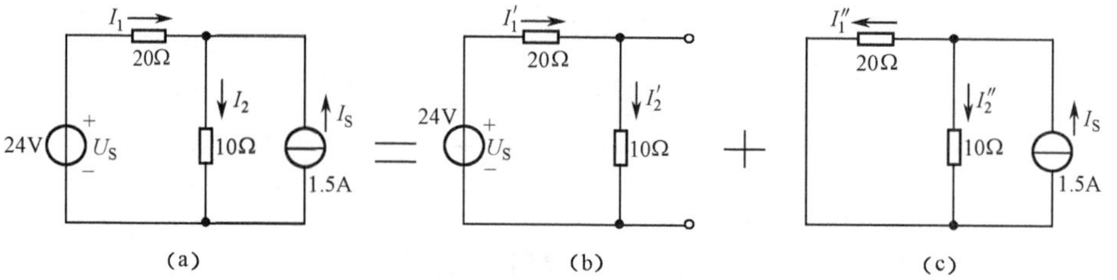

图 2.25　【例 2-13】电路

如图 2.25（c）所示，根据分流公式得

$$I_1'' = \frac{10}{20+10} \times 1.5 = 0.5\text{A}$$

$$I_2'' = I_S - I_1'' = 1.5 - 0.5 = 1\text{A}$$

所以

$$I_1 = I_1' - I_1'' = 0.8 - 0.5 = 0.3\text{A}$$

$$I_2 = I_2' + I_2'' = 0.8 + 1 = 1.8\text{A}$$

【例 2-14】　在图 2.26（a）中若 I_S=4.5A，求各支路电流。

解：把图 2.26（a）分解为图 2.26（b）和（c），图（b）由例 2-13 已经求出各支路电流，图（c）为 I_3 增加 3A 的电路，则

$$I_1'' = \frac{10}{20+10} \times 3 = 1\text{A}$$

$$I_2'' = I_S - I_1'' = 3 - 1 = 2\text{A}$$

所以

$$I_1 = I_1' - I_1'' = 0.3 - 1 = -0.7\text{A}$$

$$I_2 = I_2' + I_2'' = 1.8 + 2 = 3.8\text{A}$$

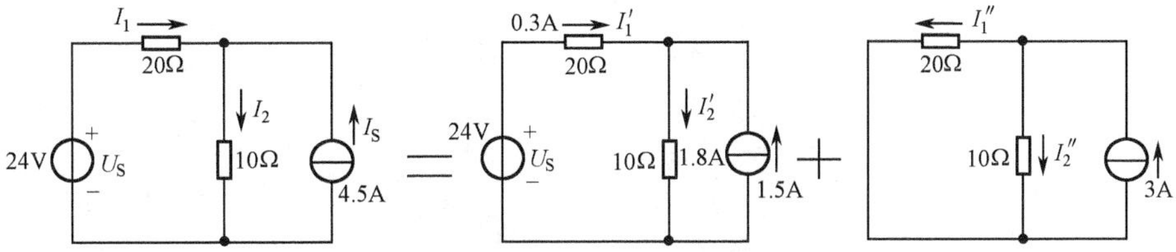

图 2.26　【例 2-14】电路

2. 叠加定理的重要性

当某一复杂电路已经求出（或已知）各支路电流，而在某一支路中新增加电源，或者某支路电源发生变化时，再求各支路电流，应用叠加定理就比较方便。此时，只要计算新电源或某支路电源变化量在各支路中产生的电流，并叠加到原有各支路电流上去就行了。

叠加定理的重要性不仅在于简化线性电路的计算，而更重要的是，叠加定理是线性电路基本性质的一个重要原理，它是分析线性电路的重要方法和依据，有助于对线性电路性质的理解，可以用来推导其他电路定理。例如，今后在分析非正弦电路、过渡过程等章节都将应用这一原理。又如，当线性电路中仅具有一个含源支路时，则叠加定理可简化为比例原理，即各支路电流或电压与电源电压成正比；当电源电压（或电流）增大或减小 n 倍时，各部分电流、电压均按比例地增大或减小 n 倍。这一原理将给今后分析计算简单电源电路带来很大方便。

* **【例 2-15】**　求图 2.27 电路中各支路电流。

解：此题可用串联、并联化简来解。为了多学一种解法，利用比例原理求解本题。

先假设最右侧支路电流为 1A，利用欧姆定律、基尔霍夫定律依次算出各支路电流和电压，从而

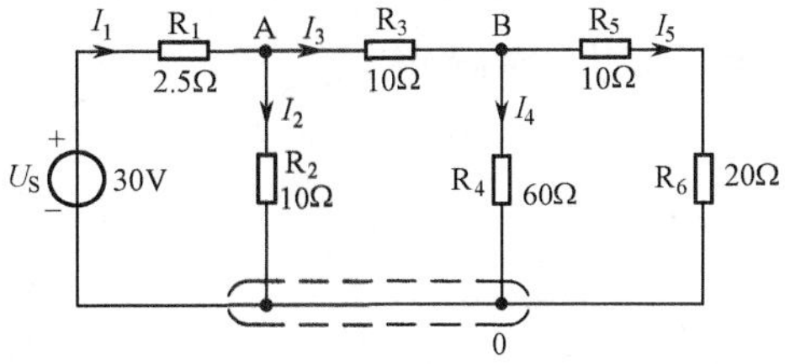

图 2.27　【例 2-15】电路

得出所需的电源电压值；然后，根据比例原理从给定的电源电压按比例求出各支路的电流。

令 $$I'_5 = 1\text{A}$$

则 $$U'_{B0} = I'_5(R_5 + R_6) = 30\text{V}$$

$$I'_4 = \frac{U'_{B0}}{R_4} = \frac{30}{60} = 0.5\text{A}$$

$$I'_3 = I'_4 + I'_5 = 1.5\text{A}$$

$$U'_{AB} = R_3 I'_3 = 10 \times 1.5 = 15\text{V}$$

$$U'_{A0} = U'_{AB} + U'_{B0} = 45\text{V}$$

$$I'_2 = \frac{U'_{A0}}{R_2} = 4.5\text{A}$$

$$I'_1 = I'_2 + I'_3 = 6\text{A}$$

$$U'_S = I'_1 R_1 + U'_{A0} = 2.5 \times 6 + 45 = 60\text{V}$$

以上各支路电流是 U'_S=60V 情况下得到的，实际 U_S=30V，则

$$\frac{U_S}{U'_S} = \frac{30}{60} = 0.5$$

因此，各支路电流相应地乘以 0.5 倍即可得，

$$I_1 = 0.5I'_1 = 0.5 \times 6 = 3\text{A}$$

$$I_2 = 0.5I'_2 = 0.5 \times 4.5 = 2.25\text{A}$$

$$I_3 = 0.5I'_3 = 0.5 \times 1.5 = 0.75\text{A}$$

$$I_4 = 0.5I'_4 = 0.5 \times 0.5 = 0.25\text{A}$$

$$I_5 = 0.5I'_5 = 0.5 \times 1 = 0.5\text{A}$$

单元 6　负载获得最大功率的条件

任何电路都进行着由电源到负载的功率传输。由于电源总有内阻，因而电源提供的总功率是由内阻上消耗的功率和负载上获得的功率组成。图 2.28 (a) 是一个接有负载电阻 R_L 的闭合电路。因为电源的内阻一般是固定的，因而负载获得功率和负载电阻 R_L 的大小有密切的关系。在图 2.28 (a) 中，如果改变 R_L 的大小，就会发现 R_L 上获得的功率有所不同。在电子线路中总是希望负载获得最大功率。那么，负载电阻符合什么条件，才能获得最大功率呢？

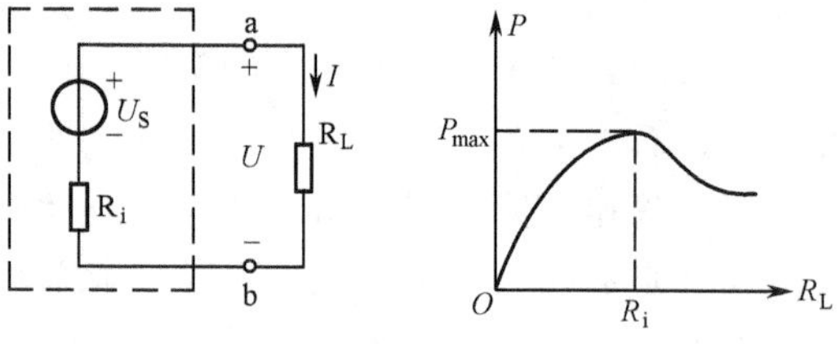

(a) 闭合电路图　　(b) 曲线图

图 2.28　负载获得最大功率的条件

在图 2.28 中，电源向负载输出的功率就是负载电阻 R_L 吸收的功率，即

$$P = I^2 R_L$$

因为

$$I = \frac{U_S}{R_L + R_i}$$

所以

$$P=\frac{U_S^2}{(R_L+R_i)^2}R_L=\frac{U_S^2R_L}{R_L^2+2R_LR_i+R_i^2}=\frac{U_S^2R_L}{R_L^2-2R_LR_i+4R_LR_i+R_i^2}$$

$$=\frac{U_S^2R_L}{(R_L-R_i)^2+4R_LR_i}=\frac{U_S^2}{(R_L-R_i)^2/R_L+4R_i} \qquad (2\text{-}22)$$

显然，只有在分母为最小值时，负载获得的功率 P 才是最大值，也就是只有 $R_L=R_i$ 时，P 才能达到最大值。所以负载获得最大功率的条件是：$R_L=R_i$，即负载电阻等于电源内阻。

根据式（2-22），在 $R_L=R_i$ 时，负载获得的最大功率是

$$P_{max}=\frac{U_S^2}{4R_i}=\frac{U_S^2}{4R_L} \qquad (2\text{-}23)$$

从以上分析可知，电源的输出功率 P 是随负载电阻 R_L 的变化而变化的。P 随 R_L 的变化曲线如图 2.28（b）所示。在电子技术中，将负载电阻调节到等于信号源内阻时的状态称为阻抗匹配。当阻抗匹配时，负载才能获得最大功率。

当负载获得最大功率时，由于 $R_L=R_i$，因而内阻上消耗的功率和负载消耗的功率相等，这时效率只有 50%，显然电源的效率是很低的。在电子技术中，电路都是用来传输信号和放大信号的，工作在小功率情况，主要问题在于如何使负载获得最大功率，效率低无非多消耗电能，已属次要问题，因而电路总是尽可能工作在 $R_L=R_i$ 附近。这种情况在电力系统中恰好相反，主要矛盾是输电效率，希望尽可能减少电源内部损耗及途中损耗，以节省电力，而且要避免因电流过大而损坏电源本身。故必须使 $I^2R_i \ll I^2R_L$，即 $R_i \ll R_L$，也就是负载电阻要比电源内阻大得多。

【例 2-16】　某信号源的开路电压为 100V，内阻为 5kΩ，求负载从该电源获得的最大功率是多少？

解：当所接负载电阻与电源内阻相等时，负载能从电源获得最大功率，这时负载电阻 $R_L=R_i=5\text{k}\Omega$

流过负载的电流为

$$I=\frac{U_S}{R_L+R_i}=\frac{100}{5\,000+5\,000}=0.01\text{A}$$

负载获得的功率为

$$P=I^2R_L=(0.01)^2\times 5\,000=0.5\text{W}$$

或者根据式（2-23）可得

$$P_{max}=\frac{U_S^2}{4R_L}=\frac{100^2}{4\times 5\,000}=0.5\text{W}$$

【例 2-17】　如图 2.29 所示电路，若要负载电阻 R_L 获得最大功率，R_L 应是多大？R_L 获得最大功率为多少？这时电源产生的总功率是多少？电源内阻消耗的功率又是多少？

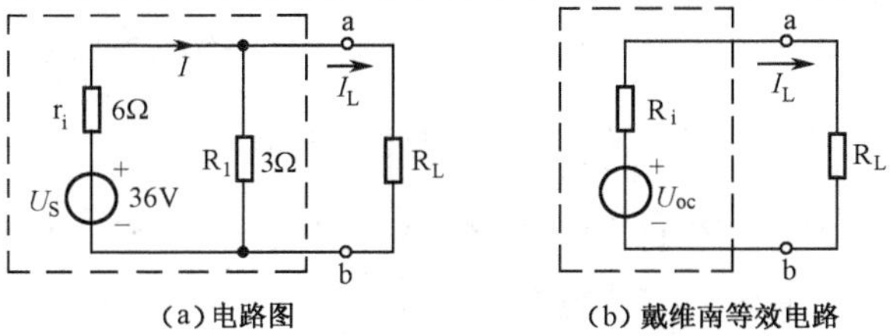

（a）电路图　（b）戴维南等效电路

图 2.29　【例 2-17】图

解：应用戴维南定理，将负载 R_L 支路断开，戴维南等效电路如图 2.29（b）所示，求出有源二端网络的开路电压及等效内阻 R_i

$$U_{oc}=\frac{U_S}{R_1+r_i}R_1=\frac{36}{3+6}\times 3=12V$$

$$R_i=\frac{R_1 r_i}{R_1+r_i}=\frac{3\times 6}{3+6}=2\Omega$$

根据负载获得最大功率的条件应是

$$R_L=R_i=2\Omega$$

因此所获得的最大功率为

$$P_{max}=\frac{U_{oc}^2}{4R_i}=\frac{12^2}{4\times 2}=18W$$

由图 2.29（a）计算电源所产生的功率：

当 $R_L=2\Omega$ 时

$$I=\frac{U_S}{r_i+\dfrac{R_L R_1}{R_L+R_1}}=\frac{36}{6+\dfrac{3\times 2}{3+2}}=5A$$

电源 U_S 产生的总功率

$$P_{总}=-IU_S=-5\times 36=-180W$$

电源输出的功率

$$P_{出}=I^2\frac{R_1 R_L}{R_1+R_L}=5^2\times\frac{3\times 2}{3+2}=30W$$

R_L 获得的最大功率是 18W，说明 R_1 消耗 12W。

电源内阻消耗的功率

$$P_{ri}=I^2 r_i=5^2\times 6=150W$$

由上例可得出，在分析电路中某一支路电阻获得最大功率的问题时，一定要运用戴维南定理或诺顿定理，将除该支路以外的其余有源二端网络等效为一个电压源，式（2-23）中 U_S 是等效电压源的参数，而不是原网络中的电源参数。

【例 2-18】 如图 2.30（a）所示，求负载 R_L 为多少时能获得最大功率，并求此功率 P_{Lmax} 的数值。

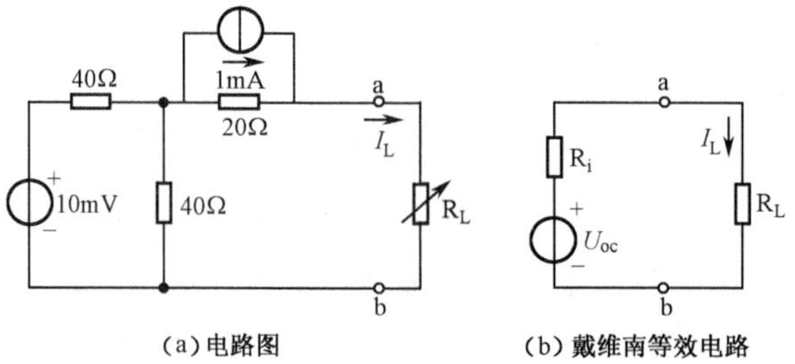

图 2.30 【例 2-18】图

解：从 a 与 b 两点断开 R_L 支路，求出戴维南等效电路，如图 2.30（b）所示，其中

$$U_{oc}=U_{ab开}=20\times 1+\frac{40}{40+40}\times 10=25mV$$

$$R_i = 20 + \frac{40 \times 40}{40 + 40} = 40\Omega$$

所以，当 $R_L = R_i = 40\Omega$ 时负载获得最大功率为

$$P_{Lmax} = \frac{U_{oc}^2}{4R_i} = \frac{(25 \times 10^{-3})^2}{4 \times 40} = 3.9\mu W$$

小结

本章介绍了复杂电路的分析计算方法，它包括线性网络定理的应用及网络等效变换的一些规律。

1. 等效变换

（1）端口电压、电流关系相同的两个网络叫做等效网络。在进行等效网络变换时，必须保持外部电流、电压不变。

（2）无源二端网络的等效变换。

① 电阻的串联及其分压

$$R = R_1 + R_2 + R_3 + \cdots + R_n$$

$$U_1 : U_2 : U_3 \cdots = R_1 : R_2 : R_3 \cdots$$

两个电阻串联时

$$U_1 = \frac{R_1}{R_1 + R_2} U$$

$$U_2 = \frac{R_2}{R_1 + R_2} U$$

②电阻的并联及其分流

$$\frac{1}{R} = \frac{1}{R_1} + \frac{1}{R_2} + \frac{1}{R_3} + \cdots$$

$$G = G_1 + G_2 + G_3 + \cdots$$

$$I_1 : I_2 : I_3 \cdots = \frac{1}{R_1} : \frac{1}{R_2} : \frac{1}{R_3} \cdots = G_1 : G_2 : G_3 \cdots$$

两个电阻并联时

$$R = \frac{R_1 R_2}{R_1 + R_2}$$

$$I_1 = \frac{R_2}{R_1 + R_2} I$$

$$I_2 = \frac{R_1}{R_1 + R_2} I$$

③电阻混联电路。

运用串联、并联电路特点进行化简计算。

④Y形连接与Δ形连接电阻电路的等效变换。

当Y形连接互换为Δ形连接，即已知 R_1，R_2，R_3，求 R_{12}，R_{23}和 R_{31}

$$R_{\Delta} = \frac{\text{Y形连接每相邻两电阻乘积之和}}{\text{Y形连接对角电阻}}$$

当Δ形连接互换为Y形连接，即已知 R_{12}，R_{23}，R_{31}，求 R_1，R_2，R_3

$$R_Y = \frac{\text{对应点}\,\Delta\,\text{形连接相邻两电阻之积}}{\Delta\,\text{形连接三边电阻之和}}$$

（3）有源二端网络的等效电路。

有源二端网络的等效电路就是戴维南定理的等效电路。任何一个线性有源二端电阻网络都可以用一个等效电压源来代替。这个等 效电压源的电压等于原来网络的开路电压 U_{oc}，其等效内阻 R_i 等于原来网络中所有电压源短路，电流源开路（保留其内阻）时，该网络的人端电阻。用戴维南定理求电路中某一支路的电流、电压或功率比较方便。求解有源二端网络的负载获得最大功率的问题时，惟一的方法是用戴维南定理。

（4）电压源与电流源的等效互换（已在第1章介绍，这里不再叙述）。

2. 节点电压法

三个节点的电路节点电压方程的一般形式为

$$G_{11}U_{10} + G_{12}U_{20} = I_{S11}$$
$$G_{21}U_{10} + G_{22}U_{20} = I_{S22}$$

当一个电路只有两个节点时的节点电压法称为弥尔曼定理，一般形式为

$$U_{10} = \frac{\sum U_i G_i}{\sum G_i}$$

列方程时，自电导总是正的，互电导总是负的。节点电流源的电流，流入节点的取正，流出节点的取负。

解出各节点电压，然后求各支路的电流及其他物理量。

3. 叠加定理

叠加定理是线性电路普遍适用的重要定理。它的内容是：在线性电路中，各支路的电流（或电压）等于各 个电源单独作用时，在该支路产生的电流（或电压）的代数和。

在应用叠加定理计算某个电源单独作用时，其他独立源不作用。电压源不作用相当于将它短接，电流源 不作用相当于将它开路，而保留各电源内阻。

习题 2

2.1 两个电阻 R_1 和 R_2 具有下列5组数值，当 R_1 与 R_2 串联和 R_1 与 R_2 并联时，试分别求出它们的等效电阻值。

（1）$R_1 = R_2 = 1\text{k}\Omega$；

（2）$R_1 = 1\text{k}\Omega$，$R_2 = 0$；

（3）$R_1 = 3\text{k}\Omega$，$R_2 = 6\text{k}\Omega$；

（4）$R_1 = R_2 = 1\text{M}\Omega$；

（5）$R_1 = 1\text{k}\Omega$，$R_2 = \infty$。

2.2 计算图2.31电路中a与b两端的等效电阻 R_{ab}。

2.3 计算图2.32各电路的等效电阻 R_{AB}。

2.4 将图2.33（a），（b），（c）中的Y形电路变换成Δ形电路；（d），（e），（f）中的Δ形电路变换成Y形电路。

2.5 试用Δ形与Y形连接互换方法求图2.34中的 R_{ab}。

2.6 求图2.35中电阻 R_{ab}。

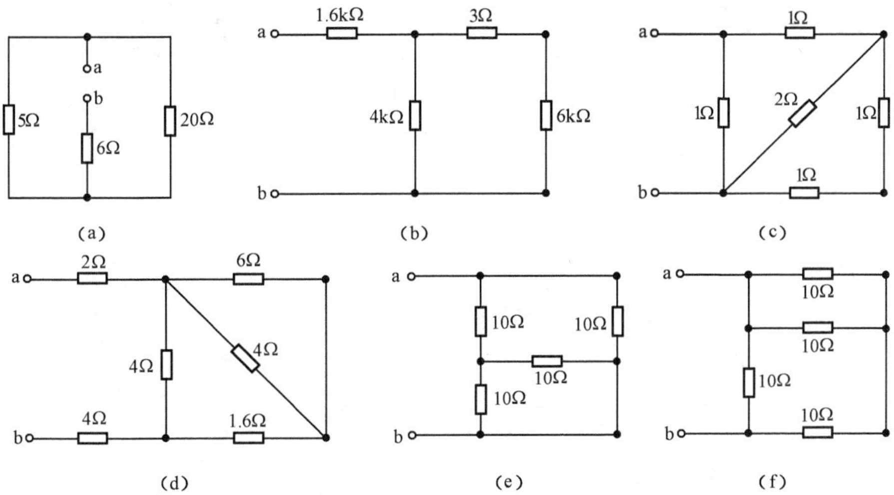

图 2.31　题 2.2 图

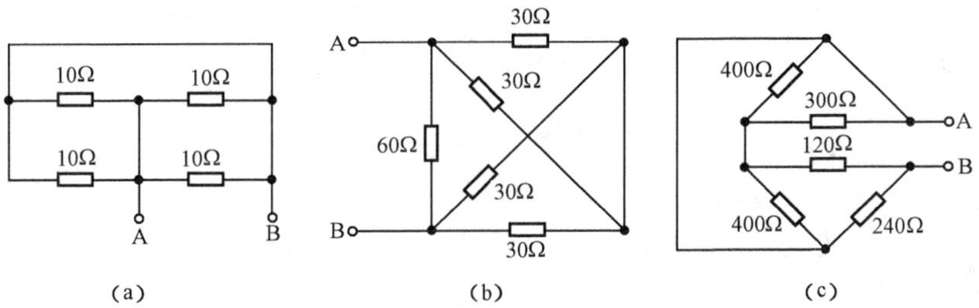

图 2.32　题 2.3 图

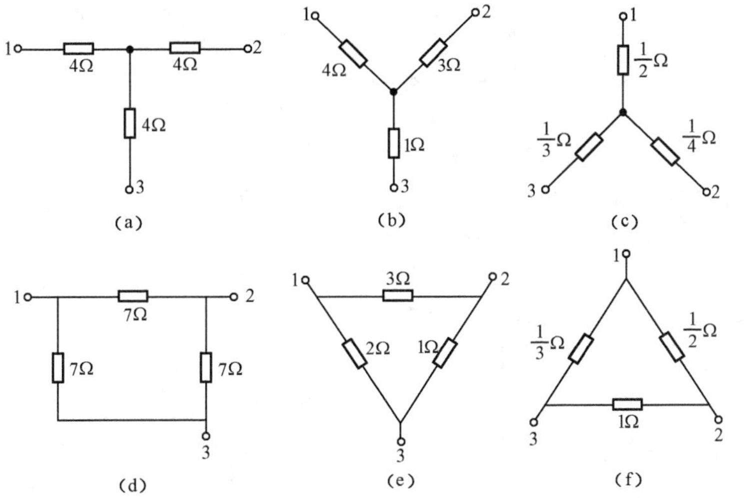

图 2.33　题 2.4 图

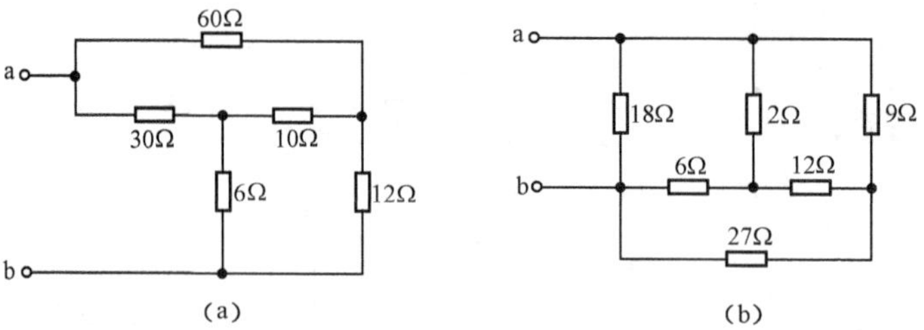

图 2.34 题 2.5 图

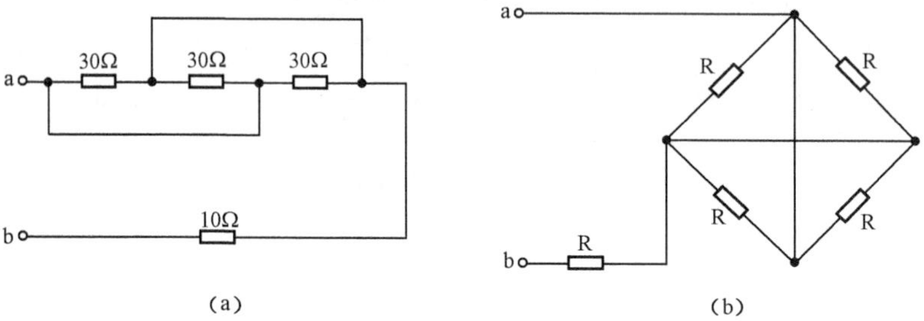

图 2.35 题 2.6 图

2.7 在电车所使用的直流电动机中，需要接入一个可以变动的电阻以控制电车的行驶速度。图 2.36 就是借助 5 只开关改变 4 只电阻串并联组合的电路。已知 $R_1=R_2=R_3=R_4=1\Omega$。求下列 5 种情况下 a 与 b 端的等效电阻：

（1）S_1 与 S_5 合上，其余断开；

（2）S_2，S_3，S_5 合上，其余断开；

（3）S_1，S_2，S_3，S_4 合上，S_5 断开；

（4）S_1，S_3，S_4 合上，其余断开；

（5）S_1，S_2 合上，其余断开。

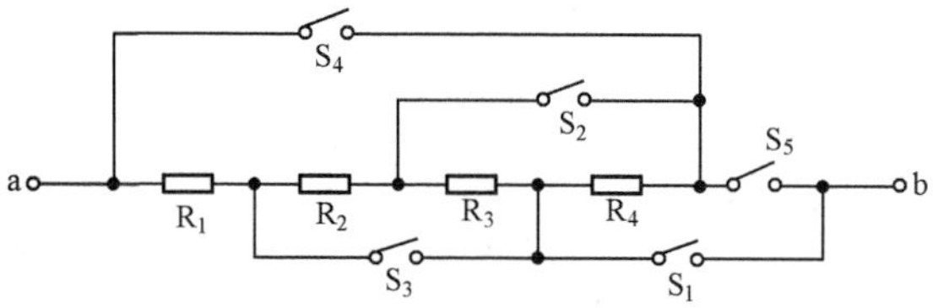

图 2.36 题 2.7 图

2.8 如图 2.37 所示电路，已知 $R_1=7\Omega$，$R_2=11\Omega$，$R_3=7\Omega$，$U_{S1}=70V$，$U_{S2}=6V$，求各支路电流。

2.9 如图 2.38 所示电路，已知 $U_{S1}=140V$，$U_{S2}=90V$，$R_1=20\Omega$，$R_2=5\Omega$，$R_3=6\Omega$，求各支路电流 I_1，I_2，I_3。

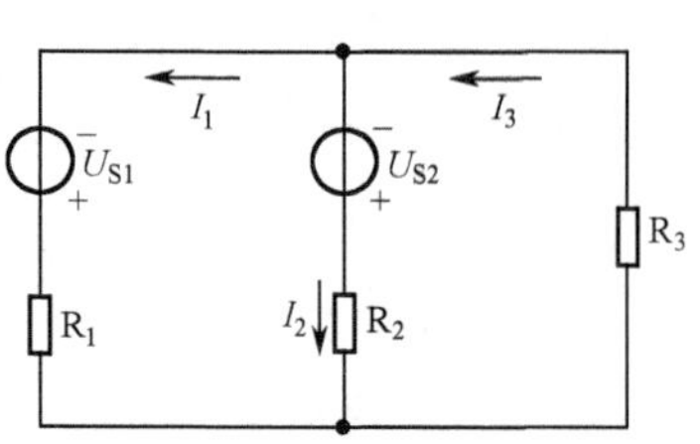

图 2.37 题 2.8 图

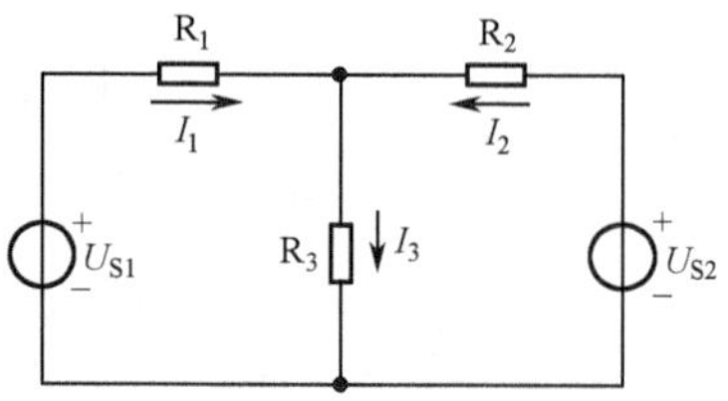

图 2.38 题 2.9 图

2.10　有一万用表头，已知表头内阻 $R_g=280\Omega$，$I_g=0.6\text{mA}$，测试电流及电压的连接如图 2.39 所示，试求 R_1，R_2，R_3，R_4，R_5，R_6 的电阻值。

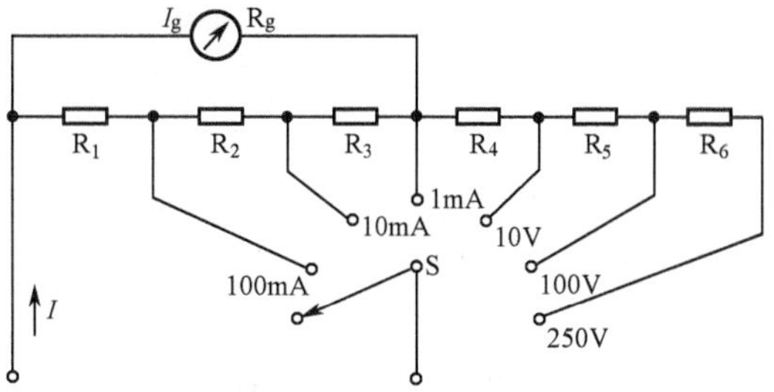

图 2.39　题 2.10 图

2.11　如图 2.40 所示电路中，$R_1=2\Omega$，$R_2=1\Omega$，$R_3=10\Omega$，$U_{S1}=12\text{V}$，$U_{S2}=10\text{V}$，用节点电压法求各支路电流。

2.12　如图 2.40 所示电路，用戴维南定理求 R_3 支路的电流。

2.13　如图 2.40 所示电路，用叠加定理求 R_3 支路的电流。

2.14　如图 2.41 电路所示，用节点电压法求各支路电流及 10kΩ 电阻上的功率。

2.15　图 2.42 所示的电路。已知 $E_C=12\text{V}$，$U_{ce}=-4\text{V}$，电阻 $R_c=5\text{k}\Omega$，电阻 $R_b=200\text{k}\Omega$，电压 $U_{eb}\approx 0$，试求：I_b，I_c，I_e。

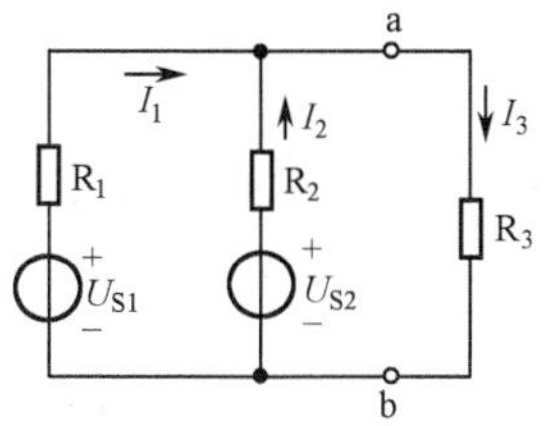

图 2.40　题 2.11 图

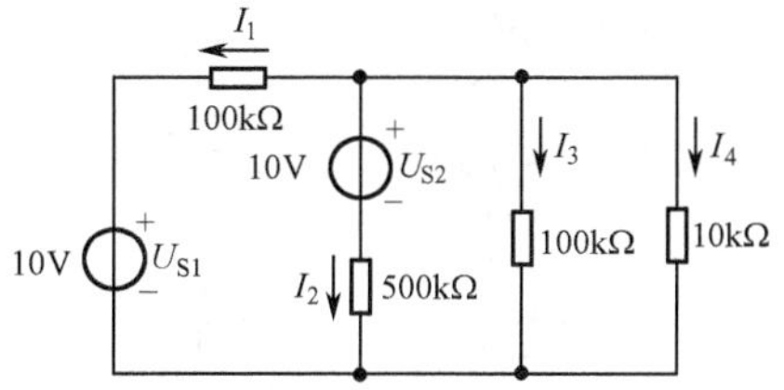

图 2.41　题 2.14 图

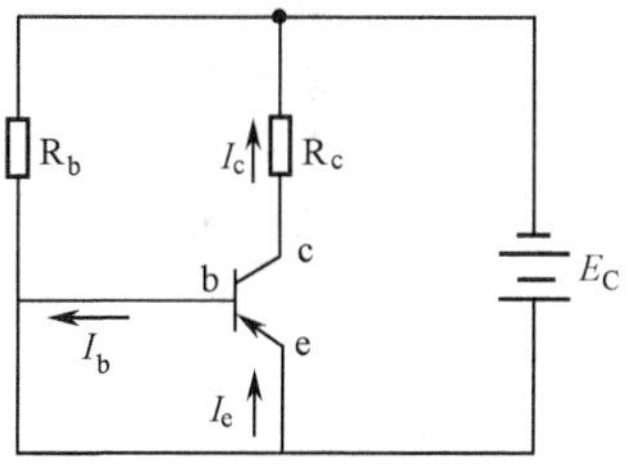

图 2.42　题 2.15 图

2.16　求图 2.43 所示电路中两节点间的电压 U_{A0}。

2.17　如图 2.44 所示电路，已知 $U_S=10\text{V}$，$I_S=5\text{A}$，$R_1=6\Omega$，$R_2=4\Omega$，求通过 R_1 和 R_2 的电流。

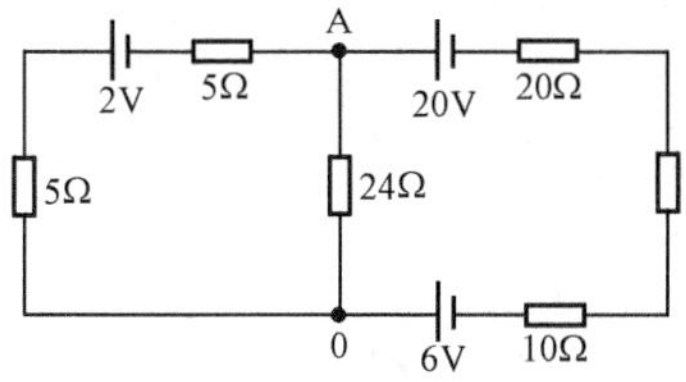

图 2.43　题 2.16 图

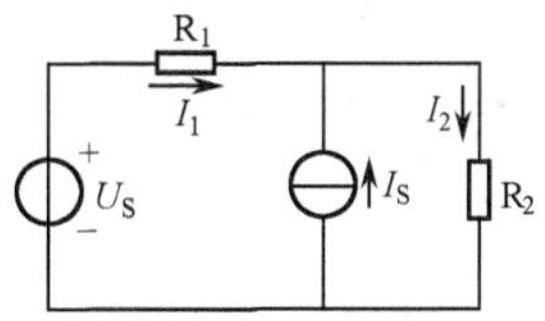

图 2.44　题 2.17 图

2.18　试用节点电压法求图 2.45 电路中 A 点的电位。

2.19　在图 2.46 所示电路中，已知 $E_1=E_2=E_3=80\text{V}$，$R_1=R_2=40\Omega$，$R_3=10\Omega$，$R_4=5\Omega$。用节点电压法求：

（1）S 打开时各支路电流；

（2）S 闭合时各支路电流。

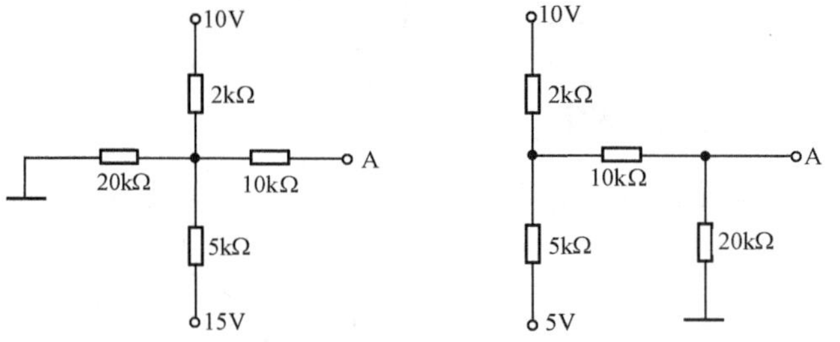

（a） （b）

图 2.45 题 2.18 图

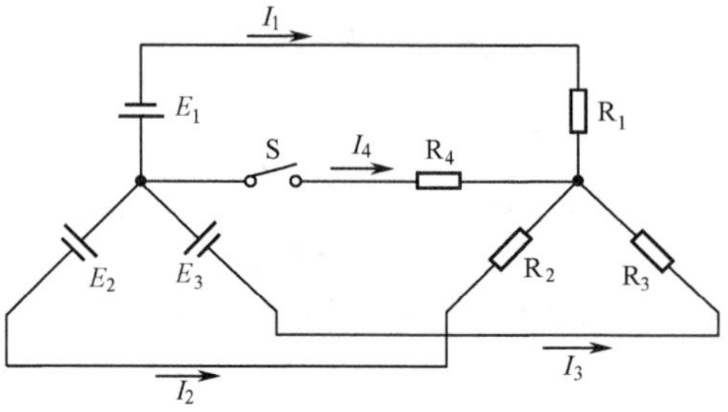

图 2.46 题 2.19 图

2.20 用戴维南定理求图 2.47 所示电路的等效电压源。

2.21 用戴维南定理求图 2.48 所示电路的等效电压源。

2.22 如图 2.49 所示电路中，$R_1=2\Omega$，$R_2=3\Omega$，$R_3=18\Omega$，$E_1=40V$，$E_2=30V$，试用戴维南定理求流过电阻 R_3 的电流 I_3。

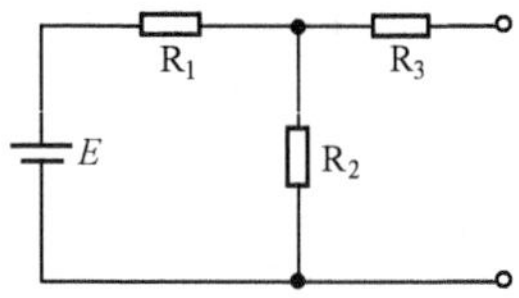

图 2.47 题 2.20 图

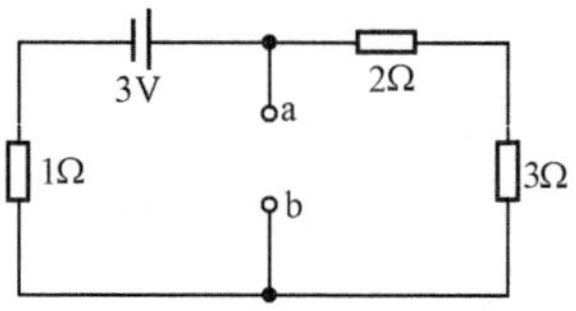

图 2.48 题 2.21 图

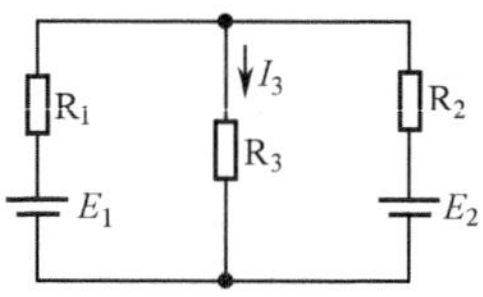

图 2.49 题 2.22 图

2.23 在图 2.50 所示电路中，开关 S 打开时，通过电阻 R 的电流是多少？S 闭合时，R 中的电流又是多少？已知：$U_{S1}=10V$，$U_{S2}=8V$，$U_{S3}=4V$，$R_1=1\Omega$，$R_2=1\Omega$，$R_3=4\Omega$，$R_4=5\Omega$，$R=4\Omega$。

2.24 如图 2.51 所示电路，G 为电流计，其电阻 $R_G=10\Omega$，试用戴维南定理求电流计电流 I_G。

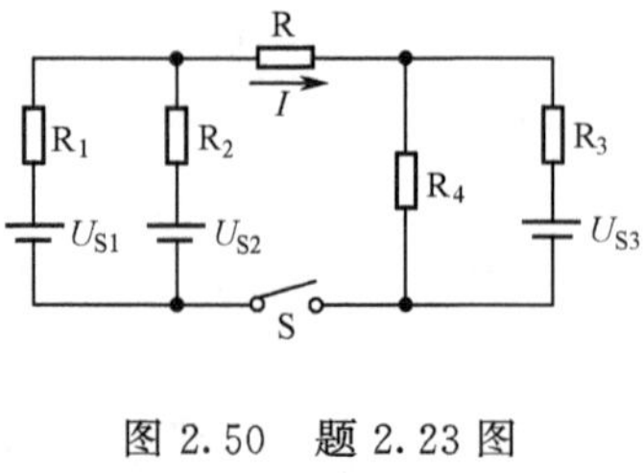

图 2.50 题 2.23 图

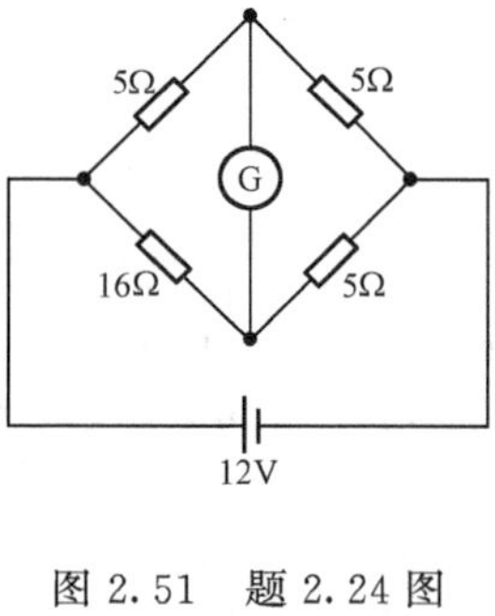

图 2.51 题 2.24 图

2.25 如图 2.52 所示的电路中，在 aa′，bb′，cc′处分别断开时，求断开处网络的戴维南等效电路。

2.26 求图 2.53 所示电路中电流 I 的数值。

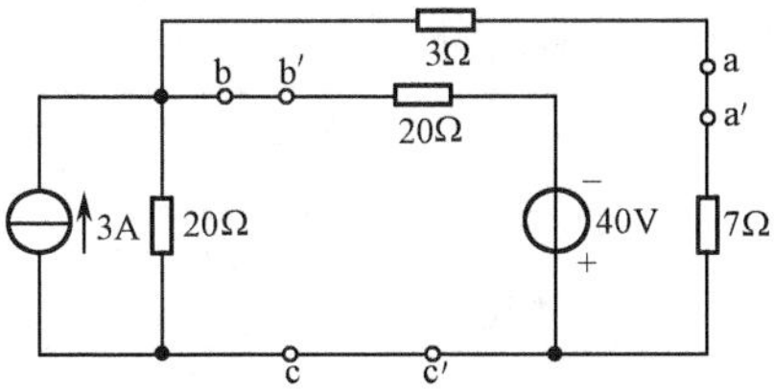

图 2.52　题 2.25 图

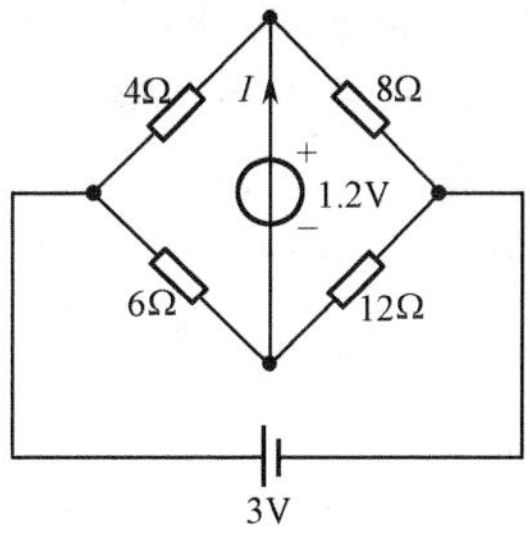

图 2.53　题 2.26 图

2.27　将图 2.54 所示各电路，等效为电压源模型或电流源模型。

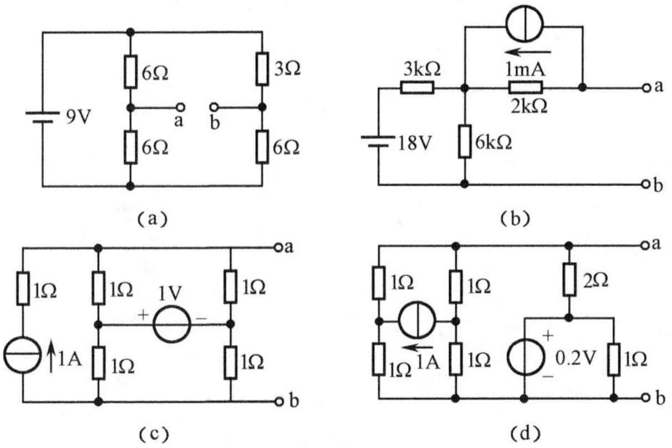

图 2.54　题 2.27 图

2.28　电路如图 2.55 所示，试用节点电压法求 R_3 支路的电流 I，已知 $E_1=10V$，$E_2=35V$，$E_3=30V$，$R_1=10\Omega$，$R_2=15\Omega$，$R_3=5\Omega$。

2.29　如图 2.55 所示电路，试用戴维南定理求 R_3 通过的电流 I。

2.30　电路如图 2.55 所示，试用叠加定理求 R_3 支路的电流 I。

2.31　用叠加定理求如图 2.56 所示电路中的输出电压 U_o。

2.32　用叠加定理求如图 2.57 所示电路中的电流 I_2。

2.33　如图 2.58 所示的电路中，用叠加定理求通过 R_1，R_2，R_3 的电流。

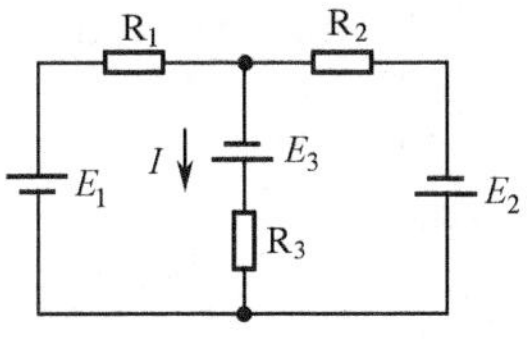

图 2.55　题 2.28 图

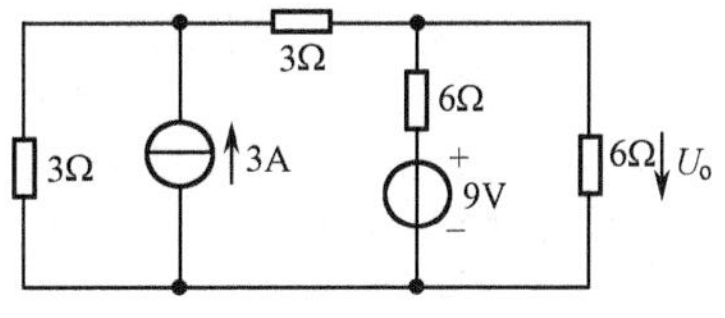

图 2.56　题 2.31 图

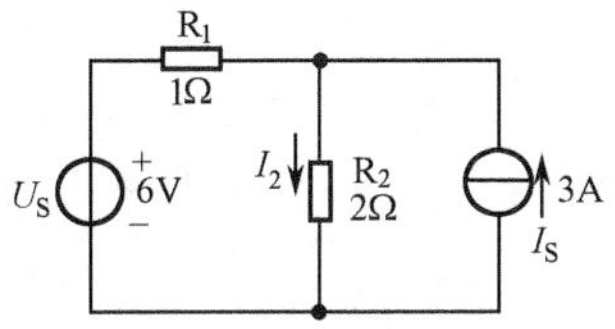

图 2.57　题 2.32 图

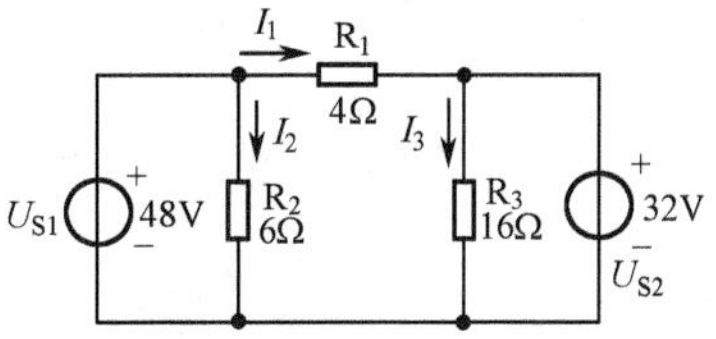

图 2.58　题 2.33 图

2.34　如图2.59所示电路中，已知 $E_1=7\text{V}$，$E_2=6.2\text{V}$，$R_1=R_2=1.2\Omega$，问负载电阻 R_L 等于何值时，负载获得最大功率？最大功率是多少？

2.35　如图2.60电路中，R_L 为何值时获得最大功率？其最大功率是多少？

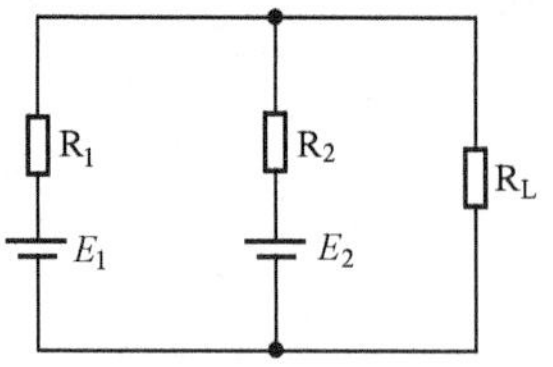

图2.59　题2.34图

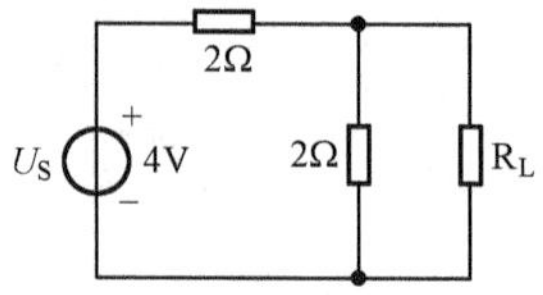

图2.60　题2.35图

2.36　如图2.61所示的电路中，R_L 为何值时才能获得最大功率，并求此最大功率。

2.37　如图2.62电路中，已知 $E=24\text{V}$，$R_1=R_2=R_3=6\Omega$，求当 $R_L=3\Omega$，9Ω，15Ω 时，R_L 上所获得的功率。当 R_L 为何值时可获得最大功率？最大功率是多少？

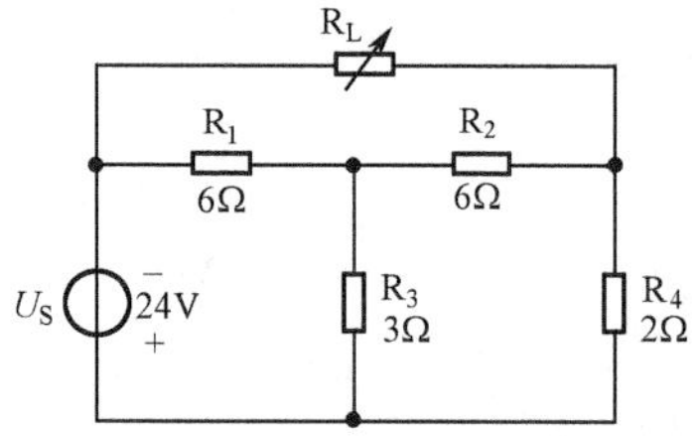

图2.61　题2.36图

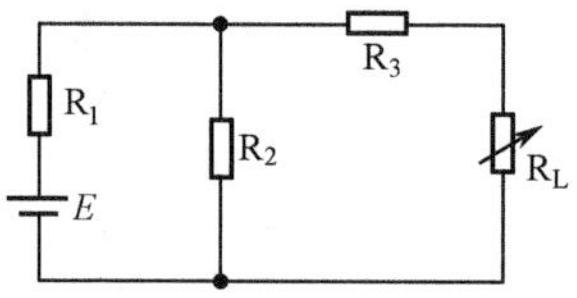

图2.62　题2.37图

2.38　如图2.63所示电路中，R_L 为何值时才能获得最大功率？并求此最大功率。

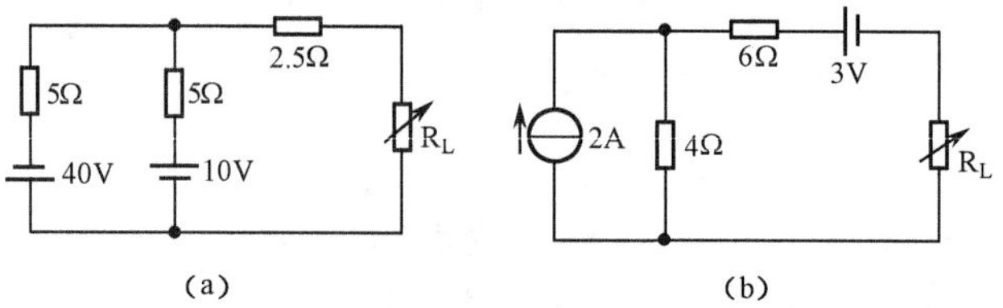

图2.63　题2.38图

模块3

电容和电感

电容器和电感线圈是电子设备中的基本元件。电容器是一种储存电荷与电能的容器，同时也能释放电荷和电能；电感线圈能储存磁场能量和释放磁场能量。所以把电容器和电感线圈统称为储能元件。它们二者的电压与电流是微分函数关系，是变化的，即动态的，所以又称动态元件。在电路中，储能元件和动态元件是同一个含义。本模块着重阐述电容元件和电感元件的特性，元件上电压和电流的关系及储存能量的计算。

单元 1　电容元件

1. 电容和电容元件

1）电容器

从性能上说，电容器是储存电荷与电能的容器。从结构上说，被绝缘物质隔开的两导体的总体称为电容器，其中两导体称为极板。加电源后，带正电荷的极板称为正极板，带负电荷的极板称为负极板，中间的绝缘物质称为电介质。电容器常见的电介质有空气、纸、云母、塑料、薄膜（包括聚苯乙烯、涤纶）和陶瓷等。电容器的图形符号如表 3-1 所示。

表 3-1　电容器的图形符号

名　称	符　号	名　称	符　号
一般电容器	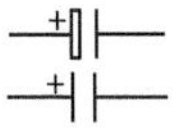	可变电容器	
电解电容器	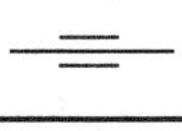	多联可变电容器（图为双联式）	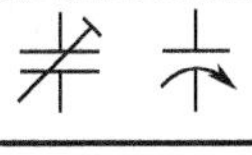
穿芯式电容器		微调电容器	

2）电容器的主要参数

不同种类的电容器，其性能与用途各不相同，同类的电容器也有不同的规格，以便应用于不同的电路。

电容器的参数（规格）主要有电容量和工作电压。

（1）电容量。制造好的电容器，两端所加的电压越高，储存的电荷越多，说明储存电荷的多少与所加电压成正比，这个比值是一个常数。

若电容器的极板上所带电量为q，电容器两极板之间电压为u（或U），且参考方向规定为由正极板指向负极板，如图3.1所示，则极板上所带电量q与两极板间电压u的比值叫做电容器的电容量，简称电容，用C表示，即

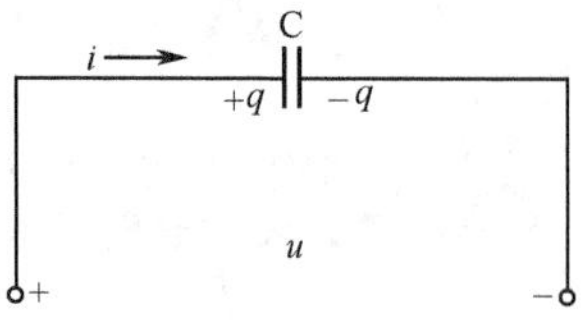

图3.1　电容电压参考方向

$$C=\frac{q}{u} \tag{3-1}$$

式中，q为一个极板的电量，单位为库仑（C）；u为两极板间的电压，单位为伏特（V）；电容量C的单位为法拉，简称法（F）。

法拉是基本单位，在实际应用中法拉这个单位太大，常用微法（μF）和皮法（pF）

$$1\text{F}=10^6\mu\text{F}$$
$$1\mu\text{F}=10^6\text{pF}$$

每个电容器都在外壳上标有电容量的大小，这个容量称为标称容量。电容器的实际容量与标称容量的误差，反映了电容器的精度，不同的精度有相应的允许误差。

通常一个电容器的电容量C是常数，它与电容器所带电量和极板间电压的大小都无关。这种电容器叫做线性电容元件，否则就是非线性电容元件。电容器的电容量由以下三个因素决定：极板相对面积（S）的大小和形状、极板间的距离（d）以及极板之间介质的介电常数（ε）（本书不作介绍）。

我们常将电容器称为电容元件，简称为电容，这样电容既代表电容元件，也代表电容参数。

（2）工作电压（耐压）。为了避免电容器在使用时被击穿，通常在电容器外壳上标有额定工作电压（习惯上叫做耐压）。额定工作电压，即电容器长期工作时所能承受的最大电压。所以电容器在使用时，所加的最大电压应小于电容器的额定工作电压，否则，电容器将会因电介质被击穿而损坏。电容器的耐压值还与外界条件有关，如温度上升时，介质的绝缘强度下降，电容器的工作电压也会下降。

电容器的外壳上标有型号及主要参数，如图3.2所示。外壳上的标志为：型号—耐压—标称容量—精度等级。图3.2中电容器的标志表示为：密封纸介电容器，耐压400V，电容量0.01μF，误差±10%。

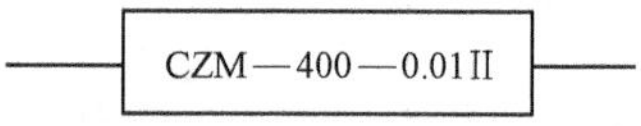

图3.2　电容器上的标志

2. 电容元件上电压与电流的关系

如图3.3所示，当开关S置于a位时，电容两端的电压从无到有逐渐增加，则极板上聚集的电荷相应增加，这时电路中的电荷定向移动，形成了充电电流。当$u_C=E$时，充电完毕；再将S打向b位，电容C上正极板的正电荷通过R_2移向负极板，形成放电电流。显然电容器的充电电流方向与放电电流方向相反。

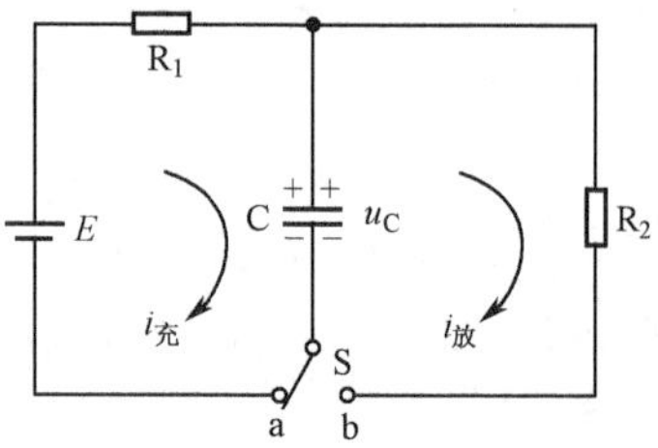

图3.3　电容器的充、放电

现选定电容元件上的电压u_C与电流i的参考方向一致。

若在 dt 时间内，极板上的电量改变了 dq，则电路中的电流为

$$i=\frac{\mathrm{d}q}{\mathrm{d}t} \tag{3-2}$$

由于

$$q=u_{\mathrm{C}}C$$

则

$$\mathrm{d}q=C\mathrm{d}u_{\mathrm{C}}$$

所以

$$i=\frac{\mathrm{d}q}{\mathrm{d}t}=C\,\frac{\mathrm{d}u_{\mathrm{C}}}{\mathrm{d}t} \tag{3-3}$$

式（3-3）表示了电容元件电压与电流关系的规律。说明了在电容电路中，瞬时电流的大小与电容电压的高低无关，而与电容电压的变化率成正比，同时与电容 C 的大小有关，C 越大，储存的电荷越多，则电流越大。这种情形与电阻电路的情形显然不同。电阻上的瞬时电流与电压成正比，符合欧姆定律。而电容上的瞬时电流与电压不成正比关系，欧姆定律就不适用了。

式（3-3）对电容充电和放电情形均适用。若 q 具有正值且电容充电时，极板上的电量在增加，这时$\frac{\mathrm{d}q}{\mathrm{d}t}>0$，即 $i>0$。电流的实际方向与参考方向一致。与此同时，电容两端电压也增加，即$\frac{\mathrm{d}u_{\mathrm{C}}}{\mathrm{d}t}>0$；当电容放电时，极板上电量在减小，$\frac{\mathrm{d}q}{\mathrm{d}t}<0$，即 $i<0$，电流的实际方向与参考方向相反，这时电容两端电压也减小，即$\frac{\mathrm{d}u_{\mathrm{C}}}{\mathrm{d}t}<0$，可见在选定的参考方向下，不论充电或放电，$i$ 与$\frac{\mathrm{d}u_{\mathrm{C}}}{\mathrm{d}t}$ 总是同号的，与式（3-3）相符。

考察如图 3.3 所示电路，当 S 置于 a 位时，电容器 C 中有充电电流；充电完毕，再将 S 置于 b 位，则电容 C 中有放电电流。若上述过程不断重复，电路中将不断产生充、放电电流。上述的开关转换，实质上就是变换电路中的电源电压。所以可得出如下结论：电容电路中是否有持续电流，取决于电容电路中的外加电压是否不断变化。在交流电压作用下，由于交流电压的大小和方向随时间不断地变化致使电容器反复充、放电，电路中就产生持续电流；在直流电压作用下，仅当开关接通电路的瞬间，电容上的外加电压才发生变化，所以电路中只能产生瞬时电流，不能产生持续电流。

因电容器在交流电压作用下，能产生持续电流；在直流作用下，$\frac{\mathrm{d}u_{\mathrm{C}}}{\mathrm{d}t}=0$，不能产生持续电流。这就是通常所说的电容器具有“隔直流、通交流”的作用。但必须明确，这里所指的交流电流是电容器反复充电、放电所形成的电流，并非电荷直接通过电容器中的绝缘介质。

3. 电容器中的电场能量

电源对电容器充电时，电容器从电源吸收电能，在放电时把充电时储存在电场中的能量释放出来，转变为电阻热量。根据能量守恒原理，储存多少能量，就能放出多少能量。那么，如何来计算这个能量呢？

当电压由零增加到 u 时，电容所储存的总能量 W_C 为

$$W_C = \int_0^u u_C i\mathrm{d}t = \int_0^u u_C \cdot C\frac{\mathrm{d}u}{\mathrm{d}t} \cdot \mathrm{d}t = C\int_0^u u\mathrm{d}u = \frac{1}{2}Cu^2 \tag{3-4}$$

由于

$$u = \frac{q}{C}$$

代入式（3-4），得到

$$W_C = \frac{1}{2}\frac{q^2}{C} = \frac{1}{2}qu \tag{3-5}$$

式中，q 为电容器所储电荷（C）；u 为电容器两极板之电压（V）；C 为电容器之电容量（F）；W_C 为电场能量（J）。

由此可见，电容器是一个储能元件，储存的能量 W_C 与 u^2 成正比，也与 C 成正比。在一定电压作用下，电容 C 越大，储能越多，因而电容器的容量 C 又是电容器储能本领的标志，式（3-4）和式（3-5）对于任何波形的电压均适用。

从能量观点看，电容器是一个储能元件，在充电和放电过程中，电容器上电压不可能一下就增高或一下就降低，能量的转换必然有一个时间，能量不能跃变。因此电容器上的电压不能跃变。

【例 3-1】 一电容器，$C=2\mu$F，充电后，电压为 500V，求电容器所储存的电能。

解：$W_C=\frac{1}{2}Cu^2=\frac{1}{2}\times2\times10^{-6}\times(500)^2=0.25$J

单元 2 电容器的并联、串联和混联

在实际使用电容器时，常会遇到单个电容器的容量或耐压不能满足电路的要求，这就需要把电容器组合使用。最基本的组合方式是串联、并联和混联，下面分别予以讨论。

1. 电容器的并联

电容器并联及等效电路如图 3.4 所示。

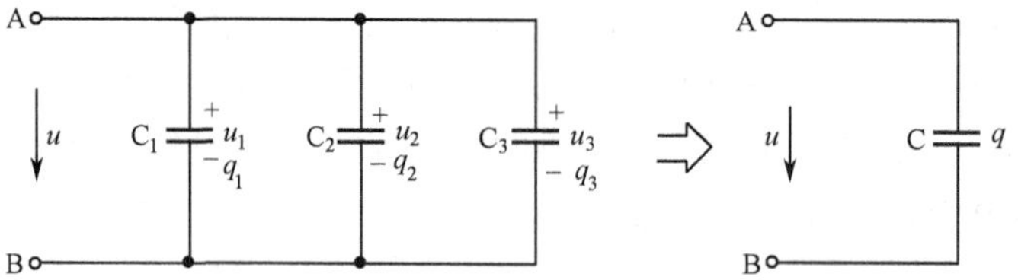

(a) 电容器的并联　　(b) 等效电容

图 3.4 电容器的并联及等效电路

电容器并联时有如下特点：

（1）各电容上的电压相等。电容器并联时，每个电容器直接连在电路中相同的两点之间，所以，各电容器上所加的电压都等于该两点间的电压。

（2）电容器储存的总电量等于各电容器储存电量之和。每个电容器独立地储存各自所能储存的电量，整个电容器组所储存的电量 q 等于各个电容器储存电量之和。

$$q = q_1 + q_2 + q_3$$

因为两端电压相等，各电容器储存电量的多少，与其电容量的大小成正比，电容大的储存的电量多，电容小的储存的电量少。各电容器储存的电量之比等于其电容之比，即

$$\frac{q_1}{C_1}=\frac{q_2}{C_2}=\frac{q_3}{C_3}$$

（3）等效电容（总电容）等于各个电容器电容之和。整个电容器组的电容称为等效电容或总电容。电容并联后，相当于极板面积增大了，所以总电容是增大的，比其中任一电容都要大。

因为

$$q=q_1+q_2+q_3$$

所以

$$C=\frac{q}{u}=\frac{q_1+q_2+q_3}{u}=C_1+C_2+C_3$$

如果有 n 个电容器并联，则其等效电容

$$C=C_1+C_2+C_3+\cdots+C_n \tag{3-6}$$

当有 n 个电容量相等的电容器 C_0 并联时，则总电容为为

$$C=nC_0 \tag{3-7}$$

应用电容器并联增大电容时，不能只注意电容而不考虑耐压。并联电容器组中的任何一个电容器的耐压值都不能低于外加电压，否则该电容器就会被击穿，所以并联电容器组的耐压值应为各电容器中耐压值的最小者。

【例 3-2】　有三个电容器并联，其中两个电容器的电容均为 0.2μF，耐压均为 500V，另一个电容为 0.4μF，耐压为 250V，求总电容和耐压值。

解：$C=C_1+C_2+C_3=0.2+0.2+0.4=0.8\mu\text{F}$

电容器组的耐压值等于各电容器耐压值中的最小者，即

$$U_{耐}=250\text{V}$$

2. 电容器的串联

电容器串联及其等效电路如图 3.5 所示。

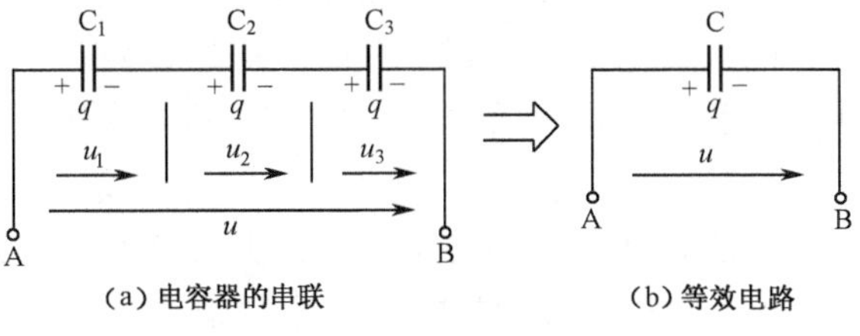

图 3.5　电容器的串联及等效电路

电容器串联时，有如下特点：

（1）各电容器储存的电量相等。串联电容器组中，每个电容器分别带有等量的电荷。所以电容器组所储存的电量 q 就等于任一电容器储存的电量，即

$$q=q_1=q_2=q_3$$

（2）总电压等于各电容器电压之和。串联电容器组中，极板上所储存的电荷是以正、负交替的形式出现的，各电容器上电压的方向都一致，所以整个电容器组两端的总电压就是

各电容器上的电压之和，即

$$u = u_1 + u_2 + u_3$$

由于电容器储存的电量相等，而 $q=CU$，则

$$u_1 = \frac{q}{C_1} = \frac{C}{C_1}u$$

$$u_2 = \frac{q}{C_2} = \frac{C}{C_2}u \tag{3-8}$$

$$u_3 = \frac{q}{C_3} = \frac{C}{C_3}u$$

式（3-8）为串联电容器组电路中，各电容器的分压公式。它说明在串联电容器组中，每个电容器所分得的（承受的）电压与其电容量成反比，电容量小的，承受的电压高；电容量大的，承受的电压低。式（3-8）也可以写为

$$C_1 u_1 = C_2 u_2 = C_3 u_3 \tag{3-9}$$

（3）等效电容的倒数等于各电容的倒数之和。因为电容器组储存的总电量和各电容器储存的电量相等，而电容器组的总电压大于其中任一电容器的电压，所以串联电容器组的等效电容必小于其中任一电容器的电容。

由于

$$u = \frac{q}{C} = u_1 + u_2 + u_3 = \frac{q}{C_1} + \frac{q}{C_2} + \frac{q}{C_3}$$

所以

$$\frac{1}{C} = \frac{1}{C_1} + \frac{1}{C_2} + \frac{1}{C_3} \tag{3-10}$$

如果有两个电容器串联，则

$$C = \frac{C_1 C_2}{C_1 + C_2} \tag{3-11}$$

若 n 个相同容量的电容器 C_0 串联时，则

$$C = \frac{C_0}{n} \tag{3-12}$$

当 n 个相同的电容器串联时，电容器组的总耐压应为单个电容器的 n 倍，故电容器串联可提高耐压。当电容量与耐压都不同的电容器串联时，必须注意不要使任何一个电容器上的电压超过其耐压值。特别要注意电容量小的电容器所分得的电压应小于它的耐压值。串联电容器组的耐压可用下述方法计算：

先将电容器的电容与耐压值相乘，得出各电容器所允许储存的电量，选择其中最小的一个（以 q_{mim}表示）作为电容器组储存电量的极限值，串联电容器组的耐压 $U_{耐}$ 就等于这一电量 $q_{\min}$除以电容器组的总电容，即

$$u_{耐} = \frac{q_{\min}}{C} \tag{3-13}$$

【例 3-3】 有三个电容器串联，已知它们的电容分别为 3μF，4μF 和 6μF，它们的耐压值都是 500V，求电容器组的总电容和耐压。

解：（1）计算总电容

$$\frac{1}{C} = \frac{1}{C_1} + \frac{1}{C_2} + \frac{1}{C_3} = \frac{1}{3} + \frac{1}{4} + \frac{1}{6} = \frac{9}{12}$$

故

$$C=\frac{12}{9}=\frac{4}{3}\approx 1.33\mu\text{F}$$

（2）计算耐压

$$3\times10^{-6}\times500=1\,500\times10^{-6}\text{C}$$
$$4\times10^{-6}\times500=2\,000\times10^{-6}\text{C}$$
$$6\times10^{-6}\times500=3\,000\times10^{-6}\text{C}$$

比较以上三者，得

$$q_{\min}=1\,500\times10^{-6}\text{C}$$

故

$$u_{耐}=\frac{q_{\min}}{C}=\frac{1\,500\times10^{-6}}{\frac{4}{3}\times10^{-6}}=1\,125\text{V}$$

需要指出的是：以上关于串联电容器组的电容耐压的分析，是以各电容器均具有理想电介质为前提条件的。实际上，电容器均有漏电电阻，串联时往往不能保证每个电容器上储存的电量都相等，因此式（3-13）计算所得的总电压最终也不是按电容量成反比分配，而是按漏电电阻成正比分配。

3. 电容器的混联

既有串联又有并联的电容器组合，叫做电容器的混联。它的性能既要满足电容器串联的特点，又要满足电容器并联的特点。

【例 3-4】　如图 3.6 所示，已知 $u=300\text{V}$，$C_1=3\mu\text{F}$，$C_2=2\mu\text{F}$，$C_3=4\mu\text{F}$，求各电容器上的电量和电压。

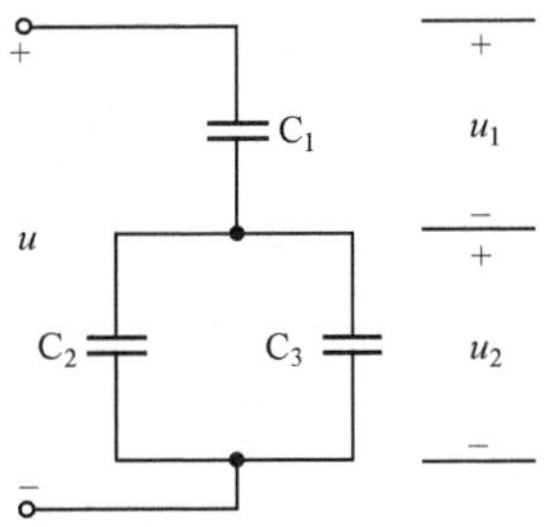

图 3.6　电容器的混联

解：C_2 和 C_3 并联

$$C_{23}=C_2+C_3=2+4=6\mu\text{F}$$

C_1 和 C_{23} 串联，所以总电容

$$C=\frac{C_1C_{23}}{C_1+C_{23}}=\frac{3\times6}{3+6}=2\mu\text{F}$$

总电量为

$$q=Cu=2\times10^{-6}\times300=6\times10^{-4}\text{C}$$

因为 C_1 上的电荷就是总电荷，故

$$u_1=\frac{q}{C_1}=\frac{6\times10^{-4}}{3\times10^{-6}}=200\text{V}$$

又因为 C_2 与 C_3 并联，故有

$$u_2=u_3=u-u_1=300-200=100\text{V}$$
$$q_2=C_2u_2=2\times10^{-6}\times100=2\times10^{-4}\text{C}$$
$$q_3=C_3u_3=4\times10^{-6}\times100=4\times10^{-4}\text{C}$$
$$q_3=q-q_2=6\times10^{-4}-2\times10^{-6}=4\times10^{-4}\text{C}$$

【例 3-5】　有两只电容器，$C_1=200\mu\text{F}$，$C_2=50\mu\text{F}$，耐压分别为 450V 及 250V。求：（1）并联使用时的等效电容及工作电压；（2）串联使用时的等效电容及允许的端电压。

解：(1) 并联后的等效电容

$$C = C_1 + C_2 = 200 + 50 = 250\mu\text{F}$$

并联时，电容处在同一电压下，故工作电压不能超过各电容中额定电压最小值，即

$$u \leqslant 250\text{V}$$

(2) 串联后的等效电容

$$C = \frac{C_1 C_2}{C_1 + C_2} = \frac{200 \times 50}{200 + 50} = 40\mu\text{F}$$

串联时，电容器的电压与电容量成反比，电容量小的分得电压大，应使电容量较小的 C_2 所分得的电压不超过其耐压，即

$$u_2 = 250\text{V}$$

则

$$u_1 = \frac{C_2}{C_1} u_2 = \frac{50}{200} \times 250 = 62.5\text{V}$$

所以串联后允许的端电压为

$$u = u_1 + u_2 = 62.5 + 250 = 312.5\text{V}$$

【例 3-6】 有两个电容器，一个为 50μF，300V，一个为 200μF，250V。(1) 若两个电容并联时，等效电容为多少？外接电压不能超过多少伏？(2) 若两个电容串联时，等效电容为多少？接在 500V 直流电压上使用是否安全？

解：(1) 并联后的等效电容

$$C = C_1 + C_2 = 50 + 200 = 250\mu\text{F}$$

外接电压不能超过低的耐压，即

$$u \leqslant 250\text{V}$$

(2) 串联后的等效电容

$$C = \frac{C_1 C_2}{C_1 + C_2} = \frac{200 \times 50}{200 + 50} = 40\mu\text{F}$$

若接在 500V 电压上时，设 C_1 上电压为 u_1，C_2 上的电压为 u_2，则

$$u_1 + u_2 = 500$$

$$\frac{u_1}{u_2} = \frac{C_2}{C_1} = \frac{200}{50} = 4$$

联立解得

$$u_1 = 400\text{V} \text{ 大于 } C_1 \text{ 的耐压 } 300\text{V}$$

$$u_2 = 100\text{V} \text{ 小于 } C_2 \text{ 的耐压 } 250\text{V}$$

所以外接 500V 使用时是不安全的。

单元 3 电磁感应定律

1. 法拉第定律

1831 年法拉第从大量实验中总结出了电磁感应规律，通常称为法拉第定律。其内容是：当通过回路所包围面积内的磁通发生变化时，会在回路中产生感应电动势，感应电动势的大小等于回路内磁通的变化率，即

$$e=\frac{d\Phi}{dt} \tag{3-14}$$

式中，磁通 Φ 的单位为韦伯（Wb）；时间 t 的单位为秒（s）；电动势 e 的单位为伏（V）。

法拉第定律只阐明了感应电动势与变化磁通量之间的数量关系，它没有说明感应电动势的方向。

2. 楞次定律

1833 年楞次进一步总结出变化的磁通与感应电动势和感应电流在方向上的关系，称为楞次定律。其内容是：电磁感应过程中，感应电流所产生的磁通总是要反抗原有磁通的变化。也就是说，当原磁通增加时，感应电流产生的新磁通与原磁通方向相反，阻止它增加；当原磁通减少时，感应电流产生的新磁通与原磁通方向相同，阻止它减少。

若原磁通的变化是电流引起的，对于自感线圈楞次定律又可简化为：感应电流所产生的磁通，总是反抗原磁通的变化。当原电流增加时，感应电流的方向与原电流的方向相反，阻止原电流的增加；当原电流减少时，感应电流的方向与原电流的方向相同，阻止原电流的减少。

为了深入理解电磁感应定律的含义，下面以实验来说明。

如图 3.7（a）所示，当磁铁插入线圈时，穿过线圈的磁通增加，且原磁通 $\Phi_{原}$ 方向向下（图中实线）。根据楞次定律，感应电流产生的磁通 $\Phi_{感}$ 要反抗原磁通的增加，因此 $\Phi_{感}$ 的方向与原磁通的方向相反向上（图中虚线）。然后利用右手螺旋定则：右姆指伸直，其余四指弯曲，姆指指向感应磁通方向，则其余四指指向为感应电流的方向。可见磁铁插入线圈时，感应电流在线圈内部的方向由 a 点流到 b 点。感应电动势在电源内部，电流从电源负极流入，正极流出。所以感应电动势 e_L 的方向是由负极指向正极，e_L 方向由 a 指向 b。

当磁铁拔出时，如图 3.7（b）所示，穿入线圈的磁通在减少，根据楞次定律，感应电流产生 的磁通要反抗原减通的减少，因此与原磁通方向相同。同样用右手螺旋定则可得出感应电流由 b 流向 a，感应电动势 e_L 的方向由 b 点指向 a 点。

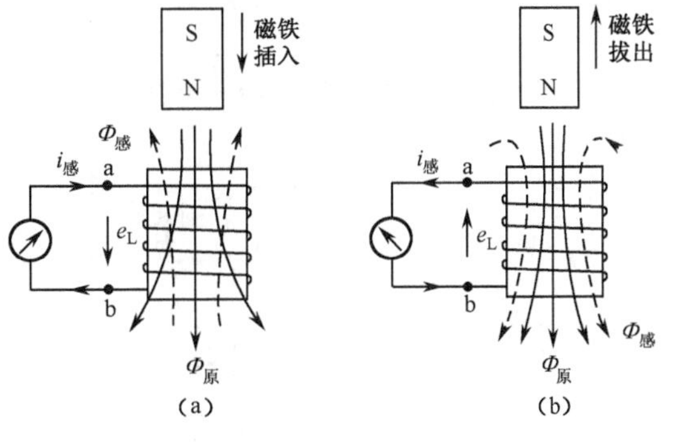

图 3.7　电磁感应实验

上面实验说明通过磁铁的插入或拔出，在线圈中产生了感应电动势和感应电流。如果通过线圈的磁通发生变化，不是用磁铁插入或拔出引起的，而是变化的电流通过线圈时，产生变化的磁通，这个变化的磁通穿过本身线圈，也会产生自感电动势和自感电流；若这个变化的磁通穿过另一个线圈，也会在另一个线圈中产生互感电动势和互感电流。因而产生电磁感应的条件是：不论什么原因引起的，只要通过回路（或线圈）所包围的面积内的磁通发生变化，在回路（或线圈）里就会产生感应电动势和感应电流。

3. 电磁感应定律

法拉第定律经楞次定律补充后，完整地反映了电磁感应的规律，称做电磁感应定律。有

的教材就称做法拉第——楞次定律，其数学表达式为

$$e=-\frac{\mathrm{d}\Phi}{\mathrm{d}t} \tag{3-15}$$

如果回路是一个有 N 匝的线圈，各匝感应电动势相等，则回路的感应电动势为

$$e=-N\frac{\mathrm{d}\Phi}{\mathrm{d}t}=-\frac{\mathrm{d}N\Phi}{\mathrm{d}t} \tag{3-16}$$

式中，$N\Phi$ 是整个线圈的磁通，称为磁链，用 ψ 表示，因而式（3-16）也可写为

$$e=-\frac{\mathrm{d}\psi}{\mathrm{d}t} \tag{3-17}$$

式中的负号是楞次定律的体现。

感应电动势的方向用下面的方法确定：

（1）先以原磁通方向为准，按右手螺旋定则，规定感应电动势的参考方向。图 3.8 中（a）与（b）的参考方向都为顺时针方向。

（2）然后根据磁通的变化率来确定感应电动势的实际方向。

当磁通增加时，如图 3.8（a）所示

$$\frac{\mathrm{d}\Phi}{\mathrm{d}t}>0$$

$$e=-\frac{\mathrm{d}\Phi}{\mathrm{d}t}<0$$

e 为负值，则感应电动势的实际方向与参考方向相反，图 3.8（a）的实际方向为逆时针方向。当磁通减少时，如图 3.6（b）所示

$$\frac{\mathrm{d}\Phi}{\mathrm{d}t}<0$$

$$e=-\frac{\mathrm{d}\Phi}{\mathrm{d}t}>0$$

e 为正值，则感应电动势的实际方向与参考方向相同，图 3.8（b）实际方向为顺时针方向。

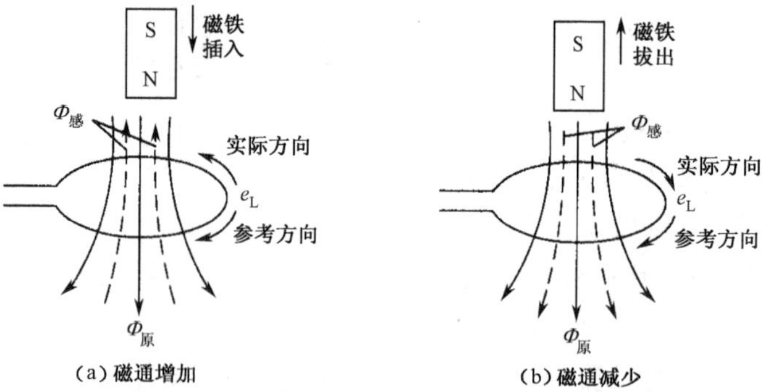

图 3.8　感应电动势 e 的方向

单元 4　电感元件

电路中的 3 种基本元件是电阻器、电容器和电感器。电感器就是常说的电感线圈。没有

电阻的导线绕制的电感线圈，称为理想电感线圈，又叫做电感元件。

1. 自感现象和电感

由电磁感应定律可知，当线圈内通以变化的电流时，就会在线圈中产生变化的磁通，而这个变化的磁通又穿过线圈本身，从而在线圈自身内产生感应电动势。这种线圈内电流变化在线圈自身产生感应电动势的现象，叫自感现象。

电感线圈中通过电流 i 时，在线圈内部将产生磁通 Φ_L，称为自感磁通。若 Φ_L 与 N 匝线圈交链，则磁链 $\psi_L = N\Phi_L$，称为自感磁链。

实验表明，电流越大，产生的磁通越多，磁链越大，也就是说磁链与 i 成正比。现在我们规定，ψ_L 与 Φ_L 的参考方向与电流 i 的参考方向之间满足右手螺旋关系。在这种关联参考方向下，用数学表达为

$$\psi_L = Li$$

或者

$$L = \frac{\psi_L}{i} \tag{3-18}$$

式中，L 是自感磁链与通过电感元件的电流 i 成正比的比例系数，称为电感元件的自感系数，简称自感，又叫电感。

L 的单位为亨利，用“H”表示。

辅助单位：1 毫亨（mH）$=10^{-3}$亨利（H）

1 微亨（μH）$=10^{-3}$毫亨（mH）

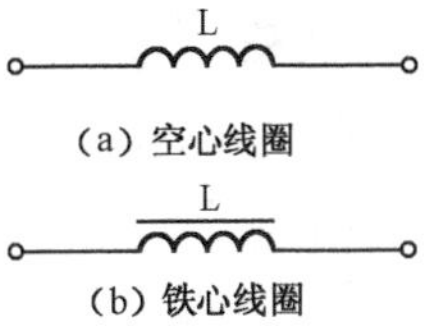

图 3.9　电感的符号

L 为一常数时的电感元件称为线性电感元件，否则称为非线性电感元件。电感元件的符号如图 3.9 所示。图（a）是表示空心线圈，线性电感元件，图（b）是铁心线圈，因铁心磁导率是非线性的，其磁链与电流 i 不成正比关系。所以铁心线圈是非线性元件。

线圈的电感取决于它的结构，如匝数、几何尺寸、有无铁心、铁心的导磁性能等。

实际上，并非线圈才有电感，任何电路中，一段导线、一个电阻、一个大容量的电容都存在电感，只是量值很小，影响极微，一般情况可以不予考虑。

2. 电感元件上电压与电流关系

根据前面电磁感应定律，由自感现象产生的自感电动势的参考方向与线圈电流方向一致如图 3.10 所示，则

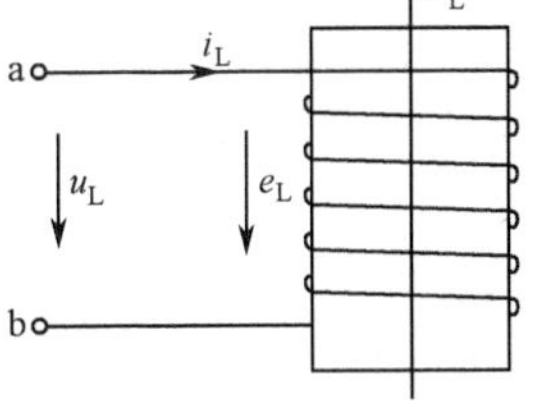

图 3.10　感应电压与感应电动势的关系

$$e_L = -\frac{d\psi_L}{dt}$$

由于 $\psi_L = Li_L$ 代入上式得

$$e_L = -\frac{d\psi_L}{dt} = -\frac{dLi_L}{dt} = -L\frac{di_L}{dt} \tag{3-19}$$

式（3-19）表明，自感电动势与电流的变化率 $\frac{di_L}{dt}$ 成正比。式中的负号表示电动势的方向总是阻碍电流的变化，即楞次定律在自感现象中的体现。

在分析电路时，主要着重研究电感元件外部两端电压和电感电流的关系，无需讨论电感内部自感电动势的物理过程。

图3.10电路应用KVL，可以写出

$$u_L + e_L = 0$$

电感两端的电压（又称自感电压）

$$u_L = -e_L = -\left(-L\frac{di_L}{dt}\right) = L\frac{di_L}{dt} \tag{3-20}$$

式（3-20）是电感元件上电压与电流所服从的约束方程，也就是电感元件上电压与电流关系的规律。同时可看出，自感电压与自感电动势的方向刚好相反，自感电动势存在于线圈之中，相当于电压源，在电源内部，电动势的实际方向是由负指向正。自感电压是线圈两端的电压，电压的方向是由正指向负。

自感电动势 $e_L = -L\frac{di_L}{dt}$ 和自感电压 $u_L = L\frac{di_L}{dt}$ 同是描述自感现象的规律，但各有不同的含义。自感电动势 e_L 是描述线性电感内部发生的电磁变化过程，而自感电压 u_L 则是描述外部加给线性电感元件两端的电压与元件中通过的电流 i_L 的关系。

当外加电流 i_L 变化时，电感两端才有自感电压降 u_L，当线圈电流没有变化（如直流）时，$\frac{di_L}{dt}=0$，则 $u_L=0$，即对直流而言，电感线圈相当于短路。

【例3-7】 已知一线圈 $L=0.1\text{H}$，流过线圈的电流 i_L 波形如图3.11（a）所示，求 u_L 的值和波形。

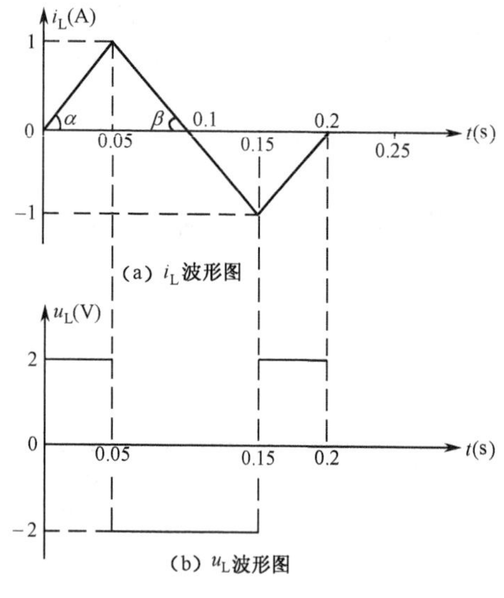

图3.11 【例3-7】图

解：（1）0～0.05s时间内，建立 i_L 直线方程斜率 K 和截距 b

$$K = \tan\alpha = \frac{1}{0.05} = 20, b = 0$$

$$i_L(t) = Kt + b = 20t$$

$$u_L = L\frac{di_L}{dt} = 0.1 \times \frac{d(20t)}{dt}$$

$$= 0.1 \times 20 = 2\text{V}$$

（2）当 $t=0.05\sim0.15$s时间内

$$K = \tan\alpha = \tan(\pi - \beta)$$

$$= -\tan\beta = -\tan\frac{1}{0.1-0.05} = -20$$

$$i_L(t) = -20t + b$$

当 $t=0.05$s时，$i_L=1$

$$i_L(0.05) = -20 \times 0.05 + b = 1$$

所以 $b = 1 + 1 = 2$

$$i_L(t) = -20t + 2$$

$$u_L = L\frac{di_L}{dt} = 0.1 \times (-20) = -2\text{V}$$

（3）当 $t=0.15\sim0.2$s时间内，同理

$$i_L(t) = 20t + b$$

当

$$t = 0.2\text{s}, i_L = 0$$

$$i_C(0.2) = 20 \times 0.2 + b = 0$$

$$b = -4$$

$$i_L(t) = 20t - 4$$

$$u_L = L\frac{\text{d}i_L}{\text{d}t} = 0.1 \times 20 = 2\text{V}$$

u_L 波形图如图 3.11（b）所示。

【例 3-8】　如图 3.12（a）所示电路中，试求通过 6Ω 电阻中的电流 I。

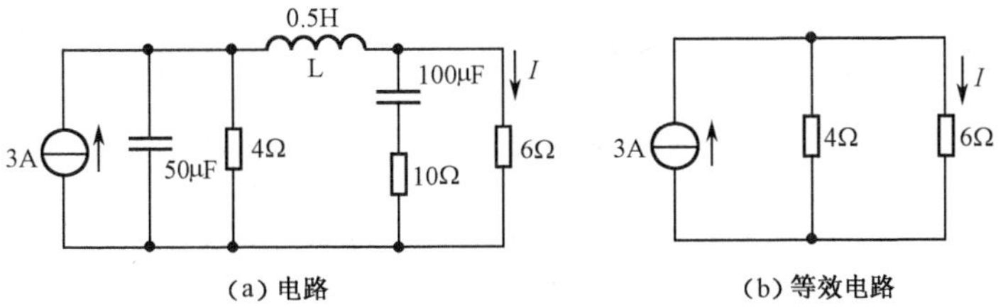

图 3.12　【例 3-8】图

解：因电流源是 3A 直流，它不随时间变化，因此，电路中各元件上电压和电流均不随时间变化，电容器开路，电感线圈短路，其等效电路如图 3.12（b）所示。

所以

$$I = \frac{4}{6+4} \times 3 = \frac{12}{10} = 1.2\text{A}$$

3. 电感线圈的磁场能量

磁场能量，简称磁能。电能和磁能会互相转换，但能量是守恒的，不会在转换中增加或消灭。当电流通过导体时，便在导体周围建立磁场，将电能转换为磁能。反之，在变化磁场中的导体内部也会产生感应电流，即将磁能转换为电能。由于电感元件在构造上的特点，电、磁转换过程集中在元件内部进行。通常称电流建立磁场的过程为电感元件的自感电动势做功的过程，随着电感中电流的增加，电感周围的磁场逐渐增强，从而使储能增大，这样就在电流由零上升到 I 的过程中，电源的一部分电能就被转换成电感中的磁能。

当电流由 I 下降到零时，电感中产生与电流方向相同的自感电动势，这个自感电动势向外电路提供能量做功，也就是把磁能转换成电能。

图 3.13 所示电路中，信号源供给电路的能量，一部分在 R 上转变为热能，一部分储存于电感元件中。储存于电感元件的磁场能量为

$$W_L = \frac{1}{2}LI_L^2 \tag{3-21}$$

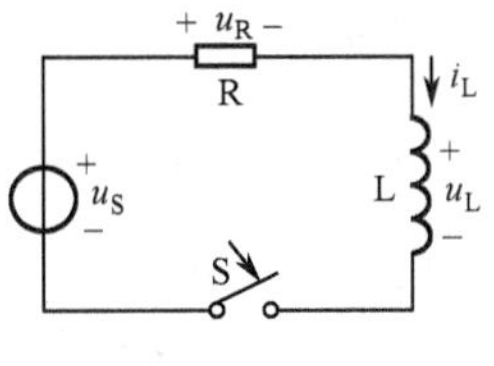

图 3.13　RL 电路接通电源示意图

可见，电感是一个储能元件，它的磁场储能 W_L 与电感 L 及通过它的电流 I_L^2 成正比。变化的电流越大，储存的能量越多。在一定的电流条件下，电感 L 越大，储能越多，因而电感量 L 又是电感元件储能本领的标志。

由式（3-21）可知：

（1）当电感电流增加时，磁场储能增加，电感元件吸收电能，并转换为磁场能量。

（2）当电感电流减少时，磁场储能减小，电感元件释放磁能，并转换为其他形式的能量。

（3）当电感电流不变化时（如直流），虽然电感端电压 u_L 为零，但其储能为定值，电感元件既不吸收能量，也不释放能量，没有电磁能量的交换过程。

从能量转换的观点看，因为电感是一个储能元件，在电路换接过程中，能量的转换必然有一个时间，能量不能跃变（$P=\frac{dW}{dt}$，否则功率为无穷大），因此电感中电流不能跃变。

【例3-9】 有一个扼流圈，其电感 $L=3.82\text{mH}$，通过的电流为 $I=1\,600\text{A}$。试求此扼流圈中储存的磁场能量。

解：由式（3-21）可得扼流圈中的磁场能量

$$W_L=\frac{1}{2}LI^2=\frac{1}{2}\times3.82\times10^{-3}\times(1\,600)^2=4.89\times10^3\text{J}$$

【例3-10】 有一个电磁铁的电感 $L=100\text{H}$；内阻 $R=15\Omega$，接在 $E=220\text{V}$ 的直流电源上，问电流达到稳定后，电磁铁中储存的磁能为多少？

解：稳态电流

$$I=\frac{E}{R}=\frac{220}{15}=14.7\text{A}$$

稳定后电磁铁中储存的磁能

$$W_L=\frac{1}{2}LI^2=\frac{1}{2}\times100\times(14.7)^2=10\,805\text{J}$$

小结

（1）电容元件与电感元件是具有对偶性质的二端元件，它们具有如下性质。

元　件	电容元件	电感元件
特殊关系	$q=Cu,C=\frac{q}{u}$	$\psi_L=Li_L,L=\frac{\psi_L}{i_L}$
电流与电压的关系	$i_C(t)=C\frac{du_C(t)}{dt}$ 电流与电压的变化率成正比，在直流稳定条件下C相当于开路（隔直流）	$u_L(t)=L\frac{di_L(t)}{dt}$ 电压与电流的变化率成正比，在直流稳定条件下L相当于短路（通直流）
储能元件	电容充电时 u_C 增加，储存电能；电容放电时 u_C 下降，释放电能。储存电能和释放电能都必有一个时间过程，能量不能跃变，电容电压不能跃变	当 i_L 增加，储存磁能；当 i_L 减少，释放磁能。储存磁能和释放磁能都必有一个时间过程，能量不能跃变，产生磁能的电感电流不能跃变
瞬时功率	$p_C=u_Ci_C$	$p_L=u_Li_L$

（2）电容器的串联、并联具有如下性质。

类　别	并　联	串　联
总容量	$C=C_1+C_2+C_3+\cdots+C_n$ 总容量等于各电容量之和	$\frac{1}{C}=\frac{1}{C_1}+\frac{1}{C_2}+\frac{1}{C_3}+\cdots+\frac{1}{C_n}$ 总容量的倒数等于各电容量倒数之和
总电压	$u=u_1=u_2=u_3=\cdots$ 各电容器上的电压相同	$u=u_1+u_2+u_3+\cdots+u_n$ 总电压等于各电容器上的电压之和

续表

类别	并联	串联
各电量	各电容器的电量与电容量的大小成正比 $q_1=C_1u$，$q_2=C_2u$，… 总电量等于各电容器上储存的电量之和 $q=q_1+q_2+q_3+\cdots q_n$	各电容器上储存的电量相等 $q=q_1=q_2=q_3=\cdots$
总耐压	总耐压值等于各电容器耐压值中的最小者	总耐压值等于各电容器中允许储存电量的最小值除以总电容

(3) 当与回路（线圈）交链的磁通发生变化时，回路（线圈）中感应电动势的大小和方向由电磁感应定律确定。电磁感应定律是普遍适用的规律，应用于自感具有如下性质。

条件	应用范围	感应电动势的一般规律		楞次定律电路运用形式	
		感应电动势的大小	感应电动势的方向	电路参考方向规定	定律的数学形式
与线圈交链的磁通发生变化	普遍适用规律	法拉第定律 $e=\left\|\frac{d\psi}{dt}\right\|=N\left\|\frac{d\Phi}{dt}\right\|$	楞次定律：由感应电动势激励电流所产生的磁通，总是反抗原磁通的变化	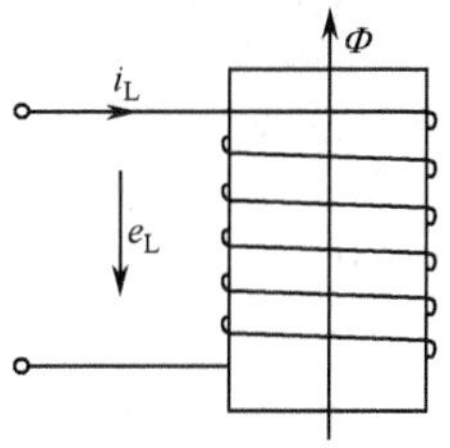	$\frac{d\psi}{dt}>0$，$e_感$ 的实际方向与规定方向相反；$\frac{d\Phi}{dt}<0$，$e_感$ 的实际方向与规定方向相同
	应用于自感现象	$e_L=L\left\|\frac{di}{dt}\right\|$	当磁通增大时，e_L 的实际方向与参考方向相反，磁通减小时，e_L 的实际方向与参考方向相同	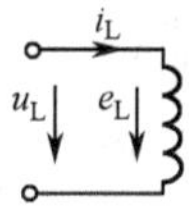	$\frac{di_L}{dt}>0$，e_L 的实际方向与规定方向相反；$\frac{di_L}{dt}<0$，e_L 的实际方向与规定方向相同

习题 3

3.1 从电容的定义式 $C=\frac{q}{u}$，能不能说当 $q=0$ 时，电容量 C 也为零？

3.2 为什么在电容器充、放电过程中，电路中会出现电流 i_C？i_C 是否是从一极板穿过介质到另一极板的？i_C 与电容端电压 u_C 有没有关系？

3.3 如果一个电容器中的电流等于零，其储能是否也一定等于零？

3.4 有两只电容器，它们的电容量 $C_1>C_2$，当端电压相等时，它们所带电量哪个大？如果所带电量相等，则它们的端电压哪个高？

3.5 有两个电容器，一个为 100μF，400V，另一个为 50μF，200V，问串联使用时，外接 500V 直流电压是否安全？

3.6 已知 $C_1=10\mu F$，$C_2=5\mu F$，分别求出 C_1 与 C_2 串联或并联后的等效电容是多少？

3.7 如把 0.2μF，300V 和 0.5μF，250V 两只电容器串联后其等效电容是多少？这个组合电容能否在 500V 的电压下工作？

3.8 如图 3.14 所示稳态电路中，$u_C=$？电容器所带电量 $q=$？

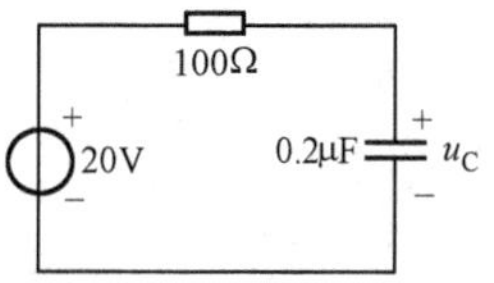

图 3.14 题 3.8 图

3.9 已知电容器的电容量为 0.01μF，在其两端加上的电压波形如图 3.15

所示，试绘出电容电路电流的波形图。

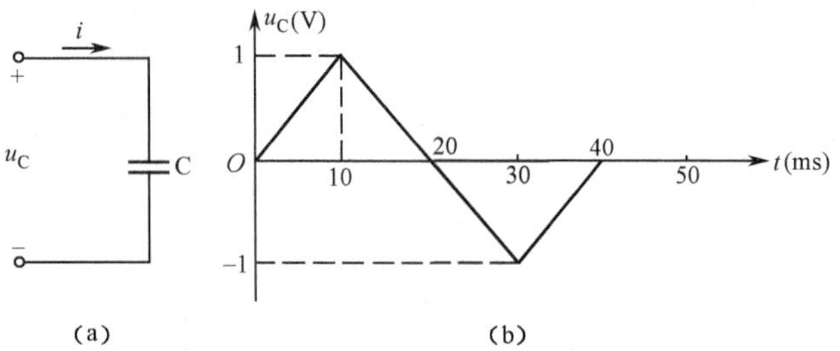

图 3.15　题 3.9 图

3.10　如图 3.16 所示为电容混联电路，试求 a 与 b 间的等效电容。

3.11　四个电容器的电容量都是 C，耐压值也相同，分别按图 3.17（a）和（b）连接，试判断哪种接法总电容大？哪种接法耐压高？

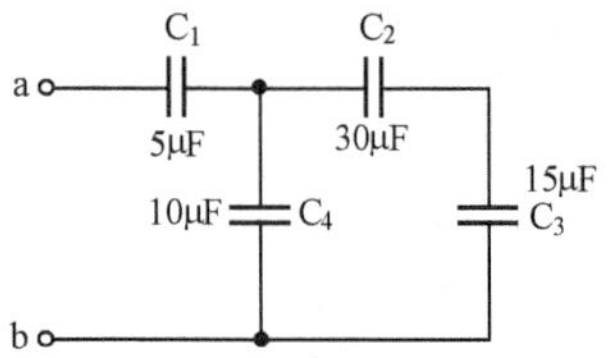

图 3.16　题 3.10 图

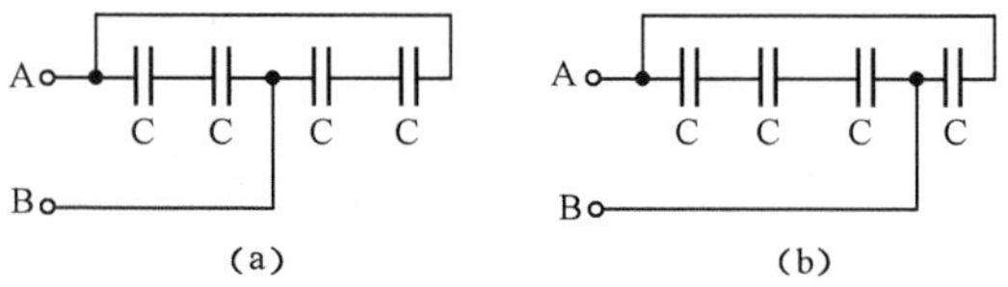

图 3.17　题 3.11 图

3.12　现有若干只 3μF 和 5μF 的电容器，要获得 4μF 的电容量，应如何连接？

3.13　容量为 1μF，2μF，3μF 的三个电容器，串联后接在 220V 电源上，求每个电容器的电量和电压。若每个电容器的耐压为 100V，问此电路能否正常工作？

3.14　有四个容量相同的电容器，将它们按照图 3.18 中的情况连接起来，求各种连法的总电容。

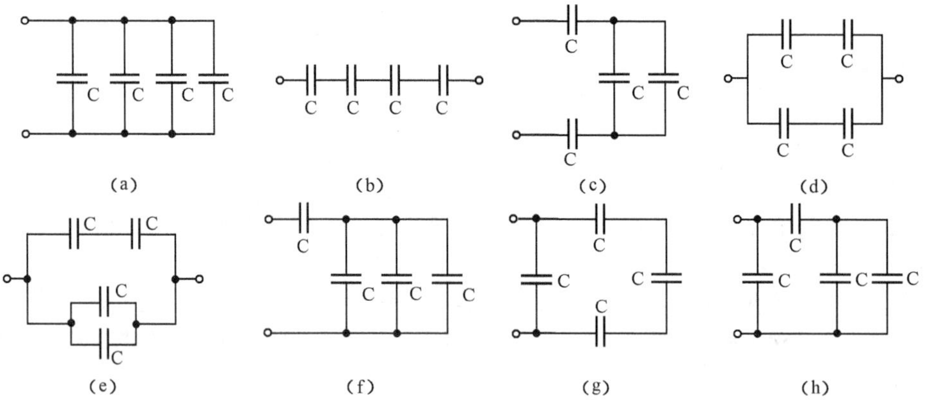

图 3.18　题 3.14 图

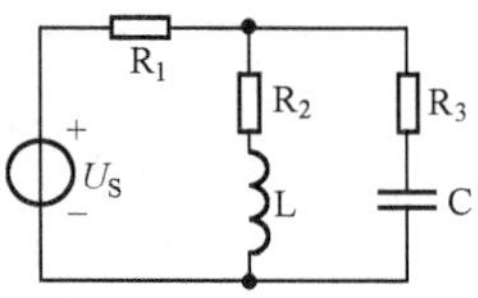

图 3.19　题 3.15 图

3.15　如图 3.19 电路中，$R_1=10\Omega$，$R_2=20\Omega$，$R_3=30\Omega$，$U_s=12V$，$L=20mH$，$C=50\mu F$，电路处于稳态。试求 L 中的电流和 C 上的电压。

3.16　在图 3.20 所示的四个电路中，试分别求图（a）、图（b）中 u_C 及图（c）、图（d）的 i_L。

3.17　如图 3.21 两路中的直流电阻相等，当开关 S 闭合瞬间，两支路电流各如何变化？开关 S 断开的瞬间又将如何变化？

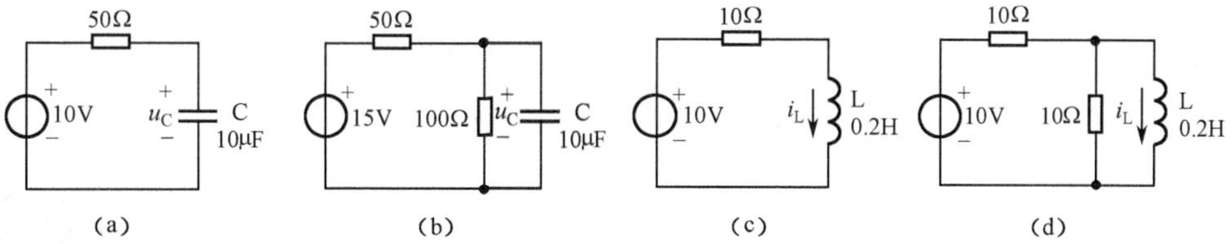

图 3.20　题 3.16 图

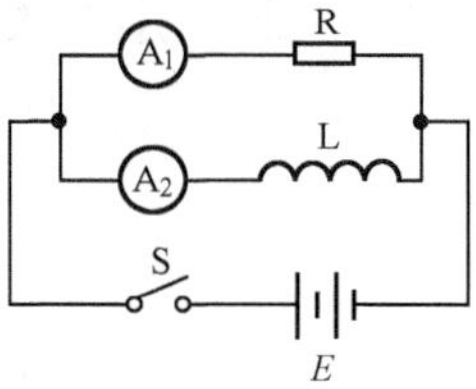

图 3.21　题 3.17 图

3.18　已知电感线圈的 $L=0.2\text{H}$，通过的电流 i 的波形如图 3.22 所示，求 u_L 的数值和波形。

3.19　图 3.23 为通过电感线圈电流的波形，若 $L=1\text{H}$，试做出自感电压 u_L 随时间变化的波形图。

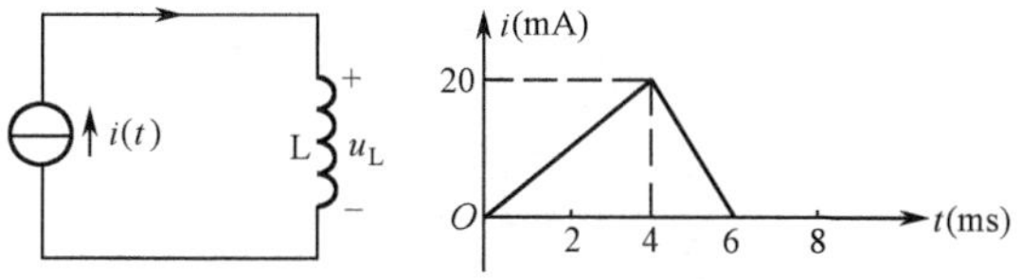

图 3.22　题 3.18 图

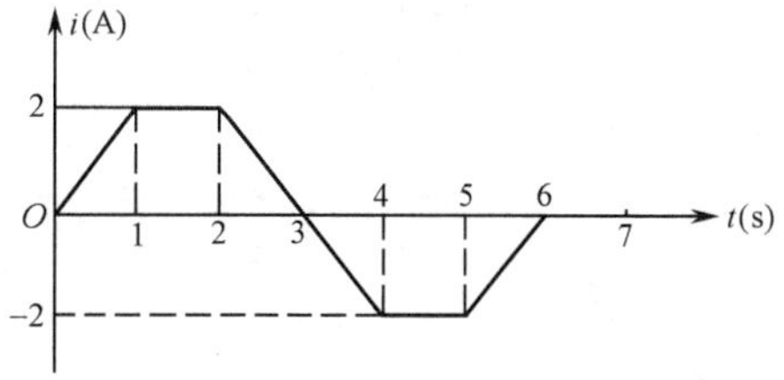

图 3.23　题 3.19 图

3.20　在自感量为 20mH 的线圈中通以 5A 电流，此线圈中储存的磁场能量是多少？若此线圈匝数及电流均增加一倍，此时线圈的电感量及储能将变为多少？

3.21　一线圈的电感量为 5mH，电阻为 20Ω，接至 100V 的直流电源两端，问当电流稳定后，线圈中储存的磁场能量是多少？若此能量在 0.01s 释放出，求功率是多少？

3.22　一线圈的 $L=850\text{mH}$，线圈中的电流自 750mA 降至零，问在此过程中，线圈共释放出多少磁场能量？

模块4

正弦交流电路的分析与计算

直流电流、电压的大小和方向都不随时间变化。在日常生活和实际生产中，不仅使用直流电，而且广泛使用交流电。交流电流（电压）的大小和方向随时间按正弦规律变化的称为正弦电流（电压）。正弦电流、正弦电压和正弦电动势统称为正弦交流电，简称正弦量。正弦波是周期波形的基本形式，在电路基础理论中占有极其重要的地位。

交流电路不同于直流电路，在交流电路中不仅要考虑耗能元件电阻，而且还要考虑储能元件电感和电容的作用。

单元1　正弦交流电的基本概念

1. 正弦电压和电流的参考方向

本章将进行线性电路的正弦稳态分析，主要讨论正弦交流电路的基本概念，各元件上的电压、电流和功率关系的基本规律及其分析与计算的基本方法。

1）激励与响应

电路输入的信号称为激励，当电路受激励后，在电路中引起物理量的变化或由电路输出的信号称为响应。

若给某个放大电路输入一个微弱的电信号（激励），通过放大电路后便输出一个放大了的电信号（响应），实现了放大功能。又如某个电路突然接通电源，此电源就是电路的信号激励，由此引起的电流或电压称为响应。

事实证明，在线性交流稳态电路中，若全部激励为同一频率的正弦函数，则电路中的全部稳态响应也是同一频率的正弦函数。

2）交流电的参考方向

由于交流量的大小和方向都随时间变化，必须选定交流量的参考方向。用实线箭头表示所选定的参考方向，用虚线箭头表示某一时刻的实际方向。交流量的瞬时值是任一时刻的量值。交流电流、交流电压和交流电动势的瞬时值可简写为 i，u，e。若瞬时值的方向与参考方向一致，交流量为正值，反之为负值。

正弦量的振幅值是最大瞬时值。通常用大写字母加下标 m 表示，即用 I_m，U_m，E_m 分别表示交流电流、交流电压、交流电动势的振幅值。

某元件中电流的波形图和参考方向如图 4.1 所示。

图 4.1 中选定的电流参考方向是从 a 到 b，所以 t_1 时刻的瞬时电流值 $i(t_1)=0.707\text{A}$，表示在 t_1 时刻其电流的大小为 0.707A，实际方向是由 a 到 b，与参考方向一致。

在 t_2 时刻：$i(t_2)=-1\text{A}$ 表示在 t_2 时刻电流的大小为 1A，电流的实际方向与所选参考方向相反，是由 b 到 a。

在 t_3 时刻：$i(t_3)=1\text{A}$ 表示在 t_3 时刻电流的大小为 1A，电流的实际方向与参考方向一致，即由 a 到 b。图 4.1 中用虚线箭头表示电流的实际方向，参考方向是任意选定的。在交流电路中，通常选关联参考方向，即电流从电压的正极端流入，从负极端流出，如图 4.2 所示。在画交流电的波形图、写解析式之前，必须先选定参考方向。

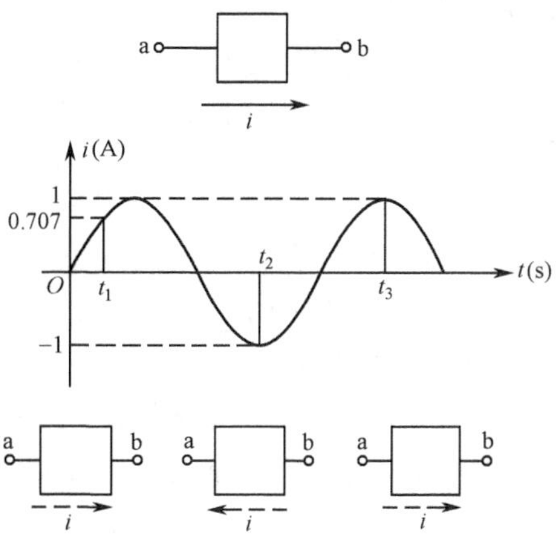

图 4.1　正弦交流量的参考方向

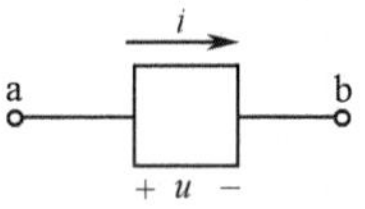

图 4.2　关联参考方向

3）交流电的周期和频率

图 4.3 给出了交流电压和电流随时间做周期性变化的波形图。

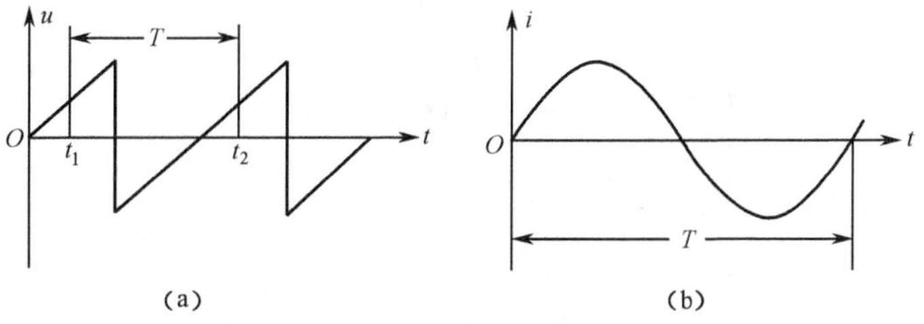

图 4.3　交流量的周期波形图

交流电压或交流电流的某个值，每间隔相等的时间重复出现，称为周期性电压或电流。如图 4.3（a）所示，t_1 时刻的电压为 $u(t_1)$，t_2 时刻的电压为 $u(t_2)$。且满足

$$u(t_1)=u(t_1+T)=u(t_1+kT)$$
$$u(t_2)=u(t_2+T)=u(t_2+kT)$$

即

$$u(t)=u(t+kT)$$

同理

$$i(t)=i(t+kT)$$

式中，k 为自然数。即该波形从任何一时刻 t 开始，经过时间 T 又重复原来的变化规律。在

t 到（$t+T$）间的这部分波形称为该波形的一个循环。周期性交变量循环一次所需的时间叫周期，用 T 表示，单位为秒（s）。

单位时间内的循环次数称为频率。用 f 表示，单位为赫兹（Hz），简称赫。

周期和频率的关系是

$$f = \frac{1}{T} \tag{4-1}$$

我国和世界上大多数国家电力系统的标准频率相同，即工频或市频为 50Hz，其周期是 0.02s。少数国家的工频为 60Hz。人可听到的音频信号频率大约从 20Hz～20kHz，无线电通信使用的频率则较高。常见的收音机中波段为 525～1 605kHz，短波段 I 为 3.9～8.5 MHz，短波段Ⅱ为 8.5～18MHz，而传输视频信号的频率就更高了。

电磁波的传播速度为 $c_0=3\times10^8\,\mathrm{m/s}$。电磁波在一个周期内传播的距离叫做波长，用 λ 表示。

波长、周期和频率的关系是

$$\lambda = c_0 T = \frac{c_0}{f} \tag{4-2}$$

无线电波频段的划分如图 4.4 所示。

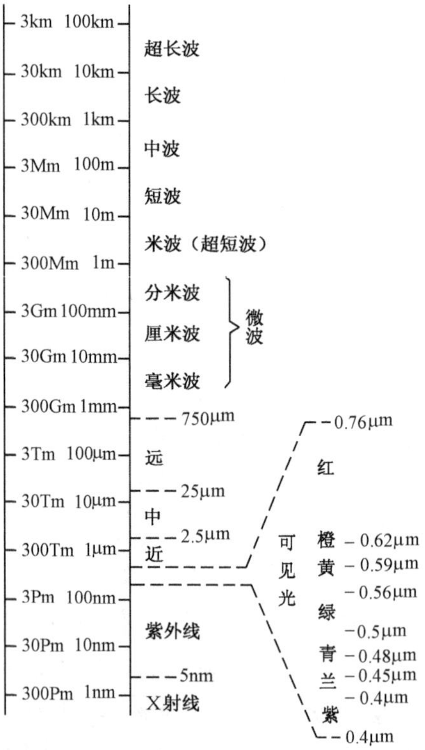

图 4.4 无线电波频段的划分

【例 4-1】 已知一个正弦电压其频率为 50Hz，试问其周期为多少？一个正弦电流的周期为 0.002s，试求其频率和波长。

解：电压周期为 $T_1=\dfrac{1}{f_1}=\dfrac{1}{50}=0.02\mathrm{s}$

电流频率为　$f_2=\dfrac{1}{T_2}=\dfrac{1}{0.002}=500\text{Hz}$

波长为　$\lambda_2=\dfrac{c_0}{f_2}=\dfrac{3\times10^8}{500}=6\times10^5\text{m}$

2. 正弦量的三要素

正弦波是按正弦规律变化的周期波，正弦电压和正弦电流的波形都是正弦波，且正弦电压为

$$u=U_m\sin(\omega t+\varphi)$$

若要表达一个正弦量必须具备三个要素，即振幅值 U_m、角频率 ω 和初相位 φ。知道了正弦量的三要素，就可以完全确定一个正弦量了。

1）振幅值（最大值）

正弦量瞬时值中的最大值叫振幅值，也叫峰值。图 4.5 表示两个振幅值不同的正弦交流电压。

2）角频率

角频率 ω 表示在单位时间内正弦量所经历的电角度 α，即

$$\omega=\frac{\alpha}{t}\tag{4-3}$$

ω 的单位为弧度/秒（rad/s）。

在一个周期 T 内，正弦量经历的电角度为 2π 弧度，所以

$$\omega=\frac{2\pi}{T}=2\pi f\tag{4-4}$$

电角度 $\alpha=\omega t$。图 4.5 中正弦电压的解析式可写为

$$u_1=U_{1m}\sin\omega t$$
$$u_2=U_{2m}\sin\omega t$$

3）相位与初相位

正弦量的相位和初相位与计时起点的选择有关。计时起点的选择是任意的，计时起点不同，相位和初相位不同。图 4.6 给出了计时起点即 $t=0$ 时刻的正弦量的初始位置 $\alpha=\varphi$，则正弦量的一般解析式为

$$e=E_m\sin(\omega t+\varphi)\tag{4-5}$$

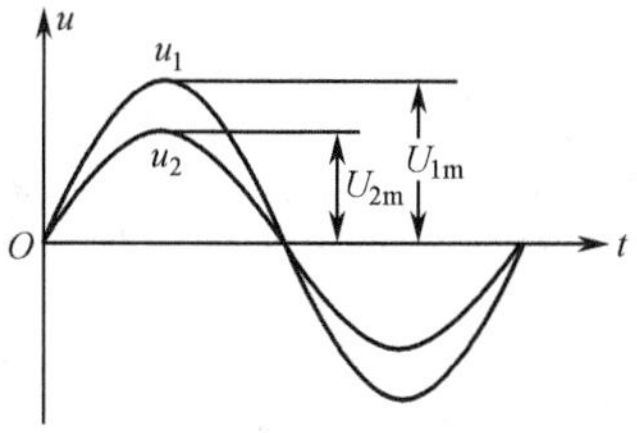

图 4.5　振幅值不同的正弦量

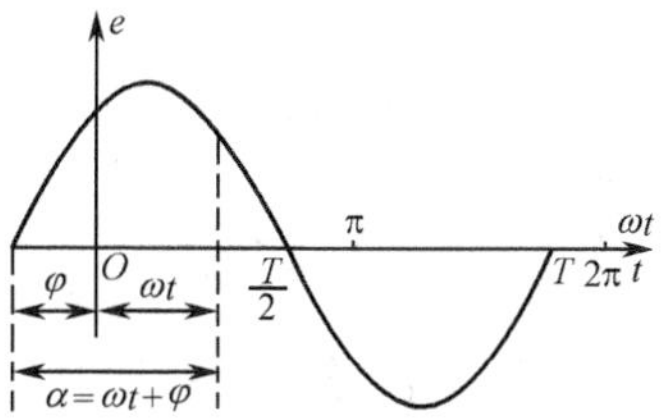

图 4.6　初相位不为零的正弦量

$\alpha=(\omega t+\varphi)$ 是正弦量的相位角，简称相位。相位表示从正弦量零值开始经历的电角度。所以 $\alpha=(\omega t+\varphi)$ 也称为电角度。正弦量任一时刻的瞬时值及其变化趋势均与电角度有关，且每经历 2π 弧度，正弦量又重复原先的变化规律。电角度即相位反映了正弦量的变化进程，与计时起点的选择无关。

φ 是 $t=0$ 时的相位，称为初相位，简称初相。初相是从正弦量零值开始到 $t=0$ 时所经历的电角度。初相与计时起点的选择有关。我们规定 $|\varphi|\leqslant\pi$ 弧度。相位与初相通常用弧度表示，但工程上也允许用度来表示。

因为正弦量的瞬时值是对应于选定的参考方向而言的，故正弦量的初相、相位和解析式也都是对应于所选定的参考方向而言的。同一正弦量，若参考方向选的相反，瞬时值异号，解析式也异号，即

$$-E_m\sin(\omega t+\varphi)=E_m\sin(\omega t+\varphi\pm\pi)$$

所以改变参考方向的结果是将正弦量的初相加上（或减去）π，而不影响振幅值与角频率。振幅值、角频率、初相是正弦量的三要素。

【例 4-2】 已知选定参考方向下正弦量的波形，如图 4.7 所示，试写出正弦量的解析式。

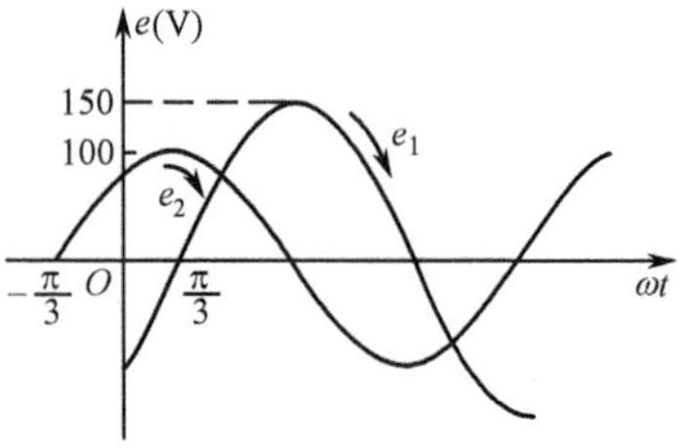

图 4.7 【例 4-2】图

解：

$$e_1=150\sin(\omega t-\frac{\pi}{3})\text{V}$$

$$e_2=100\sin(\omega t+\frac{\pi}{3})\text{V}$$

【例 4-3】 在选定参考方向下，已知两正弦量的解析式为：$u=-50\sin\omega t\text{V}$，$i=10\sin(\omega t+240°)$ A。求每个正弦量的振幅值和初相。

解：

$$u=-50\sin\omega t=50\sin(\omega t+\pi)\text{V}$$

其振幅值 $U_m=50\text{V}$，初相 $\varphi=\pi=180°$，$U_m\neq-50\text{V}$，U_m 只取绝对值。

$$i=10\sin(\omega t+240°)=10\sin(\omega t+240°-360°)=10\sin(\omega t-120°)\text{A}$$

其振幅值 $I_m=10\text{A}$，初相 $\varphi=-120°$，切记 $|\varphi|$ 不得超过 180°。

【例 4-4】 已知电路中 a 与 b 部分的电压是正弦量，其频率为工频 $f=50\text{Hz}$，在选定的电压参考方向由 a 到 b 的情况下，它的解析式为 $u_{ab}=311\sin(\omega t+\frac{\pi}{4})$ V。求（1）$t=2\text{s}$ 时；（2）$t=0.01\text{s}$ 时；（3）$\omega t=\pi/2$ 时，电压的大小、实际方向和相位角。

解：（1）当 $t=2\text{s}$ 时

$$\omega t=2\pi ft=2\pi\times50\times2=200\pi\text{rad}$$

$$u_{ab}=311\sin(200\pi+\frac{\pi}{4})=311\sin(\frac{\pi}{4})=220\text{V}$$

$u_{ab}>0$，说明电压的实际方向与参考方向一致，即由 a 到 b，电压的大小为 220V，相位角为 $(200\pi+\pi/4)$。

（2）当 $t=0.01\text{s}$ 时

$$\omega t=2\pi ft=2\pi\times50\times0.01=\pi\text{rad}$$

$$u_{ab}=311\sin(\pi+\frac{\pi}{4})=-220\text{V}$$

$u_{ab}<0$，电压的实际方向与参考方向相反，即由 b 到 a，电压的大小为 220V，相位角为 $(\pi+\pi/4)$

(3) 当 $\omega t=\pi/2$ 时

$$u_{ab}=311\sin(\frac{\pi}{2}+\frac{\pi}{4})=311\sin(\frac{3\pi}{4})=220\text{V}$$

$u_{ab}>0$，电压的实际方向与参考方向一致，即由 a 到 b，电压的大小为 220V，相位角为 $(\pi/2+\pi/4)$。

3. 同频正弦量的相位差

两个同频率正弦量的相位之差，称为相位差，用 φ 表示，例如，

$$u_1=U_1\sin(\omega t+\varphi_1)$$
$$u_2=U_2\sin(\omega t+\varphi_2)$$

相位差为

$$\varphi_{12}=(\omega t+\varphi_1)-(\omega t+\varphi_2)=\varphi_1-\varphi_2 \tag{4-6}$$

正弦量的相位随时间变化，而同频率正弦量的相位差不随时间改变，等于其初相位之差。无论怎样改变计时起点，两个同频正弦量间的相位差始终不变。

一个正弦量到达零值或振幅值的时间与另一个同频正弦量到达零值或振幅值的时间差等于其相位差除以角频率，用 t 表示。

时间差为

$$t_{12}=\frac{\varphi_{12}}{\omega}=\frac{\varphi_{12}T}{2\pi} \tag{4-7}$$

计算时间差时，规定时间差的绝对值不得超过一个周期 T，否则会有多个值引起混乱，即要求相位差的绝对值不超过 180°。

如图 4.8 所示，e_1 比 e_2 超前 $\varphi_1-\varphi_2$，或者说 e_2 比 e_1 滞后 $\varphi_1-\varphi_2$。所以 $|\varphi_{12}|=|\varphi_1-\varphi_2|<180°$。

当 $|\varphi_1=\varphi_2|$ 时，两个正弦量同时到达零或振幅值，则称这两个正弦量同相。

当 $|\varphi_1-\varphi_2|=\pi$ 时，一个正弦量达到正的最大值时，另一个正弦量到达负的最大值，则称这两个正弦量反相。

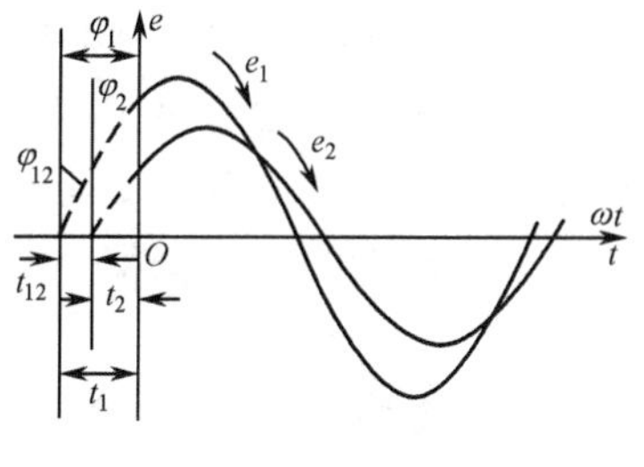

图 4.8　e_1 比 e_2 相位超前示意图

当 $|\varphi_1-\varphi_2|=\frac{\pi}{2}$ 时，一个正弦量超前另一个正弦量 90°，则称这两个正弦量正交。

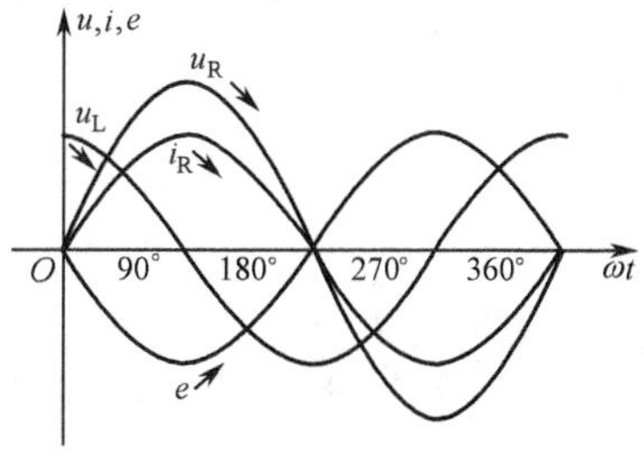

图 4.9　【例 4-5】图

【例 4-5】　试作 $u_R=U_{Rm}\sin\omega t$，$i_R=I_{Rm}\sin\omega t$，$u_L=U_{Lm}\sin(\omega t+90°)$，$e=E_m\sin(\omega t-180°)$ 的波形图，并说明其相位关系。

解：以 ωt 为横轴，按一定比例标出 90°，180°，270°，360°等，纵轴代表 u，i，e 等。分别作 u_R，u_L，i_R，e 的波形图，如图 4.9 所示。

由于这些正弦量都是同频率的，且 i_R 的初相为零，故选 i_R 为参考正弦量，其他正弦量的初相就是与参考正弦量的相位差。

正弦量 u_R 初相为零，所以 u_R 与 i_R 同相。

正弦量 u_L 初相为 90°，所以 u_L 与 i_R 正交，且与 u_R 正交。

正弦量 e 的初相为 −180°，即 e 与 i_R 相位差的绝对值为 180°，所以 e 与 i_R 反相，且与 u_R 反相。

【例 4-6】 已知 $u=311\sin(\omega t+240°)\,\text{V}$，$i=7.07\sin(\omega t-90°)\,\text{A}$。求 u 的初相、u 比 i 超前的角度、i 比 u 超前的角度。

解：$u=311\sin(\omega t+240°)=311\sin(\omega t+240°-360°)=311\sin(\omega t-120°)\,\text{V}$

$$\varphi_u=-120° \qquad \varphi_i=-90°$$

$$\varphi_{ui}=\varphi_u-\varphi_i=(-120°)-(-90°)=-30°$$

即 u 比 i 超前 −30°，或 u 比 i 滞后 30°。

$$\varphi_{iu}=\varphi_i-\varphi_u=(-90°)-(-120°)=30°$$

即 i 比 u 超前 30°。

单元 2 正弦量的有效值和平均值

1. 周期性交流电的有效值

1）有效值的定义

在正弦交流电路中，用瞬时值和振幅值都不能确切地反映出能量转换的实际效果。在实际电路分析中，无论是交流还是直流，都有能量转换问题，常引入有效值计算能量的转换。用大写字母 I，U，E 表示有效值。

若交流电流通过电阻 R 在一个周期内所产生的热量和直流电流 I 通过同一电阻 R 在相同时间内所产生的热量相等，则这个直流电流 I 的数值叫做交流电流 i 的有效值。

在交流电的一个周期时间 T 内，直流电流 I 通过电阻 R 所产生的热量为

$$Q_{-}=I^2RT$$

交流电流 i 在一个周期时间 T 内通过同一电阻 R 所产生的热量为

$$Q_{\sim}=\int_0^T i^2R\mathrm{d}t$$

由于交流、直流产生的热量相等，即

$$Q_{-}=Q_{\sim}$$

$$I^2RT=\int_0^T i^2R\mathrm{d}t$$

所以

$$I=\sqrt{\frac{1}{T}\int_0^T i^2\mathrm{d}t} \tag{4-8}$$

式（4-8）中就是交流电流的有效值。有效值又叫均方根值。根号前只取正号，因为负的有效值是没有意义的。

同理，周期性交流电压 u 和电动势 e 的有效值分别为

$$U=\sqrt{\frac{1}{T}\int_0^T u^2\mathrm{d}t} \tag{4-9}$$

$$E=\sqrt{\frac{1}{T}\int_0^T e^2\mathrm{d}t} \tag{4-10}$$

2）正弦量的有效值

若交变电流为正弦电流 $i=I_m\sin\omega t$ 时

$$I=\sqrt{\frac{1}{T}\int_0^T I_m^2\sin^2\omega t\,\mathrm{d}t}=\frac{I_m}{\sqrt{2}}=0.707I_m \tag{4-11}$$

同样，正弦电压和电动势的有效值为

$$U=\frac{U_m}{\sqrt{2}}=0.707U_m \tag{4-12}$$

$$E=\frac{E_m}{\sqrt{2}}=0.707E_m \tag{4-13}$$

由此可见，正弦量的有效值和振幅值之间存在$\sqrt{2}$倍的关系，有效值可作为正弦量的一个要素代替振幅值。

常用的交流电压表和电流表所指示的数字均为有效值。电动机和各种电器铭牌上标的数据也都是有效值。照明线路电压为 $U=220\mathrm{V}$ 是有效值，则最大值为 $U_m=\sqrt{2}\times220=311\mathrm{V}$。

2. 正弦量的平均值

1）平均值

周期性交流量的波形图在一个周期内其横轴上部的面积等于横轴下部的面积，故一个周期内交变量的平均值等于零。而正弦量的平均值是指由零点开始的半个周期内的平均值。

在图 4.10 中，交变电流半个周期内曲线与横轴所包围的面积为

$$\int_0^{\frac{T}{2}} i\mathrm{d}t$$

即在 $T/2$ 时间内沿同一方向通过导体横截面的电荷量除以 $T/2$ 得到半个周期内的平均值。以 I_{av}，U_{av}，E_{av} 表示电流、电压、电动势的平均值，则

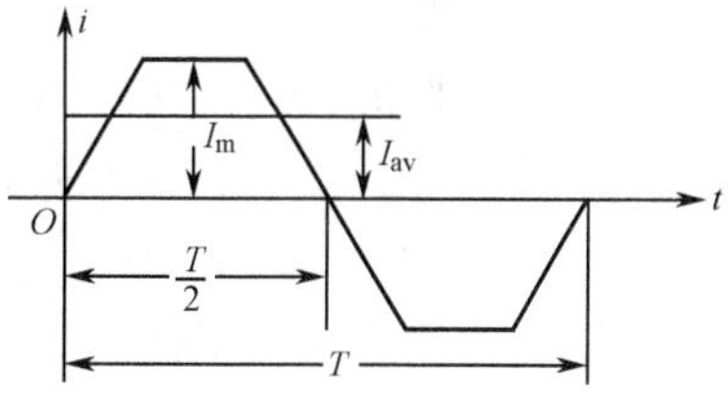

图 4.10　半个周期内电流的平均值

$$I_{av}=\frac{\int_0^{\frac{T}{2}} i\mathrm{d}t}{\frac{T}{2}}=\frac{2}{T}\int_0^{\frac{T}{2}} i\mathrm{d}t \tag{4-14}$$

同理，可以推出 U_{av} 与 E_{av} 的表达式。

2）正弦量的平均值

若交流电流为正弦量，$i=I_m\sin\omega t$ 时，代入式（4-14）得

$$I_{av}=\frac{2}{\pi}I_m=0.637I_m \tag{4-15}$$

同理

$$U_{av} = \frac{2}{\pi}U_m = 0.637U_m \tag{4-16}$$

$$E_{av} = \frac{2}{\pi}E_m = 0.637E_m \tag{4-17}$$

【例 4-7】 正弦电流的振幅值为 100mA，求用安培表测出的数值是多少？

解：安培表测出的是交流有效值，则

$$I = 0.707I_m = 0.707 \times 100 = 70.7\text{mA}$$

用安培表测出的读数值是 70.7mA。

【例 4-8】 有一电容器，耐压为 220V，问是否可接在市电 220V 上。

解：市电是 f=50Hz 的正弦交流电，其振幅值为 $U_m=\sqrt{2}\times220=311\text{V}>220\text{V}$ 耐压值，所以电容器会击穿，故不能接在市电 220V 上。

单元 3　复数概念

1. 复数的 4 种表示形式

相量法建立在复数表示正弦量的基础上，若复数用 $A=a+\text{j}b$ 表示。其中 a 为实部，b 为虚部，虚数单位为 $\text{j}=\sqrt{-1}$。在数学中，$\text{i}=\sqrt{-1}$为虚数单位，由于电路中已用 i 来表示电流了，所以用 j 来代替 i 表示数学中的虚数单位。

当某复数的实部和虚部已知时，这个复数就确定了。例如 $A=3+\text{j}4$，$B=-3+\text{j}2$，$C=5-\text{j}6$，在复平面上均有惟一的对应位置。

1）复数的图形表示

在直角坐标系中，其横轴为实轴，用来表示复数的实部，其纵轴为虚轴，用来表示复数的虚部，这两个坐标轴所在平面称为复平面。任何一个复数在复平面上可以找到惟一的一点与之对应，而复平面上的每个点也都对应惟一的一个复数。在图 4.11 中，复数与复平面上的点对应。如 P_1 点对应 $3+\text{j}4$，P_2 点则对应 $-4+\text{j}3$，P_3 点对应于 $-3-\text{j}2$。复数还可以用复平面上的一个矢量来表示。

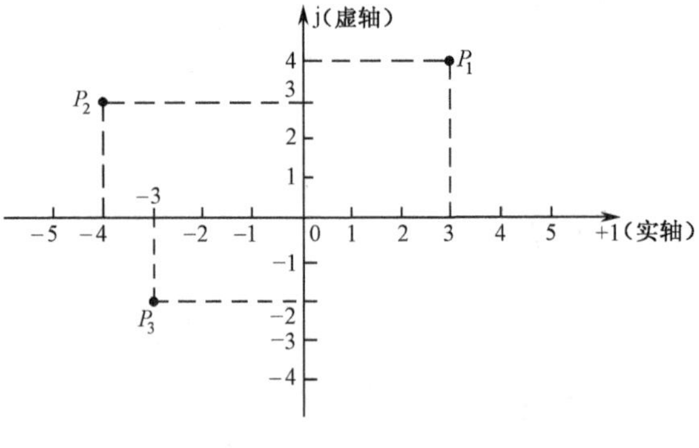

图 4.11　复数与复平面上一点对应

任意一个复数 $A=a+\text{j}b$ 与一个复矢量 OP 相对应，其矢量的长度 r 称为复数的模，模为正值。矢量与实轴正方向的夹角 θ 称为复数 A 的幅角，如图 4.12 所示。

$$r = |A| = \sqrt{a^2 + b^2}$$
$$\theta = \arctan(b/a) \qquad (\theta \leqslant 2\pi) \tag{4-18}$$

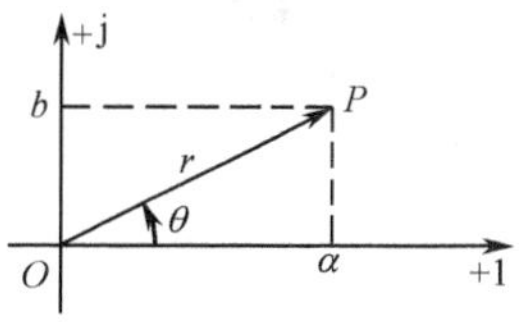

图 4.12　用矢量表示复数

由三角函数可知

$$a = r\cos\theta$$
$$b = r\sin\theta \tag{4-19}$$

由式（4-19）看出，复数 A 的模在实轴上的投影 a 就是复数 A 的实部，在虚轴上的投影 b 就是复数 A 的虚部。复数又可写成三角形式

$$A = r\cos\theta + \mathrm{j}r\sin\theta \tag{4-20}$$

根据高等数学的尤拉公式

$$e^{\mathrm{j}\theta} = \cos\theta + \mathrm{j}\sin\theta$$

则式（4-20）又可写成

$$A = r\cos\theta + \mathrm{j}r\sin\theta = re^{\mathrm{j}\theta}$$
$$A = re^{\mathrm{j}\theta} \tag{4-21}$$

在电路中常用模与幅角的形式表示复数

$$A = r\,\underline{/\theta} \tag{4-22}$$

2）复数的 4 种表示形式

（1）复数的代数形式为

$$A = a + \mathrm{j}b$$

（2）复数的三角形式为

$$A = r\cos\theta + \mathrm{j}r\sin\theta$$

（3）复数的指数形式为

$$A = re^{\mathrm{j}\theta}$$

（4）复数的极坐标形式为

$$A = r\,\underline{/\theta}$$

【例 4-9】　写出 1，－1，j，－j 的极坐标式。

解：实数 1 是虚部为零，幅角为零的复数，对应的矢量与横轴正半轴重合，如图 4.13 所示。

1 的极坐标式为　　　$1 = 1\,\underline{/0^\circ}$

同理，－1 的极坐标式为 $-1 = 1\,\underline{/180^\circ}$

j 的极坐标式为　　　$\mathrm{j} = 1\,\underline{/90^\circ}$

－j 的极坐标式为　　　$-\mathrm{j} = 1\,\underline{/-90^\circ} = 1\,\underline{/270^\circ}$

【例 4-10】　写出 $a+\mathrm{j}b$ 和 $a-\mathrm{j}b$ 的极坐标式。

解：实部相等，虚部绝对值相等而符号相反的两个复数叫共轭复数，用 A^* 表示 A 的共轭复数，则有

$$A = a + \mathrm{j}b \qquad\qquad A^* = a - \mathrm{j}b$$

A 的模 $r = \sqrt{a^2+b^2}$，幅角 $\theta = \arctan(\dfrac{b}{a})$；

A^* 的模 $r' = r$，幅角 $\theta' = \arctan(-\dfrac{b}{a}) = -\theta$；

极坐标式 $A=r\underline{/\theta}, A^{*}=r\underline{/-\theta}$，如图4.14所示。

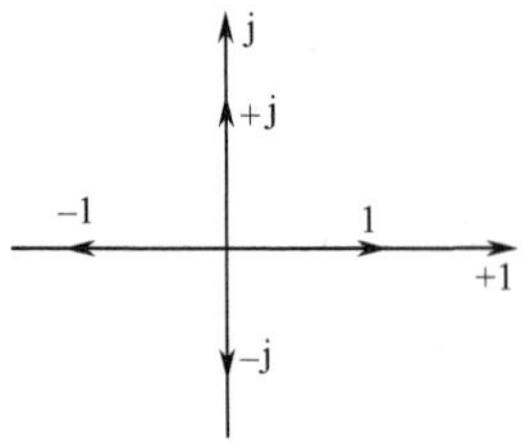

图4.13 【例4-9】图

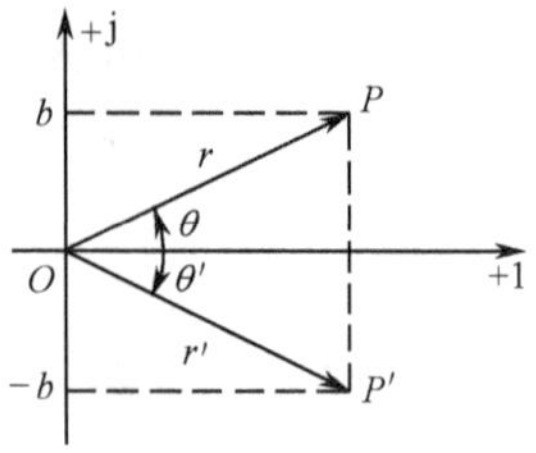

图4.14 【例4-10】图

2. 复数的四则运算

1）复数的加减法

复数相加减时，要先将复数化为代数形式。设有两个复数：

$$A=a_1+\mathrm{j}b_1=r_1\underline{/\theta_1}$$

$$B=a_2+\mathrm{j}b_2=r_2\underline{/\theta_2}$$

则

$$A\pm B=(a_1\pm a_2)+\mathrm{j}(b_1\pm b_2) \tag{4-23}$$

复数相加（或相减）时，将实部与实部相加（或相减），虚部与虚部相加（或相减）。当复数相加（或相减）时，对应的复矢量亦相加（或相减），如图4.15所示。

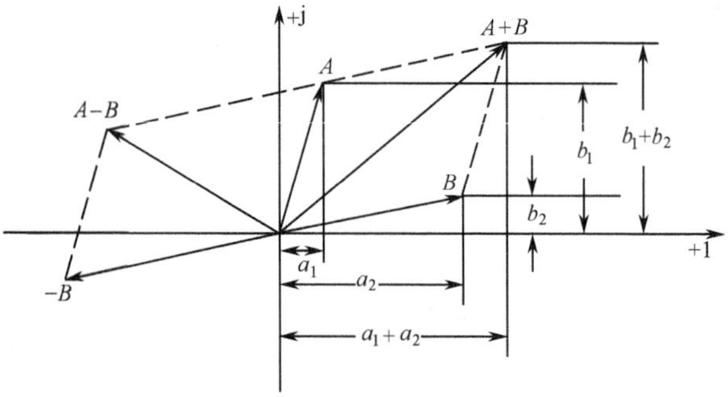

图4.15 复矢量的加减

由图4.15可以看出，两复数相加其矢量满足"平行四边形"法则。两复数相减可以变成一个复数加上一个负复数。

【例4-11】 求复数 $100\mathrm{e}^{\mathrm{j}\pi/4}$ 与 $60\mathrm{e}^{-\mathrm{j}\pi/3}$ 之和。

解：$100\mathrm{e}^{\mathrm{j}\pi/4}+60\mathrm{e}^{-\mathrm{j}\pi/3}$

$$=100\cos\left(\frac{\pi}{4}\right)+\mathrm{j}100\sin\left(\frac{\pi}{4}\right)+60\cos\left(-\frac{\pi}{3}\right)+\mathrm{j}60\sin\left(-\frac{\pi}{3}\right)$$

$$=70.7+\mathrm{j}70.7+30-\mathrm{j}52=100.7+\mathrm{j}18.7=102.4\underline{/10.5^\circ}$$

2）复数的乘除法

复数相乘或相除时，用指数形式和极坐标形式更方便，即

$$AB = r_1 e^{j\theta_1} \cdot r_2 e^{j\theta_2} = r_1 r_2 e^{j(\theta_1+\theta_2)}$$
$$AB = r_1 \angle\theta_1 \cdot r_2 \angle\theta_2 = r_1 r_2 \angle(\theta_1+\theta_2) \tag{4-24}$$

而

$$\frac{A}{B} = \frac{r_1 e^{j\theta_1}}{r_2 e^{j\theta_2}} = \frac{r_1}{r_2} e^{j(\theta_1-\theta_2)}$$
$$\frac{A}{B} = \frac{r_1 \angle\theta_1}{r_2 \angle\theta_2} = \frac{r_1}{r_2} \angle(\theta_1-\theta_2) \tag{4-25}$$

复数相乘时，将模相乘幅角相加，复数相除时，将模相除幅角相减。

【例 4-12】 已知 $A=4+j3$，$B=3-j4$，求 AB 和 A/B。

解：$AB=(4+j3)\times(3-j4)$

$$=\sqrt{4^2+3^2}\angle\arctan\left(\frac{3}{4}\right)\times\sqrt{3^2+4^2}\angle\arctan\left(\frac{-4}{3}\right)$$
$$=5\angle 36.9^\circ\times 5\angle -53.1^\circ=25\angle -16.2^\circ$$
$$\frac{A}{B}=\frac{4+j3}{3-j4}=\frac{5\angle 36.9^\circ}{5\angle -53.1^\circ}=1\angle 90^\circ=j$$

3. 旋转因子

复数 $e^{j\theta}=1\angle\theta$ 是一个模等于 1 而幅角等于 θ 的复数。任意复数 $A=r_1 e^{j\theta_1}$ 乘以 $e^{j\theta}$ 等于

$$r_1 e^{j\theta_1} \cdot e^{j\theta} = r_1 e^{j(\theta_1+\theta)} = r_1 \angle(\theta_1+\theta)$$

复数的模仍为 r_1，幅角变为 $(\theta_1+\theta)$，即将 $r_1 e^{j\theta_1}$ 对应的复矢量由原来位置 θ_1，逆时针方向旋转了 θ，旋至幅角 $(\theta_1+\theta)$，所以称 $e^{j\theta}=1\angle\theta$ 为旋转因子。

当 $\theta=\frac{\pi}{2}$ 时，$e^{j\theta}=e^{j\frac{\theta}{2}}=1\angle\frac{\pi}{2}=j$；

当 $\theta=\pi$ 时，$e^{j\theta}=e^{j\pi}=1\angle\pi=-1$；

当 $\theta=\frac{3\pi}{2}$ 时，$e^{j\theta}=e^{j\frac{3\pi}{2}}=1\angle\frac{3\pi}{2}=-j$；

当 $\theta=2\pi$ 时，$e^{j\theta}=e^{j2\pi}=1\angle 2\pi=1$。

综上所述，一个复数乘以 j 就等于该复数对应的复矢量在复平面上逆时针方向旋转 $\frac{\pi}{2}(90^\circ)$；乘以 -1 则逆时针方向旋转 $\pi(180^\circ)$；乘以 $-j$ 则逆时针方向旋转 $\frac{3\pi}{2}(270^\circ)$，或看做顺时针方向旋转 $\frac{\pi}{2}(-90^\circ)$；乘以 1 时该复数无任何变化，如图 4.16 所示。

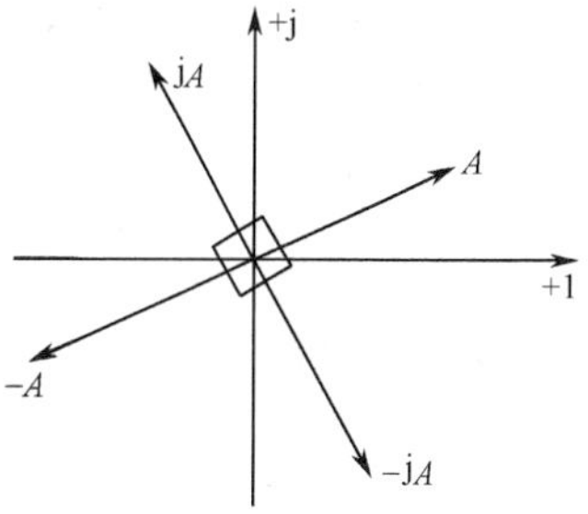

图 4.16 复数 A 乘以 j 的几何意义

单元 4 正弦量的相量表示法

正弦量可采用不同的方法来表示，最常用的有正弦量的解析式即三角函数表示法，正弦量的波形图即正弦曲线表示法和正弦量的相量即模与幅角形式的表示法。

正弦量的瞬时值为 $u=U_m\sin(\omega t+\varphi_u)$，$i=I_m\sin(\omega t+\varphi_i)$，波形图如前面的正弦曲线图。

此两种表示法都反映了正弦量的瞬时值随时间变化的关系。在线性交流电路中，所有电压电流都是同频正弦量，只要确定其有效值和初相就可将函数式的复杂计算简化为复数计算。

1. 正弦量的表示法

设一个正弦量为 $u=U_m\sin(\omega t+\varphi)$，在复平面上对应一矢量，如图 4.17 所示。矢量长度 OP 按比例等于振幅 U_m，即复数的模；矢量与横轴夹角等于初相 φ，即复数的幅角。

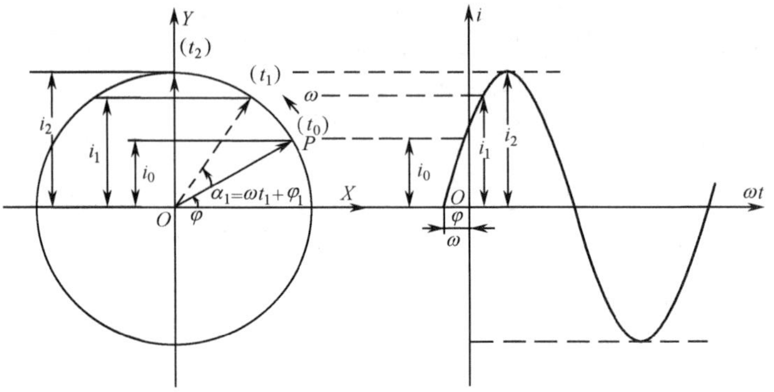

图 4.17 正弦量的复数表示法

上述矢量在起始位置时，可用复数 $U_m e^{j\varphi}$表示，再乘以旋转因子 $e^{j\omega t}$ 得复数

$$U_m e^{j\varphi} e^{j\omega t} = U_m e^{j(\omega t+\varphi)} = U_m\cos(\omega t+\varphi) + jU_m\sin(\omega t+\varphi)$$

表示复平面上一个长度为 U_m，起始位置与横轴夹角为 φ，以角速度 ω 逆时针旋转的矢量。其复数的虚部为一个正弦函数，复数本身并不等于正弦函数。复数只是对应地表示一个正弦量。

在正弦交流电路中所有激励和响应都是同频率的正弦量，其共同的旋转因子 $e^{j\omega t}$ 可以省略不计，只用起始位置的矢量 $U_m e^{j\varphi}$来表示正弦量。这就是正弦量的相量表示法。正弦量 $i=I_m\sin(\omega t+\varphi)$ 的相量，可以写成

$$\dot{I}_m = I_m e^{j\varphi} = I_m \angle\varphi \tag{4-26}$$

式（4-26）中，相量 $\dot{I}_m$ 的模是正弦量的振幅，故称振幅相量，此外使用广泛的是有效值的相量，写为

$$\dot{I} = I e^{j\varphi} = I \angle\varphi \tag{4-27}$$

相量 $\dot{I}$ 的模是正弦量的有效值。本书所用相量表示的正弦量，如未加特殊说明，则为有效值相量。

只有同频率的正弦量之间的相位差等于初相之差，其相量才能画在同一复平面上，称为相 量图。只有同频率的正弦量的相量才能相互运算。用相量运算的方法称为相量法。其相角的 参考方向规定为：取箭头逆时针方向为正角度值；箭头顺时针方向为负角度值。

【例 4-13】 已知正弦电压 $u_1=141\sin(\omega t+\frac{\pi}{3})$V，$u_2=70.7\sin(\omega t-\frac{\pi}{3})$V。写出 u_1 和 u_2 的相量，并画相量图。

解： $\dot{U}_1=\frac{141}{\sqrt{2}}\angle\frac{\pi}{3}=100\angle\frac{\pi}{3}$V

$$\dot{U}_2=\frac{70.7}{\sqrt{2}}\angle-\frac{\pi}{3}=50\angle-\frac{\pi}{3}\text{V}$$

u_1 和 u_2 的相量图如图 4.18 所示。

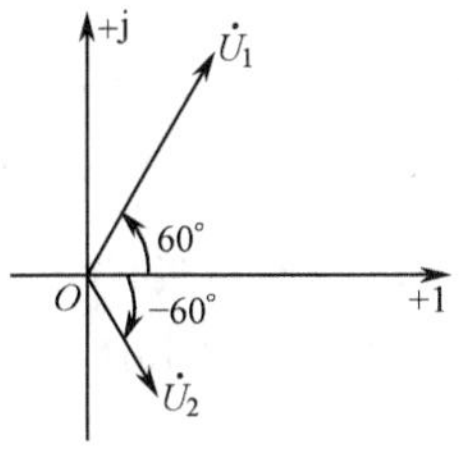

图 4.18　u_1 和 u_2 的相量图

【例 4-14】　已知两个工频电压，其相量分别为$\dot{U}_1=220\angle\frac{\pi}{4}$V，$\dot{U}_2=380\angle-\frac{\pi}{6}$V，试求 u_1 和 u_2 的解析式。

解：$\omega=2\pi f=2\pi\times50=314\text{rad/s}$

$$U_{1\text{m}}=220\sqrt{2}=311\text{V}\qquad \varphi_1=\frac{\pi}{4}$$

$$U_{2\text{m}}=380\sqrt{2}=537\text{V}\qquad \varphi_2=-\frac{\pi}{6}$$

$$u_1=U_{1\text{m}}\sin(\omega t+\varphi_1)=311\sin(314t+\frac{\pi}{4})\text{V}$$

$$u_2=U_{2\text{m}}\sin(\omega t+\varphi_2)=537\sin(314t-\frac{\pi}{6})\text{V}$$

2. 两个同频正弦量之和

在线性正弦交流电路中，各支路上的电流、电压的频率都与电源的频率相同。这些电流、电压的加减运算，都归结为同频率的正弦量的求和问题。减去一个同频正弦量等于加上一个反向的同频正弦量。

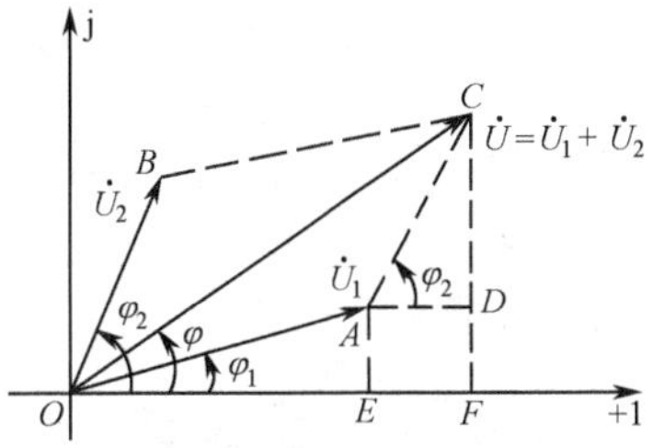

图 4.19　同频正弦量之和

设已知 $u_1=U_{1\text{m}}\sin(\omega t+\varphi_1)$，$u_2=U_{2\text{m}}\sin(\omega t+\varphi_2)$。求 u_1+u_2 之和。

在复平面上做出相量$\dot{U}_1=U_1\angle\varphi_1$，$\dot{U}_2=U_2\angle\varphi_2$，按平行四边形法则作平行四边形 $OACB$，求出相量和$\dot{U}=\dot{U}_1+\dot{U}_2$，如图 4.19 所示。

由图 4.19 得

$$\dot{U}=\dot{U}_1+\dot{U}_2=U\angle\varphi$$

两个同频率的正弦量之和（或差），仍是一个同频率的正弦量。

【例 4-15】　$i_1=100\sqrt{2}\sin\omega t$A，$i_2=100\sqrt{2}\sin(\omega t-120^\circ)$A，试求 i_1-i_2。

解：$\dot{I}_1=100\angle0^\circ=100\text{A}$

$\dot{I}_2=100\angle-120^\circ=100\cos(-120^\circ)+\text{j}100\sin(-120^\circ)=-50-\text{j}50\sqrt{3}\text{A}$

$\dot{I}_1-\dot{I}_2=100-(-50-\text{j}50\sqrt{3})=150+\text{j}50\sqrt{3}$

$=173.2\angle30^\circ\text{A}$

得

$$i_1-i_2=173.2\sqrt{2}\sin(\omega t+30^\circ)\text{A}$$

单元 5　正弦交流电路中的电阻元件

在交流电路中，电阻元件、电感元件、电容元件是基本元件，也称为基本电路参量。电阻元件是阻碍电流流动的元件，电流通过电阻，必然消耗能量。

1. 电阻元件上电压与电流的关系

如图 4.20 所示，在线性电阻 R 两端加上正弦电压 u 时，电阻中就有正弦电流 i 通过，且电阻元件上电压和电流的瞬时值仍服从欧姆定律。

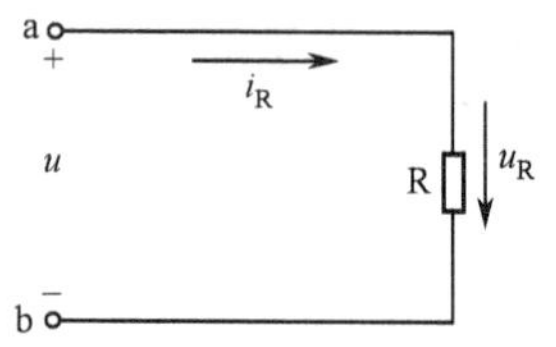

图 4.20　电阻中的正弦电流

若电压和电流为关联参考方向，则电阻元件中通过的电流为

$$i_R = \frac{u_R}{R} \tag{4-28}$$

若

$$u_R = U_{Rm}\sin\omega t$$

则

$$i_R = \frac{u_R}{R} = \frac{U_{Rm}}{R}\sin\omega t = I_{Rm}\sin\omega t$$

由 u 与 i 的解析式知，关联参考方向下 u_R 和 i_R 是同频同相的正弦量，其中 $I_{Rm}=\frac{U_{Rm}}{R}$ 或 $U_{Rm}=I_{Rm}R$，把上式中电流及电压的振幅值各除以$\sqrt{2}$得

$$I_R = \frac{U_R}{R} \quad 或 \quad U_R = I_R R \tag{4-29}$$

式（4-29）中 U_R 与 I_R 是有效值。不论 u_R 和 i_R 参考方向是否一致，此式均成立，且只表示大小关系而不表示方向关系。电阻元件的电压与电流总是同时并存，所以电阻元件无记忆功能。任何时刻外加一正弦电压，则电阻元件中同一时刻的电流为同频同相的正弦电流。

（1）电压电流之间的大小关系为

$$I_R = \frac{U_R}{R}$$

（2）电压电流之间的相位关系为在关联参考方向下，电压和电流同相。

正弦电压初相为零时，电压、电流与功率的波形如图 4.21所示。若正弦电压的初相为某一角度 φ，则电流的初相也为 φ 角。

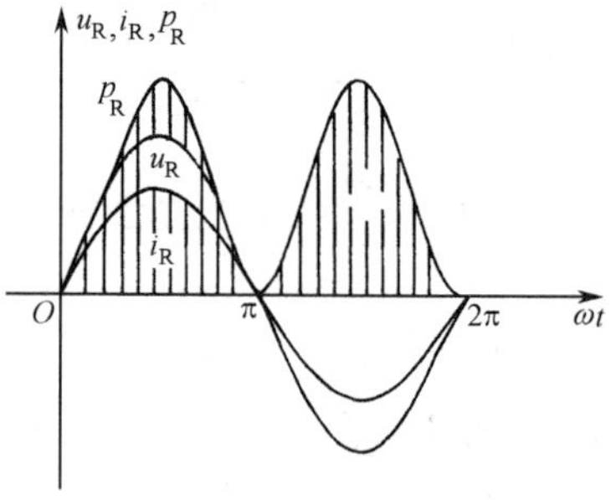

图 4.21　电阻元件上电压、电流与功率的波形

2. 电阻元件上电压与电流的相量关系

在关联参考方向下，流过电阻的电流为

$$i_R = I_{Rm}\sin(\omega t + \varphi) \qquad \dot{I}_R = I_R \angle\varphi$$

电阻两端的电压为

$$u_R = RI_{Rm}\sin(\omega t + \varphi) \qquad \dot{U}_R = RI_R \angle\varphi$$

相量关系为

$$\dot{U}_{R}=R\dot{I}_{R} \tag{4-30}$$

式（4-30）是相量形式的欧姆定律。相量关系式既能表示电压与电流有效值关系，又能表示其相位关系，即

$$\dot{U}_{R}=R\dot{I}_{R} \qquad \dot{U}_{R}\text{与}\dot{I}_{R}\text{同相}$$

图 4.22 给出了电阻元件的相量关系图。

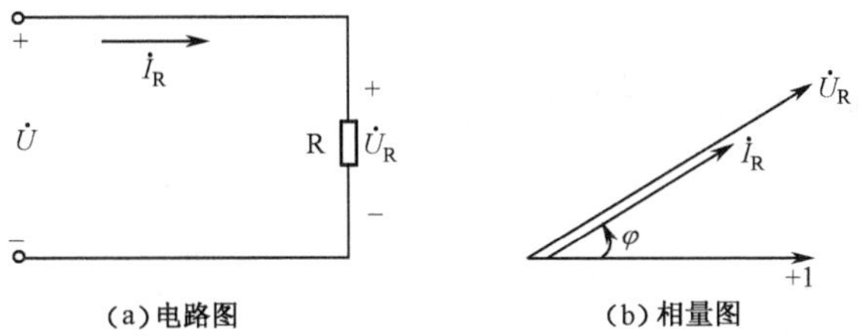

图 4.22　电阻元件上的相量关系图

3. 电阻元件的功率

交流电路中，在关联参考方向下，对于线性交流电阻电路瞬时值、最大值、有效值均符合欧姆定律，且电压与电流同相。在任意瞬间电阻元件上消耗的功率等于电压瞬时值与电流瞬时值的乘积，以小写字母 p_R 表示瞬时功率。

$$p_R=u_R i_R=U_{Rm}\sin\omega t\times I_{Rm}\sin\omega t=U_R I_R(1-\cos 2\omega t) \tag{4-31}$$

p_R 始终为正值，说明电阻元件总是从电源取用功率，即电阻是耗能元件。电阻元件的瞬时功率曲线如图 4.21 所示。

工程上常用瞬时功率的平均值，即平均功率，用大写字母 P 表示。周期性交流电路的平均功率是一个周期内瞬时功率的平均值。

$$P=\frac{1}{T}\int_0^T p_R\,\mathrm{d}t \tag{4-32}$$

此式适用于任何周期性变化的交流电路。

对于正弦交流电

$$P=U_R I_R=RI_R^2=\frac{U_R^2}{R} \tag{4-33}$$

功率的单位为瓦（W），工程上常用千瓦（kW），1kW＝1000W。

由于平均功率反映了元件实际消耗电能的情况，故称为有功功率。简称功率。它是衡量交流电路中电阻消耗功率的一个物理量。

【例 4-16】　某电阻 $R=100\Omega$，通过 R 的电流 $i_R=5\sqrt{2}\sin(\omega t-30°)$A，求：(1) R 两端电压 U_R 和 u_R，(2) R 消耗的平均功率 P。

解：(1) $i_R=5\sqrt{2}\sin(\omega t-30°)$　　其相量 $\dot{I}_R=5\angle-30°$A

而

$$\dot{U}_R=R\dot{I}_R=100\times5\angle-30°=500\angle-30°\text{V}$$

故

$$U_R=500\text{V} \qquad u_R=500\sqrt{2}\sin(\omega t-30°)\text{V}$$

（2） $P=U_R I_R=500\times 5=2500W$

或

$$P=RI^2=100\times 5^2=2\ 500W$$

【例 4-17】 一只额定电压为 220V，功率为 50W 的电烙铁，误接在 380V 的电源上，问此时它消耗功率为多少？是否安全？

解：已知 U_R 和 P 值可求其电阻值

$$R=\frac{U_R^2}{P}=\frac{220^2}{50}=968\Omega$$

当误接 380V 电源时，电烙铁实际获得的功率

$$P=\frac{U_R^2}{R}=\frac{380^2}{968}=149.17W$$

已大大超过电烙铁的额定功率，会烧断电阻丝，故不安全。

单元 6　正弦交流电路中的电感元件

1. 电感元件上电压与电流的关系

实际的电感线圈总有一定的电阻值，为了研究电磁感应的规律，只讨论不含电阻的理想电感元件。空心线圈的电感 L 为常数，当接上交流电源时，所构成的电路为线性电感电路。图 4.23 所示为纯电感电路，当外接一正弦电压 u 时，线圈中流过正弦电流为 i_L，引起磁链变化，产生自感电动势 e_L。当选定电压 u 的正方向后，电流和自感电动势的正方向取关联参考方向。

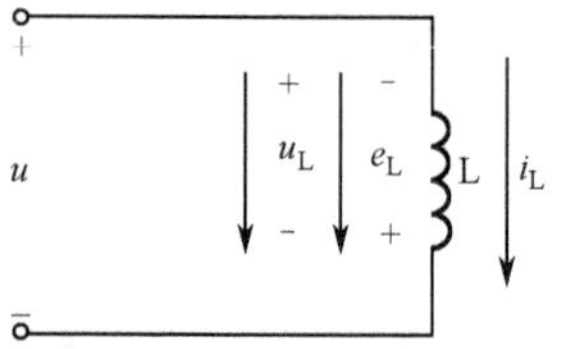

图 4.23 纯电感电路图

设通过线圈的电流为

$$i_L=I_{Lm}\sin\omega t$$

则

$$u_L=L\frac{di_L}{dt}=LI_{Lm}\frac{d(\sin\omega t)}{dt}=\omega LI_{Lm}\cos\omega t$$

$$=\omega LI_{Lm}\sin(\omega t+\frac{\pi}{2})=U_{Lm}\sin(\omega t+\frac{\pi}{2})$$

即

$$u_L=U_{Lm}\sin(\omega t+\frac{\pi}{2}) \tag{4-34}$$

由于线圈两端电压与线圈中的电流变化率成正比，且 u 和 i 为同频率正弦量，其频率取决于电源频率。电感电压与电感电流有如下关系。

1）大小关系

$$U_{Lm}=\omega LI_{Lm}=2\pi fLI_{Lm}$$

或

$$U_L=\omega LI_L=2\pi fLI_L \tag{4-35}$$

上式反映了电感元件上电压与电流的最大值和有效值关系。

2）感抗

由式（4-35）得知，当电压一定时，ωL 越大，电路中的电流越小。L 具有阻碍交变电流通过的性质，称为感抗，用 X_L 表示，即

$$X_L = \omega L = 2\pi f L \tag{4-36}$$

当频率 $f=0$ 时感抗为零，线圈相当于短路。频率越高时电流变化越快，产生的自感电动势越大。频率的单位为赫兹（Hz），电感的单位为亨利（H），则感抗 X_L 的单位为欧姆（Ω）。感抗的倒数叫感纳，用 B_L 表示，$B_L=\frac{1}{X_L}=\frac{1}{\omega L}=\frac{1}{2\pi f L}$，单位为西门子（S）。图 4.24 给出了电感一定时，感抗 X_L 与频率 f 的关系曲线。

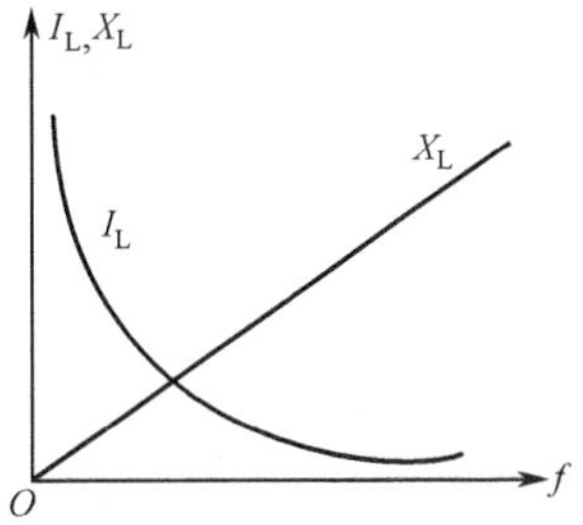

图 4.24　X_L 与 f 的关系曲线

由于 X_L 正比于 f，所以频率越低，信号越容易通过电感元件，即电感元件具有隔交流通直流的作用。

$$U_L = X_L I_L \quad 或 \quad I_L = \frac{U_L}{X_L} = B_L U_L \tag{4-37}$$

式（4-37）是相似欧姆定律。但 X_L 与 R 性质不同，X_L 与频率成正比，随频率而变化；R 与频率无关。在电感电路中，电压与电流的最大值和有效值之间具有线性关系；其瞬时值之间是导数关系（$u_L=L\frac{\mathrm{d}i_L}{\mathrm{d}t}$），不是数值比例关系。

3）相位关系

$$\psi_u = \psi_i + \frac{\pi}{2} \tag{4-38}$$

由式（4-38）得知，电感电压 u_L 超前电感中电流 i_L 为 $\frac{\pi}{2}$，或者说电感电流滞后电感电压为 $\frac{\pi}{2}$。图 4.25 给出了电感电压和电感电流与自感电动势的波形图。

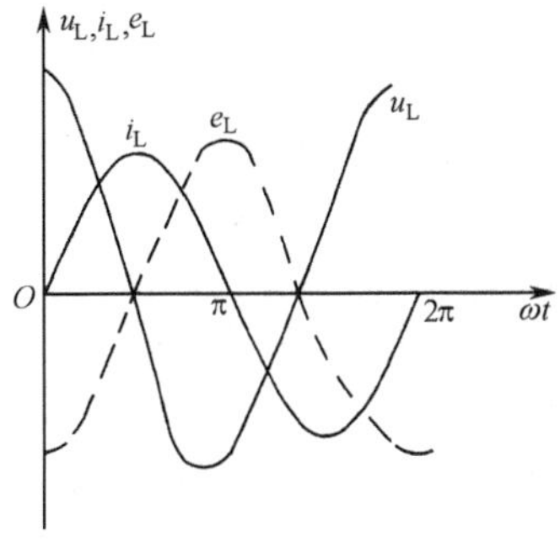

图 4.25　电感中的 u_L，i_L，e_L 波形图

在 $0\leqslant\omega t\leqslant\frac{\pi}{2}$ 期间，i_L 从零开始沿参考方向增长，起初时 $\frac{\mathrm{d}i_L}{\mathrm{d}t}$ 最大，故 e_L 为反向最大值，之后 e_L 反向减小，当电流达到最大时，自感电动势为零。在此期间，i_L 为正值，e_L 为负值，起阻止电流增大的作用。

在 $\frac{\pi}{2}\leqslant\omega t\leqslant\pi$ 期间，电流 i_L 从最大值减小到零。此间 e_L 正向增大至 e_L 正向最大，e_L 方向与 i_L 一致，起阻碍电流减小的作用。

在 $\pi\leqslant\omega t\leqslant 2\pi$ 期间，i_L 与 e_L 的变化与上述情况相似。由图 4.25 看出 e_L 滞后 i_L $\frac{\pi}{2}$，而 $u_L=-e_L$，所以 u_L 在相位上超前 i_L $\frac{\pi}{2}$。

2. 电感元件上电压与电流的相量关系

若通过电感元件的电流为 $i_L = I_{Lm}\sin(\omega t + \varphi_i)$，则电感元件两端电压为

$$u_L = I_{Lm}X_L\sin(\omega t + \varphi_i + \frac{\pi}{2})$$

其对应的相量为

$$\dot{I}_L = I_L \angle \varphi_i$$

$$\dot{U}_L = X_L I_L \angle (\varphi_i + \frac{\pi}{2}) = jX_L I_L \angle \varphi_i = jX_L \dot{I}_L$$

即

$$\dot{U}_L = jX_L \dot{I}_L \tag{4-39}$$

式（4-39）涵盖了电感元件上电压与电流的有效值关系：$U_L = X_L I_L$；相位关系：$\dot{U}_L$ 超前 $\dot{I}_L$ $\frac{\pi}{2}$。电感两端的电压和通过电感的电流相量关系如图 4.26 所示。

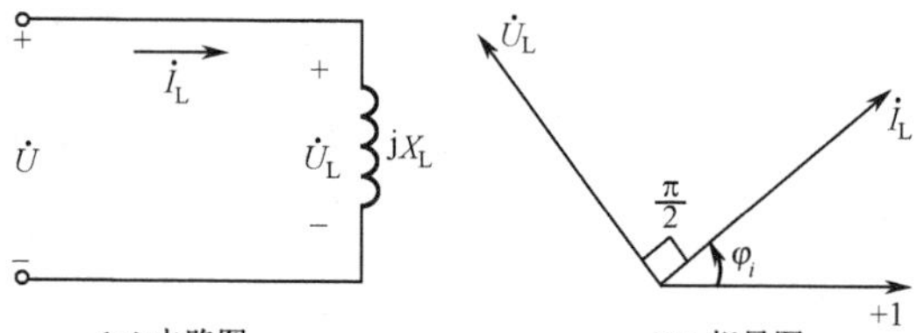

图 4.26 电感两端电压与通过电感的电流相量关系图

无论电感电流 $\dot{I}_L$ 与实轴的夹角 φ_i 为何值，电感电压 $\dot{U}_L$ 总是逆时针旋转，超前 $\dot{I}_L$ $\frac{\pi}{2}$。

3. 电感元件的功率

若选择电流与电压的参考方向一致，且电感电压

$$u_L = U_{Lm}\sin(\omega t + \frac{\pi}{2})$$

电感电流

$$i_L = I_{Lm}\sin\omega t$$

则电感元件吸收的瞬时功率为

$$p_L = u_L i_L = U_{Lm}\sin(\omega t + \frac{\pi}{2}) I_{Lm}\sin\omega t$$

$$p_L = U_L I_L \sin 2\omega t \tag{4-40}$$

式（4-40）表明：电感元件的瞬时功率 p_L 仍是按正弦规律变化，只是变化频率是电源频率的两倍。电感元件的功率曲线如图 4.27 所示，W 为磁场能量。

在第 1 个和第 3 个 $\frac{1}{4}$ 周期内，瞬时功率 $p_L > 0$，电感吸收电源的电能并转换为磁能，储存在电感的磁场中；在第 2 和第 4 个 $\frac{1}{4}$ 周期内，瞬时功率 $p_L \leqslant 0$，电感把储存的能量归还给电源。所以在电感元件中没有能量损耗。电感元件吸收的平均功率为

$$P=\frac{1}{T}\int_0^T p_L\mathrm{d}t=0$$

电感元件瞬时功率的最大值是衡量电源与电感元件进行能量交换的最大速率，称为电感的无功功率，用 Q_L 表示。无功功率的单位是乏（var）。

无功功率

$$Q_L=U_LI_L=X_LI_L^2=\frac{U_L^2}{X_L} \tag{4-41}$$

工程上常用千乏（kvar）作为计量单位

$$1\text{kvar}=1000\text{var}$$

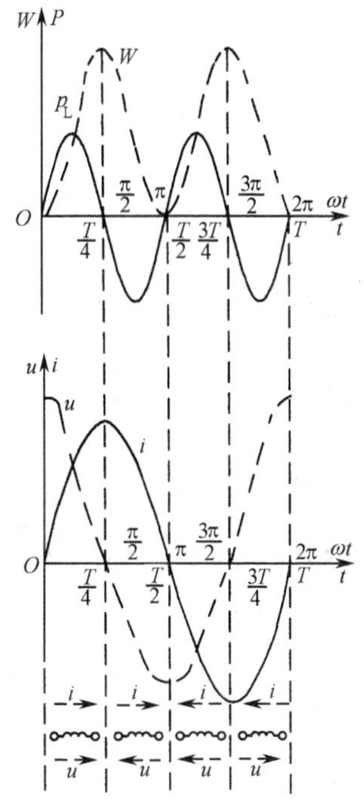

图 4.27　电感元件的功率曲线

4. 电感元件中储存的磁场能量

已知电感元件两端的电压为

$$u_L=L\frac{\mathrm{d}i_L}{\mathrm{d}t}$$

则电感元件吸收的瞬时功率为

$$p_L=u_Li_L=Li_L\frac{\mathrm{d}i_L}{\mathrm{d}t}$$

则磁场能量为

$$W_L=\int_0^t p_L\mathrm{d}t=\frac{1}{2}Li_L^2$$

其最大磁场能量为

$$W_{Lm}=\frac{1}{2}LI_{Lm}^2 \tag{4-42}$$

磁场能量的单位为焦耳（J）。

【例 4-18】　在电压 220V，频率 $f=50\text{Hz}$ 的电源上，接入 0.0127H 的电感线圈（线圈电阻不计）。试求：（1）线圈的感抗 X_L；（2）关联参考方向下线圈中的电流 I_L；（3）线圈中的无功功率 Q_L；（4）线圈存储的最大磁场能量 W_{Lm}；（5）若线圈接在 $f=1\,000\text{Hz}$ 的信号源上，其感抗 X_L 为多少？

解：（1）$X_L=2\pi fL=2\times3.14\times50\times0.0127=4\Omega$

（2）$I_L=\frac{U_L}{X_L}=\frac{220}{4}=55\text{A}$

（3）$Q_L=U_LI_L=220\times55=12\,100\text{var}$

（4）$W_{Lm}=\frac{1}{2}LI_{Lm}^2=\frac{1}{2}\times0.0127\times(55\sqrt{2})^2=38.4\text{J}$

（5）$X'_L=2\pi f'L=2\times3.14\times1\,000\times0.0127=80\Omega$

【例 4-19】　把 $L=20\text{mH}$ 的电感元件接在 $\dot{U}=220\angle0^\circ\text{V}$ 的正弦电压上，在关联参考方向下，如果通过的电流是 $\dot{I}_L=1\angle-90^\circ\text{A}$，求感抗及电源的频率。

解：

$$U_L=U=220\text{V}$$
$$I_L=1\text{A}$$

$$X_L = \frac{U_L}{I_L} = 220\Omega$$

电源频率

$$f = \frac{X_L}{2\pi L} = \frac{220}{2 \times 3.14 \times 20 \times 10^{-3}} = 1\ 752\text{Hz}$$

单元7　正弦交流电路中的电容元件

1. 电容元件上电压与电流的关系

当电容元件C外接正弦电压 u_C 时，电容器上的电荷、极板间电场都是时间 t 的函数。由于电容极板上的电荷不停地做有规则的往复运动，回路中就形成电流。电容元件中任何一瞬间的电流与电容两端电压的变化率成正比。如图2.28所示电路，当选定电压 u_C 与电流 i_C 的参考方向一致时，电容上电压与电流的关系为

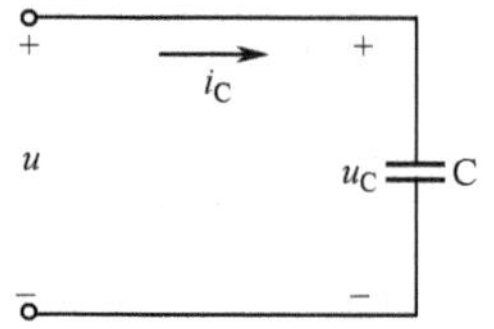

图4.28　纯电容电路图

$$i_C = C\frac{\mathrm{d}u_C}{\mathrm{d}t}$$

设电容两端的电压为

$$u_C = U_{Cm}\sin\omega t$$

则

$$i_C = C\frac{\mathrm{d}u_C}{\mathrm{d}t} = CU_{Cm}\frac{\mathrm{d}(\sin\omega t)}{\mathrm{d}t} = \omega CU_{Cm}\sin(\omega t + \frac{\pi}{2}) = I_{Cm}\sin(\omega t + \frac{\pi}{2})$$

即

$$i_C = I_{Cm}\sin(\omega t + \frac{\pi}{2}) \tag{4-43}$$

由于电容中通过的电流与电容两端的电压变化率成正比，且 u_C 和 i_C 为同频率正弦量，其频率由电源频率决定，它们存在以下关系。

1）大小关系

$$I_{Cm} = \omega CU_{Cm} = 2\pi fCU_{Cm}$$

或

$$I_C = \omega CU_C = 2\pi fCU_C \tag{4-44}$$

2）容抗

当电压 U 一定时，$\frac{1}{\omega C}$越大（或 ωC 越小），电路中的电流就越小，所以$\frac{1}{\omega C}$与 ωL 一样具有阻碍电流通过的性质，称为容抗，用 X_C 表示，即

$$X_C = \frac{1}{\omega C} = \frac{1}{2\pi fC} \tag{4-45}$$

当频率 $f=0$ 时，容抗趋于∞，电容相当于开路。频率越高，容抗越小，说明电容充放电过程进行的越快，单位时间内移动的电荷越多，所以电流就越大。频率的单位为赫兹

(Hz)，电容的单位为法拉（F），则容抗的单位为欧姆（Ω）。容抗的倒数叫容纳 $B_C=\dfrac{1}{X_C}=\omega C=2\pi fC$，单位为西门子（S）。图 4.29 给出了电容 C 一定时，容抗 X_C 与频率 f 的关系曲线。

由于 X_C 正比于 $\dfrac{1}{f}$，所以频率越高，信号越容易通过电容元件，即电容元件具有隔直流通交流的作用。

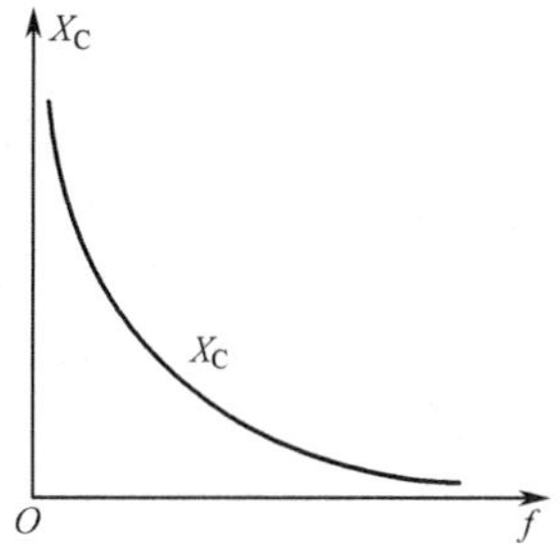

图 4.29　X_C 与 f 的曲线关系

3）相似欧姆定律

由式（4-44）和式（4-45）得

$$U_C=X_CI_C \qquad 或 \qquad I_C=\frac{U_C}{X_C}=B_CU_C \tag{4-46}$$

式（4-46）是相似欧姆定律。X_C 与频率成反比，而 R 与频率无关。在电容电路中，电流与电压的最大值和有效值之间具有线性关系；而瞬时值之间是导数关系（$i_C=C\dfrac{du_C}{dt}$），并非数值比例关系。

4）相位关系

$$\varphi_i=\varphi_u+\frac{\pi}{2} \tag{4-47}$$

在关联方向下，i_C 超前 u_C 为 $\dfrac{\pi}{2}$，或者说电容电压滞后电容电流为 $\dfrac{\pi}{2}$，其波形图如 4.30 所示。

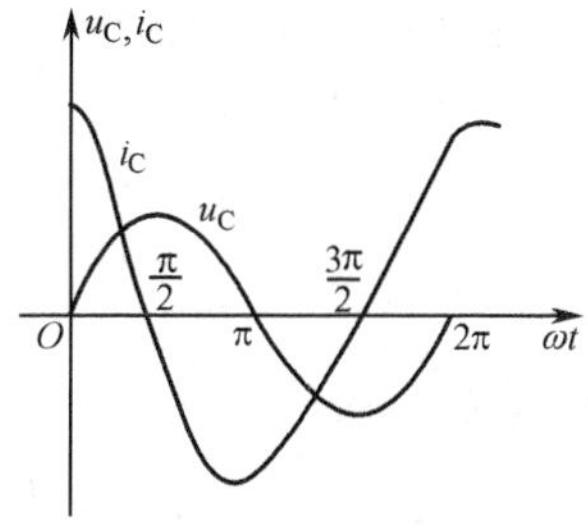

图 4.30　电容元件中的 u_C 与 i_C 波形图

在 $0\leqslant\omega t\leqslant\dfrac{\pi}{2}$ 期间，u_C 从零开始，沿参考方向增大，起初时 $\dfrac{du_C}{dt}$ 最大，且 u_C 与 i_C 同方向，电容器被充电。u_C 增至最大值时 $i_C=0$，充电结束。

在 $\dfrac{\pi}{2}\leqslant\omega t\leqslant\pi$ 期间，电压 u_C 从最大值逐渐减小到零，i_C 从零值起反向增加至最大值且 u_C 与 i_C 反方向，电容器处于放电状态。

在 $\pi\leqslant\omega t\leqslant 2\pi$ 期间，u_C 与 i_C 的变化与上述情况相似。

2. 电容元件上电压与电流的相量关系

当电容两端的电压为 $u_C=U_{Cm}\sin(\omega t+\varphi_u)$，则通过电容的电流为

$$i_C=\omega CU_{Cm}\sin\left(\omega t+\varphi_u+\frac{\pi}{2}\right)$$

其对应的相量分别为

$$\dot{U}_C=U_C\angle\varphi_u$$

$$\dot{I}_C=\omega CU_C\left(\angle\varphi_u+\frac{\pi}{2}\right)=\mathrm{j}\frac{\dot{U}_C}{X_C}$$

或

$$\dot{U}_C = -jX_C\dot{I}_C \tag{4-48}$$

式（4-48）涵盖了电容元件上电压与电流有效值关系：$U_C=X_CI_C$；相位关系：$\dot{I}_C$ 超前电压$\dot{U}_C$ 为$\frac{\pi}{2}$。电容元件的 $\dot{I}_C$ 与$\dot{U}_C$ 相量图如图 4.31 所示。

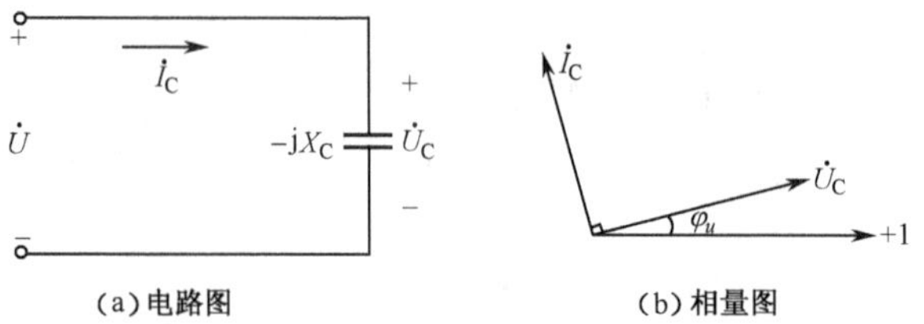

图 4.31　电容元件的 $\dot{I}_C$ 与$\dot{U}_C$ 相量图

无论电容电流 $\dot{I}_C$ 与实轴夹角 φ_i 为何值，电容电压$\dot{U}_C$ 总是顺时针旋转滞后 $\dot{I}_C$ $\frac{\pi}{2}$。

3. 电容元件的功率

若选定 u_C 与 i_C 参考方向一致时，且电容电压为 $u_C=U_{Cm}\sin\omega t$，电容电流为 $i_C=I_{Cm}\sin(\omega t+\frac{\pi}{2})$，则电容元件吸收的瞬时功率为

$$p_C = u_Ci_C = U_{Cm}\sin\omega t I_{Cm}\sin(\omega t+\pi/2)$$

即

$$p_C = U_CI_C\sin 2\omega t \tag{4-49}$$

由（4-49）式可看出，电容元件的瞬时功率仍是随时间变化的正弦函数，其频率为电源频率的两倍。电容元件的瞬时功率变化曲线如图 4.32 所示。

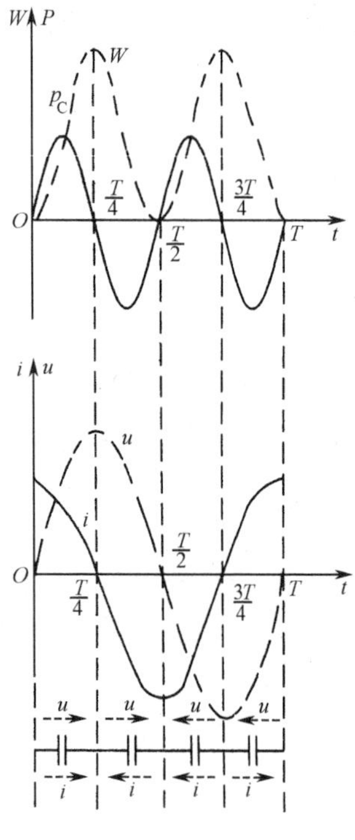

图 4.32　电容元件的功率曲线

电容元件在一个周期内的平均功率为

$$P = \frac{1}{T}\int_0^T u_Ci_C\,dt = 0$$

平均功率为零，说明电容器不消耗功率。从图 4.32 的功率曲线中可以看出，在曲线的第 1 个和第 3 个$\frac{1}{4}$周期内 $p_C>0$，电容从电源吸取能量并储存在电容的电场内，即电容充电过程。第 2 个和第 4 个$\frac{1}{4}$周期内 $p_C<0$，电容将电能还给电源，即电容放电，所以电容与电源之间只交换能量。

电容元件瞬时功率的最大值表示电源与电容间能量交换的最大功率，称为无功功率，用 Q_C 表示。Q_C 的单位是乏（var）。

$$Q_C = U_CI_C = X_CI_C^2 = \frac{U_C^2}{X_C} \tag{4-50}$$

4. 电容元件中储存的电场能量

选定电容元件的 u_C 和 i_C 参考方向一致时

$$i_C = C\frac{du_C}{dt}$$

而

$$p_C = u_C i_C = C u_C \frac{du_C}{dt}$$

则电场能量为

$$W_C = \int_0^t p_C dt = \frac{1}{2}Cu_C^2$$

最大电场能量为

$$W_{Cm} = \frac{1}{2}CU_{Cm}^2 \tag{4-51}$$

电容所储存的能量与电容量 C 成正比，与电容两端的电压 u_C 的平方成正比。电场能量的单位为焦耳（J）。

【例 4-20】　设一电容 $C=20\mu F$，接在 $U=110V$，$f=50Hz$ 的交流电源上，求容抗 X_C、电路中的电流 I_C 与无功功率 Q_C 的值。

解：$X_C=\frac{1}{2\pi fC}=\frac{1}{2\pi\times50\times20\times10^{-6}}=159\Omega$

$I_C=\frac{U_C}{X_C}=\frac{110}{159}=0.69A$

$Q_C=U_C I_C=110\times0.69=75.9var$

【例 4-21】　如图 4.28 所示，在关联参考方向下，若 $\dot{U}_C=220\underline{/30^\circ}V$，$\dot{I}_C=2\underline{/120^\circ}A$，$f=50Hz$，求电容 C 的值。

解：

$$-jX_C = \frac{\dot{U}_C}{\dot{I}_C} = \frac{220\underline{/30^\circ}}{2\underline{/120^\circ}} = 110\underline{/-90^\circ} = -j110\Omega$$

所以

$$X_C = 110\Omega$$

$$C = \frac{1}{\omega X_C} = \frac{1}{2\pi f X_C} = \frac{1}{2\pi\times50\times110} = 29\times10^{-6}F = 29\mu F$$

电阻元件、电感元件、电容元件上电压与电流的比较见表 4-1。

表 4-1　R，L，C 上的电压与电流

电　路	电压和电流有效值关系	相位关系	阻抗	阻抗频率特性	功率	设电压为 $u=U_m\sin\omega t$	相量关系式
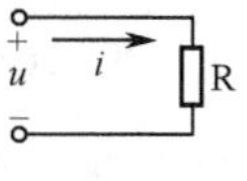	$U=IR$ $I=\frac{U}{R}$	 电压与电流同相	电阻 R	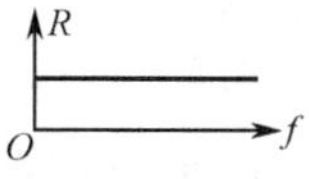	$P=UI$	$i=\frac{U_m}{R}\sin\omega t$	$\dot{U}=\dot{I}R$

续表

电路	电压和电流有效值关系	相位关系	阻抗	阻抗频率特性	功率	设电压为 $u=U_m\sin\omega t$	相量关系式
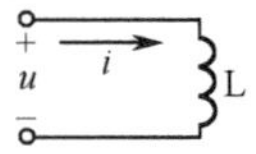	$U=I\omega L$ $=IX_L$ $I=\frac{U}{\omega L}$ $=\frac{U}{X_L}$	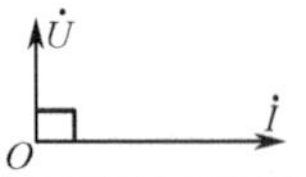 电压超前电流90°	感抗 $X_L=\omega L$	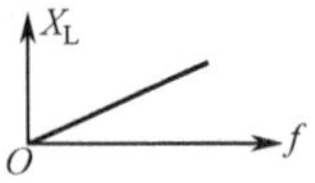	$P=0$ $Q_L=I^2X_L$ $=\frac{U^2}{X_L}$	$i=\frac{U_m}{X_L}\sin(\omega t-90°)$	$\dot{U}=jX_L\dot{I}$
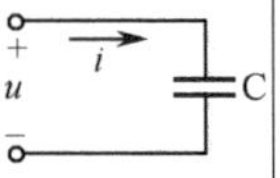	$U=I\cdot\frac{1}{\omega C}$ $=IX_C$ $I=\frac{U}{\frac{1}{\omega C}}=\frac{U}{X_C}$	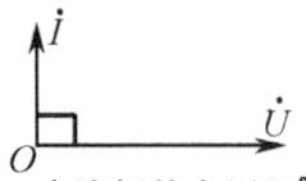 电流超前电压90°	容抗 $X_C=\frac{1}{\omega C}$	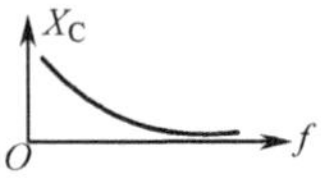	$P=0$ $Q_C=I^2X_C$ $=\frac{U^2}{X_C}$	$i=\frac{U_m}{X_C}\sin(\omega t+90°)$	$\dot{U}=-jX_C\dot{I}$

单元8 RLC串联电路的分析

1. 相量形式的基尔霍夫定律

1）基尔霍夫电流定律KCL

在交流电路中，任一瞬间电流是连续的，就是流过电路中某个节点（或封闭面）的各电流瞬 时值的代数和等于零，即

$$\sum i=0$$

基尔霍夫电流定律适用于交流电路的任一瞬间，也适用于连接在电路任一节点的各支路电流的解析式。正弦交流电路中各电流都是与电源同频率的正弦量，用相量表示为

$$\sum \dot{I}=0 \tag{4-52}$$

规定电流参考方向为指向节点的电流取正号，背离节点的取负号。式（4-52）是基尔霍夫电流定律的相量形式。

2）基尔霍夫电压定律KVL

基尔霍夫电压定律符合能量守恒定律。在交流电路的同一瞬间，一个回路中各段电压瞬时值的代数和等于零，即

$$\sum u=0$$

基尔霍夫电压定律适用于每一瞬间，也适用于任一回路的各支路电压解析式。在正弦交流电路中，任一回路的各支路电压都是与电源同频率的正弦量，其对应的相量表达式为

$$\sum \dot{U}=0 \tag{4-53}$$

式（4-53）就是基尔霍夫电压定律的相量形式，若绕行方向沿回路指向电压降方向，则电压取正号；若指向电压升方向则电压取负号。

【例4-22】 如图4.33所示电路，已知电流表 A_1 与 A_2 的读数都是10A，求电路中电

流表 A 的读数。

解：设端电压　$\dot{U}=U\angle 0^\circ$V

$\dot{I}_1=10\angle 0^\circ$A（与电压同相）

$\dot{I}_2=10\angle -90^\circ$A（滞后于电压 90°）

根据 KCL

$$\dot{I}=\dot{I}_1+\dot{I}_2=10\angle 0^\circ+10\angle -90^\circ=10-j10=14.1\angle -45^\circ A$$

即电流表 A 的读数是 14.1A。

【例 4-23】　如图 4.34 所示电路中，电压表 V_1 与 V_2 的读数都是 50V。试求电路中电压表 V 的读数。

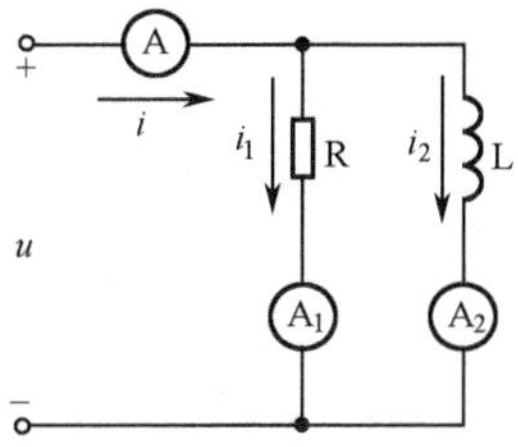

图 4.33　【例 4-22】图

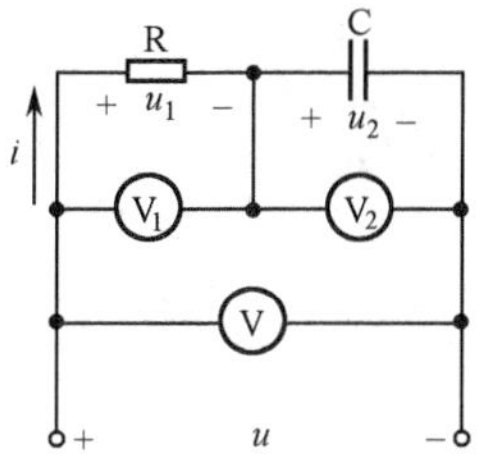

图 4.34　【例 4-23】图

解：设　$\dot{I}=I\angle 0^\circ$

$\dot{U}_1=50\angle 0^\circ$V（与电流同相）

$\dot{U}_2=50\angle -90^\circ$V（滞后于电流 90°）

根据 KVL

$$\dot{U}=\dot{U}_1+\dot{U}_2=50\angle 0^\circ+50\angle -90^\circ=50-j50=70.7\angle -45^\circ V$$

所以电压表 V 的读数是 70.7V。

2. 用相量法分析 RLC 串联电路

本节将分析 RLC 串联电路中，电压电流之间的关系和复阻抗及电路的功率。图 4.35 给出了电阻 R、电感 L 和电容 C 相串联的电路。

在 RLC 串联电路中，流过各元件的是同一电流 i，即串联电路中电流相同，所以取 i 为参考相量。按关联参考方向标出有关各量的参考方向如图 4.35 所示。

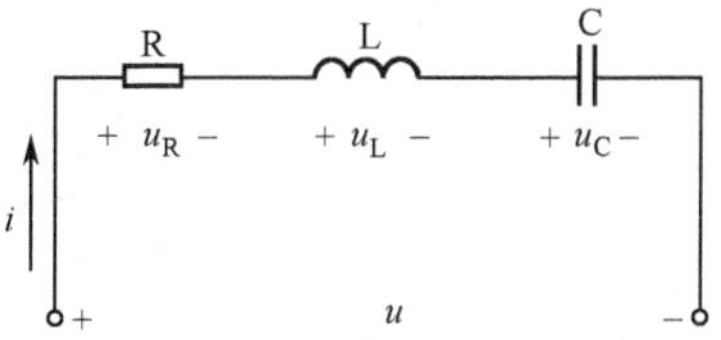

图 4.35　RLC 串联电路

1）电压与电流的关系与复阻抗

设电路中电流 $i=I_m\sin\omega t$

对应的相量为

$$\dot{I}=I\angle 0^\circ$$

电阻电压　$\dot{U}_R=R\dot{I}$

电感电压　　$\dot{U}_L = jX_L\dot{I}$

电容电压　　$\dot{U}_C = -jX_C\dot{I}$

根据KVL

$$\dot{U} = \dot{U}_R + \dot{U}_L + \dot{U}_C = R\dot{I} + jX_L\dot{I} - jX_C\dot{I} = [R + j(X_L - X_C)]\dot{I} = (R + jX)\dot{I} = Z\dot{I} \tag{4-54}$$

式（4-54）中 Z 为复阻抗，X 为电抗，且 X 可正可负。复阻抗的表达式为

$$Z = R + jX = |Z|\angle\varphi \tag{4-55}$$

式（4-55）中 $|Z|$ 为复阻抗的模，φ 为阻抗角，即

$$|Z| = \sqrt{R^2 + (X_L - X_C)^2}$$

$$\varphi = \arctan\frac{X_L - X_C}{R}$$

图4.36为RLC串联电路的阻抗三角形。

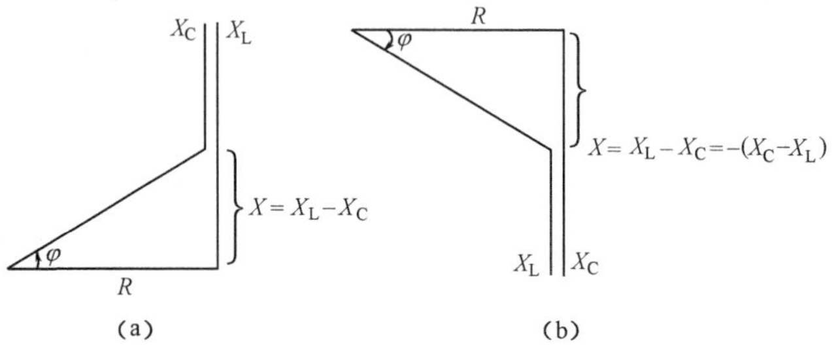

图4.36　RLC串联电路的阻抗三角形

2）电路的3种情况

（1）感性电路 $X_L > X_C$。当RLC串联电路中的 $X_L > X_C$ 时，即 $X > 0$，则 $U_L > U_C$。以 $\dot{I}$ 为参考相量，分别画出与电流同相的 $\dot{U}_R$ 和超前电流90°的 $\dot{U}_L$ 及滞后电流90°的 $\dot{U}_C$，且 $\dot{U}_X = \dot{U}_L + \dot{U}_C$，而总电压 $\dot{U} = \dot{U}_R + \dot{U}_L + \dot{U}_C = \dot{U}_R + \dot{U}_X$。相量图如图4.37（a）所示，其电流 $\dot{I}$ 滞后于电压 $\dot{U}$，电路呈感性，$\varphi > 0$。

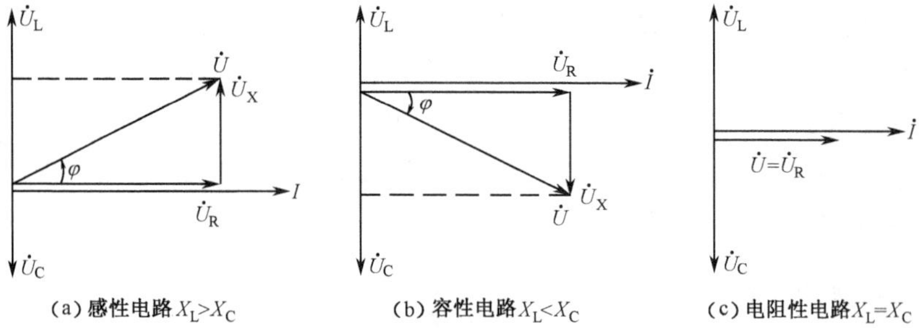

图4.37　RLC串联电路的3种情况

（2）容性电路 $X_L < X_C$。当RLC串联电路中的 $X_L < X_C$ 时，即 $X < 0$，则 $U_L < U_C$。如前所述，相量图如图4.37（b）所示，其电流 $\dot{I}$ 超前电压 $\dot{U}$，电路呈容性，$\varphi < 0$。

（3）电阻性电路 $X_L = X_C$。当RLC串联电路中的 $X_L = X_C$ 时，即 $X = 0$，则 $U_L = U_C$。

其相量图 4.37（c）中 $\dot{I}$ 与 $\dot{U}$ 同相，$\varphi=0$，这时电路处于一种特殊状态，称做“串联谐振”，电路呈纯电阻性质。关于谐振电路将在第 7 章进行讨论。

3）电路的功率

由图 4.38RLC 串联电路的功率三角形可知，在 RLC 串联电路中，有功功率为

$$P = UI\cos\varphi = U_{R}I = I^2R = \frac{U_R^2}{R}$$

有功功率实质上是电路中电阻元件消耗电能的情况。

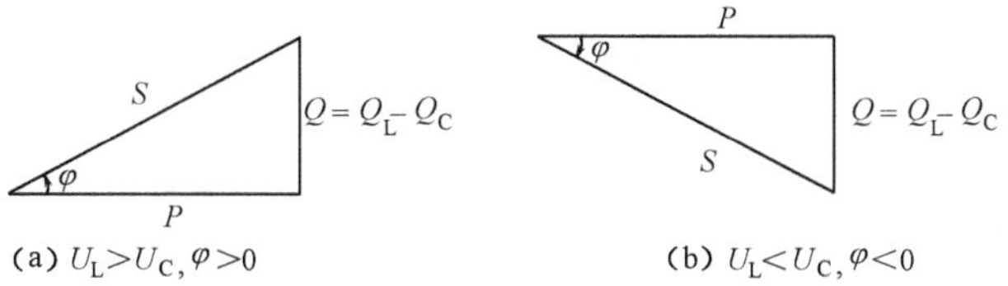

图 4.38 RLC 串联电路的功率三角形

无功功率为

$$Q = UI\sin\varphi = U_XI = I^2X = \frac{U_X^2}{X}$$

式中，$U_X=U_L-U_C$，无功功率实质上是储能元件电感和电容与电源交换能量的情况。无功功率 $Q>0$ 为感性，$Q<0$ 为容性。

视在功率为

$$S = UI = \sqrt{P^2 + Q^2}$$

视在功率是电源的容量。

电路的功率关系为

$$\begin{aligned} P &= UI\cos\varphi = I^2R \\ Q &= UI\sin\varphi = I^2X \\ S &= UI \end{aligned} \tag{4-56}$$

在 RLC 串联电路中，负载 $Z=R+\mathrm{j}X$ 上的端电压与电流为关联参考方向时，则

$$\dot{U} = Z\dot{I} = R\dot{I} + \mathrm{j}X\dot{I} \tag{4-57}$$

端电压可分为 $R\dot{I}$ 分量与 $\mathrm{j}X\dot{I}$ 分量。电压分量 $R\dot{I}$ 与电流 $\dot{I}$ 同相，且 $U_R=RI$ 为电压的有功分量，电压分量 $\mathrm{j}X\dot{I}$ 与电流 $\dot{I}$ 正交，且 $U_X=XI$ 为电压的无功分量。图 4.38 为 RLC 串联电路功率三角形。

在 RLC 串联电路中，$Z=R+\mathrm{j}(X_L-X_C)$。

当 $X_C=0$ 时，$Z=R+\mathrm{j}X_L$ 即 RL 串联电路。

当 $X_L=0$ 时，$Z=R-\mathrm{j}X_C$ 即 RC 串联电路。

RL 串联电路与 RC 串联电路均可视为 RLC 串联电路的特例。因此应熟练掌握 RLC 串联电路这一基本电路的分析方法，并能熟练计算电路中的各参量。

【例 4-24】 已知 $R=50\Omega$，$L=0.2\text{H}$，$C=100\mu\text{F}$，串接在 50Hz，$\dot{U}=220\underline{/0^\circ}\text{V}$ 的电源上，求复阻抗 Z、电流 $\dot{I}$、有功功率 P、无功功率 Q_L，Q_C，Q 和视在功率 S。

解：$Z=R+\mathrm{j}(\omega L-\frac{1}{\omega C})$

$$=50+\mathrm{j}(2\times3.14\times50\times0.2-\frac{1}{2\times3.14\times50\times100\times10^{-6}})$$

$$=50+\mathrm{j}31=58.8\underline{/31.8^\circ}\Omega$$

$$\dot{I}=\frac{\dot{U}}{Z}=\frac{220\underline{/0^\circ}}{58.8\underline{/31.8^\circ}}=3.74\underline{/-31.8^\circ}\mathrm{A}$$

$$P=UI\cos\varphi=220\times3.74\cos31.8^\circ=699.29\mathrm{W}$$

$$Q_L=X_LI^2=2\pi fLI^2=2\times3.14\times50\times0.2\times(3.74)^2=878.42\mathrm{var}$$

$$Q_C=X_CI^2=\frac{1}{2\pi fC}I^2=\frac{1}{2\times3.14\times50\times100\times10^{-6}}\times(3.74)^2=444.8\mathrm{var}$$

$$Q=UI\sin\varphi=220\times3.74\sin31.8^\circ=433.58\mathrm{var}$$

$$S=UI=220\times3.74=822.8\mathrm{var}$$

【例 4-25】 已知 RLC 串联电路，$R=15\Omega$，$L=3\mathrm{mH}$，$C=100\mu\mathrm{F}$，外加电压 $u=12\sqrt{2}\sin(\omega t+30^\circ)\mathrm{V}$，$f=1000\mathrm{Hz}$，求电流 i 和各元件上电压降 u_R，u_C，u_L，并画相量图。

解：$\omega=2\pi f=2\times3.14\times1\,000=6\,280\mathrm{rad/s}$

$$X_L=\omega L=6280\times3\times10^{-3}=18.8\Omega$$

$$X_C=\frac{1}{6280\times100\times10^{-6}}=1.59\Omega$$

$$X=X_L-X_C=18.8-1.59=17.2\Omega$$

$$Z=R+\mathrm{j}X=15+\mathrm{j}17.2=22.8\underline{/48.9^\circ}\Omega$$

$$\dot{I}=\frac{\dot{U}}{Z}=\frac{12\underline{/30^\circ}}{22.8\underline{/48.9^\circ}}=0.526\underline{/-18.9^\circ}\mathrm{A}$$

$$\dot{U}_R=R\dot{I}=15\times0.526\underline{/-18.9^\circ}=7.89\underline{/-18.9^\circ}\mathrm{V}$$

$$\dot{U}_L=\mathrm{j}X_L\dot{I}=18.8\times0.526\underline{/-18.9^\circ+90^\circ}=9.89\underline{/71.1^\circ}\mathrm{V}$$

$$\dot{U}_C=-\mathrm{j}X_C\dot{I}=1.59\times0.526\underline{/-90^\circ-18.9^\circ}=0.836\underline{/-108.9^\circ}\mathrm{V}$$

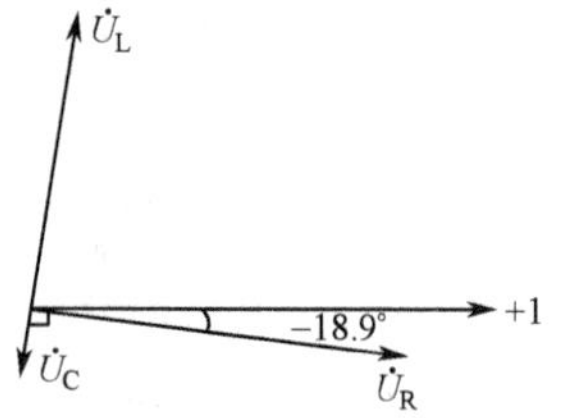

图 4.39 【例 4-25】相量图

所以

$$i=0.526\sqrt{2}\sin(6\,280t-18.9^\circ)\mathrm{A}$$

$$u_R=7.89\sqrt{2}\sin(6\,280t-18.9^\circ)\mathrm{V}$$

$$u_C=0.836\sqrt{2}\sin(6\,280t-108.9^\circ)\mathrm{V}$$

$$u_L=9.89\sqrt{2}\sin(6\,280t+71.1^\circ)\mathrm{V}$$

相量图如图 4.39 所示。

【例 4-26】 图 4-40（a）所示电路中，$u_i=311\sin314t\mathrm{V}$，$X_C=10\Omega$，$\dot{U}_o$ 滞后 $\dot{U}_i$ 为 30°。求 R 和 $\dot{U}_o$ 的值。

解：以 $\dot{I}$ 为参考相量，做出电流与电压的相量图，如图 4.40（b）所示。

$$R=-\frac{X_C}{\tan\varphi}=-\frac{10}{\tan(-60^\circ)}=5.77\Omega$$

$$Z=R-\mathrm{j}X_C=5.77-\mathrm{j}10=11.5\underline{/-60^\circ}\Omega$$

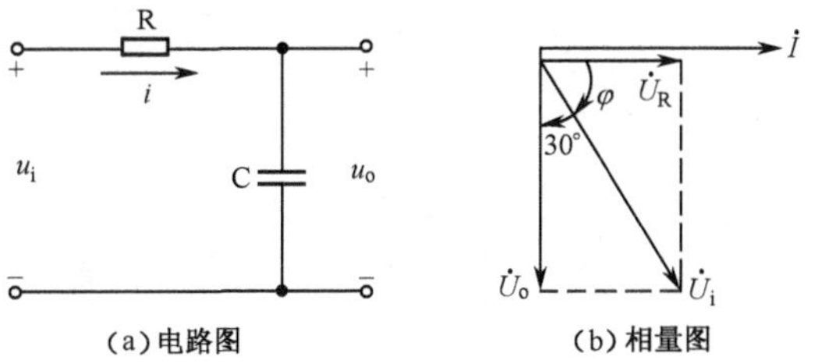

图 4.40 【例 4-26】图

$\dot{I}=\frac{\dot{U}_i}{Z}=\frac{220\angle 0^\circ}{11.5\angle -60^\circ}=19.1\angle 60^\circ A$

$\dot{U}_o=-jX_C\ \dot{I}=10\times 19.1\angle 60^\circ-90^\circ=191\angle -30^\circ V$

单元9 阻抗的串联与并联

1. 复阻抗串联电路

我们已经论证并推导了正弦交流电路相量形式的欧姆定律和基尔霍夫定律。

$$\dot{I}=\frac{\dot{U}}{Z}$$

$$\sum\dot{U}=0 \qquad \sum\dot{I}R=\sum\dot{U}_S$$

它在形式上与直流电路的欧姆定律和基尔霍夫定律相类似，所以交流简单电路及复杂的多回路电路的计算，都可仿照直流电路的方法处理，如图 4.41 所示。

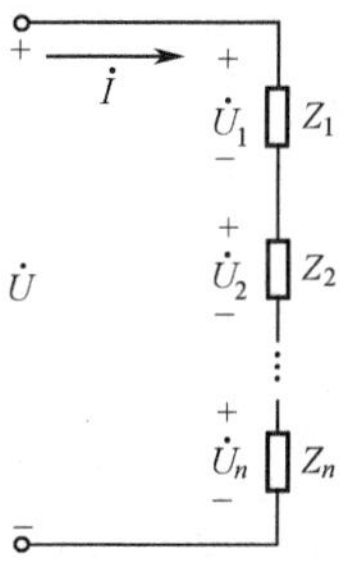

图 4.41 多阻抗串联电路

按关联参考方向，标注电压和电流参考方向。

已知复阻抗 Z_1，Z_2，$Z_3\cdots Z_n$，其各复阻抗的电压分别为$\dot{U}_1$，$\dot{U}_2$，$\dot{U}_3\cdots\dot{U}_n$，则总电压$\dot{U}$为

$$\dot{U}=\dot{U}_1+\dot{U}_2+\dot{U}_3+\cdots+\dot{U}_n=(Z_1+Z_2+Z_3+\cdots+Z_n)\dot{I}=Z\dot{I}$$

其中 Z 叫做串联电路的等效复阻抗。

$$Z=Z_1+Z_2+Z_3+\cdots+Z_n \qquad (4\text{-}58)$$

即串联电路的等效复阻抗等于各段复阻抗之和。

设 $Z_1=R_1+jX_1, Z_2=R_2+jX_2, Z_3=R_3+jX_3\cdots Z_n=R_n+jX_n$

则

$$Z=Z_1+Z_2+Z_3+\cdots+Z_n=R+jX$$

其中

$$R=R_1+R_2+R_3+\cdots+R_n \qquad \text{为串联等效电阻}$$

$$X=X_1+X_2+X_3+\cdots+X_n \qquad \text{为串联等效电抗}$$

复阻抗的极坐标式

$$Z=|Z|\angle\varphi$$

其中

$$|Z| = \sqrt{R^2 + X^2}$$

$$\varphi = \arctan\frac{X}{R}$$

分别为串联电路等效阻抗的模和串联电路等效阻抗角。

注意：$|Z| \neq |Z_1| + |Z_2| + |Z_3| + \cdots + |Z_n|$，即等效阻抗的模不等于各阻抗的模之和。

【例 4-27】 如图 4.42 所示，一台交流电动机由一台交流发电机供电，已知发电机电源电压是 $U_S = 220\text{V}$，$f = 50\text{Hz}$，内阻抗 $Z_0 = 1 + \text{j}2.5\Omega$，电动机是感性负载，其等效阻抗为 $Z_{Ld} = 17 + \text{j}10.5\Omega$，两根输电线总阻抗为 $Z_L = 2\Omega$。求电流 $\dot{I}$ 和各部分功率 P，P_0，P_L，P_{Ld}。

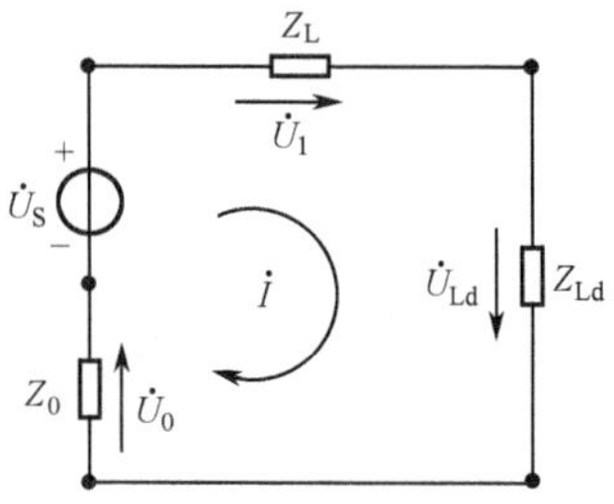

图 4.42 【例 4-27】图

解：设 $\dot{U}_S = 220\angle 0°\text{V}$

$$Z = Z_0 + Z_L + Z_{Ld} = (1 + \text{j}2.5) + 2 + (17 + \text{j}10.5)$$
$$= 20 + \text{j}13 = 23.85\angle 33°\Omega$$

$$\dot{I} = \frac{\dot{U}_S}{Z} = \frac{220\angle 0°}{23.85\angle 33°} = 9.22\angle -33°\text{A}$$

$$P = U_S I\cos\varphi = 220 \times 9.22\cos -33° = 1\,701\text{W}$$

$$P_0 = R_0 I^2 = 1 \times 9.22^2 = 85\text{W}$$

$$P_L = R_L I^2 = 2 \times 9.22^2 = 170\text{W}$$

$$P_{Ld} = R_{Ld} I^2 = 17 \times 9.22^2 = 1\,445\text{W}$$

验证 $P_0 + P_L + P_{Ld} = 85 + 170 + 1\,445 = 1\,700\text{W} \approx P$，即发电机提供的电功率 P 等于发电机内部损耗功率 P_0 和线路损失功率 P_L 与电动机取用的功率 P_{Ld} 之和。负载取用的功率 P_{Ld} 小于电源提供的功率 P，因为电路存在损耗。

2. 复阻抗并联电路

图 4.43 给出了一个具有 RL 串联支路与另一个 RC 串联支路相并联的电路，接在正弦电压 u 上。按习惯选定 u，i，i_1，i_2 的参考方向标注于图中。

在并联电路中，各支路电压相同。用阻抗法分析并联电路时，先求出各支路的复阻抗和各支路电流，即

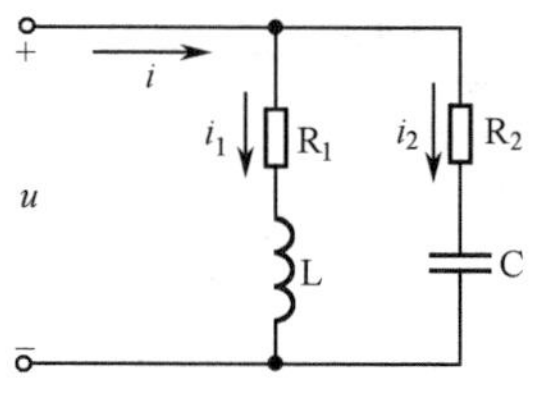

图 4.43 复阻抗并联电路

RL 支路

$$Z_1 = R_1 + \text{j}X_L$$

$$\dot{I}_1 = \frac{\dot{U}}{Z_1}$$

RC 支路

$$Z_2 = R_2 - \text{j}X_C$$

$$\dot{I}_2 = \frac{\dot{U}}{Z_2}$$

总电流为

$$\dot{I} = \dot{I}_1 + \dot{I}_2 = \frac{\dot{U}}{Z_1} + \frac{\dot{U}}{Z_2} = U\left(\frac{1}{Z_1} + \frac{1}{Z_2}\right) = \frac{\dot{U}}{Z}$$

即

$$\frac{1}{Z}=\frac{1}{Z_1}+\frac{1}{Z_2}\quad 或\quad Z=\frac{Z_1Z_2}{Z_1+Z_2} \tag{4-59}$$

Z 是并联电路的等效复阻抗。n 条支路并联等效复阻抗 Z 与各支路复阻抗的关系为

$$\frac{1}{Z}=\frac{1}{Z_1}+\frac{1}{Z_2}+\frac{1}{Z_3}+\cdots+\frac{1}{Z_n} \tag{4-60}$$

即并联电路的等效复阻抗的倒数等于各支路复阻抗倒数之和。

【例 4-28】　电路如图 4.44 所示，已知 $C=200\mu F$，$Z_1=6+j8\Omega$，$f=50Hz$，$U=220V$。求等效阻抗 Z、总电流 $\dot{I}$、各支路电流 $\dot{I}_1$ 与 $\dot{I}_2$。

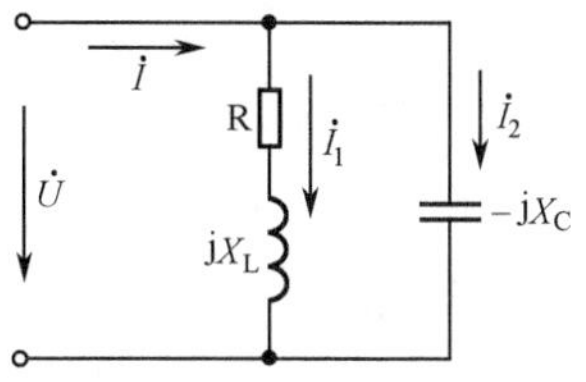

图 4.44　【例 4-28】图

解：根据题意

$$Z_1=6+j8\Omega$$

$$Z_2=-jX_C=-j\frac{1}{2\pi fC}$$

$$=-j\frac{1}{2\times 3.14\times 50\times 200\times 10^{-6}}=-j15.9\Omega$$

并联等效阻抗

$$Z=\frac{Z_1Z_2}{Z_1+Z_2}=\frac{(6+j8)(-j15.9)}{(6+j8)+(-j15.9)}=15.4+j4.4=16\underline{/15.9^\circ}\Omega$$

总电流

$$\dot{I}=\frac{\dot{U}}{Z}=\frac{220\underline{/0^\circ}}{16\underline{/15.9^\circ}}=13.7\underline{/-15.9^\circ}A$$

各支路电流

$$\dot{I}_1=\frac{\dot{U}}{Z_1}=\frac{220\underline{/0^\circ}}{6+j8}=22\underline{/-53^\circ}A$$

$$\dot{I}_2=\frac{\dot{U}}{Z_2}=\frac{220\underline{/0^\circ}}{-j15.9}=13.8\underline{/-90^\circ}A$$

3. 导纳法分析并联电路

对于多支路的并联电路，阻抗法显然繁杂，一般采用导纳法分析。

1）复导纳

复阻抗的倒数叫复导纳，用大写字母 Y 表示。其国际单位制中，复导纳 Y 的单位为西门子，以 S 表示，简称西。

$$Y=\frac{1}{Z} \tag{4-61}$$

由于

$$Y=\frac{1}{Z}=\frac{1}{(R+jX)}=\frac{R-jX}{R^2+X^2}$$

$$=\frac{R}{|Z|^2}+\frac{j(-X)}{|Z|^2}=G+jB$$

复导纳的实部称为电导

$$G = \frac{R}{|Z|^2} \tag{4-62}$$

复导纳的虚部称为电纳

$$B = \frac{-X}{|Z|^2} = \frac{X_C - X_L}{|Z|^2} \tag{4-63}$$

电导和电纳的单位均为西（S）。

注意：复导纳 Y 的电导 G 不是 R 的倒数，电纳 B 也不是 X 的倒数。

复导纳的极坐标式

$$Y = G + \mathrm{j}B = |Y| \angle \varphi'$$

复导纳的模

$$|Y| = \sqrt{G^2 + B^2} \tag{4-64}$$

复导纳的幅角

$$\varphi' = \arctan \frac{B}{G} \tag{4-65}$$

由 Y，G，B 组成的导纳三角形如图 4.45 所示。

比较 Y 与 Z 得

$$Y = \frac{1}{Z} = \frac{1}{|Z| \angle \varphi} = \frac{1}{|Z|} \angle -\varphi = |Y| \angle \varphi'$$

即

$$|Y| = \frac{1}{|Z|} \qquad \varphi' = -\varphi \tag{4-66}$$

复导纳的模等于复阻抗模的倒数，复导纳的幅角等于其复阻抗角的负值。当 $\dot{U}$ 和 $\dot{I}$ 参考方向一致时，用复导纳表示的欧姆定律为

$$\dot{I} = Y\dot{U} \qquad 或 \qquad \dot{U} = \frac{\dot{I}}{Y}$$

2）导纳法分析并联电路

图 4.46 所示为多支路并联电路图，按关联参考方向标注 $\dot{U}$，$\dot{I}$，$\dot{I}_1$，$\dot{I}_2$，$\cdots \dot{I}_n$ 的参考方向于图上。

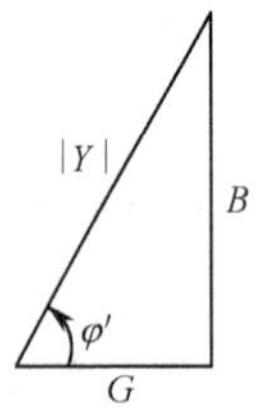

图 4.45 导纳三角形

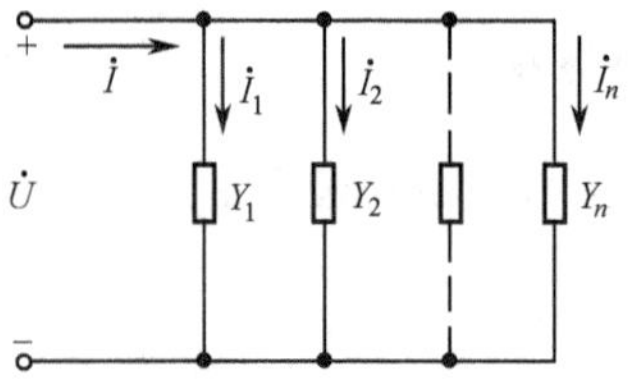

图 4.46 多支路并联电路

各支路电流为

$$\dot{I}_1 = Y_1 \dot{U}$$

$$\dot{I}_2 = Y_2 \dot{U}$$

$$\vdots$$

$$\dot{I}_n = Y_n \dot{U}$$

总电流

$$\dot{I} = \dot{I}_1 + \dot{I}_2 + \cdots + \dot{I}_n = (Y_1 + Y_2 + \cdots + Y_n)\dot{U} = Y\dot{U}$$

则

$$Y = Y_1 + Y_2 + \cdots + Y_n$$
$$= (G_1 + G_2 + \cdots + G_n) + \mathrm{j}(B_1 + B_2 + \cdots + B_n) = G + \mathrm{j}B$$

其中

$G = G_1 + G_2 + \cdots + G_n$　　为并联等效电导

$B = B_1 + B_2 + \cdots + B_n$　　为并联等效电纳

注意：$|Y| \neq |Y_1| + |Y_2| + \cdots + |Y_n|$，即等效导纳的模不等于各导纳的模之和。

【例4-29】 如图4.47所示并联电路中，$R_1 = R_2 = 40\Omega$，$L = 42.9\text{mH}$，$R_3 = 60\Omega$，$C = 24\mu\text{F}$，接到电压 $u = 311\sin 700t\text{V}$ 上。试求：（1）总电流 $\dot{I}$ 和各只支路电流 $\dot{I}_1$，$\dot{I}_2$，$\dot{I}_3$，（2）有功功率 P、无功功率 Q 和视在功率 S。

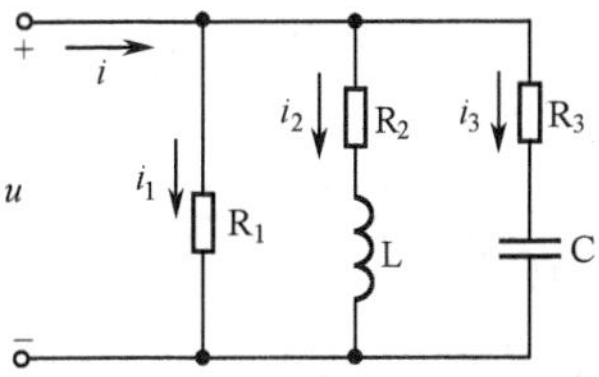

图4.47　【例4-29】图

解：已知 $\dot{U} = 220\angle 0°\text{V}$

$$Y_1 = \frac{1}{R_1} = \frac{1}{40} = 0.025\text{S}$$

$$Y_2 = \frac{1}{R_2 + \mathrm{j}X_L} = \frac{1}{40 + \mathrm{j}700 \times 42.9 \times 10^{-3}} = 0.02\angle -36.9°\text{S}$$

$$Y_3 = \frac{1}{R_3 - \mathrm{j}X_C} = \frac{1}{60 - \mathrm{j}\dfrac{1}{700 \times 24 \times 10^{-6}}} = 0.0118\angle 45°\text{S}$$

各支路电流为

$$\dot{I}_1 = Y_1\dot{U} = 0.025 \times 220\angle 0° = 5.5\angle 0°\text{A}$$
$$I_1 = 5.5\text{A}$$
$$\dot{I}_2 = Y_2\dot{U} = 0.02\angle -36.9° \times 220\angle 0° = 4.4\angle -36.9°\text{A}$$
$$I_2 = 4.4\text{A}$$
$$\dot{I}_3 = Y_3\dot{U} = 0.0118\angle 45° \times 220\angle 0° = 2.6\angle 45°\text{A}$$
$$I_3 = 2.6\text{A}$$

总电流

$$\dot{I} = \dot{I}_1 + \dot{I}_2 + \dot{I}_3 = 5.5\angle 0° + 4.4\angle -36.9° + 2.6\angle 45°$$
$$= 5.5 + 3.52 - \mathrm{j}2.64 + 1.84 + \mathrm{j}1.84$$
$$= 10.86 - \mathrm{j}0.8 = 10.9\angle -4.2°\text{A}$$
$$I = 10.9\text{A}$$

又

$$Z = \frac{\dot{U}}{\dot{I}} = \frac{220\angle 0°}{10.9\angle -4.2°} = 20.2\angle 4.2°\Omega$$

$$Y=\frac{\dot{I}}{\dot{U}}=\frac{10.9\angle{-4.2^\circ}}{220\angle{0^\circ}}=0.0495\angle{-4.2^\circ}\text{S}$$

有功功率 $P=UI\cos\varphi=220\times10.9\cos4.2^\circ=2391\text{W}$

无功功率 $Q=UI\sin\varphi=220\times10.9\sin4.2^\circ=176\text{var}$

视在功率 $S=UI=220\times10.9=2398\text{V}\cdot\text{A}$

单元 10　用相量法分析复杂交流电路

对于正弦交流复杂电路，其构成电路的电阻、电感、电容元件都是线性的，且电路中的正弦电源都是同频率的，则电路中各部分电压和电流仍是同频率的正弦量。根据相量形式的基尔霍夫定律和欧姆定律，直流复杂电路的分析方法都可以用于交流电路，只不过直流电路中各量都 是实数，而交流电路中各量都是复数。下面介绍两种基本方法。

1. 节点电压法

如图 4.48 所示电路，有关量的参考方向已标注于图上。设 b 点为参考点，则可用节点电压法求出$\dot{U}_{ab}$和各支路电流$\dot{I}_1$，$\dot{I}_2$，$\dot{I}_3$。

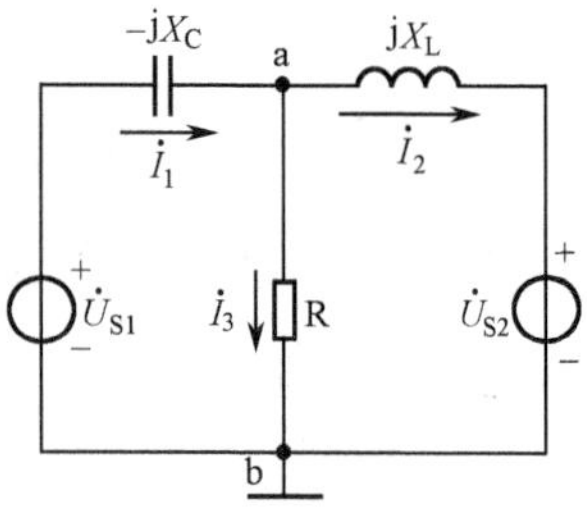

图 4.48　电路图

根据弥尔曼定理

$$\dot{U}_{ab}=\frac{\sum\dot{U}_SY}{\sum Y}=\frac{\dot{U}_{S1}Y_1+\dot{U}_{S2}Y_2}{Y_1+Y_2+Y_3}$$

其中

$$Y_1=\frac{1}{-jX_C},Y_2=\frac{1}{jX_L},Y_3=\frac{1}{R}$$

各支路电流为

$$\dot{I}_1=(\dot{U}_{S1}-\dot{U}_{ab})Y_1$$

$$\dot{I}_2=(\dot{U}_{ab}-\dot{U}_{S2})Y_2$$

$$\dot{I}_3=\dot{U}_{ab}Y_3$$

【例 4-30】　在图 4.48 所示电路中，已知 $R=10\Omega$，$X_C=10\Omega$，$X_L=5\Omega$，$\dot{U}_{S1}=100\angle{0^\circ}\text{V}$，$\dot{U}_{S2}=10\angle{90^\circ}\text{V}$，试用节点电压法求各支路电流。

解：$Y_1=\frac{1}{-jX_C}=j\frac{1}{10}=j0.1\text{S}$

$$Y_2=\frac{1}{jX_L}=\frac{1}{j5}=-j0.2\text{S}$$

$$Y_3=\frac{1}{R}=\frac{1}{10}=0.1\text{S}$$

$$\dot{U}_{ab}=\frac{\dot{U}_{S1}Y_1+\dot{U}_{S2}Y_2}{Y_1+Y_2+Y_3}=\frac{100\angle{0^\circ}\times j0.1+10\angle{90^\circ}\times(-j0.2)}{j0.1+(-j0.2)+0.1}=\frac{2+j10}{0.1-j0.1}$$

$$=72\angle{123.7^\circ}\text{V}$$

各支路电流为

$$\dot{I}_1=(\dot{U}_{S1}-\dot{U}_{ab})Y_1=(100\angle{0^\circ}-72\angle{123.7^\circ})\times j0.1=(100+40-j60)\times j0.1$$

$$= (140 - j60) \times j0.1 = 15.23\underline{/66.8°}\text{A}$$

$$\dot{I}_2 = (\dot{U}_{ab} - \dot{U}_{S2})Y_2 = (72\underline{/123.7°} - 10\underline{/90°}) \times (-j0.2)$$
$$= (-40 + j60 - j10) \times (-j0.2)$$
$$= 12.8\underline{/38.6°}\text{A}$$

$$\dot{I}_3 = \dot{U}_{ab}Y_3 = 72\underline{/123.7°} \times 0.1 = 7.2\underline{/123.7°}\text{A}$$

2. 戴维南定理

对于图 4.48 所示电路，用戴维南定理求 R 支路的电流，方法如下。

将图 4.48 所示电路整理后，可看做由虚线框内含源二端网络和 R 支路所组成，如图 4.49所示。其戴维南等效电路如图 4.50 所示。

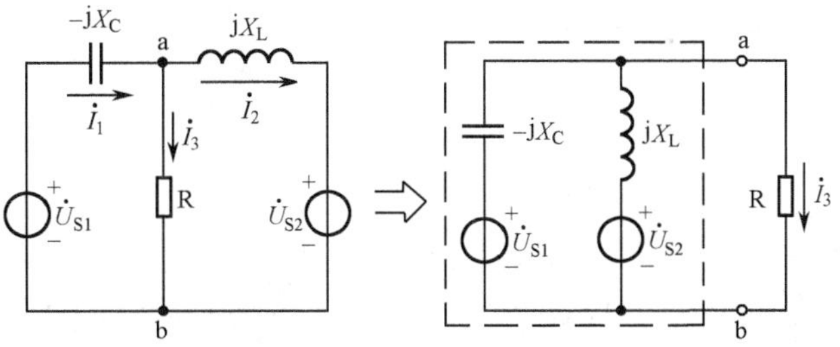

图 4.49　图 4-48 的变形图

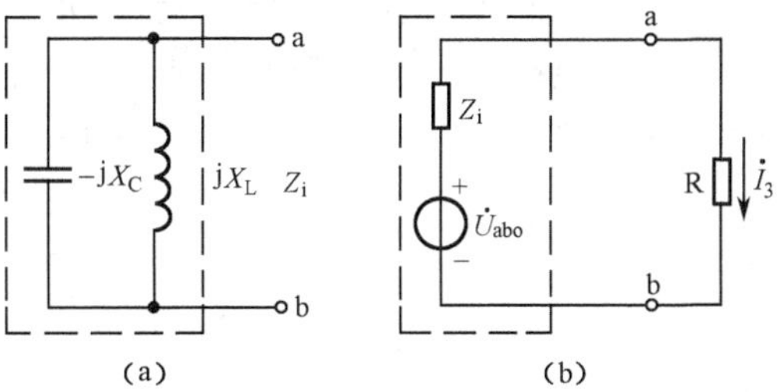

图 4.50　戴维南等效电路

解题步骤如下：

(1) 求开路电压$\dot{U}_{ab0}$。将 R 支路断开，求出 a 与 b 两点的电压

$$\dot{U}_{abo} = \frac{\dot{U}_{S1}Y_1 + \dot{U}_{S2}Y_2}{Y_1 + Y_2}$$

(2) 求输入阻抗 Z_i。如图 4.50（a）所示，从 a 与 b 两端看进去的无源二端网络的阻抗

$$Z_i = \frac{jX_L(-jX_C)}{jX_L - jX_C}$$

(3) 求 R 支路电流 $\dot{I}_3$。如图 4.50（b）所示，在等效电压源的 a 与 b 端，接上 R 支路，其 $\dot{I}_3$ 的参考方向与支路断开前的方向一致。

$$\dot{I}_3 = \frac{\dot{U}_{abo}}{Z_i + R}$$

【例 4-31】　试用戴维南定理求图 4.48 电路中 R 支路的电流 $\dot{I}_3$。已知条件同【例 4-30】。

解：选定支路电流的参考方向同前，则

$$\dot{U}_{abo}=\frac{\dot{U}_{S1}Y_1+\dot{U}_{S2}Y_2}{Y_1+Y_2}=\frac{j\dfrac{1}{10}\times 100+\dfrac{1}{j5}\times j10}{j\dfrac{1}{10}+\dfrac{1}{j5}}=\frac{2+j10}{-j0.1}=\frac{10.2\underline{/78.7^\circ}}{0.1\underline{/-90^\circ}}$$

$$=102\underline{/168.7^\circ}\text{V}$$

$$Z_i=\frac{-j10\times j5}{j5-j10}=\frac{50}{-j5}=j10\Omega$$

$$\dot{I}_3=\frac{\dot{U}_{abo}}{Z_i+R}=\frac{102\underline{/168.7^\circ}}{j10+10}=7.2\underline{/123.7^\circ}\text{A}$$

$$I_3=7.2\text{A}$$

单元11　功率因数的提高

1. 提高功率因数的意义

提高电路功率因数是节约电能的重要途径之一。研究电路的功率问题与提高功率因数紧密相关。在交流电力系统中，整个电路可归结为图4.51所示的简单电路模型。其中 Z_{Ld} 是负载的等效阻抗，Z_L 是输电线阻抗，Z_0 是发电机内阻抗。

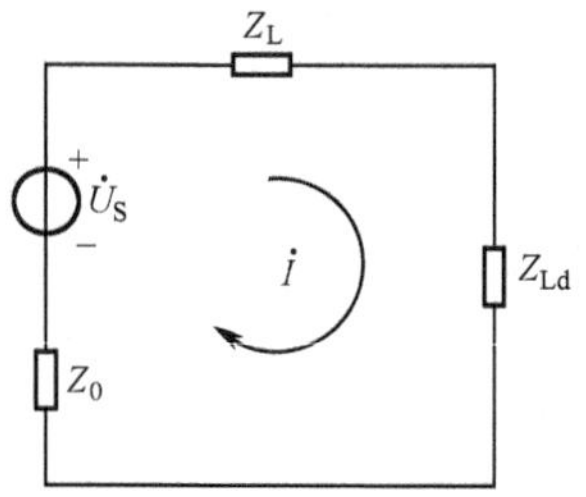

图4.51　电力系统简单电路模型

实际负载多数是由感应电动机并联组成，等效阻抗 Z_{Ld} 是感性的。负载除了需要从电源取得有功功率外，还要从电源取得建立磁场的能量，并与电源作周期性的能量交换。一般感应电动机的功率因数约为0.8左右，其有功功率 $P=UI\cos\varphi$。显然，功率因数 $\lambda=\cos\varphi$ 越高，有功功率越大。通常负载的额定功率是指它的有功功率。

对于发电机，它将机械能转变成电能，在恒定电动势（有效值不变）的条件下，输出功率的大小取决于负载，输出电流也取决于负载。但由于发电机本身有损耗，即内阻抗 $Z_0=R_0+jX_0$ 上的有功功率 $P_0=R_0I^2$ 导致发电机发热，所以发电机的额定容量指的是视在功率。

输电线上阻抗 Z_L 基本是电阻性的，负载电流越大，则输电线上压降和损耗也越大。负载的功率因数低，使电源设备的容量不能充分利用。因为电源设备如发电机、变压器等是依照它的额定电压与额定电流设计的。例如一台容量为100kV·A的变压器，若负载的功率因数 $\lambda=1$ 时，则此变压器就能输出100kW的有功功率；若 $\lambda=0.75$ 时，则此变压器只能输出75kW，也就是变压器的容量只利用了75%，其余25%没有利用。常用的感应电动机在空载时的功率因数约为0.2～0.3，而在额定负载时的功率因数约为0.83～0.85；未装电容器的日光灯的功率因数约为0.45～0.6。

2. 提高功率因数的方法

电路的功率因数是由电路的参数和电源的频率所决定的，它与电压、电流的大小无关，即

$$\lambda = \cos\varphi = \frac{P}{S} = \frac{R}{|Z|} \tag{4-67}$$

提高功率因数的最简单方法之一是并联补偿电容。这种方法能减少整个负载电路对无功功率的要求。减少电源对负载电路供给的无功功率，也就是减少了电源至负载这段线路的无功电流，从而提高了整个负载电路的功率因数。上述情况对负载电路内部的感性支路的电流、功率和功率因数无任何改变。正如电力系统中，变电站对无功功率的补偿，并不能代替系统内部的工厂、学校等对无功功率所进行的补偿。

感性负载并联电容，可以使电感中的磁场能量与电容器中的电场能量交换，从而减少电源与负载间能量的互换。

图 4.52 所示电路中，可以看出感性负载未并联电容前，电流$\dot{I}_1$滞后于电压$\dot{U}$为φ_1角。此时总电流$\dot{I}=\dot{I}_1$也滞后电压$\dot{U}$为φ_1角。并联电容后，电压$\dot{U}$不变，感性负载中$\dot{I}_1$不变，电容支路中电流$\dot{I}_C$超前电压$\dot{U}$为$\frac{\pi}{2}$。总电流$\dot{I}=\dot{I}_1+\dot{I}_C$，$\dot{I}$滞后电压$\dot{U}$为$\varphi_2$角，且$\varphi_2<\varphi_1$。所以$\cos\varphi_2>\cos\varphi_1$，从而提高了电路的功率因数，即感性负载并联电容后其功率因数较原感性负载本身的功率因数提高了，从而提高了整个电路的功率因数。

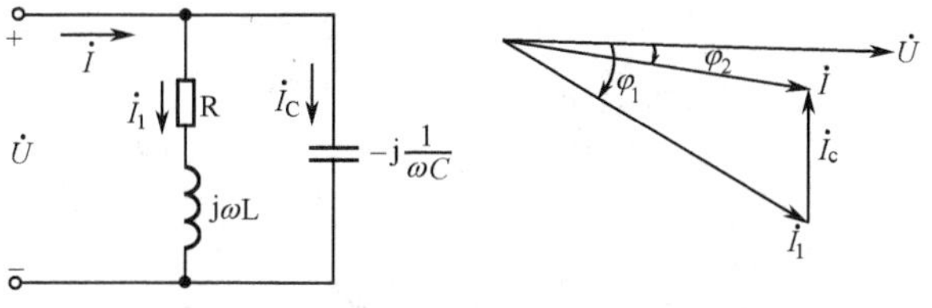

(a) 电路图　　(b) 相量图

图 4.52　提高功率因数的电路与相量图

并联电容器前　　$P=UI_1\cos\varphi_1$　　$I_1=\dfrac{P}{U\cos\varphi_1}$

并联电容器后　　$P=UI\cos\varphi_2$　　$I=\dfrac{P}{U\cos\varphi_2}$

由图 4-52（b）得

$$I_C = I_1\sin\varphi_1 - I\sin\varphi_2 = \frac{P}{U}(\tan\varphi_1 - \tan\varphi_2)$$

又知

$$I_C = \frac{U}{X_C} = U\omega C$$

代入上式

$$U\omega C = \frac{P}{U}(\tan\varphi_1 - \tan\varphi_2)$$

则

$$C = \frac{P}{U^2\omega}(\tan\varphi_1 - \tan\varphi_2) \tag{4-68}$$

应用式（4-68），可求出功率因数从$\cos\varphi_1$提高到$\cos\varphi_2$所需要并联的电容值。

【例 4-32】　已知电动机的功率$P=10\text{kW}$，接到 220V，50Hz 的电源上，$\cos\varphi_1=0.5$，求把功率因数提高到 0.9 时，应并联多大电容？

解：$\cos\varphi_1=0.5$　　$\varphi_1=60°$　　$\tan\varphi_1=1.732$

$\cos\varphi_2=0.9$　　$\varphi_2=25.8°$　　$\tan\varphi_2=0.484$

$$C=\frac{P}{U^2\omega}(\tan\varphi_1-\tan\varphi_2)=\frac{10\times10^3}{2\times3.14\times50\times220^2}\times(1.732-0.484)$$

$$=821\times10^{-6}\text{F}=821\mu\text{F}$$

单元 12　正弦交流电路的阻抗匹配

图 4.53 所示阻抗匹配条件下的示意电路中，$\dot{U}_S$ 为电源电压的相量，$Z_i=R_i+jX_i$ 为电源的内阻抗，$Z=R+jX$ 为负载阻抗。选定 $\dot{I}$ 的参考方向如图中标注。

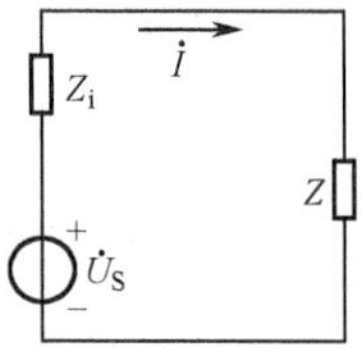

图 4.53　阻抗匹配条件下的示意电路

设电源参数一定，则负载吸收的功率将取决于负载阻抗。

$$\dot{I}=\frac{\dot{U}_S}{Z_i+Z}=\frac{\dot{U}_S}{(R_i+R)+j(X_i+X)}$$

则

$$I=\frac{U_S}{\sqrt{(R_i+R)^2+(X_i+X)^2}}$$

负载吸收功率为

$$P=I^2R=\frac{U_S^2R}{(R_i+R)^2+(X_i+X)^2} \tag{4-69}$$

改变负载参数，使其获得最大功率，即阻抗匹配。

1. 负载的电阻和电抗均可调

若负载的电抗 X 可调，由式（4-69）可知，负载吸收的功率 P 是 X 的函数。

当 $X+X_i=0$ 时，即负载的电抗与电源的内电抗大小相等，性质相反时，此负载吸收的功率最大，其功率值为

$$P_m=\frac{U_S^2R}{(R_i+R)^2} \tag{4-70}$$

若负载的电抗 X 和电阻 R 都可调，则负载吸收的功率是 X 和 R 的函数。

首先使 $X=-X_i$，这时负载吸收的功率达到 P_m 值，该值仍为 R 的函数。令 P_m 为极大值，即

$$\frac{dP_m}{dR}=\frac{d}{dR}\left[\frac{U_S^2R}{(R_i+R)^2}\right]=\frac{(R_i+R)^2U_S^2-2U_S^2R(R_i+R)}{(R_i+R)^4}=0$$

则

$$(R_i+R)^2=2R(R_i+R)$$

得

$$R=R_i$$

因此，当负载的电抗 X 和电阻 R 均可调时，负载吸收最大功率的条件为

$$R=R_i\qquad X=-X_i$$
$$Z=Z_i^* \tag{4-71}$$

式（4-71）中 Z_i^* 是 Z_i 的共扼复数，即

$$Z_i^* = R_i - jX_i$$

当负载阻抗与信号源内阻抗为一对共扼复数时，负载与信号源处于匹配状态，负载获得最大功率。最大功率为

$$P_{max} = \frac{U_S^2}{4R_i} \tag{4-72}$$

2. 负载的阻抗模可调而阻抗角不变

在变压器阻抗变换时，只改变复阻抗的模 $|Z|$，不改变复阻抗的角 φ。

$$R_i = |Z_i|\cos\varphi_i, X_i = |Z_i|\sin\varphi_i, R = |Z|\cos\varphi, X = |Z|\sin\varphi$$

代入式（4-69）得

$$P = \frac{U_S^2|Z|\cos\varphi}{(|Z_i|\cos\varphi_i + |Z|\cos\varphi)^2 + (|Z_i|\sin\varphi_i + |Z|\sin\varphi)^2}$$

$$= \frac{U_S^2\cos\varphi}{\frac{|Z_i|^2}{|Z|} + |Z| + 2|Z_i|\cos(\varphi_i - \varphi)}$$

由于只改变 $|Z|$，所以当分母最小时，功率 P 最大。

令分母导数为零

即

$$\frac{d}{d|Z|}\left[\frac{|Z_i|^2}{|Z|} + |Z| + 2|Z_i|\cos(\varphi_i - \varphi)\right] = -\frac{|Z_i|^2}{|Z|^2} + 1 = 0$$

得

$$|Z| = |Z_i| \tag{4-73}$$

负载阻抗模变而阻抗角不变，负载阻抗模等于信号源内阻抗模时电路达到匹配，负载获得最大功率。这时的负载吸收的最大功率为

$$P_{max} = \frac{U_S^2\cos\varphi}{2|Z_i|[1 + \cos(\varphi_i - \varphi)]} \tag{4-74}$$

单元 13　三相交流电源

在研究单相交流电的基础上，阐述三相交流电的基本概念，三相绕组、三相电动势及相序和三相绕组的星接与角接。

由于工业生产中多用三相交流电，在多相制中，对称三相制优点很多，应用最广泛。

1. 对称三相电源

最简单的三相交流发电机示意图如图 4.54 所示。在两磁极 N 与 S 间放一圆柱形铁心，圆柱表面对称安放了三个完全相同的线圈，称为三相绕组 AX，BY，CZ，分别称做 A 相绕组、B 相绕组和 C 相绕组，铁心和绕组合称电枢。

每相绕组的首端为 A，B，C 端，末端为 X，Y，Z 端，三相绕组首端之间（或末端之间）在空间上彼此相差 120°，电枢表面的磁感应强度沿圆周作正弦分布，其方向与圆柱表面垂直。

我们规定每相电源的正极分别为 A，B，C 端，负极分别为 X，Y，Z 端。

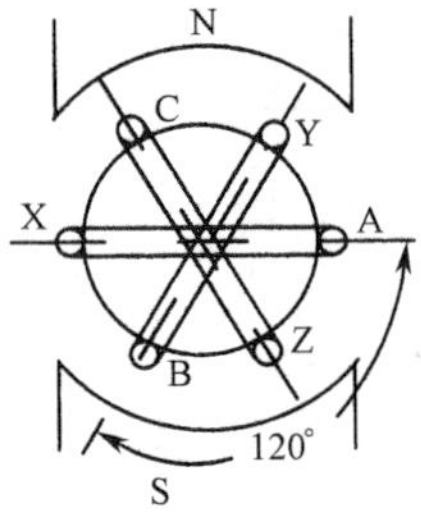

图 4.54 三相交流发电机示意图

当电枢逆时针方向等速旋转时，各绕组内感应出频率相同、幅值相等、相位各差120°的电动势。这三个电动势称为对称三相电动势（或对称三相电源）。解析式为

$$\begin{aligned} u_A &= U_m \sin\omega t \\ u_B &= U_m \sin\left(\omega t - \frac{2\pi}{3}\right) \\ u_C &= U_m \sin\left(\omega t + \frac{2\pi}{3}\right) \end{aligned} \tag{4-75}$$

相量表示

$$\begin{aligned} \dot{U}_A &= U \angle 0^\circ \\ \dot{U}_B &= U \angle -120^\circ \\ \dot{U}_C &= U \angle 120^\circ \end{aligned} \tag{4-76}$$

图 4.55 是三相电源的相量图和波形图，可以看出对称三相正弦量的瞬时值之和为零，对称三相正弦量的三个相量之和等于零。

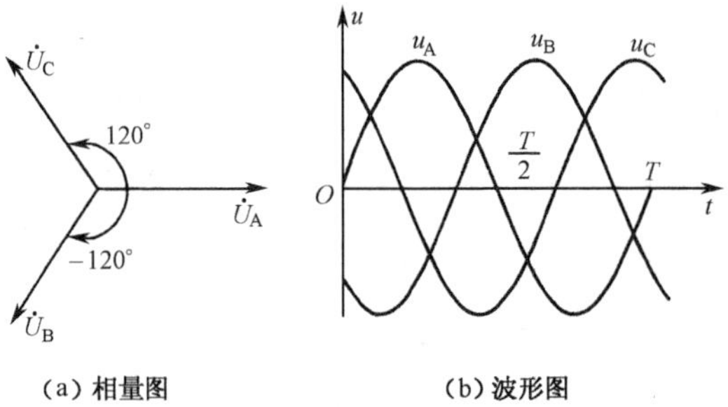

图 4.55 三相电源的相量图和波形图

对称三相电动势依次达到最大值或零值的先后顺序称为相序，即 A-B-C 为正相序，而 A-C-B 为反相序。任意调换两根绕组的接线位置就能改变相序。

2. 对称三相电源的连接

三相发电机和变压器绕组，在三相制供电系统中有星形和三角形两种连接方式。

1）三相电源的星形连接

将三相绕组的末端 X，Y，Z 连接成一点，此点称为中性点，并从这点引出中线 N（或称为零线）。从三相绕组的首端 A，B，C 引出的三根输电线叫做电源的端线（俗称火线或相线）。有中线的三相制叫做三相四线制，目前为保证安全用电采用的三相五线制是从中性点再单独引出一条保护零线。无中线的三相制叫做三相三线制。

图 4.56 所示为三相电源的星形连接法，端线间的电压叫做线电压，用 u_{AB}，u_{BC}，u_{CA} 表示。规定线电压的参考方向为由 A 线指向 B 线，B 线指向 C 线，C 线指向 A 线。根据基尔霍夫电压定律，可知三个线电压之和为零，即

$$u_{AB} + u_{BC} + u_{CA} = 0$$

通常用 U_l 表示对称的三个线电压的有效值。

电源每一相绕组两端的电压称为电源的相电压，即火线与零线间的电压。电源相电压分

别用符号 u_A，u_B，u_C 表示。一般电源绕组的阻抗很小，可忽略，认为电源各相电压的大小就等于相应的电动势，通常用 U_p 表示对称的三个相电压的有效值。根据基尔霍夫电压定律可知相电压

$$\dot{U}_A = U_p \underline{/0^\circ}$$
$$\dot{U}_B = U_p \underline{/-120^\circ} \qquad (4\text{-}77)$$
$$\dot{U}_C = U_p \underline{/120^\circ}$$

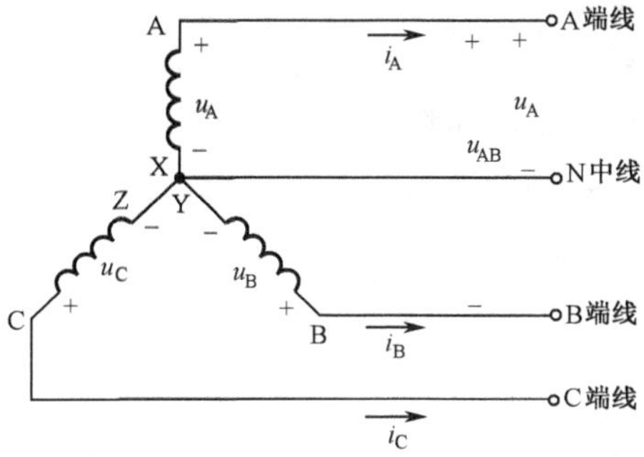

图 4.56 三相电源的星形连接法

线电压

$$\dot{U}_{AB} = \dot{U}_A - \dot{U}_B = U_l \underline{/30^\circ}$$
$$\dot{U}_{BC} = \dot{U}_B - \dot{U}_C = U_l \underline{/-90^\circ} \qquad (4\text{-}78)$$
$$\dot{U}_{CA} = \dot{U}_C - \dot{U}_A = U_l \underline{/150^\circ}$$

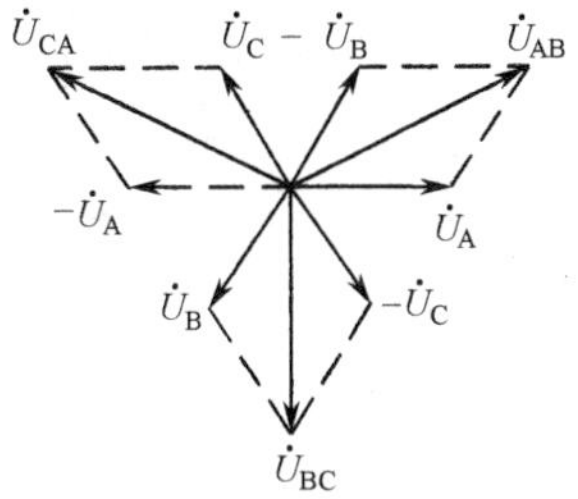

图 4.57 三相电源星形连接时的电压相量图

若三相电压是对称的，电压相量图如图 4.57 所示，则有

$$U_l = \sqrt{3}U_p \qquad (4\text{-}79)$$

对称三相星形连接电源的三个线电压也是对称的，线电压的有效值是相电压有效值的$\sqrt{3}$倍。线电压$\dot{U}_{AB}$超前相电压$\dot{U}_A$ 为 30°，同样$\dot{U}_{BC}$超前$\dot{U}_B$ 为 30°，$\dot{U}_{CA}$超前$\dot{U}_C$ 为 30°，即

$$\dot{U}_{AB} = \sqrt{3}\,\dot{U}_A \underline{/30^\circ}$$
$$\dot{U}_{BC} = \sqrt{3}\,\dot{U}_B \underline{/30^\circ} \qquad (4\text{-}80)$$
$$\dot{U}_{CA} = \sqrt{3}\,\dot{U}_C \underline{/30^\circ}$$

线电压相量的星形位置相当于相电压相量星形位置逆时针方向旋转了 30°。

特别注意：三个相电压只有在对称时其和为零，而线电压之和不论对称与否均为零，即

$$u_{AB} + u_{BC} + u_{CA} = u_A - u_B + u_B - u_C + u_C - u_A = 0$$

通过端线的电流叫线电流，规定线电流的参考方向是从电源端指向负载端，用 i_A，i_B，i_C 表示。对称线电流有效值用 I_l 表示。

2）三相电源的三角形连接

将三相绕组依次连接，即 A 相的 X 端接 B，B 相的 Y 端接 C，C 相的 Z 端接 A，构成一个闭合三角形，从 A，B，C 三端引出三条火线，如图 4.58 所示。

由图 4.58 看出，三相电源作三角形连接时，线电压就是相电压。

$$\dot{U}_{AB} = \dot{U}_{AX} = U_p \underline{/0^\circ} = U_l \underline{/0^\circ}$$
$$\dot{U}_{BC} = \dot{U}_{BY} = U_p \underline{/-120^\circ} = U_l \underline{/-120^\circ} \qquad (4\text{-}81)$$
$$\dot{U}_{CA} = \dot{U}_{CZ} = U_p \underline{/120^\circ} = U_l \underline{/120^\circ}$$
$$U_l = U_p \qquad (4\text{-}82)$$

应该注意：三角形连接中三个具有电动势的绕组接成了闭合回路，三个对称三相电动势之和等于零。外部不接负载时，这一闭合回路中没有电流，即每一相绕组都没有电流通过。反之，若三相电动势不对称，或者虽然对称，但有一相接反，会因每相绕组内阻抗不大，而产生很大的内部环流，有烧坏绕组的危险。因此，在工程上为保证使三相绕组作正确三角形

连接，先不将三角形闭合，留一个开口，在开口处接一块电压表，测量回路电压，如图4.59所示。若电压表的读数为零，说明绕组连接正确，可取下电压表，把开口处接上；若电压表的读数不为零，而等于两倍相电压的数值，则表明有一相绕组接反了，必须将其更正，然后按上述方法再复查一遍，确实无误方可将开口处接上。

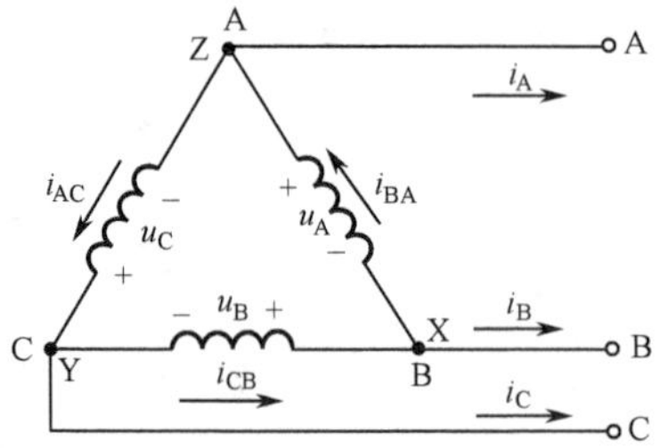

图 4.58 三相电源的三角形连接

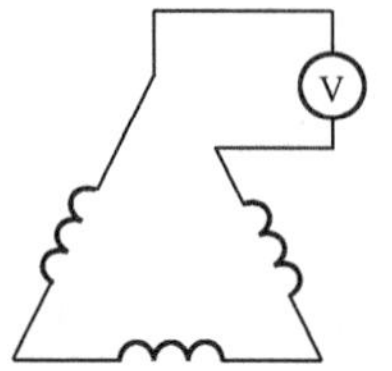

图 4.59 三角形连接的测量

三相电源作三角形连接与负载相接时，绕组内及线路上均有电流流过，线电流的参考方向规定同上，相电流的参考方向规定自相末端指向首端，如图4.60所示。电源相电流用i_{BA}，i_{CB}，i_{AC}表示。根据基尔霍夫电流定律得

$$i_A = i_{BA} - i_{AC} \quad i_B = i_{CB} - i_{BA} \quad i_C = i_{AC} - i_{CB} \tag{4-83}$$

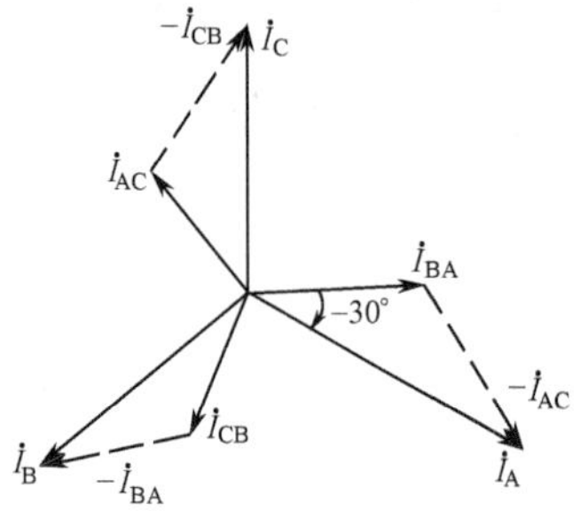

图 4.60 三角形连接的电流相量图

用相量表示

$$\begin{aligned} \dot{I}_A &= \dot{I}_{BA} - \dot{I}_{AC} = I_l \underline{/-30^\circ} \\ \dot{I}_B &= \dot{I}_{CB} - \dot{I}_{BA} = I_l \underline{/-150^\circ} \\ \dot{I}_C &= \dot{I}_{AC} - \dot{I}_{CB} = I_l \underline{/90^\circ} \end{aligned} \tag{4-84}$$

三角形连接的电流相量图如图4.60所示。

同理

$$I_l = \sqrt{3} I_p \tag{4-85}$$

对称三相电流，其线电流的有效值是相电流有效值的$\sqrt{3}$倍，线电流比对应的相电流滞后30°，即

$$\begin{aligned} \dot{I}_A &= \sqrt{3}\, \dot{I}_{BA} \underline{/-30^\circ} \\ \dot{I}_B &= \sqrt{3}\, \dot{I}_{CB} \underline{/-30^\circ} \\ \dot{I}_C &= \sqrt{3}\, \dot{I}_{AC} \underline{/-30^\circ} \end{aligned} \tag{4-86}$$

单元14 三相电路的分析

三相电路中的三个负载按一定接法构成一组三相负载连接在三相电路中。大量的工业负载是三相电动机，其三相绕组对称，是对称的三相负载。另一类负载本身只需要单相电源，如照明、电烙铁、家用电器等单相负载。三相负载也有星形和三角形两种连接方式。

1. 负载星形连接与三角形连接的特点

若每相负载的复阻抗都相同，则称为对称负载。三相电源对称，三相负载也对称，则称

为对称三相电路。电源一般总是对称的，负载可能是不对称的。

1）三相负载的星形连接

三相电源和三相负载都是星形连接的三相四线制，即三火一零。Y-Y 接法的三相电路如图 4.61 所示。

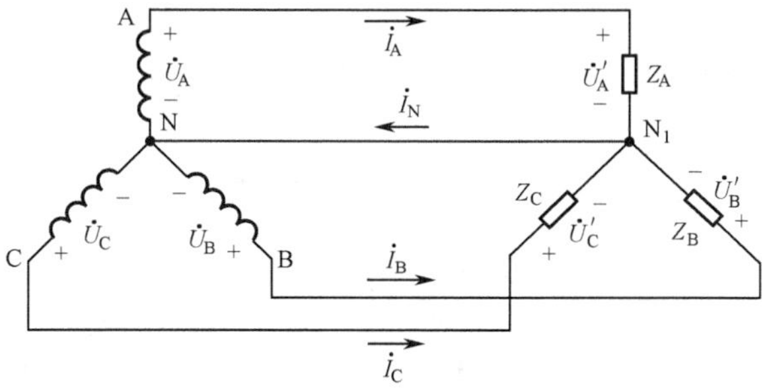

图 4.61　三相负载的星形连接电路

每相负载的电压称为负载的相电压，每相负载的电流称为负载的相电流。图 4.61 所示三相负载星形连接电路，负载端的线电压与相电压的关系为

$$\dot{U}_{AB} = \dot{U}'_A - \dot{U}'_B = U_l \underline{/\ 30^\circ}$$

$$\dot{U}_{BC} = \dot{U}'_B - \dot{U}'_C = U_l \underline{/-90^\circ}$$

$$\dot{U}_{CA} = \dot{U}'_C - \dot{U}'_A = U_l \underline{/\ 150^\circ}$$

类似于三相电源星形连接时的关系式，所以前面推出的其他关系式，此处也适用。

在三相四线制中，由于中线的作用，每相负载的工作情况与单相交流电路相同。如果忽略线路上的损耗，则负载相电压等于发电机绕组上对应的相电压，即

$$\dot{U}'_A = \dot{U}_A = U_p \underline{/\ 0^\circ}$$

$$\dot{U}'_B = \dot{U}_B = U_p \underline{/-120^\circ}$$

$$\dot{U}'_C = \dot{U}_C = U_p \underline{/\ 120^\circ}$$

显然，在 Y-Y 连接的三相四线制中，线电流等于相电流，即

$$I_l = I_p$$

且

$$\dot{I}_A + \dot{I}_B + \dot{I}_C = \dot{I}_N \tag{4-87}$$

对称三相负载，各相电流对称，中线电流为零，即 $\dot{I}_N=0$，中线断开不影响负载正常工作。若三相负载不对称，则中线电流不为零，不能拆掉中线，否则影响负载正常工作，造成事故。

三相对称负载星形连接时，只需要计算单相电压、电流及功率，即可推出其余两相。

$$\left.\begin{aligned}
&\text{相电压} && U_p = \frac{U_l}{\sqrt{3}} \\
&\text{相电流} && I_p = \frac{U_p}{|Z|} \\
&\text{相功率因数} && \lambda = \cos\varphi = \frac{R}{|Z|} \\
&\text{相负载阻抗角} && \varphi = \arctan\frac{X}{R}
\end{aligned}\right\} \tag{4-88}$$

式（4-88）中 $|Z|$ 是每相负载的阻抗模，R 是每相负载 $Z=R+jX$ 中的电阻分量，X 是电抗分量，φ 是每相负载的阻抗角。

【例 4-33】 有一对称三相负载作星形连接，设每相负载的电阻 $R=6\Omega$，每相感抗为 $X_L=8\Omega$，电源线电压 $\dot{U}_{AB}=380\underline{/30°}\text{V}$，求各相电流，每相功率因数和负载阻抗角。

解：$U_A=\dfrac{U_{AB}}{\sqrt{3}}=\dfrac{380}{\sqrt{3}}=220\text{V}$

由于相电压 $\dot{U}_A$ 滞后线电压 $\dot{U}_{AB}$ 为 30°，所以 $\dot{U}_A=220\underline{/0°}\text{V}$

$$\dot{I}_A=\frac{\dot{U}_A}{Z_A}=\frac{220\underline{/0°}}{6+j8}=22\underline{/-53.1°}\text{A}$$

$$\dot{I}_B=22\underline{/-53.1°-120°}=22\underline{/-173.1°}\text{A}$$

$$\dot{I}_C=22\underline{/-53.1°+120°}=22\underline{/66.9°}\text{A}$$

$$\lambda=\cos\varphi=\frac{R}{|Z|}=\frac{6}{\sqrt{6^2+8^2}}=0.6$$

$$\varphi=\arctan\frac{X}{R}=\arctan\frac{8}{6}=53.1°$$

2）三相负载的三角形连接

三相电源与负载都是三角形连接时，组成三相三线制，即只用三根火线，无零线相接。三相负载的三角形连接电路如图 4.62 所示，电路中忽略了输电线的阻抗。

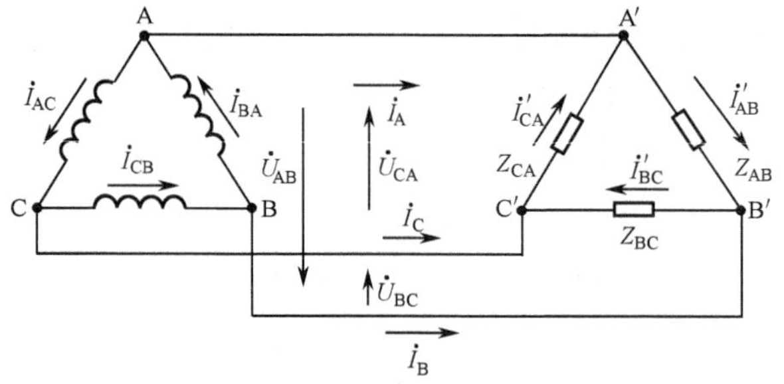

图 4.62 三相负载的三角形连接电路

当单相负载的额定电压等于线电压时，负载应接于两火线之间，不论负载对称与否，电路均为三相三线制。

各负载上的电流称为相电流，分别为 $\dot{I}'_{AB}$，$\dot{I}'_{BC}$，$\dot{I}'_{CA}$，线电流仍用 $\dot{I}_A$，$\dot{I}_B$，$\dot{I}_C$ 表示，参考方向如图 4.62 所示，则

$$\left.\begin{aligned}\dot{I}_A&=\dot{I}'_{AB}-\dot{I}'_{CA}\\\dot{I}_B&=\dot{I}'_{BC}-\dot{I}'_{AB}\\\dot{I}_C&=\dot{I}'_{CA}-\dot{I}'_{BC}\end{aligned}\right\}\tag{4-89}$$

$$\dot{I}_A+\dot{I}_B+\dot{I}_C=0\tag{4-90}$$

各相电流为

$$\left.\begin{aligned}\dot{I}'_{AB}&=\frac{\dot{U}_{AB}}{Z_{AB}}=Y_{AB}\dot{U}_{AB}\\\dot{I}'_{BC}&=\frac{\dot{U}_{BC}}{Z_{BC}}=Y_{BC}\dot{U}_{BC}\\\dot{I}'_{CA}&=\frac{\dot{U}_{CA}}{Z_{CA}}=Y_{CA}\dot{U}_{CA}\end{aligned}\right\}\tag{4-91}$$

接在对称三相电源上的对称三角形负载，其线电流是相电流的$\sqrt{3}$倍，其线电流滞后对应的相电流 30°，只需要计算其中单相电压、电流及功率，即可推出其余两项。

相电压　$U_p=U_l$

$$\left.\begin{aligned}&\text{相电流}\quad I_p=\frac{I_l}{\sqrt{3}}=\frac{U_p}{|Z|}\\&\text{相功率因数}\quad \lambda=\cos\varphi=\frac{R}{|Z|}\\&\text{相负载阻抗角}\quad \varphi=\arctan\frac{X}{R}\end{aligned}\right\}\tag{4-92}$$

式（4-92）中$|Z|$是每相负载阻抗的模，R是每相负载$Z=R+jX$中的电阻分量，X是电抗分量，φ是每相负载的阻抗角。

【例 4-34】　已知对称三角形负载$Z=12+j16$，接在三相对称电压$U_l=220V$上，试求线电流，相电流，每相功率因数和负载阻抗角。

解：$U_p=U_l=220V$

$$I_p=\frac{U_p}{|Z|}=\frac{220}{\sqrt{12^2+16^2}}=\frac{220}{20}=11A$$

$$I_l=\sqrt{3}I_p=\sqrt{3}\times 11=19A$$

设$\dot{U}_{AB}$为参考相量，则$\dot{U}_{AB}=220\angle 0^\circ V$

$$\dot{I}'_{AB}=\frac{\dot{U}_{AB}}{Z}=\frac{220\angle 0^\circ}{\sqrt{12^2+16^2}\angle \arctan\frac{16}{12}}=11\angle -53.1^\circ A$$

$$\dot{I}'_{BC}=11\angle -53.1^\circ-120^\circ=11\angle -173.1^\circ A$$

$$\dot{I}'_{CA}=11\angle -53.1^\circ+120^\circ=11\angle 66.9^\circ A$$

$$\dot{I}'_{A}=19\angle -53.1^\circ-30^\circ=19\angle -83.1^\circ A$$

$$\dot{I}'_{B}=19\angle -173.1^\circ-30^\circ=19\angle -203.1^\circ A$$

$$\dot{I}'_{C}=19\angle -66.9^\circ-30^\circ=19\angle -96.9^\circ A$$

$$\lambda=\cos\varphi=\frac{R}{|Z|}=\frac{12}{\sqrt{12^2+16^2}}=0.6$$

$$\varphi=\arctan\frac{4}{3}=53.1^\circ$$

2. 不对称三相负载的分析

不对称三相负载星形连接时，中线上存在电流，必须采用三相四线制或目前最安全的三相五线制负载的连接电路，如图4.63所示。

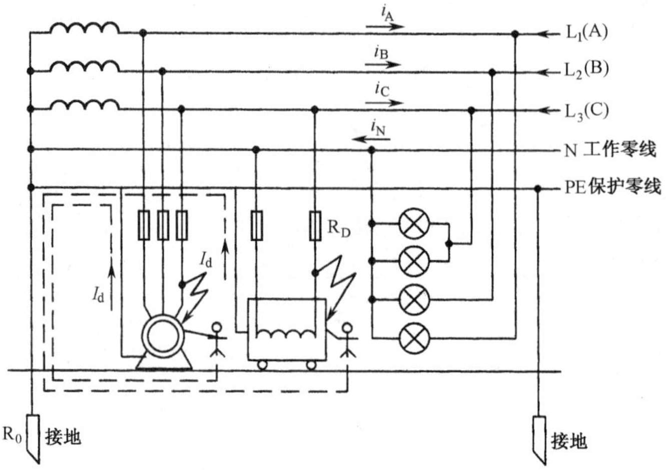

图4.63　三相五线制负载的连接电路

相色分别为L_1（A）黄、L_2（B）绿、L_3（C）红、N浅蓝、PE黄绿相间的导线，分别表示三根火线和工作零线及保护零线。保护零线必须重复接地以保证安全，如果因某种原因，使得工作零线故障，机器外壳带电，人有触电危险。接入保护零线能将机器外壳电荷导引入地，保证人不触电。

由于存在中线，即图4.63中工作零线N，则三相不对称负载与单相交流电路的分析方法相同。负载各相电流为

$$\dot{I}_A = \frac{\dot{U}_A}{Z_A} \qquad \tan\varphi_A = \frac{X_A}{R_A}$$

$$\dot{I}_B = \frac{\dot{U}_B}{Z_B} \qquad \tan\varphi_B = \frac{X_B}{R_B}$$

$$\dot{I}_C = \frac{\dot{U}_C}{Z_C} \qquad \tan\varphi_C = \frac{X_C}{R_C}$$

根据基尔霍夫电流定律有

$$\dot{I}_N = \dot{I}_A + \dot{I}_B + \dot{I}_C$$

【例4-35】　三相四线制中（保护零除外）的纯电阻性负载为$R_A=10\Omega$，$R_B=5\Omega$，$R_C=4\Omega$，负载的相电压为220V，中线阻抗$Z_N=0$。试求：(1)各相负载和中线上的电流，并画相量图；(2)若中线断开后各相负载的电压，并画相量图。

解：(1)设$\dot{U}_A$为参考相量，则

$$\dot{U}_A = 220\underline{/0^\circ}\text{V} \qquad \dot{I}_A = \frac{\dot{U}_A}{Z_A} = \frac{220\underline{/0^\circ}}{10} = 22\underline{/0^\circ}\text{A}$$

$$\dot{U}_B = 220\underline{/-120^\circ}\text{V} \qquad \dot{I}_B = \frac{\dot{U}_B}{Z_B} = \frac{220\underline{/-120^\circ}}{5} = 44\underline{/-120^\circ}\text{A}$$

$$\dot{U}_C = 220\underline{/120^\circ}\text{V} \qquad \dot{I}_C = \frac{220\underline{/120^\circ}}{4} = 55\underline{/120^\circ}\text{A}$$

$$\dot{I}_N = \dot{I}_A + \dot{I}_B + \dot{I}_C = 22\underline{/0^\circ} + 44\underline{/-120^\circ} + 55\underline{/120^\circ}$$

$$=-27.5+\mathrm{j}9.5=29\underline{/161^\circ}\mathrm{A}$$

（2）中线断开后，则

$$\dot{U}_N=\frac{\dot{U}_A Y_A+\dot{U}_B Y_B+\dot{U}_C Y_C}{Y_A+Y_B+Y_C}=\frac{220\underline{/0^\circ}\times\frac{1}{10}+220\underline{/-120^\circ}\times\frac{1}{5}+220\underline{/120^\circ}\times\frac{1}{4}}{\frac{1}{10}+\frac{1}{5}+\frac{1}{4}}$$

$$=52.7\underline{/161^\circ}$$

$$\dot{U}'_A=\dot{U}_A-\dot{U}_N=220\underline{/0^\circ}-52.7\underline{/161^\circ}=270.3\underline{/-3.65^\circ}\mathrm{V}$$

$$\dot{U}'_B=\dot{U}_B-\dot{U}_N=220\underline{/-120^\circ}-52.7\underline{/161^\circ}=216.2\underline{/-106.2^\circ}\mathrm{V}$$

$$\dot{U}'_C=\dot{U}_C-\dot{U}_N=220\underline{/120^\circ}-52.7\underline{/161^\circ}=183.5\underline{/109.2^\circ}\mathrm{V}$$

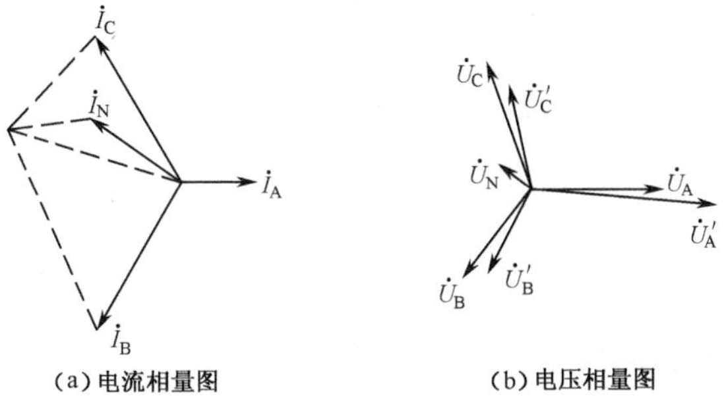

图 4.64　【例 4-35】相量图

中线断后，由于负载不对称存在$\dot{U}_N$，使得$\dot{U}'_A>\dot{U}_A$，$\dot{U}'_B<\dot{U}_B$，$\dot{U}'_C<\dot{U}_C$，可能会烧坏 A 相电器，使 B 相和 C 相电器因电压降低而无法正常工作。

各相负载和中线上的电流相量图如图 4.64（a）所示；若中线断开后，各项负载的电压相量图如图 4.64（b）所示。

由以上分析得知，中线在三相负载不平衡时起到保持各相电压不变的作用，所以任何时候中线上不能装保险丝。

3. 三相电路的功率

在三相电路中，三相负载的有功功率等于每相负载上有功功率之和，即

$$P=P_A+P_B+P_C$$

每相负载的功率等于相电压乘以负载的相电流及其夹角的余弦，则代入三相功率表达式得

$$P=U_A I_A\cos\varphi_A+U_B I_B\cos\varphi_B+U_C I_C\cos\varphi_C \tag{4-93}$$

在对称三相电路中，每相有功功率相等，三相功率为

$$P=3U_p I_p\cos\varphi \tag{4-94}$$

由于星接$U_l=\sqrt{3}U_p$，$I_l=I_p$；角接$U_l=U_P$，$I_l=\sqrt{3}I_p$，所以无论星接还是角接，对称三相电路的三相有功功率为

$$p=\sqrt{3}U_l I_l\cos\varphi \tag{4-95}$$

式（4-95）中 φ 是负载相电压和负载相电流之间的相位差，不是线电压与线电流之间的相位差。

对称三相电路的无功功率为

$$Q=\sqrt{3}U_lI_l\sin\varphi \tag{4-96}$$

对称三相电路的视在功率为

$$S=\sqrt{P^2+Q^2}=\sqrt{3}U_lI_l \tag{4-97}$$

三相电机铭牌上标明的有功功率指的是三相有功功率。

【例 4-36】 一个 5kW 的三相电机，绕组为星形连接，接在 $U_l=380\text{V}$ 的三相电源上，功率因数 $\lambda=\cos\varphi=0.8$。试求负载的相电压及相电流。

解：$U_p=\dfrac{U_l}{\sqrt{3}}=\dfrac{380}{\sqrt{3}}=220\text{V}$

$$I_p=\frac{P}{\sqrt{3}U_l\cos\varphi}=\frac{5000}{\sqrt{3}\times380\times0.8}=9.5\text{A}$$

小结

1. 正弦量

(1) 正弦量的三要素：

振幅值——瞬时值中的最大值 I_m，U_m，E_m；

角频率——正弦量每秒钟经历的电角度，$\omega=2\pi f$；

初相——计时起点 $t=0$ 时的电角度，$\alpha=\varphi$，$|\varphi|\leqslant\pi$。

(2) 正弦量的3种表示法：三角函数法（解析式）即 $i=I_m\sin(\omega t+\varphi)$；正弦曲线表示法（波形图）；相量表示法，$\dot{I}$，$\dot{U}$，$\dot{E}$。

(3) 同频正弦量的相位关系：一个正弦量比另一个正弦量早到达零值或振幅值时，称前者超前后者，或后者滞后前者。有同相、正交、反相等特例。

(4) 正弦量的有效值和平均值：

有效值 $I=0.707I_m$，$U=0.707U_m$，$E=0.707E_m$

平均值 $I_{av}=0.637I_m$，$U_{av}=0.637U_m$，$E_{av}=0.637E_m$

2. 复数

(1) 复数的4种表示形式：

代数表示形式　$A=a+\text{j}b$

三角函数表示形式　$A=r\cos\theta+\text{j}r\sin\theta$

指数表示形式　$A=re^{\text{j}\theta}$

极坐标表示形式　$A=r\underline{/\theta}$

(2) 复数的四则运算：

若　$A=a_1+\text{j}b_1=r_1\underline{/\theta_1}$

　　$B=a_2+\text{j}b_2=r_2\underline{/\theta_2}$

复数的加减法　$A\pm B=(a_1\pm a_2)+\text{j}(b_1\pm b_2)$

复数的乘除法　$AB=r_1r_2\underline{/\theta_1+\theta_2}$

$$\frac{A}{B}=\frac{r_1}{r_2}\underline{/\theta_1-\theta_2}$$

（3）旋转因子：

$$e^{j\theta}=1\underline{/\theta}$$

当 $\theta=\frac{\pi}{2}$时　　$e^{j\theta}=1\underline{/\frac{\pi}{2}}=j$

当 $\theta=\pi$ 时　　$e^{j\theta}=1\underline{/\pi}=-1$

当 $\theta=\frac{3\pi}{2}$时　　$e^{j\theta}=1\underline{/\frac{3\pi}{2}}=-j$

当 $\theta=2\pi$ 时　　$e^{j\theta}=1\underline{/2\pi}=1$

3. 正弦交流电路中参数元件的规律

（1）电阻、电感、电容元件上的电压与电流关系分别为：

$$\dot{U}_R=R\dot{I}_R\qquad \dot{U}_L=jX_L\dot{I}_L\qquad \dot{U}_C=-jX_C\dot{I}_C$$

（2）相量形式的基尔霍夫定律：

KCL　　$\sum\dot{I}=0$

KVL　　$\sum\dot{U}=0$

4. 相量法分析正弦交流电路

（1）串联电路：

复阻抗　$Z=R+jX=R+j(X_L-X_C)$

阻抗的模　$Z=\sqrt{R^2+X^2}$

阻抗角　$\varphi=\arctan\frac{X}{R}$

电压与电流的关系　$\dot{U}=Z\dot{I}$

有功功率　$P=UI\cos\varphi=I^2R$

无功功率　$Q=UI\sin\varphi=I^2X$

视在功率　$S=UI$

（2）并联电路：

阻抗法　　$\dot{I}=\frac{\dot{U}}{Z}$　　其中$\frac{1}{Z}=\frac{1}{Z_1}+\frac{1}{Z_2}+\cdots+\frac{1}{Z_n}$

导纳法　　$\dot{I}=Y\dot{U}$　　其中 $Y=Y_1+Y_2+\cdots+Y_n$

总电导　　$G=\sum_{K=1}^{i}G_K$　　$(G=\frac{R}{|Z|^2})$

总电纳　　$B=\sum_{K=1}^{i}B_K$　　$(B=\frac{X_C-X_L}{|Z|^2})$

复导纳　　$Y=|Y|\underline{/\varphi'}$　　$|Y|=\sqrt{G^2+B^2}$　　$\varphi'=\arctan\frac{B}{G}$

（3）相量法分析一般正弦交流电路：

① 节点电压法。

$$\dot{U}_{ab}=\frac{\sum\dot{U}_SY}{\sum Y}=\frac{U_{S1}Y_1+U_{S2}Y_2}{Y_1+Y_2}\quad（两个节点）$$

② 戴维南定理。

开路电压$\dot{U}_{abo}$，输入阻抗 Z_i，所求支路电流 $\dot{I}_R=\dfrac{\dot{U}_{abo}}{Z_i+R}$

（4）负载获得最大功率的条件：

① R 与 X 均可调。 $R=R_i$ $X=-X_i$ 或 $Z=Z_i^*$

$$P_{max}=\frac{U_S^2}{4R_i}$$

② $|Z|$ 可调而 φ 不可调。 $|Z|=|Z_i|$

$$P_{max}=\frac{U_S^2\cos\varphi}{2|Z_i|[1+\cos(\varphi_i-\varphi)]}$$

5. 三相电路

（1）对称三相电源：

$$\dot{U}_A=U\angle 0^\circ \qquad \dot{U}_B=U\angle -120^\circ \qquad \dot{U}_C=U\angle 120^\circ$$

① Y 接法。

$$\dot{U}_{AB}=\sqrt{3}\dot{U}_A\angle 30^\circ$$

$$\dot{U}_{BC}=\sqrt{3}\dot{U}_B\angle 30^\circ$$

$$\dot{U}_{CA}=\sqrt{3}\dot{U}_C\angle 30^\circ$$

$$\dot{I}_l=\dot{I}_p$$

② Δ 接法。

$$\dot{I}_A=\sqrt{3}\dot{I}_{BA}\angle -30^\circ$$

$$\dot{I}_B=\sqrt{3}\dot{I}_{CB}\angle -30^\circ$$

$$\dot{I}_C=\sqrt{3}\dot{I}_{AC}\angle -30^\circ$$

$$\dot{U}_l=\dot{U}_p$$

（2）三相负载：

① Y 接法。

$$\dot{I}_A=\frac{\dot{U}_A}{Z_A} \qquad \dot{I}_B=\frac{\dot{U}_B}{Z_B} \qquad \dot{I}_C=\frac{\dot{U}_C}{Z_C}$$

$$\dot{I}_A+\dot{I}_B+\dot{I}_C=\dot{I}_N$$

② Δ 接法。

$$\dot{I}_{AB}=\frac{\dot{U}_{AB}}{Z_{AB}} \qquad \dot{I}_{BC}=\frac{\dot{U}_{BC}}{Z_{BC}} \qquad \dot{I}_{CA}=\frac{\dot{U}_{CA}}{Z_{CA}}$$

（3）三相电路的功率：

① 有功功率。

$$P=P_A+P_B+P_C=U_AI_A\cos\varphi_A+U_BI_B\cos\varphi_B+U_CI_C\cos\varphi_C$$

② 对称三相电路。

$$P=3U_pI_p\cos\varphi=\sqrt{3}U_lI_l\cos\varphi$$

$$Q=3U_pI_p\sin\varphi=\sqrt{3}U_lI_l\sin\varphi$$

$$S=\sqrt{3}U_lI_l$$

习题 4

4.1　已知电压的瞬时值表达式为 $u_A=150\sqrt{2}\sin(\omega t-40°)$ V，$u_B=150\sqrt{2}\sin(\omega t+50°)$ V，$u_C=150\sqrt{2}\sin(\omega t-130°)$ V。在保持三者相位差不变的条件下，将电压 u_A 的初相角改为零度，重新写出 u_A，u_B，u_C 的解析式，并画出波形图。

4.2　已知某正弦电流 $i=10\sin(314t-\frac{\pi}{6})$ A 和正弦电压 $u=54\sin(314t+\frac{\pi}{3})$ V，试求出电流和电压的振幅值、角频率、频率和周期以及两者的相位差。

4.3　一个工频正弦电压的最大值为 380V，初始值为−190V，试求它的解析式。

4.4　已知 $u=300\sin\omega t$ V，$i=120\sin(\omega t-60°)$ A，求该电压和电流的平均值及有效值。

4.5　用交流电压表测得市电的线电压为 380V，问线电压的最大值和平均值各是多少？

4.6　将下列写成代数式。

（1）$5\angle 90°$；（2）$8\angle -90°$；（3）$20\angle -70°$；（3）$30\angle 60°$

4.7　将下列复数写成极坐标式

$5+j8$；$-4+j$；$-7-j4$；$30-j20$

4.8　已知 $A=6+j8$，$B=8+j6$，求 $A+B$，$A-B$，AB，$\frac{A}{B}$。

4.9　写出下列各正弦量的对应相量。

（1）$u=141\sin(\omega t+35°)$ V

（2）$i=200\sin(\omega t-90°)$ A

（3）$e=-120\sqrt{2}\sin\omega t$ V

（4）$i=7.07\sin(\omega t+150°)$ A

4.10　画出下列各正弦量的相量图。

（1）$i=20\sin(314t+30°)$ A

（2）$i=30\sin(314t-45°)$ A

（3）$u=150\sin(314t-180°)$ V

4.11　有一 220V，5kW 的电炉，接在 220V 的交流电源上，试求流过电炉的电流和正常工作时的电阻。

4.12　已知 20Ω 的电阻上流过的电流 $i=50\sin(314t-\frac{\pi}{4})$ A，求电阻两端电压有效值，写出电压的解析式，算出该电阻消耗的功率。

4.13　已知某线圈通过 50Hz 电流时的感抗为 10Ω，试问当电源的频率为 1000Hz，10kHz，50kHz 时的感抗各为多少？

4.14 有一电容器 $C=31.8\mu$F，在工频电压作用下，通过的电流 $I=2$A，$\varphi=30°$，求电压的有效值、初相角、无功功率。

4.15　已知某线圈通过 50Hz 电流时的感抗为 15Ω，试问当加上 10V 的电压时，电感量和电流有效值及无功功率各是多少？

4.16　选定 u 与 i 的参考方向一致，已知加在电感两端的电压为 $u=150\sin314t$ V，通过的电流 $i=10\sin(314t-\varphi)$ mA；求 L 值和 φ。

4.17　把一个 150μF 的电容器 C 先后接在 $f=50$Hz 及 $f=500$Hz 的 220V 电源上，求两种情况下的容抗，通过电容的电流及无功功率。

4.18　有一只功率为 40W 的日光灯管，外加工频 220V 电压时，测得灯管两端电压为 $U_1=108$V，镇流器两端电压 $U_2=183$V，试求工作电流 I、灯管电阻 R_1、镇流器的等效电阻 R_2 和电感 L_2、整个电路的功率因数与有功功率。

4.19 一台交流发电机视在功率为5000kVA，额定电压为5500V，求额定电流。它能否供给功率因数为0.8，5000kW的感性负载？

4.20 一电阻$R=30\Omega$与一电容$C=40\mu F$串联，接在$U=100V$的电源上，求$\omega=300$，500，1000rad/s时的X_C，Z，φ与电流I值。

4.21 一电阻R与一电抗串联，外加电压$u=100\sin(314t+30°)V$，电流$i=5\sin(314t+45°)A$，求电阻R与电抗X，说明是感抗还是容抗？

4.22 两个同频率的正弦电压u_1与u_2的有效值各为30V和40V，问（1）什么情况下，u_1+u_2的有效值为70V；（2）什么情况下，u_1+u_2的有效值为10V；（3）什么情况下，u_1+u_2的有效值为50V。

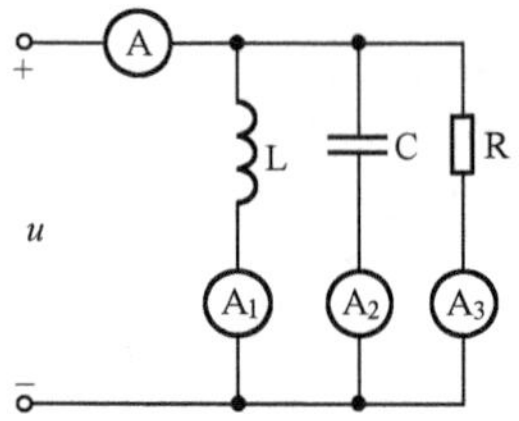

图4.65 题4.23图

4.23 如图4.65所示电路，已知电流表A_1，A_2，A_3的读数均为10A，求电路中电流表A的读数。

4.24 如图4.66所示电路，已知电压表V_1，V_2，V_3的读数均为50V，求电路中电压表V的读数。

4.25 如图4.67所示电路，已知电压表V_1的读数为32V，V_3的读数为15V，V的读数为40V，分别求出电压表V_2与V_4的读数。

4.26 已知某线圈通过50Hz、100V电路中的电流是2A，在100Hz，50V时电路中的电流为0.8A，试问该线圈的电阻和电感各为多少？

4.27 交流接触器线圈的电阻$R=200\Omega$，$L=50H$，问：（1）接到工频220V电源上，电流为多少？（2）若错接在220V的直流电源上，此时电流又为多少？

4.28 在RLC串联电路中，已知$R=8\Omega$，$L=0.05H$，$C=120\mu F$，$\dot{U}=220\underline{/0°}V$，$f=50Hz$，试求电路中电流$\dot{I}$，电压$\dot{U}_R$，$\dot{U}_L$，$\dot{U}_C$，并作相量图。

4.29 有三个复阻抗分别为$Z_1=10\Omega$，$Z_2=5\underline{/60°}\Omega$，$Z_3=20-j20\Omega$相串联，电源电压$\dot{U}=220\underline{/0°}V$。试计算：（1）总的复阻抗$Z$；（2）电路中的电流$\dot{I}$；（3）$\dot{U}_1$，$\dot{U}_2$，$\dot{U}_3$，并作相量图。

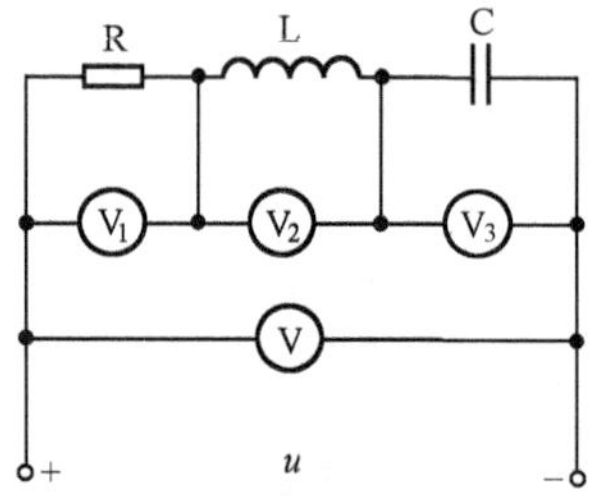

图4.66 题4.24图

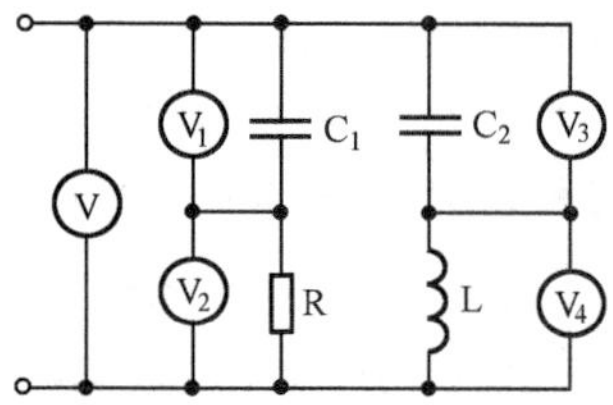

图4.67 题4.25图

4.30 如图4.68所示电路中，当两条支路电流的相位差为90°时，$R_1=10\Omega$，$X_{C1}=25\Omega$，$X_{L2}=8\Omega$。试求R为多少？

4.31 如图4.69所示电路中，求电源输出的功率。

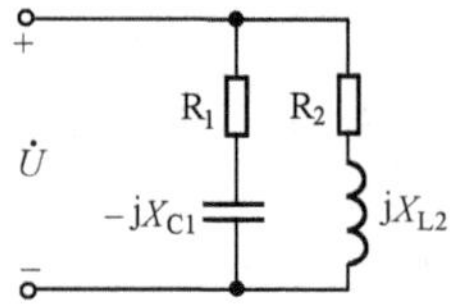

图4.68 题4.30图

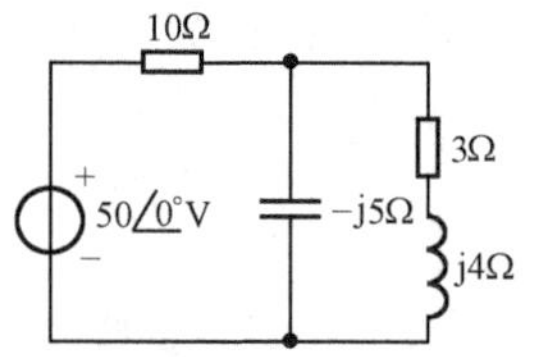

图4.69 题4.31图

4.32　如图 4.70 所示电路中，画出 A 与 B 两端的戴维南等效电路。

4.33　已知电路参数如图 4.71 所示，求 2Ω 电阻中的电流。

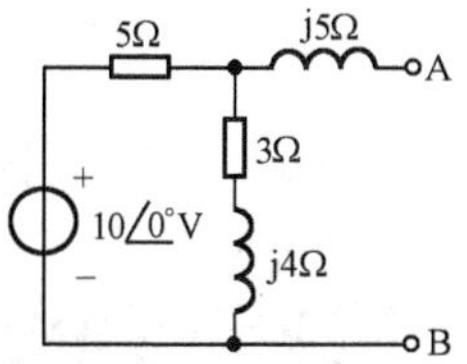

图 4.70　题 4.32 图

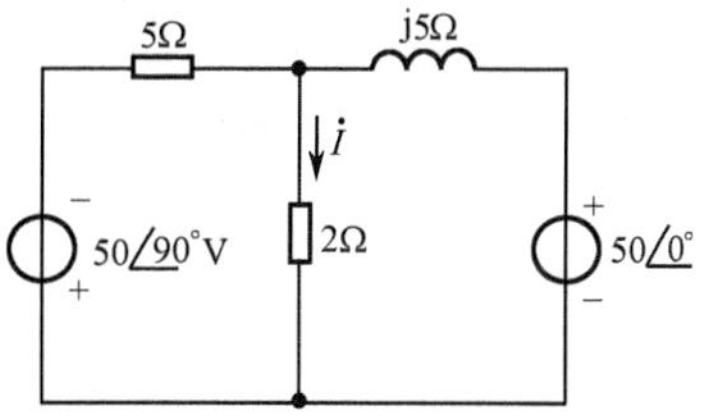

图 4.71　题 4.33 图

4.34　星形连接的发电机线电压为 380V，试求每相的电压。当发电机的绕组连接成三角形时，问发电机的线电压是多少？

4.35　三相四线制电路中，电源电压 $\dot{U}_{AB}=380\underline{/0^\circ}$V，三相负载都是 $Z=10\underline{/53^\circ}\Omega$，求各相电流。

4.36　在线电压为 380V 的三相四线制电路中，接有星形负载，分别为 $R_1=R_2=20\Omega$，$X_L=10\Omega$，试求中线电流。

4.37　三相四线制电路中，线电压为 380V，在 A 相中接有 20 盏灯，B 相中接有 30 盏灯，C 相中接有 40 盏灯。灯泡的额定电压值均为 220V，100W，问电源供给的功率是多少？

4.38　某三相对称负载与三相对称电源相连，已知线电流 $\dot{I}_A=10\underline{/20^\circ}$A，线电压 $\dot{U}_{AB}=380\underline{/80^\circ}$V，求此负载消耗的功率及其功率因数。

模块5

非正弦周期性电路

在电子技术中常遇到非正弦周期波，如实验室中常用方波做信号源用于电子电路的测试；电子示波器中的扫描电压是锯齿波；电子计算机中大量用到的脉冲信号。这些方波、锯齿波、尖脉冲波、三角波，都属于非正弦波即非正弦周期性信号。图 5.1 所示为非正弦周期波的波形。

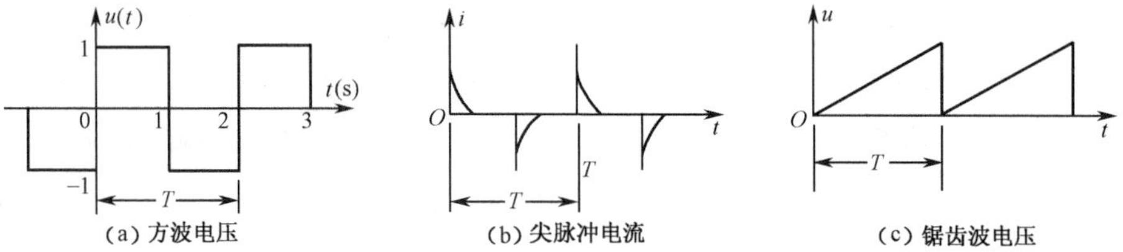

图 5.1　非正弦周期波的波形

本模块讨论的内容是：把一个非正弦信号分解成许多正弦谐波分量，即一系列不同频率的正弦信号之和。根据线性电路的叠加定理，把一系列单个正弦信号作用下电路的响应叠加，得到电路中的实际响应，这种方法叫谐波分析法。

单元 1　非正弦周期量

产生非正弦周期波的原因有两种。一种是电源为非正弦量，另一种是电路中存在非线性元件。

1. 非正弦周期波的分解

一个非正弦周期波可以用一系列与频率成整数倍的正弦波来表示。

几个不同频率的正弦波之和可以合成一个非正弦周期波。反之。任何一个非正弦周期波都可分解成若干不同频率的正弦波。在工程数学中介绍过，如果给定的函数是周期性的，同时满足狄里赫利条件，都可以分解为傅里叶级数。电工与无线电技术中所遇到的周期函数都满足狄里赫利条件，因此都能分解为傅里叶级数。

周期为 T 的函数 $f(t)$ 分解成傅里叶级数为

$$f(t) = A_0 + \sum_{k=1}^{\infty} A_{mk}\sin(k\omega t + \varphi_k) \tag{5-1}$$

式中，$\omega = \dfrac{2\pi}{T}$，k 为正整数。

第 1 项：A_0 为 $f(t)$ 的直流分量，也称恒定分量。

第 2 项：$A_{m1}\sin(\omega t+\varphi_1)$为 $f(t)$的基波分量，也称一次谐波。

第 3 项：$A_{m2}\sin(2\omega t+\varphi_2)$为 $f(t)$的二次谐波。

⋮

第 $k+1$ 项：$A_{mk}\sin(k\omega t+\varphi_k)$为 $f(t)$的 k 次谐波。

k 为奇数时，是 $f(t)$的奇次谐波；k 为偶数时，是 $f(t)$的偶次谐波。

2. 常见非正弦周期函数的傅里叶级数

几种常见的非正弦周期函数的傅里叶级数展开式列于表 5-1 中。

表 5-1　常用信号的傅里叶级数展开式

波　　形	傅里叶级数$\left(\text{基波角频率 }\omega=\dfrac{2\pi}{T}\right)$	有效值
矩形波 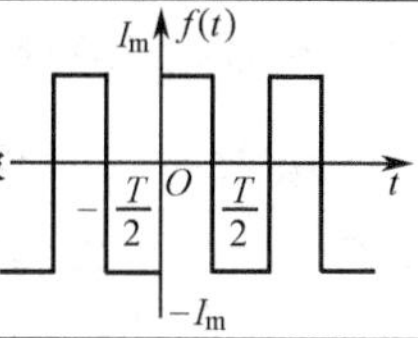	$f(t)=\dfrac{4I_m}{\pi}\left(\sin\omega t+\dfrac{1}{3}\sin3\omega t+\dfrac{1}{5}\sin5\omega t+\cdots+\dfrac{1}{k}\sin k\omega t+\cdots\right)$ $(k=1，3，5\cdots)$	I_m
锯齿波 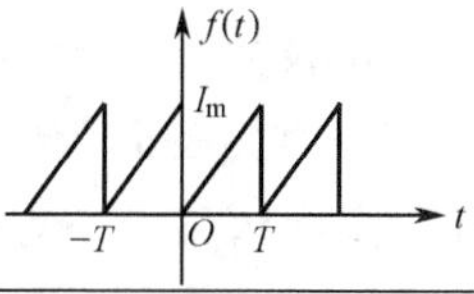	$f(t)=\dfrac{I_m}{2}-\dfrac{I_m}{\pi}\left(\sin\omega t+\dfrac{1}{2}\sin2\omega t+\dfrac{1}{3}\sin3\omega t+\cdots+\dfrac{1}{k}\sin k\omega t+\cdots\right)$ $(k=1，2，3，4\cdots)$	$\dfrac{I_m}{\sqrt{3}}$
半波整流波 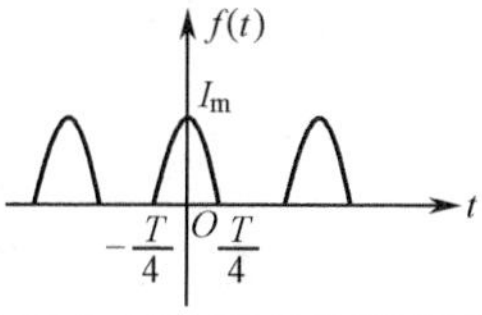	$f(t)=\dfrac{2I_m}{\pi}\left(\dfrac{1}{2}+\dfrac{\pi}{4}\cos\omega t+\dfrac{1}{3}\cos2\omega t-\dfrac{1}{15}\cos4\omega t-\cdots+\cdots-\dfrac{\cos\frac{k\pi}{2}}{k^2-1}\cos k\omega t+\cdots\right)$ $(k=2，4，6\cdots)$	$\dfrac{I_m}{2}$
全波整流波 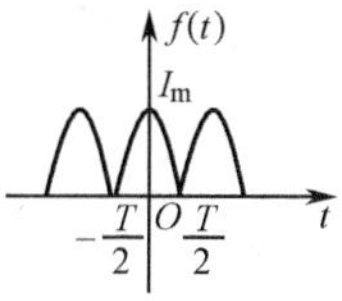	$f(t)=\dfrac{4I_m}{\pi}\left(\dfrac{1}{2}+\dfrac{1}{3}\cos2\omega t-\dfrac{1}{15}\cos4\omega t+\cdots-\dfrac{\cos\frac{k\pi}{2}}{k^2-1}\cos k\omega t+\cdots\right)$ $(k=2，4，6\cdots)$	$\dfrac{I_m}{\sqrt{2}}$
三角波 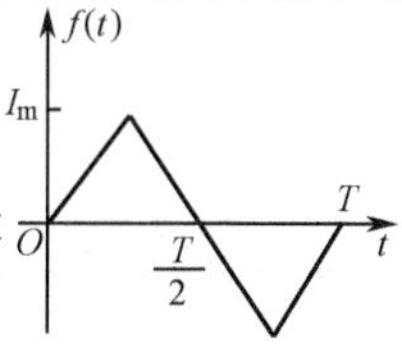	$f(t)=\dfrac{8I_m}{\pi^2}\left(\sin\omega t-\dfrac{1}{9}\sin3\omega t+\dfrac{1}{25}\sin5\omega t+\cdots+\dfrac{(-1)^{\frac{k-1}{2}}}{k^2}\sin k\omega t+\cdots\right)$ $(k=1，3，5\cdots)$	$\dfrac{I_m}{\sqrt{3}}$
梯形波 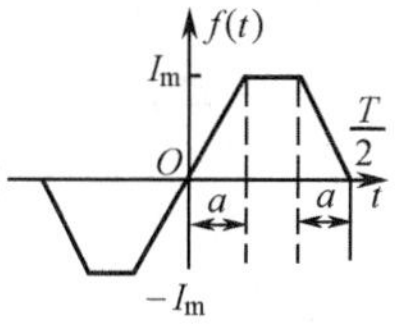	$f(t)=\dfrac{4I_m}{\alpha\pi}\left(\sin\alpha\sin\omega t+\dfrac{1}{9}\sin3\alpha\sin3\omega t+\dfrac{1}{25}\sin5\alpha\sin5\omega t+\cdots+\dfrac{1}{k^2}\sin k\alpha\sin k\omega t+\cdots\right)$ $(k=1，3，5\cdots)$	$I_m=\sqrt{1-\dfrac{4\alpha}{3\pi}}$
矩形脉冲波 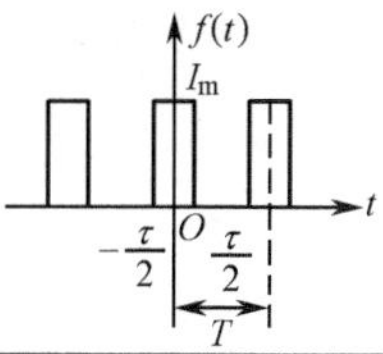	$f(t)=\dfrac{\tau I_m}{T}+\dfrac{2I_m}{\pi}\left(\sin\omega\dfrac{\tau}{2}\cos\omega t+\dfrac{\sin2\omega\frac{\tau}{2}}{2}\cos2\omega t+\cdots+\dfrac{\sin k\omega\frac{\tau}{2}}{k}\cos k\omega t+\tau\cdots\right)$ $(k=1，2，3\cdots)$	$I_m=\sqrt{\dfrac{2}{\tau}}$

【例 5-1】 已知矩形周期波如图 5.2 所示，且

$$i = f(t) = \begin{cases} I_m & 0 < t < \dfrac{T}{2} \\ -I_m & \dfrac{T}{2} < t < T \end{cases}$$

求 $f(t)$ 的傅里叶级数展开式。

解：查表 5-1，得

$$i = \frac{4I_m}{\pi}(\sin\omega t + \frac{1}{3}\sin 3\omega t + \frac{1}{5}\sin 5\omega t + \cdots + \frac{1}{k}\sin k\omega t + \cdots) \qquad (k \text{ 为奇数})$$

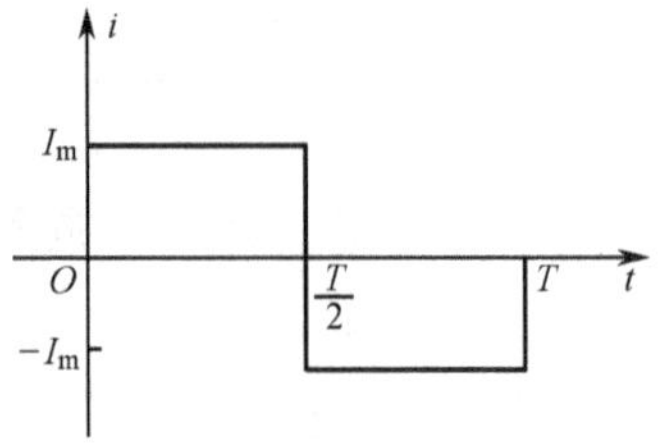

图 5.2 矩形周期波形

若矩形波前半周期移至后半周期后关于横轴对称，称为半波对称函数。若将纵轴向右移动 $T/4$，则波形关于纵轴对称，称为偶函数。凡满足 $f(t)=f(-t)$ 的函数为偶函数，分解为傅里叶级数时，只含有直流分量和余弦项，不含正弦项；凡满足 $f(t)=-f(-t)$ 的函数为奇函数，分解成傅里叶级数时，只含正弦项，不含直流分量和余弦项。

一个函数为奇函数还是偶函数，与计时起点的选择有关。傅里叶级数是个无穷级数，把一个非正弦周期函数分解为傅里叶级数时，必须有无穷多项才能准确地代表原函数。实际上只取前面的有限项，一般取项多少由误差要求决定。波形越平滑，高次谐波成分越少。

3. 非正弦周期波的有效值

周期性非正弦波的最大值是一个周期内的最大瞬时值的绝对值。周期性正弦电流的有效值在数值上等于 0.707 倍的最大值，即周期性变化的电流通过电阻 R 时，一周期内产生的热量等于一个直流电流在相等的时间内通过 R 所产生的热量。其定义式见式（4-8），即

$$I = \sqrt{\frac{1}{T}\int_0^T i^2 \mathrm{d}t}$$

为均方根式。

同理

$$U = \sqrt{\frac{1}{T}\int_0^T u^2 \mathrm{d}t}$$

周期性非正弦波可以分解为傅里叶级数，其有效值与各谐波有效值有如下关系

$$I = \sqrt{I_0^2 + I_1^2 + I_2^2 + \cdots + I_k^2 + \cdots} \tag{5-2}$$

式（5-2）中，I_0 为直流分量，I_1，I_2，…，I_k，分别为基波、二次谐波、…k 次谐波的有效值。同样，非正弦周期电压的有效值为

$$U = \sqrt{U_0^2 + U_1^2 + U_2^2 + \cdots + U_k^2 + \cdots} \tag{5-3}$$

【例 5-2】 设 $u=100+282\sin\omega t+141\sin 3\omega t+71\sin(5\omega t+\frac{\pi}{3})$V，求该电压的有效值。

解：$U_0=100$V

$$U_1=\frac{U_{1m}}{\sqrt{2}}=\frac{282}{\sqrt{2}}=200\text{V}$$

$$U_3=\frac{U_{3m}}{\sqrt{2}}=\frac{141}{\sqrt{2}}=100V$$

$$U_5=\frac{U_{5m}}{\sqrt{2}}=\frac{71}{\sqrt{2}}=50V$$

$$U=\sqrt{U_0^2+U_1^2+U_3^2+U_5^2}=\sqrt{100^2+200^2+100^2+50^2}=250V$$

单元 2　非正弦周期性信号的频谱

如前所述，一个非正弦周期波包含了许多正弦分量（或余弦分量），一般可展开为傅里叶级数。这种数学表示方法还不直观，不能一目了然。为了能直观地表示一个非正弦周期波中包含的频率分量及各分量所占的“比重”，常采用频谱图表示法。

1. 频谱的概念

例如 $f(t)=A_1\sin(\omega t+\varphi_1)+A_2\sin(2\omega t+\varphi_2)+A_3\sin(3\omega t+\varphi_3)+A_4\sin(4\omega t+\varphi_4))+\cdots$

上式中 ω 为角频率，A_1，A_2，A_3，A_4，…分别为各谐波分量的振幅，φ_1，φ_2，φ_3，φ_4，…分别为各谐波分量的初相。若在直角坐标系中，以角频率为横轴，以振幅为纵轴，用不同长度的线段相对应表示基波和各次谐波振幅的大小，按频率高低顺序排列起来，得到如图 5.3 所示的振幅频谱图。

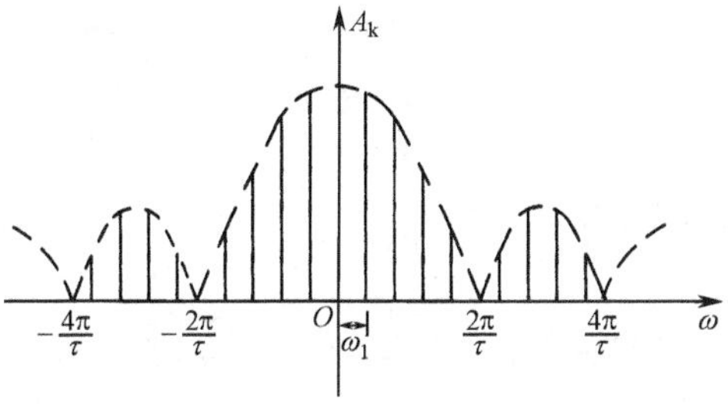

图 5.3　振幅频谱图

这种代表各次谐波振幅大小的线段，按频率高低依次排列的图形称为频谱图。图 5.3 中，每条谱线代表一个正弦波，谱线的长度代表该正弦波的振幅，谱线所在频率轴上的位置代表该正弦波的角频率。将各条谱线顶点连接起来的曲线常称为振幅包络线。振幅频谱图中一目了然地看出信号所包含的谐波分量及各分量所占的比重。

许多实际信号只占据有限的频段。这个频段称为该信号的频谱宽度。如传输语言信号，只传输 3kHz 以下的各频率分量就能使语言清晰；而传送音乐信号，则传输 5kHz 以下的频率就能获得满意的效果。无线电调幅广播传输的信号频谱宽度只有 5kHz。

图 5.4（a）画出了振幅为 A，频率为 f_c 的等幅高频信号（即运载音频信号的工具，称为载波）的波形图和频谱图。图 5.4（b）画出了振幅为 mA、频率为 F 的音频信号波形图和频谱图，且 $F \ll f_c$。把音频信号调制到高频信号载波上，改变高频信号的振幅，称为调幅波。图 5.4（c）画出了调幅波信号的波形图和频谱图。

上例中调幅信号由三个正弦分量组成，其频率为 f_c，f_c+F，f_c-F。实际上，调制信号不止一个频率，而由多个不同频率的正弦信号组成，因此，调幅信号应由众多对谐波分量组成并占据载波频率 f_c 两侧的一个频带。实际的语音信号是非周期性的，其频谱是连续的。如图 5.5（a）所示。经语音信号调制后的调幅波的频谱如图 5.5（b）所示。

中波调幅广播的频带宽约为 9kHz，中央人民广播电台的载波频率是 540kHz，所发射的无线电波占据 535.5～544.5kHz 的频带。而视频信号、雷达信号等都由不同频率分量组成，也占据了特定的频带。

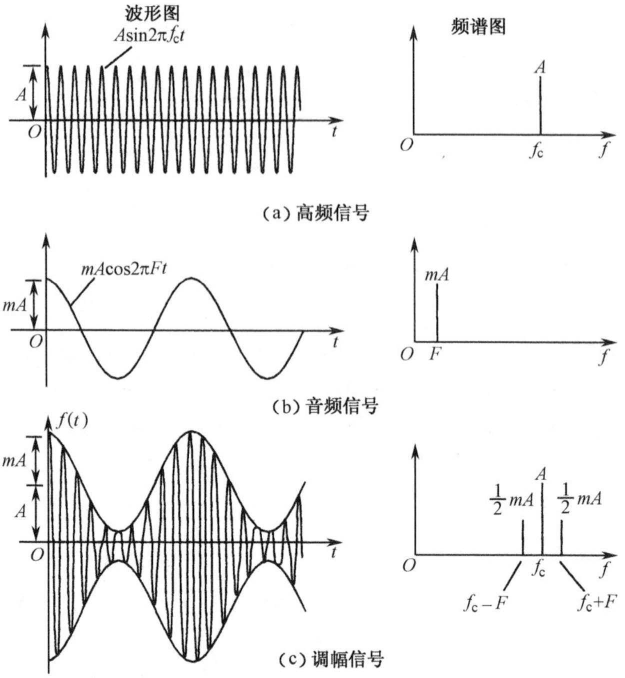

图 5.4 调幅信号及频谱图

2. 频谱的特点

严格地讲，周期性信号所包含的谐波分量有无限多个，通常只考虑频率较低振幅较大的一些分量就够了。从零频率到需要考虑的最高次谐波频率间的频段称为信号的频带宽度。

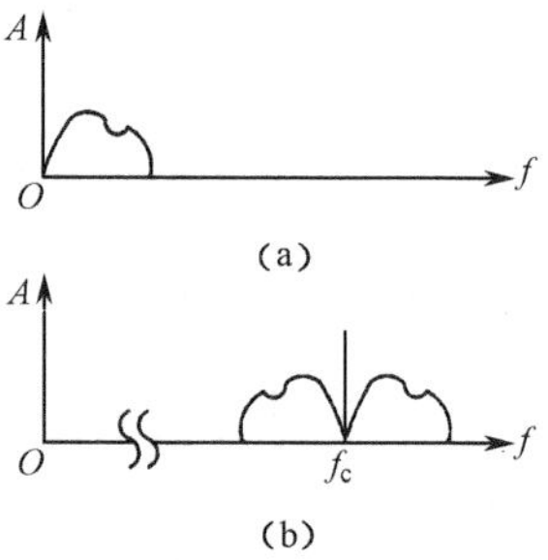

图 5.5 调幅波频谱图

信号的周期相同，其脉冲宽度越窄，则信号所占的频带越宽。周期性矩形脉冲信号脉宽与频谱的关系如图 5.6 所示，表明信号的频宽与脉宽成反比。

周期性信号的脉宽相同，其周期越长，频谱越密，周期性信号的周期与频谱的关系如图5.7所示。

若周期无限增长，则变为非周期信号，其相邻谱线间隔趋近于零，成为连续频谱，但其包络规律不变。

综上所述，周期性信号频谱的特点如下：

（1）由不连续的谱线构成离散频谱。每一谱线代表一个正弦分量或余弦分量。

（2）所有谐波频率都是基波频率的整数倍。每条谱线间的间隔都是相等的，等于角频率 ω。

（3）各谐波分量的振幅总趋势是随着谐波次数的增高而逐渐减小，当谐波次数无限增高时，谐波分量的振幅趋于零。

（4）信号的周期越长，频谱越密；信号的脉宽越窄，所占的频带越宽。

以上特性为周期性信号频谱的离散性、谐波性、收敛性及其与信号周期、脉宽的关系。若是非周期信号其频谱是连续的。

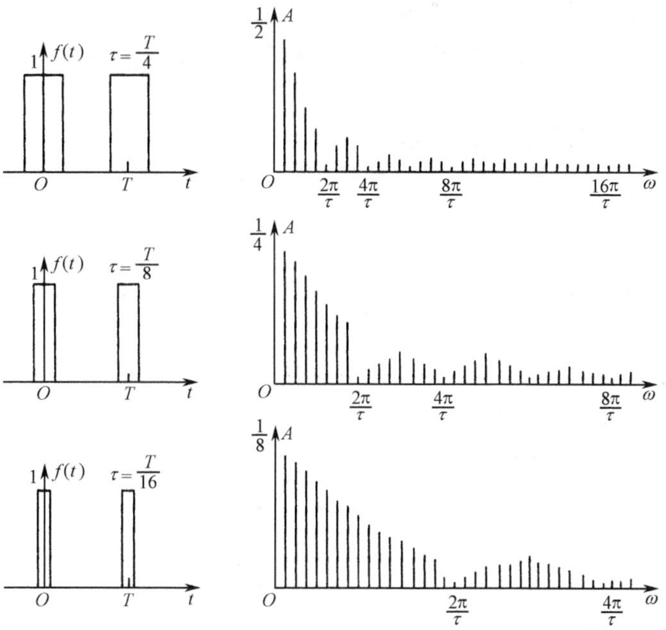

图 5.6　脉宽与频谱的关系

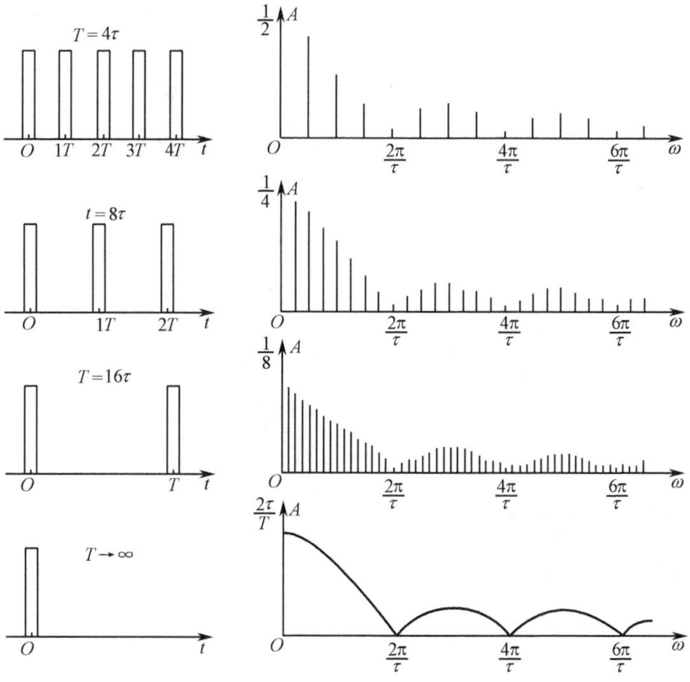

图 5.7　周期与频谱的关系

单元 3　线性非正弦周期性电流电路和计算

非正弦周期波可按博里叶级数展开为一个直流分量和一系列谐波分量。对于线性电路可用叠加定理求出总响应。

线性非正弦周期性电路的计算步骤如下：

(1) 把非正弦周期电压或电流分解为直流分量和各次谐波分量，根据需要确定谐波的最高项。

(2) 计算电路中各谐波分量的感抗和容抗，电容对直流分量相当于开路，电感对直流分量相当于短路。电容与电感对各次谐波所表现的容抗和感抗是不同的，对 k 次谐波有：

$$X_{Ck}=\frac{1}{k\omega C}\qquad X_{Lk}=k\omega L$$

(3) 分别计算各分量单独作用时电路中的电流或电压，对于正弦激励的响应可用相量法计算。

(4) 应用叠加定理计算某支路上的总电压或总电流时，必须把各谐波分量化为瞬时值之后才能相加。求支路电流或电压的有效值，则应按有效值公式计算。

【例5-3】 如图5.8所示RC串联电路，其中 $R=100\Omega$，$C=100\mu F$，作用于该电路的信号电压为 $u=100+50\sin(100t+30°)+10\sin(300t-45°)V$，试求电容两端电压 u_C。

解：信号电压的基波角频率为

$$\omega=100\text{rad/s}$$

信号电压相当于100V的直流电压源，振幅为50V、角频率为 ω 的正弦电压源，振幅为10V、角频率为 3ω 的正弦电压源同时串联作用于该电路。画出其等效电路如图5.9所示。

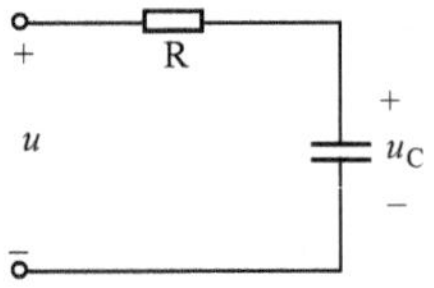

图5.8 【例5-3】图

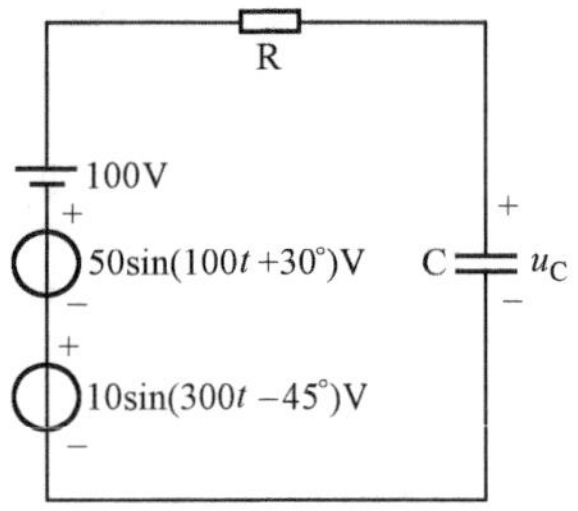

图5.9 【例5-3】等效电路

直流分量 $X_{C0}=\infty$，$U_{C0}=U_0=100V$

基波分量 $X_{C1}=\dfrac{1}{\omega C}=\dfrac{1}{100\times100\times10^{-6}}=100\Omega$

$u_1=50\sin(100t+30°)V$

$\dot{U}_{m1}=50\underline{/30°}V$

$\dot{U}_{Cm1}=\dot{U}_{m1}\dfrac{-jX_{C1}}{R-jX_{C1}}=50\underline{/30°}\times\dfrac{-j100}{100-j100}=35.36\underline{/-15°}V$

$u_{C1}=35.36\sin(100t-15°)V$

三次谐波 $X_{C3}=\dfrac{1}{3\omega C}=\dfrac{1}{300\times100\times10^{-6}}=33.33\Omega$

$u_3=10\sin(300t-45°)V$

$\dot{U}_{m3}=10\underline{/-45°}V$

$\dot{U}_{Cm3}=\dot{U}_{m3}\dfrac{-jX_{C3}}{R-jX_{C3}}=10\underline{/-45°}\times\dfrac{-j33.33}{100-j33.33}=3.16\underline{/-116.6°}V$

$u_{C3}=3.16\sin(300t-116.6°)\text{V}$

$u_C=100+35.36\sin(100t-15°)+3.16\sin(300t-116.6°)\text{V}$

单元 4　非正弦周期性电流电路的功率

非正弦周期性电流电路中的瞬时功率等于瞬时电压和瞬时电流的乘积，即 $p=ui$。非正弦电流在一周期内的平均功率即有功功率，就是瞬时功率在一周期内的平均值，即

$$P=\frac{1}{T}\int_0^T p\,\mathrm{d}t=\frac{1}{T}\int_0^T ui\,\mathrm{d}t \tag{5-4}$$

设

$$u=U_0+u_1+u_2+\cdots+u_k+\cdots$$
$$i=I_0+i_1+i_2+\cdots+i_k+\cdots$$

经过计算可得

$$P=P_0+P_1+P_2+\cdots+P_k+\cdots$$

其中

$$P_0=U_0I_0$$
$$P_1=U_1I_1\cos\varphi_1$$
$$P_2=U_2I_2\cos\varphi_2$$
$$\vdots$$
$$P_k=U_kI_k\cos\varphi_k$$
$$(\varphi_k=\varphi_{uk}-\varphi_{ik})$$

P_k 是 k 次谐波的平均功率。

由此可见，非正弦周期性电路的平均功率等于各次谐波的平均功率之和（直流可视为零次谐波）。只有同频率的电流、电压能构成平均功率；不同频率的电流、电压只能构成瞬时功率。

同理可证明非正弦周期性电路的无功功率等于各次谐波的无功功率之和。

$$Q=Q_1+Q_2+\cdots+Q_k+\cdots \tag{5-5}$$

非正弦周期性电流电路的视在功率定义为二端网络两端非正弦周期电压有效值与非正弦周期电流有效值之乘积，即

$$S=UI=\sqrt{U_0^2+U_1^2+U_2^2+\cdots+U_k^2+\cdots}\times\sqrt{I_0^2+I_1^2+I_2^2+\cdots+I_k^2+\cdots} \tag{5-6}$$

平均功率与视在功率的比值称为非正弦电路的功率因数

$$\lambda=\cos\varphi=\frac{P}{S} \tag{5-7}$$

非正弦周期性电流电路的功率因数 $\lambda=\cos\varphi$ 是等值正弦波的功率因数，并不表示非正弦周期电流与电压间的相位差的余弦。

【例 5-4】　设加在线性二端网络两端的电压为 $u=40+180\sin\omega t+60\sin(3\omega t+45°)+20\sin(5\omega t+18°)\text{V}$，产生的电流为 $i=1.43\sin(\omega t+85.3°)+6\sin(3\omega t+45°)+0.78\sin(5\omega t-60°)\text{A}$，求此电路吸收的功率与功率因数。

解：各次谐波的平均功率为

$$P_0=U_0I_0=40\times0=0$$

$$P_1 = U_1 I_1 \cos(\varphi_{u1} - \varphi_{i1}) = \frac{180}{\sqrt{2}} \times \frac{1.43}{\sqrt{2}} \cos(0 - 85.3°) = 10.54\text{W}$$

$$P_3 = U_3 I_3 \cos(\varphi_{u3} - \varphi_{i3}) = \frac{60}{\sqrt{2}} \times \frac{6}{\sqrt{2}} \cos(45° - 45°) = 180\text{W}$$

$$P_5 = U_5 I_5 \cos(\varphi_{u5} - \varphi_{i5}) = \frac{20}{\sqrt{2}} \times \frac{0.78}{\sqrt{2}} \cos(18° + 60°) = 1.62\text{W}$$

则

$$P = P_0 + P_1 + P_3 + P_5 + \cdots = 0 + 10.6 + 180 + 1.62 = 192.2\text{W}$$

电压有效值为

$$U = \sqrt{U_0^2 + U_1^2 + U_3^2 + U_5^2} = \sqrt{40^2 + \frac{180^2}{2} + \frac{60^2}{2} + \frac{20^2}{2}}$$

$$= \sqrt{1600 + 16200 + 1800 + 200} = 141\text{V}$$

电流有效值为

$$I = \sqrt{I_0^2 + I_1^2 + I_3^2 + I_5^2}$$

$$= \sqrt{0 + \frac{1.43^2}{2} + \frac{6^2}{2} + \frac{0.78^2}{2}} = 4.4\text{A}$$

视在功率为

$$S = UI = 141 \times 4.4 = 620.4\text{V} \cdot \text{A}$$

功率因数为

$$\lambda = \cos\varphi = \frac{P}{S} = \frac{192.2}{620.4} = 0.31$$

小结

1. 非正弦周期波的概念

（1）非正弦周期波的产生：

① 非正弦电压源或非正弦电流源。

② 电路中有非线性元件。

（2）非正弦周期波的表示方法：

① 傅里叶级数表示法。

$$f(t) = A_0 + \sum_{k=1}^{\infty} A_{mk} \sin(k\omega t + \varphi_k)$$

② 频谱表示法。

振幅频谱图——谱线的长度代表各谐波振幅。

③ 周期性信号的频谱具有离散性、谐波性、收敛性。

（3）非正弦周期波的有效值：

$$I = \sqrt{\frac{1}{T} \int_0^T i^2 \, dt}$$

$$U = \sqrt{\frac{1}{T} \int_0^T u^2 \, dt}$$

$$I = \sqrt{I_0^2 + I_1^2 + I_2^2 + \cdots + I_k^2 + \cdots}$$

$$U=\sqrt{U_0^2+U_1^2+U_2^2+\cdots+U_k^2+\cdots}$$

2. 非正弦周期性电流电路的分析

（1）谐波分析法：

① 把已知非正弦量分解为直流分量和各次谐波分量。

② 计算动态元件对各分量的感抗和容抗。对于直流分量电容相当于开路，电感相当于短路。对于 k 次谐波有：

$$X_{Lk}=k\omega L,\qquad X_{Ck}=\frac{1}{k\omega C}$$

③ 分别计算各分量单独作用于电路时的电压或电流。对于正弦激励的响应用相量法计算。

④ 应用叠加定理计算各支路上的总电流或总电压，必须用解析式相加。

（2）功率：

① 平均功率。

$$P=\frac{1}{T}\int_0^T p\,\mathrm{d}t=\frac{1}{T}\int_0^T ui\,\mathrm{d}t$$

或

$$P=P_0+P_1+P_2+\cdots+P_k+\cdots$$

② 视在功率。

$$S=UI=\sqrt{U_0^2+U_1^2+U_2^2+\cdots+U_k^2+\cdots}\times\sqrt{I_0^2+I_1^2+I_2^2+\cdots+I_k^2+\cdots}$$

③ 功率因数。

$$\lambda=\cos\varphi=\frac{P}{S}$$

非正弦周期性电流电路的功率因数是等值正弦波的功率因数。

习题 5

5.1　已知矩形波电流 $I_m=20\text{mA}$，试求基波和各次谐波的振幅值 I_{m1}，I_{m3}，I_{m5}，并求其有效值。

5.2　已知锯齿波电压 $U_m=3\text{V}$，求 U_0，U_{m1}，U_{m2}，U_{m3} 及其有效值。

5.3　已知三角波电流 $I_m=5\text{mA}$，写出其博里叶展开式（至 5 次谐波）。

5.4　试画出矩形脉冲波的振幅频谱图。

5.5　试画出全波整流波形的振幅频谱图。

5.6　试画出电压三角波的振幅频谱图。

5.7　已知 $i=10\sqrt{2}\sin(\omega t+15°)+5\sqrt{2}\sin(3\omega t+30°)\text{A}$，求该电流的有效值。

5.8　已知 RLC 串联电路中 $R=10\Omega$，$L=0.025\text{H}$，$C=45\mu\text{F}$，基波频率 $f=50\text{Hz}$，电路的端电压为 $u=60\sin\omega t+30\sin(3\omega t+30°)+15\sin(5\omega t+60°)\text{V}$，试求电路中电流 i 和 I。

5.9　在 RL 串联电路中 $R=8\Omega$，$L=2\text{H}$，接在有效值为 220V 的非正弦电压上。电压波形中的各次谐波的有效值有如下关系：$U_3=0.4U_1$，$U_5=0.2U_1$，$U_7=0.05U_1$，7 次以上谐波略去不计。求电流有效值和电路的平均功率（设基波 $f=50\text{Hz}$）。

5.10　在 RLC 串联电路中，$L=20\text{mH}$，$C=40\mu\text{F}$，$R=40\Omega$，$u=100+100\sin314t+70\sin942t\text{V}$，求电流有效值及电路消耗的功率和功率因数。

5.11　在 RC 并联电路中，$u=100+310\sin314t\text{V}$，$R=10\Omega$，试求 R 支路中的电流 i_R 和消耗的功率。

模块6

互感和理想变压器

单元1　互感现象与同名端

1. 互感现象

有相邻的两个线圈如图6.1所示。若匝数为 N_1 的线圈Ⅰ流过电流为 i，所产生自感磁通 Φ_{11} 的一部分穿过匝数为 N_2 的线圈Ⅱ。对于线圈Ⅱ来说，这部分磁通不是由本身电流产生的，而是由其他线圈电流产生的，故称为互感磁通，用 Φ_{21} 表示。对应的磁通链称为互感磁链，用 ψ_{21} 表示（$\psi_{21}=N_2\Phi_{21}$）。

当 i 变化时，Φ_{21} 发生变化，在线圈Ⅱ中产生的感应电压称为互感电压。若在线圈Ⅱ中加入变化电流，也会在线圈Ⅰ中产生互感电压。这种在一个线圈中的电流变化，导致在另一个线圈中产生感应电压的现象称为互感现象。两个线圈的磁通互相交链的关系称为磁耦合。两个线圈中的互感磁链与产生它的电流之比定义为两个线圈间的互感，即

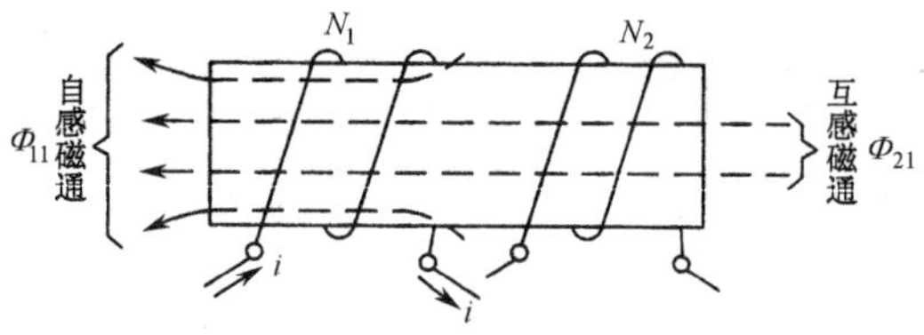

图6.1　有磁耦合的两个线圈

$$M_{21}=\frac{\psi_{21}}{i_1} \tag{6-1}$$

$$M_{12}=\frac{\psi_{12}}{i_2} \tag{6-2}$$

对于线性电感线圈来说 $M_{12}=M_{21}=M$，且 M 值与电流无关，互感 M 是线圈的自身参数，只决定于两线圈的结构和磁介质。

两耦合线圈的互感磁通越大，说明两个线圈耦合越紧密；相反，互感磁通越小，说明两个线圈耦合越松散。衡量两个线圈的耦合程度常用耦合系数 k 来表示，定义为

$$k=\frac{M}{\sqrt{L_1L_2}} \tag{6-3}$$

式中，L_1 为线圈Ⅰ的自感；L_2 为线圈Ⅱ的自感。

一般情况下 k 值小于1，只有互感磁通等于自感磁通时（漏感磁通等于零时）k 才等于1，$k=1$ 的情况称为全耦合。

2. 互感电压

如图 6.2 所示，当线圈Ⅰ中通过变化的电流 i_1 时，互感磁通 Φ_{21} 也会发生变化，并在线圈Ⅱ中产生互感电压 u_{21}。若 u_{21} 参考方向与互感磁通 Φ_{21} 的参考方向符合右手螺旋关系，则

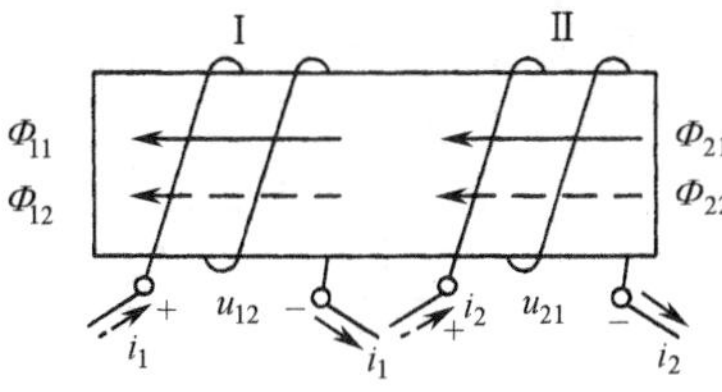

图 6.2　互感电压

$$u_{21} = \frac{d\psi_{21}}{dt} = M\frac{di_1}{dt} \tag{6-4}$$

式中，ψ_{21} 为互感磁链。

同理，当线圈Ⅱ通过变化的电流 i_2 时，互感磁通 Φ_{12} 将发生变化，在线圈Ⅰ中产生互感电压 u_{12}。若 u_{12} 与 Φ_{12} 的参考方向符合右手螺旋关系，则

$$u_{12} = \frac{d\psi_{12}}{dt} = M\frac{di_2}{dt} \tag{6-5}$$

式中，ψ_{12} 为互感磁链。

当线圈中流过正弦交流电流时，互感电压可用相量表示如下：

$$\dot{U}_{21} = j\omega M\dot{I}_1 \tag{6-6}$$

$$\dot{U}_{12} = j\omega M\dot{I}_2 \tag{6-7}$$

3. 同名端

互感电压极性与电流变化的趋势、线圈的绕向和相对位置有关。在实际中互感线圈的绕向往往看不清楚，判定互感电压极性有困难，因此通常用一种被称为“同名端”的方法代替互感线圈的绕向，使互感电压的实际方向很容易判定。

同名端的定义：两个电流分别通过两个有互感的线圈Ⅰ和Ⅱ，若它们在这两个线圈中产生方向相同的磁通，那么这两个电流的流入端（或流出端）称为同名端，并把同一组的同名端用一个标记“ • ”标出。

如图 6.3 所示，若从线圈Ⅰ的端钮 1 流入的电流为 i_1，从线圈Ⅱ的端钮 3 流入的电流为 i_2，它们在这两个线圈中产生相同方向的磁通，使磁通互相增强，那么端钮 1 和端钮 3 称为同名端，标记为“ • ”。当然端钮 2 和端钮 4 也是同名端。因此可归纳为：若两互感线圈中分别有电流 i_1 与 i_2，且 i_1 与 i_2 的实际方向对同名端是一致的，则 i_1 产生的磁通与 i_2 产生的磁通是互相增强的。

不是同名端的端钮称为异名端，图 6.3 中端钮 1 和端钮 4 就是异名端。在标记同名端后，可直接根据电流的实际方向和变化趋势来判断互感电压的实际极性，这样线圈的绕向和相对位置就不需要考虑。无论电流怎样变化，在同一磁通作用下，同名端的自感电压和互感电压实际极性始终保持一致，异名端的实际极性始终相反。图 6.3 可以画成如图 6.4 所示的形式。

设电流 i 的实际方向由端钮 1 流进线圈Ⅰ，并且正在增大。这时线圈Ⅰ的自感电压的实际极性是端钮 1 为正，端钮 2 为负，由于端钮 1 和端钮 3 为同名端（端钮 2 和 4 也是同名端），所以可以判断出线圈Ⅱ上互感电压的实际极性是端钮 3 为正，4 为负。

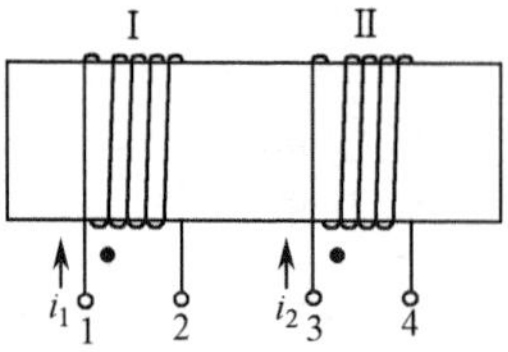

6.3　互感线圈的同名端

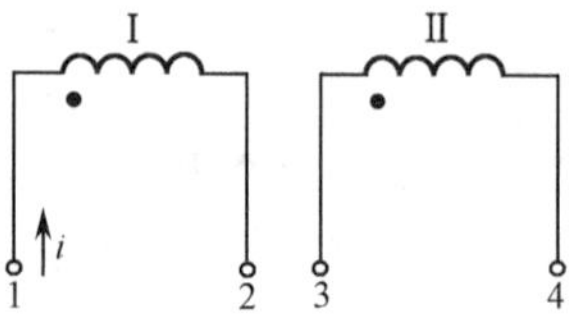

图 6.4　线圈的同名端

同名端是一个在实际工作中经常用到的重要特性。若有增大的电流从初级线圈的同名端流入时，则会引起次级线圈的相应同名端处于高电位。例如在图 6.5 所示的互感线圈电路中，假设增大的初级电流 i_1 从同名端流入，根据同名端的关系可以标出 u_{21} 的参考方向是上正下负。由于$\frac{di_1}{dt}>0$，因此 $u_{21}=M\frac{di_1}{dt}>0$，这表示 u_{21} 的实际方向与参考方向一致，于是次级线圈的上端处于高电位，如图 6.5 所示。

利用同名端的这个重要特性，可以判断出变压器的同名端。首先用万用表的电阻挡确定变压器的四个接头中哪两个接头是属于一个线圈，然后把任一个线圈通过开关 S 接到干电池上，并且将检流计或直流电流表接在另一个线圈的两端，如图 6.6 所示。当开关 S 迅速闭合时，电流 i_1 从干电池正极流入初级线圈，电流变化率$\frac{di_1}{dt}>0$，若检流计的指针向正刻度方向偏转，则同干电池正极连接的端钮 1 和同检流计正端连接的端钮 3 就是同名端。这是因为在开关 S 接通后，同干电池正极连接的端钮处于高电位，检流计的指针向正刻度方向偏转表明同检流计正端连接的端钮 3 处于高电位，这与互感电压 $u_{21}=M\frac{di_1}{dt}>0$ 的结果是符合的，因此端钮 1 和端钮 3 是同名端。

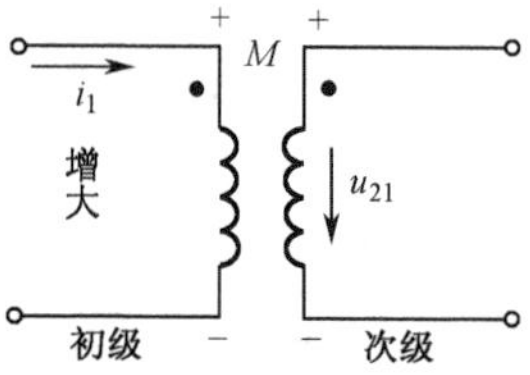

图 6.5　同名端的重要特性

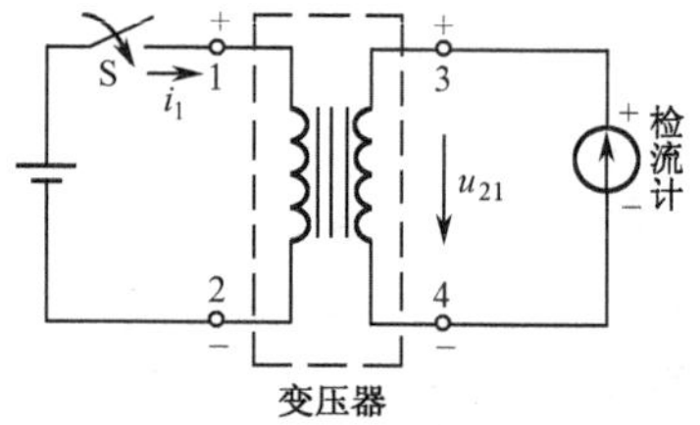

图 6.6　用测量的方法确定变压器的同名端

【例 6-1】　判断如图 6.7 所示互感线圈的同名端。

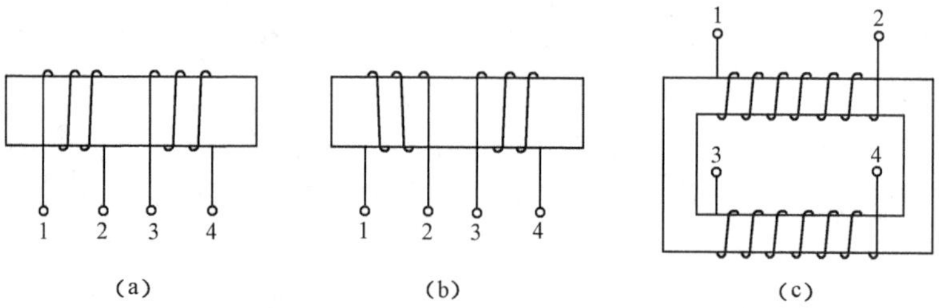

图 6.7　【例 6-1】图

解：据同名端定义，利用右手螺旋定则判定，产生的磁通是相互增强的即为同名端。

对于图 6.7（a），端钮 1，3 为同名端，端钮 2 与 4 为同名端；

对于图 6.7（b），端钮 1，4 为同名端，端钮 2 与 3 为同名端；

对于图 6.7（c），端钮 1，4 为同名端，端钮 2 与 3 为同名端。

【例 6-2】　如图 6.8 所示电路中同名端及电流的参考方向标注在图上，试写出互感电压的表达式。

解：图（a）中，i_1 从有标记的同名端流入，u_{L1} 的参考方向与 i_1 一致，因此 u_{L1} 为正。图中 u_{21} 的参考方向与 i_1 参考方向对同名端是一致的，所以 $u_{21}=M\dfrac{di_1}{dt}$。图（b）中，i_2 从有标记的同名端流入，u_{12} 的参考方向与 i_2 参考方向对同名端不一致，所以 $u_{12}=-M\dfrac{di_2}{dt}$。由此题可知，参考方向选得不一样时，互感电压的表达式相差一个负号。

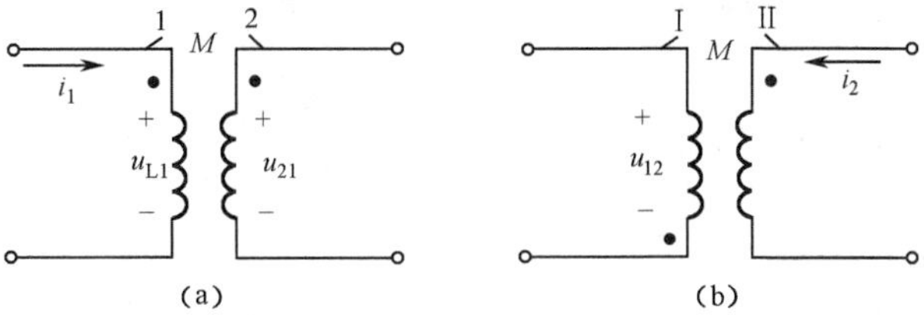

图 6.8　【例 6-2】图

【例 6-3】　如图 6.8（a）所示，两线圈之间互感 $M=0.025\text{H}$，$i_1=1.41\sin 1200t\text{A}$，求 u_{21}。

解：选定互感电压 u_{21} 与电流 i_1 的参考方向对同名端一致，并标在图上。

$$u_{21}=M\frac{di_1}{dt}$$

其相量形式　$\dot{U}_{21}=j\omega M\dot{I}_1$

$$\omega M=1200\times 0.025=30\Omega$$

令

$$\dot{I}_1=1\angle 0^\circ \text{A}$$

得

$$\dot{U}_{21}=j\omega M\dot{I}_1=30\times 1\angle 0^\circ\times\angle 90^\circ=30\angle 90^\circ \text{V}$$

所以

$$u_{21}=42.3\sin(1200t+90^\circ)\text{V}$$

单元 2　互感线圈的串联

互感线圈的串联有两种接法：一种是异名端相接，被称为顺向串联，下标用 F 表示；另一种是同名端相接，被称为反向串联，下标用 R 表示。图 6.9 所示电路为互感线圈的顺向串联。

由于电流通过两线圈时是从同名端进入的，自感电压及互感电压的参考方向标于图上，因此

$$\dot{U}_{12}=j\omega M\dot{I}\qquad \dot{U}_{21}=j\omega M\dot{I}$$

根据基尔霍夫电压定律得电路总的端电压为

$$\dot{U}=\dot{U}_1+\dot{U}_2=\dot{U}_{L1}+\dot{U}_{12}+\dot{U}_{L2}+\dot{U}_{21}=j\omega L_1\dot{I}+j\omega M\dot{I}+j\omega L_2\dot{I}+j\omega M\dot{I}$$

$$= j\omega(L_1 + L_2 + 2M)\dot{I} = j\omega L_F \dot{I}$$

式中，L_F 为顺向串联的等效电感。

$$L_F = L_1 + L_2 + 2M \tag{6-8}$$

图 6.10 所示为互感线圈的反向串联。

由图 6.10 可知，电流是从两个线圈的异名端流入的，各电压参考方向均在图中标注。两个互感电压与产生它的电流参考方向对同名端一致均取正号。根据基尔霍夫电压定律，电路总的端电压为

$$\dot{U} = \dot{U}_1 + \dot{U}_2 = \dot{U}_{L1} - \dot{U}_{12} + \dot{U}_{L2} - \dot{U}_{21} = j\omega L_1\dot{I} - j\omega M\dot{I} + j\omega L_2\dot{I} - j\omega M\dot{I}$$

$$= j\omega(L_1 + L_2 - 2M)\dot{I} = j\omega L_R\dot{I}$$

式中，L_R 为线圈反向串联的等效电感。

$$L_R = L_1 + L_2 - 2M \tag{6-9}$$

由式（6-8）和式（6-9）可得

$$M = \frac{1}{4}(L_F - L_R) \tag{6-10}$$

式（6-10）是求互感 M 的实用方法，L_F 和 L_R 可用电桥测得，代入上式即可求得 M。

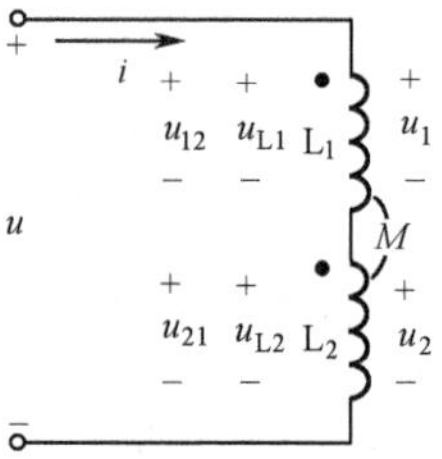

图 6.9 互感线圈的顺向串联

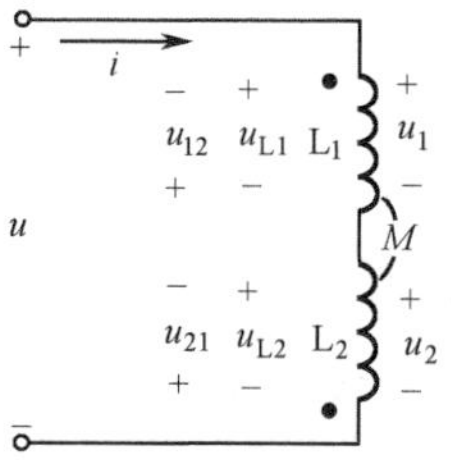

图 6.10 互感线圈的反向串联

综合上述可知：具有互感 M 的两个电感 L_1 和 L_2 相串联时，它的等效电感 $L \neq L_1 + L_2$，当顺向串联时，等效电感 $L_F = L_1 + L_2 + 2M$；当反向串联时，等效电感 $L_R = L_1 + L_2 - 2M$；而没有互感 M 的两个电感 L_1 和 L_2 串联时，它的等效电感 $L = L_1 + L_2$。

【例 6-4】 如图 6.11 所示电路中，已知：$R_1 = 3\Omega$，$R_2 = 7\Omega$，$\omega L_1 = 9.5\Omega$，$\omega L_2 = 10.5\Omega$，$\omega M = 5\Omega$，若电流 $\dot{I} = 2\angle 0°\text{A}$，求电压 $\dot{U}$。

解：电流、电压参考方向按习惯选法，图示电路相当于两个线圈的反向串联。故等效感抗为

$$\omega L_R = \omega(L_1 + L_2 - 2M) = 9.5 + 10.5 - 2 \times 5 = 10\Omega$$

等效电阻 $R = R_1 + R_2 = 3 + 7 = 10\Omega$

等效阻抗 $Z = R + j\omega L_R = 10 + j10 = 14.1\angle 45°\Omega$

已知 $\dot{I} = 2\angle 0°\text{A}$

所以 $\dot{U} = \dot{I}Z = 2\angle 0° \times 14.1\angle 45° = 28.2\angle 45°\text{V}$

【例 6-5】 图 6.12 所示电路中，端钮 1 与端钮 1′间施加电压 $U_1 = 10\text{V}$，电路的参数为 $\omega L_1 = \omega L_2 = 4\Omega$，$\omega M = 2\Omega$，试求端钮 2 与端钮 2′间的开路电压 $\dot{U}_2$。

解：端钮 2 与端钮 2′开路时，线圈Ⅱ中无电流，所以线圈Ⅰ中无互感电压，选取线圈Ⅰ中的电流的参考方向如图 6.12 所示。

$$\dot{U}_1=10\underline{/0^\circ}\text{V}\qquad \text{取为参考相量}$$

则

$$\dot{I}_1=\frac{\dot{U}_1}{\text{j}\omega L_1}=\frac{10\underline{/0^\circ}}{4\underline{/90^\circ}}=2.5\underline{/-90^\circ}\text{A}$$

由于 i_1 自有标记端流向无标记端，所以 u_{21} 的参考方向也选为自有标记端指向无标记端，端钮 2 与端钮 2′间的电压为

$$\begin{aligned}\dot{U}_2&=\dot{U}_1+\dot{U}_{21}=\dot{U}_1+\text{j}\omega M\dot{I}_1\\&=10\underline{/0^\circ}+2\underline{/90^\circ}\times 2.5\underline{/-90^\circ}\\&=10\underline{/0^\circ}+5\underline{/0^\circ}=15\underline{/0^\circ}\text{V}\end{aligned}$$

【例 6-6】　在图 6.13 电路中，各元件参数如图所示，试求该电路的输入阻抗 Z_{12} 等于多少？

解：初看本题，似乎端钮 3、端钮 2 间被导线短路，Z_{12} 就等于 $R_1+\text{j}\omega L_1$，但由于线圈间存在互感，电路就比较复杂。现设该电路输入端的电压为$\dot{U}_1$，L_1 中电流为 $\dot{I}_1$，L_2 中电流为 $\dot{I}_2$，由于有互感电压存在，故可列出下列回路电压方程

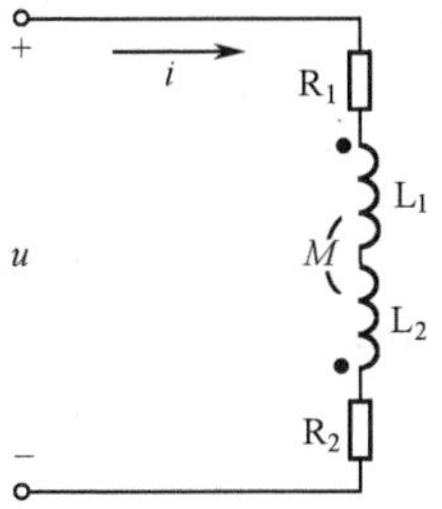

6.11　【例 6-4】图

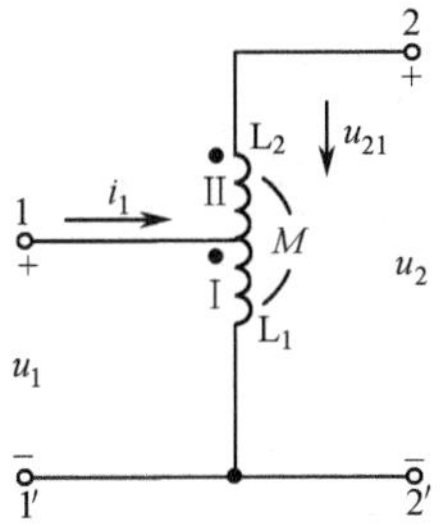

6.12　【例 6-5】图

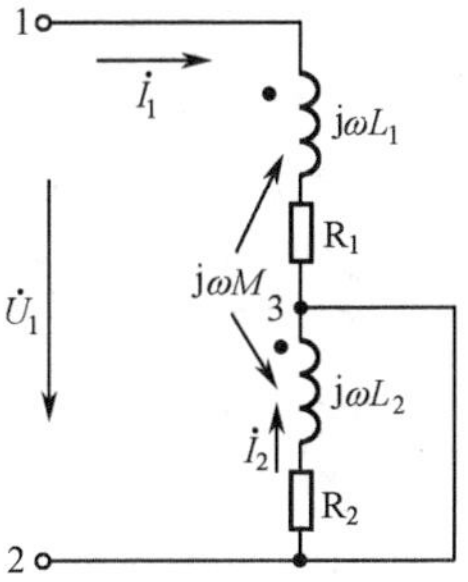

图 6.13　【例 6-6】图

$$\dot{U}_1=(R_1+\text{j}\omega L_1)\dot{I}_1-\text{j}\omega M\dot{I}_2 \tag{1}$$

$$0=-\text{j}\omega M\dot{I}_1+(R_2+\text{j}\omega L_2)\dot{I}_2 \tag{2}$$

由式（2）可得

$$\dot{I}_2=\frac{\text{j}\omega M}{R_2+\text{j}\omega L_2}\dot{I}_1 \tag{3}$$

将（3）式代入（1）式即可求得

$$Z_{12}=\frac{\dot{U}_1}{\dot{I}_1}=R_1+\text{j}\omega L_1+\frac{(\omega M)^2}{R_2+\text{j}\omega L_2}$$

显然，上式最后一项反映了互感所造成的影响。

单元 3　互感消去法

1. 互感线圈的并联

互感线圈的并联也有两种方法：一种是同名端在一侧相连，另一种是异名端在一侧相连，如图 6.14 所示。

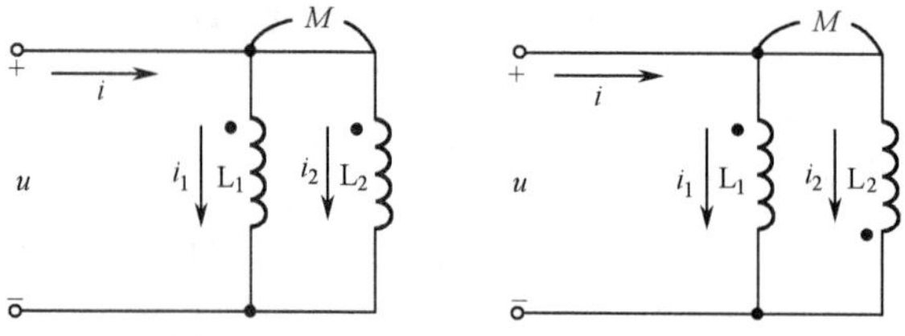

图 6.14 互感线圈的并联

在图中规定的参考方向下，根据基尔霍夫定律可得

$$\left.\begin{aligned}\dot{U} &= \mathrm{j}\omega L_1 \dot{I}_1 \pm \mathrm{j}\omega M \dot{I}_2 \\ \dot{U} &= \mathrm{j}\omega L_2 \dot{I}_2 \pm \mathrm{j}\omega M \dot{I}_1 \\ \dot{I} &= \dot{I}_1 + \dot{I}_2\end{aligned}\right\} \tag{6-11}$$

正号对应同名端相并联，负号对应异名端相并联。

解此联立方程组，求出$\dot{I}_1$，$\dot{I}_2$和$\dot{I}$

$$\dot{I}_1 = \frac{(\mathrm{j}\omega L_2 \mp j\omega M)\dot{U}}{(\mathrm{j}\omega L_1)(\mathrm{j}\omega L_2) - (\pm \mathrm{j}\omega M)^2} = \frac{\mathrm{j}(L_2 \mp M)}{\omega(-L_1 L_2 + M^2)}\dot{U}$$

$$\dot{I}_2 = \frac{(\mathrm{j}\omega L_1 \mp \mathrm{j}\omega M)\dot{U}}{(\mathrm{j}\omega L_1)(\mathrm{j}\omega L_2) - (\pm \mathrm{j}\omega M)^2} = \frac{\mathrm{j}(L_1 \mp M)}{\omega(-L_1 L_2 + M^2)}\dot{U}$$

$$\dot{I} = \dot{I}_1 + \dot{I}_2 = \frac{\mathrm{j}(L_1 + L_2 \mp 2M)}{\omega(-L_1 L_2 + M^2)}\dot{U} = \frac{\dot{U}}{\mathrm{j}\omega\left(\dfrac{L_1 L_2 - M^2}{L_1 + L_2 \mp 2M}\right)} = \frac{\dot{U}}{\mathrm{j}\omega L'}$$

在上式中，等效电感为

$$L' = \frac{L_1 L_2 - M^2}{L_1 + L_2 \mp 2M} \tag{6-12}$$

式中，分母上$2M$前的负号对应于同名端相连，正号对应于异名端相连。

由式（6-12）可见，具有互感的两个电感线圈L_1和L_2并联时，它的等效电感不等于$\frac{L_1 L_2}{L_1 + L_2}$，视连接方法的不同由式（6-12）来决定，只有当没有互感的两个电感线圈并联时它的等效电感才等于$\frac{L_1 L_2}{L_1 + L_2}$。

2. 互感消去法

为了方便分析和计算，常把电感线圈具有互感作用的电路转化成没有互感作用的等效电路。以没有互感的等效电路代替有互感的电路，这种方法称为互感消去法，该等效电路称为去耦等效电路。

1）二端连接

如图 6.14 所示，根据式（6-11），当同名端相连时可得

$$\dot{U} = \mathrm{j}\omega L_1 \dot{I}_1 + \mathrm{j}\omega M \dot{I}_2 = \mathrm{j}\omega L_1 \dot{I}_1 + \mathrm{j}\omega M(\dot{I} - \dot{I}_1) = \mathrm{j}\omega M \dot{I} + \mathrm{j}\omega(L_1 - M)\dot{I}_1$$

$$\dot{U} = \mathrm{j}\omega L_2 \dot{I}_2 + \mathrm{j}\omega M \dot{I}_1 = \mathrm{j}\omega L_2 \dot{I}_2 + \mathrm{j}\omega M(\dot{I} - \dot{I}_2) = \mathrm{j}\omega M \dot{I} + \mathrm{j}\omega(L_2 - M)\dot{I}_2$$

从这两个关系式可以画出图 6.15 的等效电路，这个等效电路中没有互感，它是线圈并联时消去互感后的等效电路。

同理，对于异名端相连的情况，消去互感作用的等效电路如图 6.16 所示

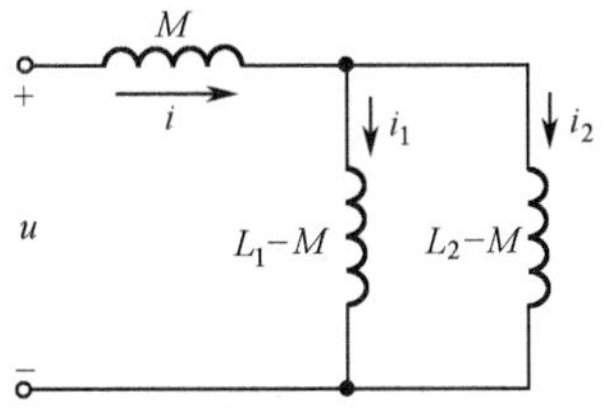

图 6.15　同名端相连消去互感的等效电路

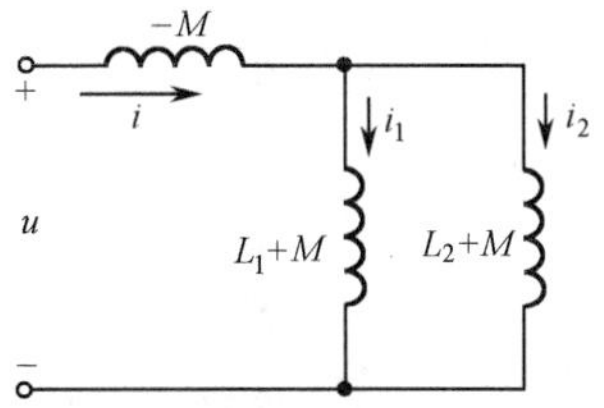

图 6.16　异名端相连消去互感的等效电路

【例 6-7】　如图 6.17 所示为两个互感线圈的并联，(a) 图为同名端相连，(b) 图为异名端相连。如已知 $L_1=5\text{H}$，$L_2=3\text{H}$，$M=2\text{H}$，试求两种连接时的等效电感。

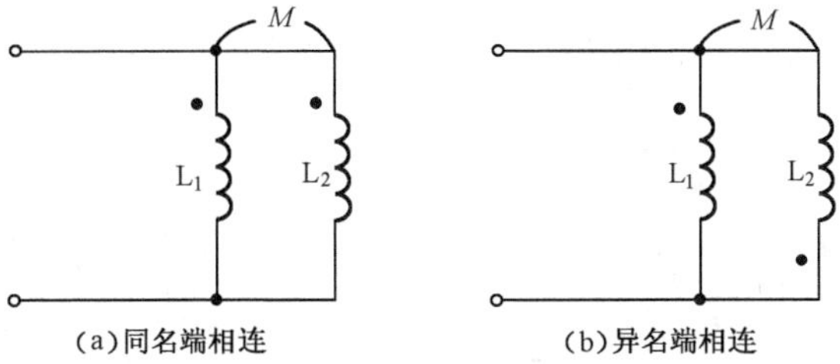

图 6.17　【例 6-7】图

解：(a) 图中同名端相连时，其等效电感为

$$L=\frac{L_1L_2-M^2}{L_1+L_2-2M}=\frac{5\times3-2^2}{5+3-2\times2}=\frac{11}{4}\text{H}$$

(b) 图中异名端连接时，其等效电感为

$$L=\frac{L_1L_2-M^2}{L_1+L_2+2M}=\frac{5\times3-2^2}{5+3+2\times2}=\frac{11}{12}\text{H}$$

2）一端相连

图 6.18 所示为两个互感线圈仅有一端相连的电路

$$\dot{U}_{13}=\text{j}\omega L_1\dot{I}_1\pm\text{j}\omega M\dot{I}_2$$

$$\dot{U}_{23}=\text{j}\omega L_2\dot{I}_2\pm\text{j}\omega M\dot{I}_1$$

式中，M 前的正号对应于同名端相连，负号对应于异名端相连。

由于

$$\dot{I}=\dot{I}_1+\dot{I}_2$$

上两式可以写成

$$\dot{U}_{13}=\text{j}\omega(L_1\mp M)\dot{I}_1\pm\text{j}\omega M\dot{I}$$

$$\dot{U}_{23}=\text{j}\omega(L_2\mp M)\dot{I}_2\pm\text{j}\omega M\dot{I}$$

根据上式可得如图 6.19 所示没有互感的等效电路。M 前的 $\mp$ 或 $\pm$ 符号，上面的符号对应于同名端相连，下面的对应于异名端相连。

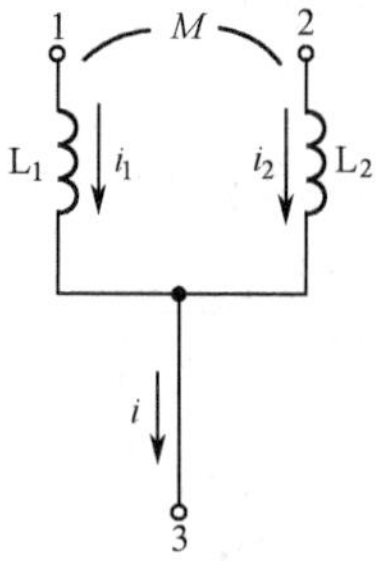

图 6.18　一端相连的两互感线圈

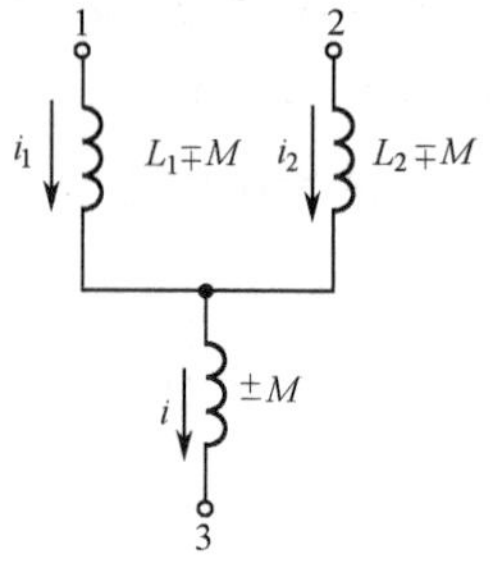

图 6.19　消去互感的等效电路

【例 6-8】　试求图 6.20（a）所示电路的输入阻抗。

解：利用互感消去法，可得等效电路如图 6.20（b）所示，输入阻抗为

$$Z_i = -\mathrm{j}\omega M + \frac{[R_1 + \mathrm{j}\omega(L_1 + M)][R_2 + \mathrm{j}\omega(L_2 + M)]}{R_1 + R_2 + \mathrm{j}\omega(L_1 + L_2 + 2M)}$$

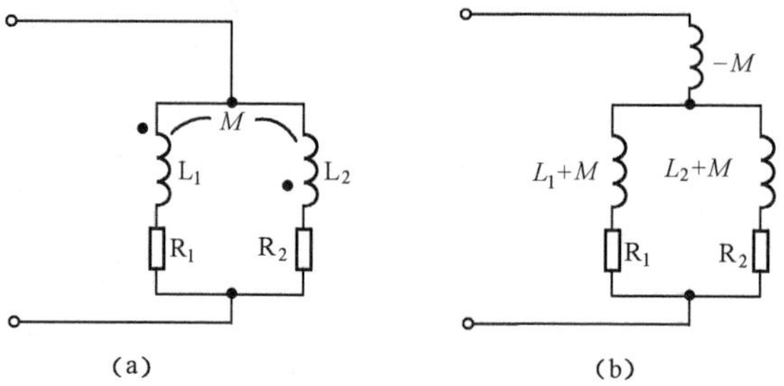

图 6.20　【例 6-8】图

单元 4　空心变压器

1. 空心变压器的组成

变压器由一个初级线圈和一个次级线圈组成，初级线圈接电源，次级线圈接负载，能量通过磁场的耦合由电源传递给负载。

变压器可以用铁磁材料制作，也可以用非铁磁材料制作，用非铁磁材料作芯子的变压器称为空心变压器。空心变压器是一种特殊的互感电路，它在高频电子线路中得到广泛应用。

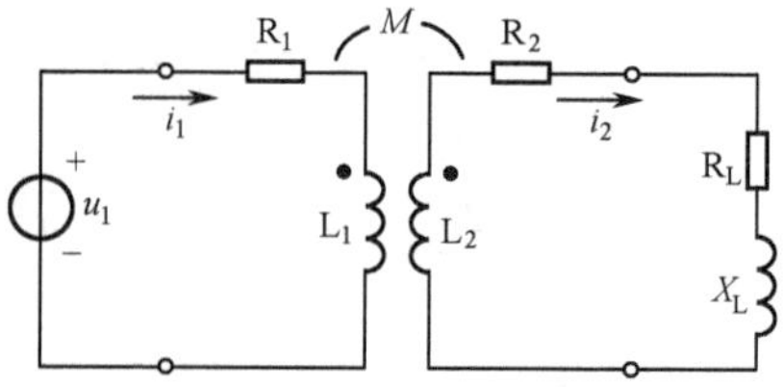

图 6.21　空心变压器的电路图

图 6.21 所示为空心变压器的电路图，图中 R_1 与 L_1、R_2 与 L_2 分别表示初级和次级线圈的电阻和电感，M 为两线圈间的互感，R_L 与 X_L 为负载电阻和负载电抗。

2. 空心变压器的等效电路

根据图 6.21 所示的参考方向和同名端，利用基尔霍夫第二定律可列出回路方程

$$(R_1+j\omega L_1)\dot{I}_1-j\omega M\dot{I}_2=\dot{U}_1$$

$$-j\omega M\dot{I}_1+(R_2+j\omega L_2+R_L+jX_L)\dot{I}_2=0$$

可以写成

$$\left.\begin{aligned}Z_1\dot{I}_1+Z_M\dot{I}_2&=\dot{U}_1\\Z_M\dot{I}_1+Z_2\dot{I}_2&=0\end{aligned}\right\}\qquad(6\text{-}13)$$

式中，$Z_1=R_1+j\omega L_1$，称为初级回路自阻抗；$Z_2=R_2+j\omega L_2+R_L+jX_L=R_{22}+jX_{22}$称为次级回路自阻抗，其中$R_{22}=R_2+R_L$，$X_{22}=X_L+\omega L_2$；$Z_M=-j\omega M$称为互阻抗。

解式（6-13）方程组得

$$\dot{I}_1=\frac{\dot{U}_1}{Z_1-\dfrac{Z_M^2}{Z_2}}=\frac{\dot{U}_1}{Z_{1e}}\qquad(6\text{-}14)$$

$$\dot{I}_2=\frac{-Z_M}{Z_2}\dot{I}_1\qquad(6\text{-}15)$$

式（6-14）中，$Z_{1e}=Z_1-\dfrac{Z_M^2}{Z_2}$表示考虑了次级回路的影响后初级回路总的等效阻抗，称为耦合回路的输入阻抗。据式（6-14）可以画出初级回路等效电路，如图6.22所示。

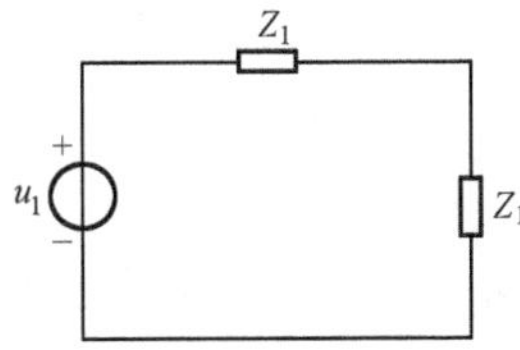

图6.22 空心变压器的初级等效电路

同时可看到Z_{1e}包括两部分：一部分为初级回路自阻抗Z_1，另一部分为次级回路反射到初级回路的阻抗称为反射阻抗，用Z_{1f}表示。

反射阻抗

$$Z_{1f}=-\frac{Z_M^2}{Z_2}=-\frac{(j\omega M)^2}{R_{22}+jX_{22}}$$

$$=\frac{(\omega M)^2}{R_{22}^2+X_{22}^2}R_{22}+j\frac{(\omega M)^2}{R_{22}^2+X_{22}^2}(-X_{22})=R_{1f}+jX_{1f}\qquad(6\text{-}16)$$

式中，R_{1f}为次级回路反射到初级回路的反射电阻；X_{1f}为次级回路反射到初级回路的反射电抗。

X_{1f}与X_{22}的符号总是相反的。其物理意义就是当次级回路为容性（$X_{22}<0$）时，反射到初级回路的X_{1f}为感性（$X_{1f}>0$）；反之当次级回路为感性时，则反射电抗为容性。

单元5 理想变压器

1. 理想变压器的概念

理想变压器应满足下列条件：

（1）变压器本身无损耗；

（2）耦合系数$k=1$，即全耦合；

（3）L_1，L_2，M均为无限大，但$\sqrt{\dfrac{L_1}{L_2}}$维持一个常数。

满足上述条件的理想化的电路元件称为理想变压器。理想变压器是一种特殊的无损耗全耦合变压器，它的电路如图6.23所示。理想变压器是一个变换信号和传输电能的元件，它在很多地方得到广泛应用，如下所述。

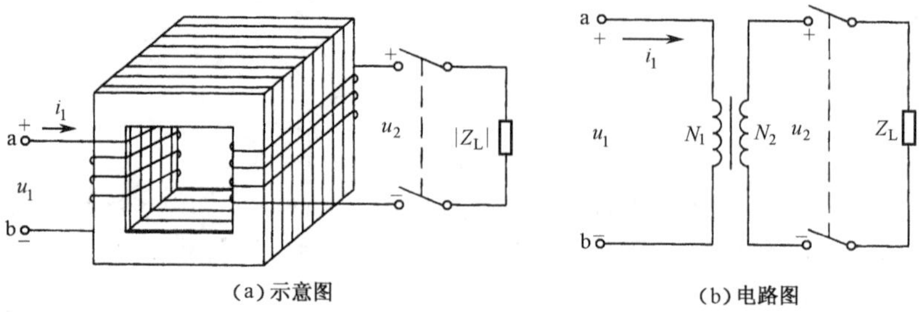

图6.23 理想变压器示意图和电路图

2. 理想变压器的变压比

图6.23给出的理想变压器电路中，初级绕组匝数为N_1，端电压为U_1，次级绕组匝数为N_2，感应电压为U_2，则初、次级电压满足

$$\frac{U_1}{U_2}=\frac{N_1}{N_2}=n \tag{6-17}$$

式中，$n=\frac{N_1}{N_2}$为变压器的变压比或变换系数。

由此可见，初、次级绕组的端电压均与它们的匝数成正比。当$n>1$时，$U_1>U_2$，这种变压器称为降压变压器。当$n<1$时，$U_1<U_2$，称为升压变压器。

3. 理想变压器的电流比

由于理想变压器没有任何损耗，所以初次级绕组的功率应当相等，有

$$U_1I_1=U_2I_2$$

$$\frac{I_1}{I_2}=\frac{U_2}{U_1}=\frac{N_2}{N_1}=\frac{1}{n} \tag{6-18}$$

由式（6-18）可知：初级绕组电流I_1和次级绕组电流I_2，与它们的端电压成反比，与其匝数成反比，因而高压端的电流小，实际制作时所用的导线可细些；低压端的电流大，所用的导线粗。由式（6-18）得$I_1=\frac{1}{n}I_2$，当I_2增加时，I_1也增加；I_2减小时，I_1也随之减小。

4. 理想变压器的阻抗变换

图6.23中已给出电压、电流的参考方向，已知：$\dot{U}_1=n\dot{U}_2$，$\dot{I}_1=\frac{1}{n}\dot{I}_2$，从初级绕组ab端看进去的输入阻抗

$$Z_{ab}=\frac{\dot{U}_1}{\dot{I}_1}=\frac{n\dot{U}_2}{\frac{1}{n}\dot{I}_2}=n^2Z_L \tag{6-19}$$

由式（6-19）看出：负载阻抗Z_L反映到初级绕组边的阻抗应乘以n^2倍，因此说理想变压器起到了阻抗变换的作用。因为n是正实数，所以复阻抗Z_{ab}与Z_L之间模不同，阻抗角相

同。由此可知：理想变压器变换阻抗时，只改变复数阻抗的模，而不改变阻抗角。实际当中，采用改变线圈匝数的方法使 n 改变，以保证 Z_{ab} 等于信号源内阻，达到阻抗匹配的目的。

从变压器初级视入时，理想变压器的等效电路如图 6.24 所示。

变压器负载阻抗的等效变换是很有用的，如图 6.25 所示，晶体管收音机电路中的输出变压器 T 就是它的典型应用之一。作为负载的扬声器等效电阻 R_L 一般不等于晶体管收音机二端网络的等效内阻 R_i，可用变压器进行阻抗变换，只要满足 $R_i=n^2R_L$，就可以达到阻抗匹配，扬声器就可获得最大的功率。

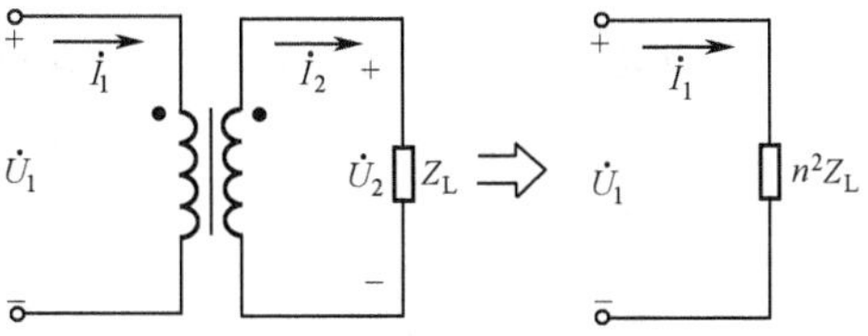

图 6.24　理想变压器的等效电路

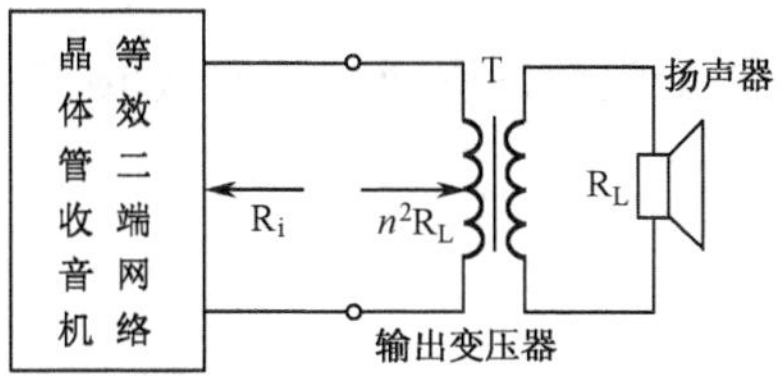

图 6.25　阻抗变换的应用

【例 6-9】　有一理想变压器初级绕组接在 220V 电压上，测得次级绕组的端电压为 22V，如初级绕组的匝数为 2100 匝，求变压器的变压比和次级绕组的匝数。

解：已知 $U_1=220\text{V}$，$U_2=22\text{V}$，$N_1=2100$ 匝

所以

$$n=\frac{U_1}{U_2}=\frac{220}{22}=10$$

又

$$\frac{N_1}{N_2}=n=10$$

$$N_2=\frac{N_1}{n}=\frac{2100}{10}=210\text{ 匝}$$

【例 6-10】　某晶体管收音机输出变压器的初级绕组匝数 $N_1=230$ 匝，次级绕组匝数 $N_2=80$ 匝。原来配有音圈阻抗为 8Ω 的电动扬声器，现在要改接 4Ω 的扬声器，问输出变压器次级绕组的匝数应如何变动（初级绕组匝数不变）？

解：设输出变压器次级绕组变动后的匝数为 N'_2。

当 $R_L=8\Omega$ 时

$$Z_i=n^2\times R_L=(\frac{230}{80})^2\times 8=66.1\Omega$$

当 $R'_L=4\Omega$ 时

$$Z'_i=n'^2\times R'_L=(\frac{230}{N'_2})^2\times 4$$

根据题意 $Z_i=Z'_i$，即

$$66.1=\frac{230^2}{(N'_2)^2}\times 4$$

则

$$N'_2=\sqrt{\frac{230^2\times 4}{66.1}}=56.6\approx 57\text{ 匝}$$

小结

1. 互感

两个相邻线圈中，当某个线圈中电流发生变化时，就会在另一个线圈中产生互感电压，这就是互感现象。线圈中电流变化时产生磁通的能力用互感系数来表示，即

$$M=\frac{\psi_{21}}{i_1}=\frac{\psi_{12}}{i_2}$$

两个线圈的磁通相互交链的关系称为磁耦合，两个线圈磁耦合的紧密程度用耦合系数来表述，即

$$k=\frac{M}{\sqrt{L_1L_2}}$$

2. 同名端与互感电压

（1）同名端的定义。

（2）同名端的特性判断。

（3）根据同名端写出互感电压表达式：

①$\dot{I}_1$ 和 $\dot{I}_2$ 同名端流入时，且电流与互感电压的参考方向设为对同名端一致，则 $u_{21}=M\frac{\mathrm{d}i_1}{\mathrm{d}t}$ 和 $u_{12}=M\frac{\mathrm{d}i_2}{\mathrm{d}t}$；

② $\dot{I}_1$ 和 $\dot{I}_2$ 异名端流入时且电流与互感电压的参考方向设为对异名端一致，则 $u_{21}=-M\frac{\mathrm{d}i_1}{\mathrm{d}t}$ 和 $u_{12}=-M\frac{\mathrm{d}i_2}{\mathrm{d}t}$。

（4）对于正弦量

$$\dot{U}_{12}=\mathrm{j}\omega M\dot{I}_2$$

$$\dot{U}_{21}=\mathrm{j}\omega M\dot{I}_1$$

要深入理解同名端的概念，并熟练应用。

3. 互感线圈的连接

用表格形式总结如下：

连接方式 / 项目	顺向串联	反向串联	同名端一侧并联	异名端一侧并联
等效电感	$L_F=L_1+L_2+2M$	$L_R=L_1+L_2-2M$	$L=\frac{L_1L_2-M^2}{L_1+L_2-2M}$	$L=\frac{L_1L_2-M^2}{L_1+L_2+2M}$

互感消去法是一个用无互感电路代替有互感电路的分析方法，主要目的是分析某些问题时更方便。

4. 空心变压器

（1）空心变压器的概念；

（2）空心变压器的等效电路。

反射阻抗的分析方法：把次级回路对初级回路的影响考虑在反射阻抗 Z_{1f} 中，把初级回路

对次级回路的影响考虑在反射阻抗中，这样用等效电路的方法来分析问题，比较直观、简单。

5. 理想变压器

（1）理想变压器全部磁通都封闭在铁心中，初次级没有任何损耗，是一个理想化的电路元件。

（2）理想变压器存在下列关系

$$\frac{U_1}{U_2}=\frac{N_1}{N_2}=n$$

$$\frac{I_1}{I_2}=\frac{N_2}{N_1}=\frac{1}{n}$$

$$Z_{ab}=n^2Z_L$$

上述表达式在今后的实际应用中有很广泛的指导意义，应重点掌握。

习题 6

6.1　什么是互感现象？

6.2　互感系数与线圈的哪些因素有关？

6.3　已知两耦合线圈参数：$L_1=0.01\text{H}$，$L_2=0.04\text{H}$，$M=0.01\text{H}$，试求其耦合系数。

6.4　耦合系数的物理意义是什么？什么叫做全耦合？

6.5　已知两线圈的电感为 $L_1=5\text{mH}$，$L_2=4\text{mH}$。

（1）若 $k=0.5$，求互感 M；

（2）若 $M=3\text{mH}$，求耦合系数 k；

（3）若两线圈全耦合，求 M。

6.6　试判断图 6.26 中，线圈 L_1，L_2，L_3 的同名端。

6.7　如图 6.27 所示为绕在同一芯子上的一对互感线圈，不知其同名端，现按图连接电路进行测试。当开关突然接通时发现电压表反向偏转，试确定两线圈的同名端。

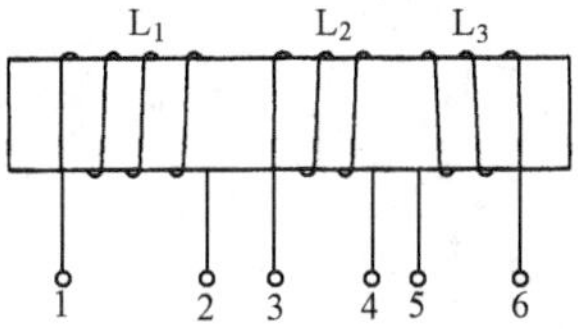

图 6.26　题 6.6 图

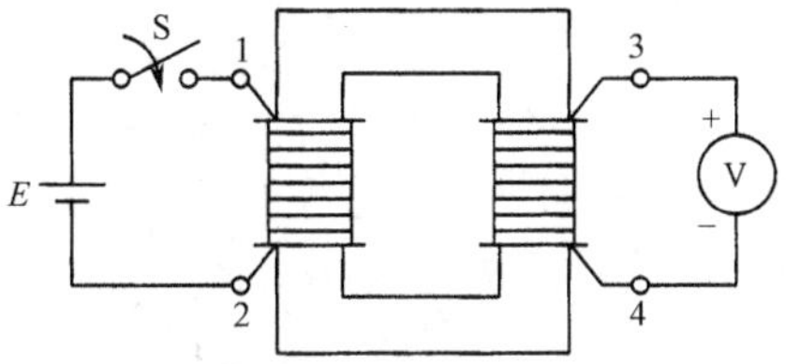

图 6.27　题 6.7 图

6.8　在图 6.28 电路中，画出自感电压与互感电压的参考方向，并写出$\dot{U}_1$ 和$\dot{U}_2$ 的表达式。

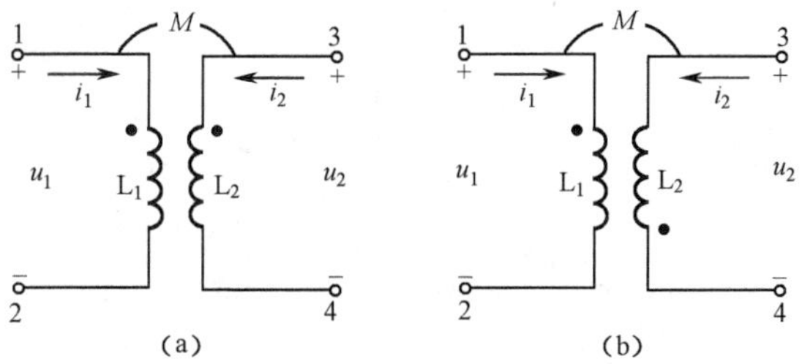

图 6.28　题 6.8 图

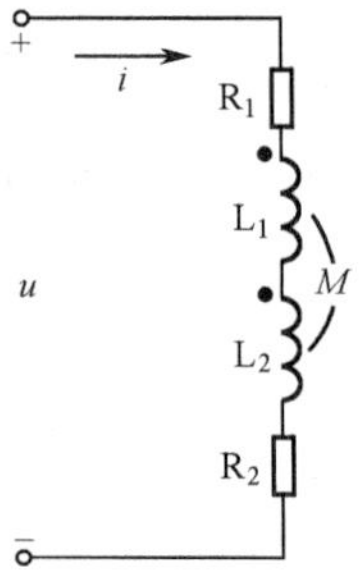

图 6.29 题 6.10 图

6.9 若图 6.28（b）中 i_2 的方向与图示方向相反，标出自感电压和互感电压的参考方向，并写出$\dot{U}_1$ 和$\dot{U}_2$ 的表达式。

6.10 在图 6.29 所示电路中，已知：$R_1=4\Omega$，$R_2=6\Omega$，$\omega L_1=5.5\Omega$，$\omega L_2=8.5\Omega$，$\omega M=3\Omega$，$U=50\text{V}$，问电路中电流 I 为多少？

6.11 画出图 6.30 所示电路的去耦等效电路，并求出电路的输入阻抗。

6.12 图 6.31 所示为一端相连的互感线圈，试画出其消去互感的等效电路。

6.13 在如图 6.32 所示电路中，根据电流 i_1 与 i_2 和互感电压 u_{21} 与 u_{12} 的参考方向，试判断互感电压数学式子 u_{21} 与 u_{12} 的前面应取正号还是负号。

6.14 两个线圈的电感分别为 $L_1=15\text{mH}$ 和 $L_2=12\text{mH}$，它们之间的互感 $M=1.5\text{mH}$，试求这两个线圈顺向串联和反向串联的等效电感 L_F 和 L_R 各为多少？

6.15 两个线圈的电感分别为 $L_1=13\text{mH}$ 和 $L_2=5\text{mH}$，它们之间的互感 $M=1\text{mH}$，试求这两个线圈的同名端一侧并联和异名端一侧并联的等效电感各为多少？

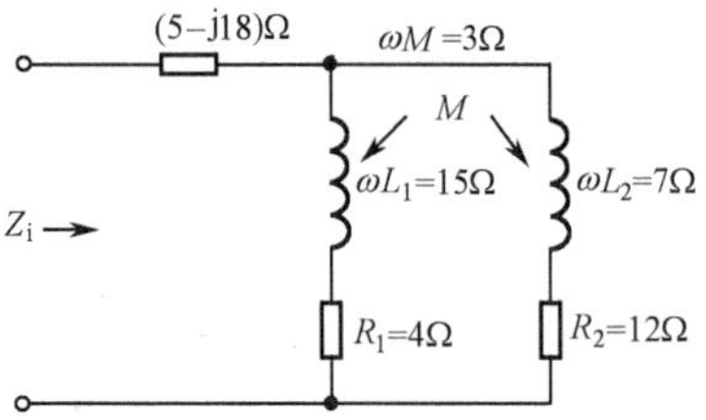

图 6.30 题 6.11 图

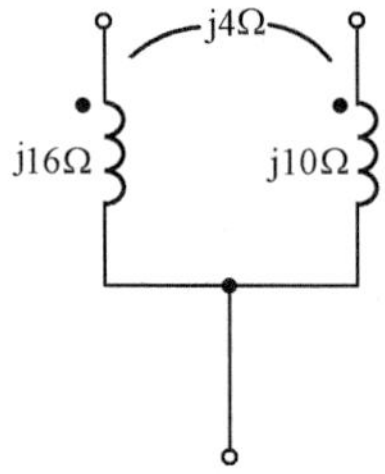

6.31 题 6.12 图

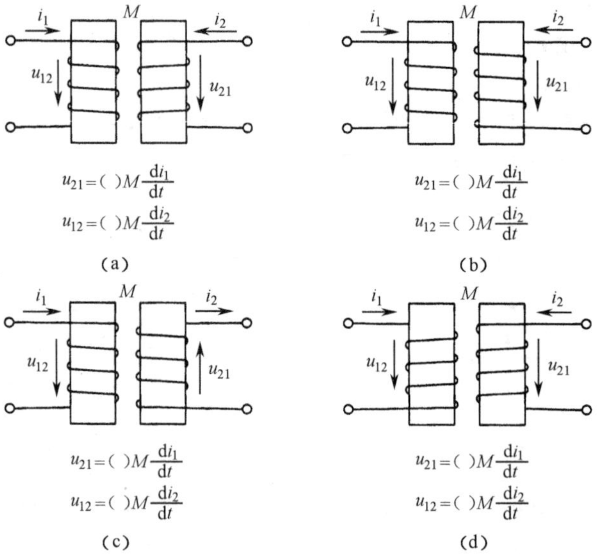

图 6.32 题 6.13 图

6.16 电路如图 6.33 所示，已知 $R_1=3\Omega$，$R_2=5\Omega$，$\omega L_1=7.5\Omega$，$\omega L_2=12.5\Omega$，$\omega M=6\Omega$，$U=50\text{V}$。求电流 I 为多少？

6.17 填写下列数据，当端钮 2 与端钮 2′短路时，$\omega=100\text{rad/s}$，如图 6.34 所示。

次级电抗 $X_{22}=$__________$=$__________，

反射电抗 $X_{1f}=$__________$=$__________，

初级等效电抗 $X'_1=$__________$=$__________，

初级等效电感　　$L'_1=$________________。

6.18　在图 6.35 所示电路中，已知 $L_1=5\text{H}$，$L_2=1\text{H}$，$R_1=10\Omega$，$R_2=40\Omega$，$R=10\Omega$，$M=0.5\text{H}$，$\dot{U}_1=110\underline{/0^\circ}$，$\omega=100\text{rad/s}$，求 $\dot{I}_1$ 和 $\dot{I}_2$。

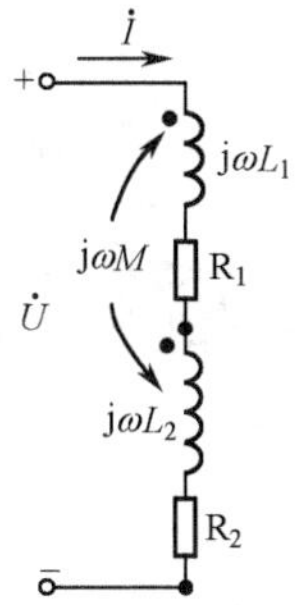

图 6.33　题 6.16 图

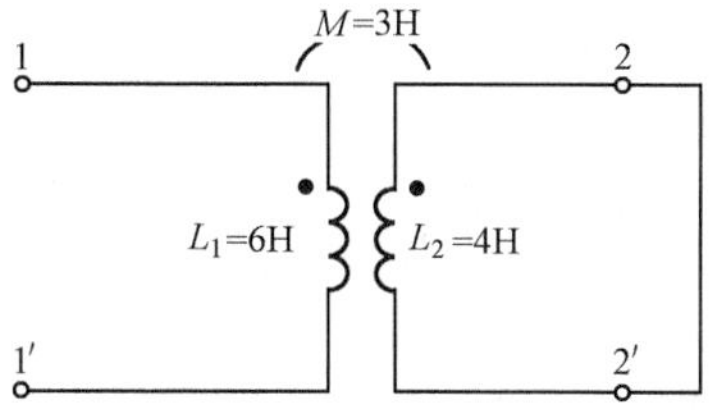

图 6.34　题 6.17 图

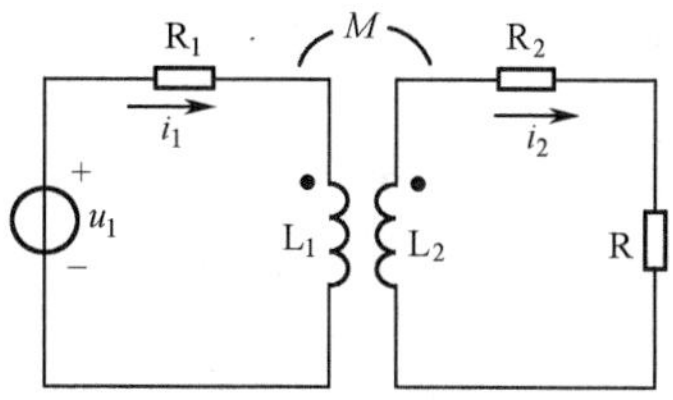

图 6.35　题 6.18 图

6.19　电路如图 6.36 所示，已知 $L_1=L_2=1\text{H}$，$R_L=10\Omega$，$\dot{U}_1=100\underline{/0^\circ}$，$\omega=10\text{rad/s}$，若 $k=0.5$，求 $\dot{I}_1$ 和 $\dot{I}_2$。

6.20　某晶体管收音机原配好 4Ω 的扬声器负载，今改接 8Ω 的扬声器，已知输出变压器的初级绕组匝数 $N_1=250$ 匝，次级绕组匝数 $N_2=60$ 匝，若初级绕组匝数不变，问次级绕组的匝数应如何变动才能使阻抗匹配？

6.21　一理想变压器初、次级绕组的匝数分别为 2000 匝和 50 匝，初级绕组电流为 0.1A，负载电阻 $R_L=10\Omega$，试求初级绕组的电压和负载获得的功率。

6.22　如图 6.37 所示电路，试求：(1) 负载获得最大功率时的匝比 $N_1:N_2$；(2) 此时 R_L 获得的功率。

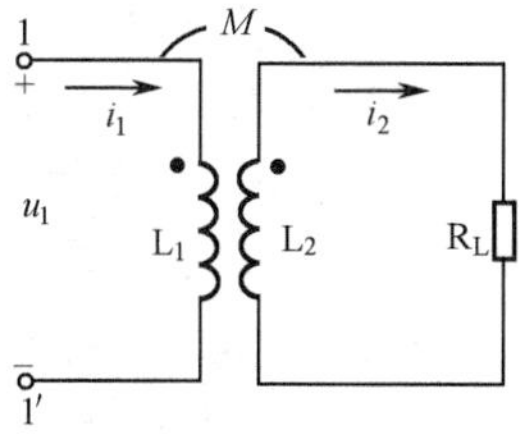

图 6.36　题 6.19 图

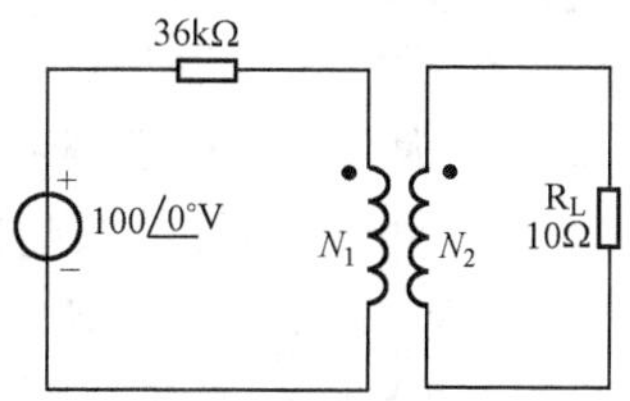

图 6.37　题 6.22 图

模块7

谐振电路

单元1 概述

1. 谐振电路的作用

在电子设备中，经常需要完成在许多不同频率的信号中，只选择某个频率的信号进行处理，而其他频率信号被滤除的任务。最常用的具有选频功能的电路是谐振电路，因此说谐振电路的作用就是选频。

谐振电路在电子设备中的应用很广泛。例如在收音机和电视机中，利用谐振电路选择所需要的电台信号，同时抑制其他不需要的电台信号，如图 7.1 所示。假设输入端输入的信号是多个广播电台信号，其中心频率为 f_1，…，f_n（设 f_1=540kHz 为中央人民广播电台的中心频率）。经过谐振回路可以只选择一个电台的信号 f_1 输出，其他电台的信号被抑制掉。在电视接收机中，为防止邻近频道的干扰，需要阻止几个特殊频率信号（30MHz 和 39.5MHz）通过，也可利用谐振电路来完成。如图 7.2 所示，设输入端输入信号有很多种频率，其中包括 30MHz 和 39.5MHz。这些频率的信号经过 30MHz 和39.5MHz 两个串联谐振电路后，由于电路对这两个频率发生谐振，因此 30MHz 和 39.5MHz 被吸收而没有输出，其他所有频率成分仍有输出。

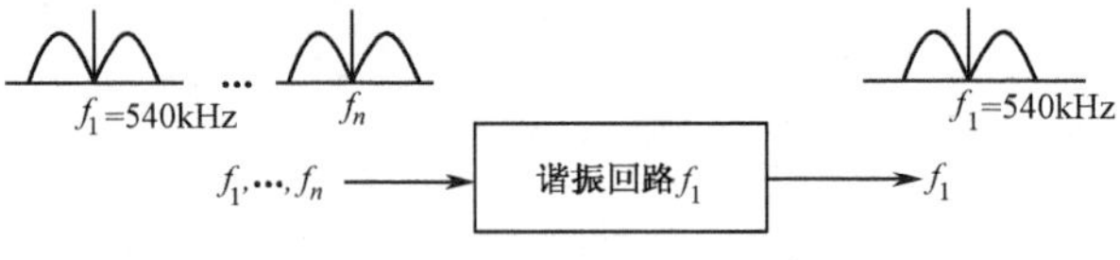

图 7.1 谐振电路应用之一

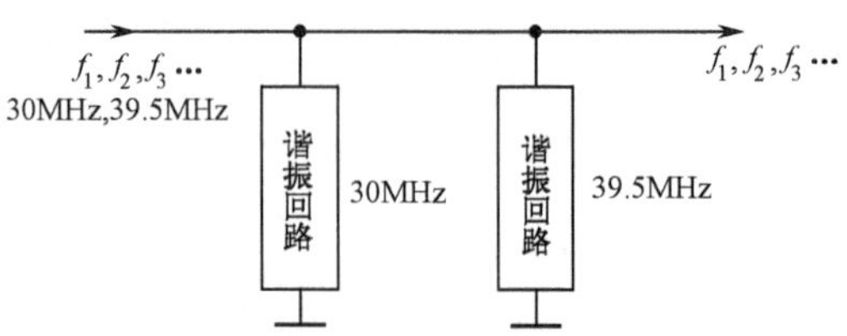

图 7.2 谐振电路应用之二

在电子测量仪器中，还可以利用谐振电路的特性来测量电感线圈和电容器的参数等。本章将重点讨论谐振电路的基本特性。

2. 谐振电路的组成

谐振电路是由电感 L、电容 C、电阻 R 组成的，按 L，C，R 不同的连接形式可分为简单谐振电路和耦合谐振电路。

简单谐振电路是只包含一个 L，C，R 的电路，按其与信号源的连接方式不同，又可分为串联谐振电路和并联谐振电路，如图 7.3 和图 7.4 所示。

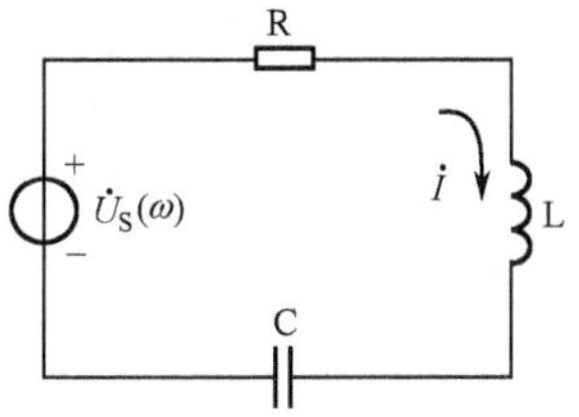

图 7.3　串联谐振电路

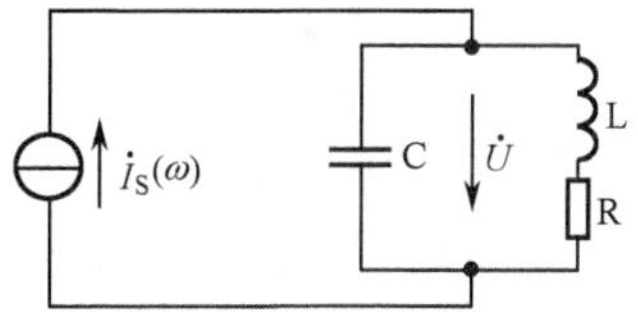

图 7.4　并联谐振电路

耦合谐振电路是由几个相互之间存在一定耦合作用的谐振电路所组成的。图 7.5 所示为互感耦合谐振电路，这是常用的耦合电路形式之一。在互感耦合谐振电路中，由 L_1 与 C_1、R_1 组成的电路称初级电路，由 L_2 与 C_2、R_2 组成的电路称次级电路。信号通过互感 M 从初级电路传送到次级电路。

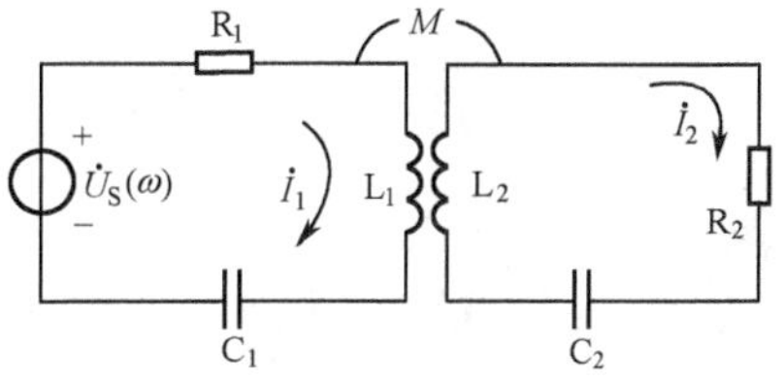

图 7.5　互感耦合谐振电路

耦合谐振电路有多种形式，其他电路形式将在 7.5 节中介绍。

以上电路图中，电源用 $\dot{U}_S(\omega)$ 或 $\dot{I}_S(\omega)$ 表示，强调了电源为信号源，它包含了许多不同频率的正弦分量，用 $\dot{U}_S(\omega)$ 或 $\dot{I}_S(\omega)$ 表示了角频率不同的正弦相量。但为简化书写，常用 $\dot{U}_S$ 或 $\dot{I}_S$ 表示。

谐振电路的主要作用是选频，既要不失真地选择出所需要的信号，同时又能抑制掉其他无用的信号，也就是对不同频率的信号有不同的响应。所以，研究谐振电路的目的主要是研究它的选频功能及其特点。

单元 2　串联谐振电路

1. 串联谐振电路的谐振现象

由 L，C，R 与电源 $\dot{U}_S$ 相串联组成的电路称为串联谐振电路，如图 7.3 所示。由前面的知识不难求得串联电路的复阻抗为

$$Z = R + \mathrm{j}(\omega L - \frac{1}{\omega C}) = R + \mathrm{j}X = |Z| \underline{/\varphi} \tag{7-1}$$

$$|Z|=\sqrt{R^2+X^2}=\sqrt{R^2+(\omega L-\frac{1}{\omega C})^2} \tag{7-2}$$

$$\varphi=\arctan\frac{X}{R}=\arctan\frac{\omega L-\frac{1}{\omega C}}{R} \tag{7-3}$$

式中，$|Z|$为复阻抗的模；φ为复阻抗的幅角。

显然，串联谐振电路中电抗 X 是随电源角频率的变化而变化的，因此说电路的复阻抗 Z 也是随角频率变化而变化的量。将 Z 与 ω 的关系用图形的形式表示出来，就是谐振电路的阻抗曲线，如图 7.6 所示。

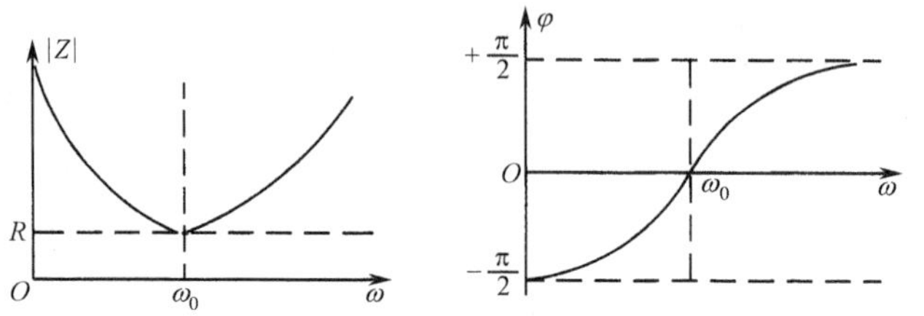

(a) |Z|-ω曲线 (b) φ-ω曲线

图 7.6 谐振电路的阻抗曲线

同理，还有感抗曲线即 ωL-ω 曲线、容抗曲线即 $(-\frac{1}{\omega C})$-ω 曲线、电抗曲线即 X-ω 曲线，如图 7.7 所示。

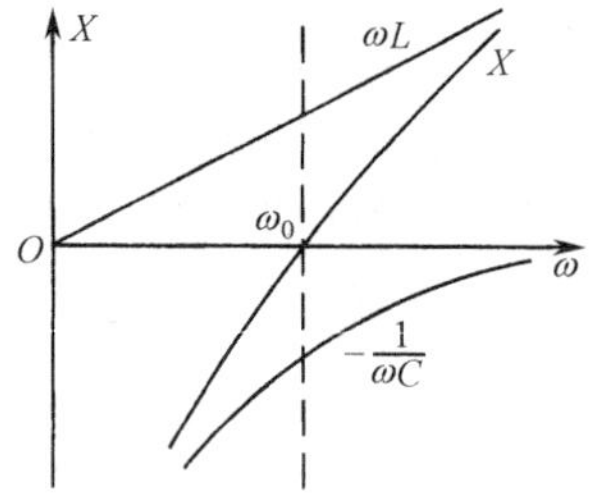

图 7.7 串联回路的电抗曲线

由复阻抗和复导纳的关系可知

$$Y=\frac{1}{Z}=\frac{1}{|Z|\angle\varphi}=|Y|\angle\varphi' \tag{7-4}$$

$$|Y|=\frac{1}{|Z|}=\frac{1}{\sqrt{R^2+(\omega L-\frac{1}{\omega C})^2}} \tag{7-5}$$

$$\varphi'=-\varphi=-\arctan\frac{X}{R} \tag{7-6}$$

式中，$|Y|$为复导纳的模；φ'为复导纳的幅角。

谐振电路的导纳曲线如图 7.8 所示。

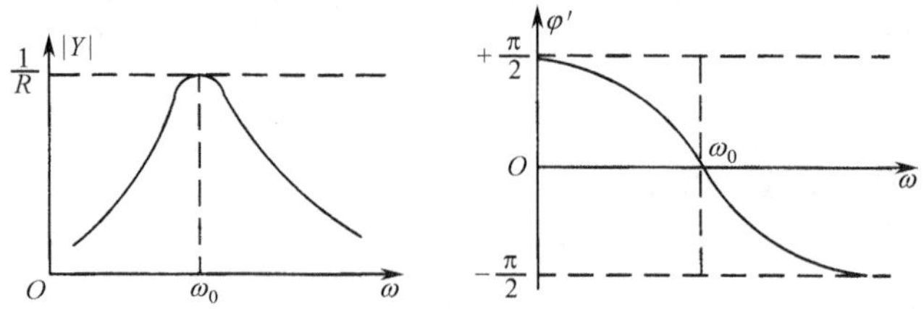

(a) |Y|-ω曲线 (b) φ'-ω曲线

图 7.8 谐振电路的导纳曲线

由前面的分析可见，串联谐振电路在幅值一定的外加信号源$\dot{U}_S$作用下，随着频率的不同，$|Z|$值相应地发生变化。当信号源角频率 ω 等于 ω_0 时，回路的 $X=0$，$Z=R$ 为纯电阻，且为最小值，此时的 Z 常用 Z_0 表示，电路的电流为最大值，相位与信号源电压相同，

这种现象称为串联谐振现象。

电路发生串联谐振的条件是

$$\omega L - \frac{1}{\omega C} = 0 \tag{7-7}$$

发生串联谐振时对应的角频率用 ω_0 表示。由式（7-7）可得

$$\omega_0 = \frac{1}{\sqrt{LC}}$$

$$f_0 = \frac{1}{2\pi\sqrt{LC}} \tag{7-8}$$

式中，L 单位为亨（H）；C 单位为法（F）；f_0 单位为赫（Hz）。

由式（7-8）可见，f_0 大小取决于电路元件参数 L 与 C 的值，所以 f_0 又称为电路的固有频率。只有当外加信号源频率等于串联谐振电路固有频率时，电路才能发生谐振。

串联谐振电路在谐振状态下具有如下特点：

（1）谐振时，电路中感抗与容抗相等，且等于特性阻抗 ρ。

$$\omega_0 L = \frac{1}{\omega_0 C} = \rho = \sqrt{\frac{L}{C}} \tag{7-9}$$

式中，ρ 称做电路的特性阻抗。

（2）因为谐振时 $X=0$，$Z=R$，Z 为纯阻性，所以串联谐振电路中的电源电压 $\dot{U}_S$ 与电路电流 $\dot{I}$ 相位相同。

（3）谐振时 $|Z|=R$ 为最小值，导纳 $|Y|$ 则为最大值，这时电路电流为最大值，用 I_0 表示。

$$I_0 = \frac{U_S}{|Z|} = \frac{U_S}{R} \tag{7-10}$$

（4）在 $Q \gg 1$ 时，谐振时电感两端电压 U_{L0} 与电容两端电压 U_{C0} 大小相等并且等于电源电压 U_S 的 Q 倍。

$$U_{L0} = \omega_0 L I_0 = \omega_0 L \frac{U_S}{R} = \frac{\rho}{R} U_S = QU_S \tag{7-11}$$

$$U_{C0} = \frac{1}{\omega_0 C} I_0 = \frac{1}{\omega_0 C}\frac{U_S}{R} = \frac{1}{\omega_0 CR} U_S = \frac{\rho}{R} U_S = QU_S \tag{7-12}$$

$$U_{L0} = U_{C0} = QU_S \tag{7-13}$$

串联谐振又称为电压谐振。

以上各式中，Q 为串联电路的品质因数，它定义为串联谐振电路的无功功率与电路中总电阻消耗的功率之比，即

$$Q = \frac{\omega_0 L I_0^2}{R I_0^2} = \frac{\omega_0 L}{R} = \frac{1}{\omega_0 CR} = \frac{\rho}{R} \tag{7-14}$$

Q 是一个常数，在实际中常用 Q 值的大小来说明回路损耗的大小，这样做比较方便。因为电路的损耗 R 数值很小，不容易测量得到，而 Q 值通过测量的方法非常容易得到。串联谐振电路的损耗是由电感线圈和电容器的损耗决定的，由于实际中电容器损耗较小可以不计，所以电路的损耗决定于电感线圈的损耗，电路的品质因数 Q 就由电感线圈的品质因数 Q_L 值来决定，即 $Q \approx Q_L$。Q 值一般在几十至几百之间。Q 值的倒数称为电路的衰减因数，用 d 表示。

$$d = \frac{1}{Q} \tag{7-15}$$

实现 $\omega = \frac{1}{\sqrt{LC}}$ 的途径有两种：一种是在电路参数 LC 不变的情况下，调节电源频率使 $\omega = \omega_0$；另一种情况就是在电源频率不变的条件下，调节电路参数 L 或 C，使 $\frac{1}{\sqrt{LC}}$ 等于电源频率。

串联谐振时的 L 值为

$$L = \frac{1}{(2\pi f_0)^2 C} \tag{7-16}$$

谐振时的 C 值为

$$C = \frac{1}{(2\pi f_0)^2 L} \tag{7-17}$$

调节电源频率或电路参数使电路产生串联谐振的过程称为调谐。

【例 7-1】 由 $R=5\Omega$，$L=0.1\text{mH}$，$C=400\text{pF}$ 组成的串联电路，接在信号电压 $U=5\text{mV}$ 的电源上。当电路发生谐振时，试求谐振频率 f_0、谐振阻抗 Z_0、谐振电流 I_0、电路特性阻抗 ρ、电路品质因数 Q、电路衰减因数 d、电感两端电压 U_{L0} 和电容两端电压 U_{C0}。

解：谐振频率 $f_0 = \frac{1}{2\pi\sqrt{LC}} = \frac{1}{2\pi\sqrt{0.1\times10^{-3}\times400\times10^{-12}}} = 796\times10^3\,\text{Hz}$

谐振阻抗 $Z_0 = R = 5\Omega$

谐振电流 $I_0 = \frac{U}{R} = \frac{5\times10^{-3}}{5} = 1\times10^{-3}\,\text{A}$

电路特性阻抗 $\rho = \sqrt{\frac{L}{C}} = \sqrt{\frac{0.1\times10^{-3}}{400\times10^{-12}}} = 500\Omega$

电路品质因数 $Q = \frac{\rho}{R} = \frac{500}{5} = 100$

电路衰减因数 $d = \frac{1}{Q} = \frac{1}{100} = 0.01$

电感两端电压 $U_{L0} = QU = 100\times5\times10^{-3} = 0.5\text{V}$

电容两端电压 $U_{C0} = U_{L0} = 0.5\text{V}$

【例 7-2】 串联电路接在信号频率为 2MHz，信号电压有效值为 $100\mu\text{V}$ 的信号源上。串联电路的电感 $L=30\mu\text{H}$，品质因数 $Q=40$，串联电路调整到谐振状态。试求谐振时电容 C 的大小，谐振时电路的电流和电容 C 上的电压有效值。

解：(1) 求谐振时的电路电容 C

$$C = \frac{1}{(2\pi f_0)^2 L} = \frac{1}{(2\pi\times2\times10^6)^2\times30\times10^{-6}}$$
$$= 211\times10^{-12} = 211\text{pF}$$

(2) 求谐振时电路的电流有效值 I_0

串联谐振电路中的电阻 R 为

$$R = \frac{\omega_0 L}{Q} = \frac{2\pi\times2\times10^6\times30\times10^{-6}}{40} = 9.4\Omega$$

$$I_0 = \frac{U}{R} = \frac{100\times10^{-6}}{9.4} = 10.6\times10^{-6}\,\text{A} = 10.6\mu\text{A}$$

（3）求谐振时电容上的电压有效值 U_{C0}

$$U_{C0}=QU=40\times 100\times 10^{-6}=4\text{mV}$$

2. 串联谐振电路的频率特性

1）幅频曲线

在串联谐振电路中，信号源常以电压源的形式表示，这样分析问题方便，如图 7.3 所示。由上述分析可知，当外加电源 $\dot{U}_S$ 幅值不变而频率发生变化时，电路中的电流、阻抗、导纳等都将发生变化，这些参量随频率而变化的关系称为谐振电路的频率特性。

本节重点分析电路中电流随频率的变化关系，即电流幅频特性。

根据电路方程得

$$\dot{I}=\frac{\dot{U}_S}{Z}=\dot{U}_S Y=\dot{U}_S\,|Y|\,\angle\varphi'=\dot{U}_S\frac{1}{\sqrt{R^2+(\omega L-\frac{1}{\omega C})^2}}\angle\varphi' \tag{7-18}$$

电路中电流的幅值为

$$I=U_S\,|Y|=\frac{U_S}{\sqrt{R^2+(\omega L-\frac{1}{\omega C})^2}} \tag{7-19}$$

幅角为

$$\varphi'=-\arctan\frac{X}{R} \tag{7-20}$$

从式（7-19）看到，只要电路参数一定（R，L，C 的数值一定），则 I 就是频率 ω 的函数，当外加电源幅值一定而只有频率发生变化的时候，串联电路中电流的大小也将发生变化，这表明串联电路对不同频率成分的信号有不同的响应，它具有选择频率的能力。正因为如此，串联谐振电路在电子技术中得到广泛应用。因此，研究电路电流与电源频率的关系是十分必要的。根据式（7-19），将 I 与 ω 的关系用曲线的形式来描述，称为串联谐振电路的幅频曲线。在电压一定时（U_S 是常数），I-ω 的关系与 $|Y|$-ω 的关系只差一个常数 U_S，二者的规律完全相同，因此得到 I-ω 曲线，如图 7.9 所示。

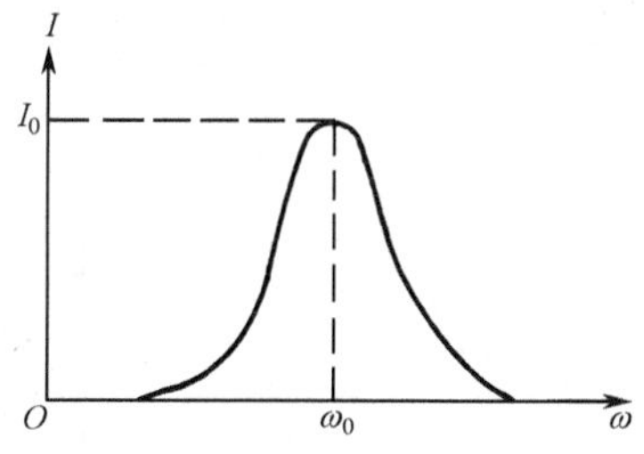

图 7.9　I-ω 曲线

幅频曲线表明：在 $\omega=\omega_0$ 时，电路的电抗 $X=0$，电流达到最大值；在 ω 偏离 ω_0 时，电路的电抗 X 增加，电流下降，而且随 ω 偏离 ω_0 越远，电流越小。可见串联谐振电路在 ω_0 附近的响应电流较大，在远离 ω_0 频率的响应电流却很小，这种对不同频率的选择作用使串联谐振电路能把 ω_0 附近的无线电信号选择出来，远离 ω_0 频率的信号难以选出而被抑制掉，这就是串联谐振电路的选频作用。

为了说明电路参量对幅频特性的影响，下面对幅频特性作进一步的描述。

整理式（7-19）

$$I=\frac{U_S}{\sqrt{R^2+(\omega L-\frac{1}{\omega C})^2}}=\frac{U_S}{R\sqrt{1+\left[\frac{\omega_0 L}{R}(\frac{\omega}{\omega_0}-\frac{\omega_0}{\omega})\right]^2}}=\frac{I_0}{\sqrt{1+Q^2(\frac{\omega}{\omega_0}-\frac{\omega_0}{\omega})^2}}$$

移项得

$$\frac{I}{I_0}=\frac{1}{\sqrt{1+Q^2(\frac{\omega}{\omega_0}-\frac{\omega_0}{\omega})^2}} \tag{7-21}$$

根据式（7-21），可以画出相对坐标形式的串联谐振电路的电流幅频曲线如图 7.10 所示。

图 7.10 采用了相对坐标来作图，即以$\frac{I}{I_0}$为纵坐标，以$\frac{\omega}{\omega_0}$为横坐标，描述了在不同 Q 值情况下的电流幅频特性。图 7.10 中有三条曲线，区别于 Q 值不同。从式（7-21）可见，在 $\omega=\omega_0$ 时三条曲线均为$\frac{I}{I_0}=1$；在 $\omega>\omega_0$ 或者 $\omega<\omega_0$ 时，三条曲线的$\frac{I}{I_0}$值均在下降，而且是 Q 值越大，在相同的频率偏离量下$\frac{I}{I_0}$值越小，形成曲线越尖；相反，Q 值越小，在相同的频率偏离量下$\frac{I}{I_0}$值越大，形成的曲线越平坦，这就是 Q 值对幅频曲线的影响。换句话说，较大的 Q 值对应的幅频曲线较尖锐，较尖锐的幅频曲线意味着有较高的电路选择性；较小的 Q 值对应的幅频曲线较平坦，较平坦的幅频曲线对应的回路选择性也不高。可见电路的 Q 值、幅频曲线的平坦程度、电路的选择性之间是紧密相连的。较高的串联谐振电路选择性意味着电路能够把 f_0 附近的信号较容易地选择出来，把远离 f_0 频率的信号较容易地抑制掉。相反，较低的电路选择性很难把 f_0 附近的信号选择出来，也很难把远离 f_0 频率的信号抑制掉。

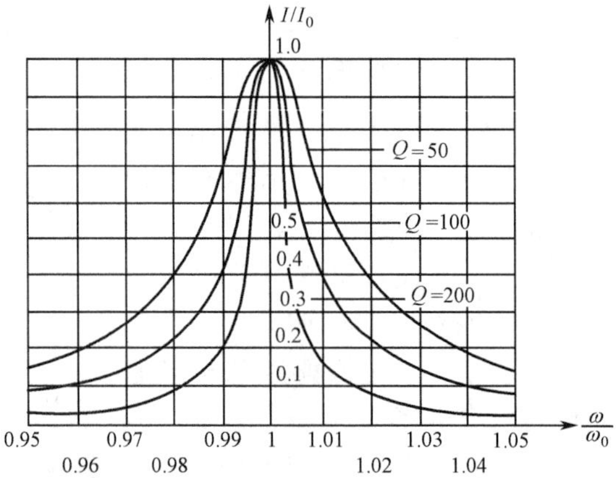

图 7.10　串联谐振电路的电流幅频曲线

实际应用中，在谐振频率附近的频率范围内，ω 与 ω_0 相差不多，于是近似地认为 $\omega=\omega_0$，$\omega+\omega_0=2\omega$。由此得

$$\frac{\omega}{\omega_0}-\frac{\omega_0}{\omega}=\frac{(\omega+\omega_0)(\omega-\omega_0)}{\omega_0\omega}=\frac{2\omega(\omega-\omega_0)}{\omega_0\omega}=\frac{2(\omega-\omega_0)}{\omega_0}$$

$$=\frac{2(f-f_0)}{f_0}=\frac{2\Delta f}{f_0} \tag{7-22}$$

式中，Δf 表示外加信号源频率离开谐振频率的绝对值，为绝对失谐；$\frac{\Delta f}{f}$为相对失谐。

将式（7-22）代入式（7-21）中，可得

$$\frac{I}{I_0} \approx \frac{1}{\sqrt{1+(Q\frac{2\Delta f}{f_0})^2}} \tag{7-23}$$

2）相频曲线

串联谐振电路的相频曲线是指电路中电流 $\dot{I}$ 与电源电压 $\dot{U}_S$ 的相位差 φ' 随电源频率变化的关系曲线。由式（7-20）可得

$$\varphi' = -\arctan\frac{X}{R} = -\arctan\frac{\omega L - \frac{1}{\omega C}}{R} = -\arctan Q(\frac{\omega}{\omega_0} - \frac{\omega_0}{\omega}) \tag{7-24}$$

根据式（7-24）可以画出串联谐振电路的相频曲线，如图 7.11 所示。

图 7.11 中有三条相频曲线，是根据 Q 取三个不同值分别画出来的。可见 Q 值越高，曲线在 ω_0 附近越陡峭，变化越明显。

相频曲线的物理意义简述如下：

串联谐振电路是以电压源为参考相位的，设外加电源相位为零，电路中电流的相位为 φ'。当 $\omega=\omega_0$ 时，电路阻抗呈纯电阻性，电流与电源电压同相，即 $\varphi'=0$；当 $\omega>\omega_0$ 时电路阻抗呈感性，电流滞后电源电压一个角度 φ'；当 $\omega<\omega_0$ 时电路阻抗呈容性，电流超前电源电压一个角度 φ'。当 ω 远离 ω_0 时，由于电路 $|X| \gg R$，电路阻抗可近似认为是纯感性或纯容性，故 φ' 趋于 $-\frac{\pi}{2}$ 或 $+\frac{\pi}{2}$。

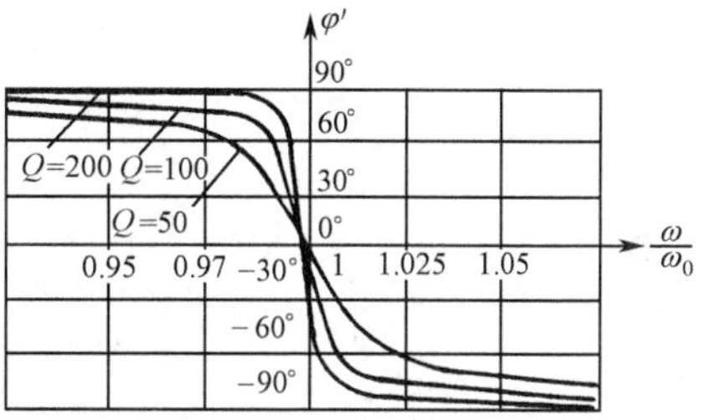

图 7.11　串联谐振电路的相频曲线

3. 串联谐振电路的选频特性指标

串联谐振电路的选频特性可以从它的幅频特性曲线上大致看出，但进一步衡量电路的选频特性还需从以下三个方面加以说明。

1）通频带

顾名思义，通频带是指能通过信号的频率范围，通过的信号当然应该是不失真地通过。实际传输的信号中均包含很多频率成分（例如音频信号的频率包含 20Hz～20kHz 的范围），要想不失真地传输信号，串联谐振电路的幅频特性在信号频率范围内必须是一条直线，在信号频率范围之外为零，即应为矩形的幅频特性，如图 7.12 所示，这意味着电路对信号的所有频率成分响应全一致，这是理想情况。

如图 7.10 所示的串联谐振电路的幅频曲线呈现了一个山峰形，在 $\omega=\omega_0$ 时，$\frac{I}{I_0}=1$；$\omega \neq \omega_0$ 时，$\frac{I}{I_0}<1$，而且随 ω 偏离 ω_0 越远，$\frac{I}{I_0}$ 值会下降得越多。很显然，回路对各个频率成分的响应是不一致的，信号通过它时也一定有失真，这是实际情况。理想幅频曲线在实际当中是无法得到的，串联谐振电路的幅频曲线在 $\omega=\omega_0$ 附近的响应可以近似地认为是一条直线。虽然存在失真，但在某个频率范围内这个失真是可以接受的，或者说在这个频率范围内近似

认为不失真，串联谐振电路的这个频率范围称做电路的通频带。无线电技术中常把电路电流 $\frac{I}{I_0}\geqslant\frac{1}{\sqrt{2}}$ 所对应的频率范围定义为电路的通频带，用 f_B 表示，如图 7.13 所示。通频带的边界频率为 f_2 和 f_1。f_2 称为通频带的上边界频率，f_1 称为通频带的下边界频率。电路的通频带为

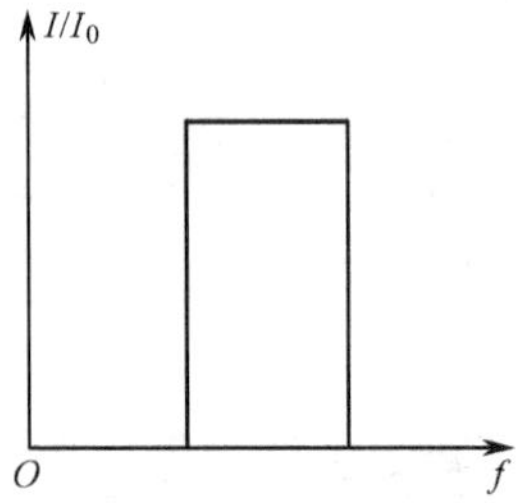

图 7.12 矩形幅频曲线

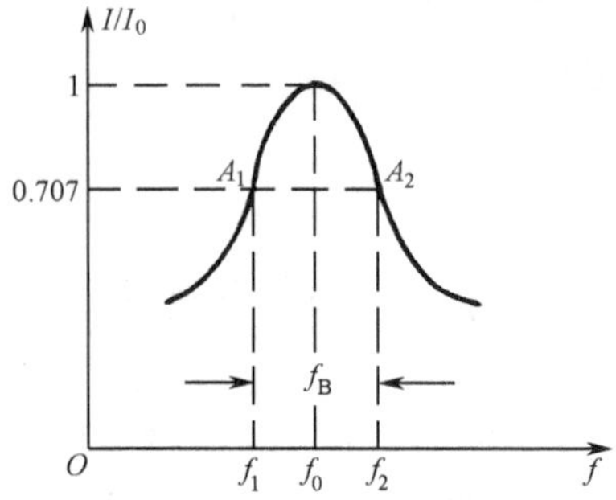

图 7.13 通频带的定义

$$f_B = f_2 - f_1 \tag{7-25}$$

只要选择电路的通频带 f_B 大于或等于无线电信号的频带，使无线电信号频带落在电路的上、下边界频率 f_2 和 f_1 之内，无线电信号通过电路后产生的幅度失真是允许的。

由通频带的定义 $\frac{I}{I_0}=\frac{1}{\sqrt{2}}$ 经推导求得

$$f_B = \frac{f_0}{Q} = f_0 d \tag{7-26}$$

由此可见，电路通频带与电路的品质因数成反比。Q 值越高，幅频曲线越尖锐，电路的选择能力越好，但通频带越窄；反之，串联谐振电路的 Q 值越小，谐振曲线越平坦，通频带越宽，电路选择性越差。因此，电路的通频带与选择性是互相矛盾的，实际上是在保证幅度失真不超过允许的范围，尽可能地提高电路选择性的原则下来确定回路的品质因数。

【例 7-3】 由 $L=2\times10^{-4}\,\text{H}$，$C=8\times10^{-10}\,\text{F}$，$R=10\Omega$ 组成的串联电路，求谐振频率、品质因数及通频带。

解：
$$f_0 = \frac{1}{2\pi\sqrt{LC}} = \frac{1}{2\pi\sqrt{2\times10^{-4}\times8\times10^{-10}}} = 398\text{kHz}$$

$$Q = \frac{\omega_0 L}{R} = \frac{2\pi f_0 L}{R} = \frac{2\pi\times398\times10^3\times2\times10^{-4}}{10} = 50$$

$$f_B = \frac{f_0}{Q} = \frac{398\times10^3}{50} = 7.96\text{kHz}$$

或

$$f_B = \frac{R}{2\pi L} = \frac{10}{2\pi\times2\times10^{-4}} = 7.96\text{kHz}$$

2）选择性

通频带是保证有用信号通过的频率范围，在通频带以外的无用信号是不需要通过的，是

要滤除的，这就要求通频带以外的$\frac{I}{I_0}$值越小越好。在理想的矩形幅频曲线中，通频带以外的$\frac{I}{I_0}=0$，实际的幅频曲线做不到，只能尽量做得小一点。选择性就是定量地衡量回路对通带内信号的选择能力及对通带以外信号的抑制能力，通常定义：把某一频率偏离值为 Δf 的$\frac{I}{I_0}$值叫做回路对这一指定 Δf 的选择性。Δf 是位于通频带之外偏离 f_0 的一个频率偏离值。实际应用中常将$\frac{I}{I_0}$的值用分贝（dB）做单位，并引用符号 S 表示，它的表达式为

$$S = 20\lg\frac{I}{I_0} \tag{7-27}$$

由于$\frac{I}{I_0}$小于 1，所以取对数后 S 为负值，习惯上只说 S 的绝对值。例如 $\frac{I}{I_0}=0.1$，可以说选择性为 20dB；$\frac{I}{I_0}=0.01$，选择性为 40dB。注意在计算过程中不要去掉负号。

【例 7-4】 已知串联谐振电路的谐振频率 $f_0=1\text{MHz}$。试求：(1) 当电路 $Q=100$ 时，电路对于 $f=1.01\text{MHz}$ 信号的选择性；(2) 当电路 $Q=50$ 时，电路对于 $f=1.01\text{MHz}$ 信号的选择性。

解：(1) 当 $Q=100$ 时

$$\frac{I}{I_0} \approx \frac{1}{\sqrt{1+\left(Q\frac{2\Delta f}{f_0}\right)^2}} = \frac{1}{\sqrt{1+(100\times 0.02)^2}} = \frac{1}{\sqrt{5}} = 0.447$$

$$S = 20\lg 0.447 = -6.99\text{dB}$$

(2) 当电路 $Q=50$ 时

$$\frac{I}{I_0} \approx \frac{1}{\sqrt{1+\left(Q\frac{2\Delta f}{f_0}\right)^2}} = \frac{1}{\sqrt{1+(50\times 0.02)^2}} = \frac{1}{\sqrt{2}} = 0.707$$

$$S = 20\lg 0.707 = -3.01\text{dB}$$

本例表明，电路的品质因数 Q 越大，对通带以外的信号抑制能力越强，电路的选择性越好。

3）矩形系数

由于理想的矩形谐振曲线不仅具有好的选择性，同时又不存在失真，因此要求实际谐振曲线在形状上越接近矩形越好，其接近的程度用矩形系数来衡量。矩形系数定义为$\frac{I}{I_0}$下降到 0.1时的频带宽度 $f_{B0.1}$与$\frac{I}{I_0}$下降到 0.707 时的频带宽度 $f_{B0.7}$之比，用符号 $K_{0.1}$表示。

$$K_{0.1} = \frac{f_{B0.1}}{f_{B0.7}} \tag{7-28}$$

根据式（7-28）、式（7-21），可求得串联谐振电路的矩形系数 $K_{0.1}\approx 10$ 且与电路参数无关，即任何 Q 值的串联谐振电路 $K_{0.1}$都为 10。

理想的矩形谐振曲线 $f_{B0.1}=f_{B0.7}$，它的矩形系数 $K_{0.1}=1$。实际谐振曲线的形状越接近于矩形，它的矩形系数 $K_{0.1}$越接近于 1。串联谐振曲线的 $K_{0.1}\approx 10$，与 1 相差较大，说明它

的选择性不好，要想减小 $K_{0.1}$ 的数值进一步提高电路的选择性，串联谐振电路是无能为力的，只能另找其他形式的电路。

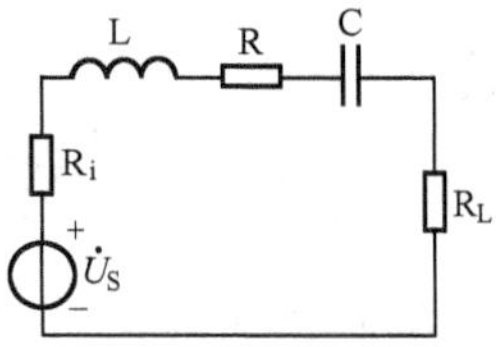

图 7.14 R_i 与 R_L 对电路参数的影响

4）空载品质因数和有载品质因数

在实用线路中，串联电路的电阻除了线圈和电容器的电阻 R 之外，还要考虑信号源的内阻 R_i 和负载电阻 R_L。它们对电路参数的影响如图 7.14 所示。

为了区别这两种不同情况的品质因数，把没有接入负载和信号源的品质因数叫做无载品质因数或空载品质因数，用符号 Q_0 表示；把计入信号源内阻和负载电阻的品质因数叫做有载品质因数，用符号 Q_L 表示。它们的数学表达式分别为

$$Q_0 = \frac{\omega_0 L}{R}$$

$$Q_L = \frac{\omega_0 L}{R + R_i + R_L} \tag{7-29}$$

从式（7-29）可以看出：有载品质因数 Q_L 比空载品质因数 Q_0 小，显然有载时的通频带比空载时的通频带要宽，选择性要差。因此，串联电路适用于低电源内阻。电源内阻越小，选择性越好，对通频带的影响越小。

【例 7-5】 串联谐振电路中，线圈品质因数 $Q=100$，$L=1\text{mH}$，$C=1000\text{pF}$，电容器损耗电阻和电路接线电阻可忽略不计，信号源内阻为 3Ω，负载电阻为 12Ω。试求电路的空载 Q_0 值、有载 Q_L 值和通频带。

解：

$$\rho = \sqrt{\frac{L}{C}} = \sqrt{\frac{1 \times 10^{-3}}{1000 \times 10^{-12}}} = 10^3 \Omega$$

因为电容器损耗和接线电阻忽略不计，所以空载品质因数近似等于线圈的品质因数，即

$$Q_0 = 100$$

$$Q_0 = \frac{\rho}{R} = 100$$

则

$$R = \frac{\rho}{Q_0} = \frac{10^3}{100} = 10\Omega$$

有载品质因数 Q_L 为

$$Q_L = \frac{\rho}{R + R_i + R_L} = \frac{10^3}{10 + 3 + 12} = 40$$

通频带

$$f_B = \frac{f_0}{Q_L} = \frac{R + R_i + R_L}{2\pi L} = \frac{25}{2\pi \times 1 \times 10^{-3}} = 3.98\text{kHz}$$

单元 3 并联谐振电路

1. 并联谐振电路的谐振现象

由 L 与 C 和外接信号源相并联组成的电路称为并联谐振电路，如图 7.15 所示。由于电

容器损耗很小，可以忽略不计，所以图中 R 是线圈本身的电阻。并联谐振电路采用导纳分析方法比较方便，所接信号源为恒流源。

在图7.15中，电感支路的阻抗 $Z_1=R+j\omega L$，它的导纳 $Y_1=\frac{1}{Z_1}=\frac{1}{R+j\omega L}$，电容支路的阻抗 $Z_2=\frac{1}{j\omega C}$，导纳 $Y_2=\frac{1}{Z_2}=j\omega C$，并联谐振电路的总导纳为

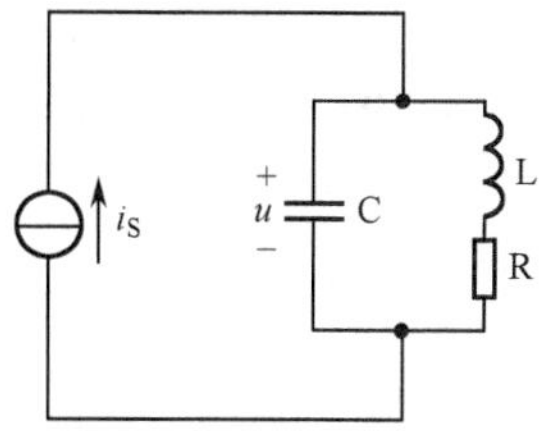

图7.15 电流源作用下的并联谐振电路

$$Y=Y_1+Y_2=\frac{1}{R+j\omega L}+j\omega C$$
$$=\frac{R}{R^2+(\omega L)^2}-j\left[\frac{\omega L}{R^2+(\omega L)^2}-\omega C\right]=g-jb \quad (7\text{-}30)$$

式中，g 为总电导；b 为总电纳。

当并联谐振电路总导纳中的电纳部分 $b=0$ 时，电路端电压 $\dot{U}$ 与总电流 $\dot{I}_S$ 同相，并联谐振电路的这种现象叫做并联谐振。并联谐振的条件为 $b=0$，即

$$\frac{\omega L}{R^2+(\omega L)^2}=\omega C \quad (7\text{-}31)$$

在电子技术中应用的谐振电路，一般都能满足 $Q\gg1$ 的条件。所以后面只讨论在 $Q\gg1$ 条件下的谐振条件和谐振电路特性。

在 $Q\gg1$，即 $\omega L\gg R$ 时，并联谐振的条件可简化为

$$\omega_0 L=\frac{1}{\omega_0 C} \quad (7\text{-}32)$$

式中，ω_0 为谐振角频率。

由式（7-32）可得并联谐振角频率 ω_0 为

$$\omega_0=\frac{1}{\sqrt{LC}}$$
$$f_0=\frac{1}{2\pi\sqrt{LC}} \quad (7\text{-}33)$$

可见，并联谐振电路和串联谐振电路的谐振条件及谐振频率相同。

并联谐振电路 Q 值仍被定义为储存在电感或电容中的无功功率与电路中所消耗的功率之比，即

$$Q=\frac{I_L^2\omega_0 L}{I_L^2 R}=\frac{\omega_0 L}{R} \quad (7\text{-}34)$$

可见，并联谐振电路与串联谐振电路的 Q 值相等，后面不予区别。

并联谐振电路的特性阻抗为

$$\rho=\omega_0 L=\frac{1}{\omega_0 C}=\sqrt{\frac{L}{C}}$$

并联谐振电路具有如下特点：

(1) 谐振时，电路阻抗为纯电阻，电路端电压与总电流同相。

(2) 在 $Q\gg1$ 条件下，谐振时电路阻抗为最大值，电路导纳为最小值。

谐振阻抗为

$$Z_0=Q\omega_0 L=Q\rho=\frac{L}{RC}=Q^2R \quad (7\text{-}35)$$

由于 $Q\gg1$，所以并联谐振时的谐振阻抗都很大，一般为几十千欧至几百千欧。

(3) 谐振时，电感支路电流与电容支路电流近似相等并为总电流的 Q 倍。

由于

$$\dot{U}_0 = \dot{I}_0 Z_0$$

可得电感支路和电容支路的电流分别为

$$\dot{I}_{C0} = \frac{\dot{U}_0}{\frac{1}{j\omega_0 C}} = j\omega_0 C\dot{U}_0 = jQ\dot{I}_0 \tag{7-36a}$$

$$\dot{I}_{L0} = \frac{\dot{U}_0}{R + j\omega_0 L} \approx \frac{\dot{U}_0}{j\omega_0 L} \approx -jQ\dot{I}_0 \tag{7-36b}$$

式（7-36）表明，并联谐振时，在 $Q \gg 1$ 条件下，电容支路电流 $\dot{I}_{C0}$ 在数值上比总电流约大 Q 倍，在相位上超前 $\frac{\pi}{2}$；电感支路电流 I_{L0} 在数值上比总电流约大 Q 倍，在相位上滞后约 $\frac{\pi}{2}$，也就是说，当发生并联谐振时，在 $Q \gg 1$ 条件下，两支路电流近似相等，即

$$I_{C0} \approx I_{L0} = QI_0 \tag{3-37}$$

所以，并联谐振又称为电流谐振，而 $\dot{I}_{L0}$ 与 $\dot{I}_{C0}$ 的相位近于相反。

(4) 若电源为电流源，并联谐振时，由于谐振阻抗值最大，故电路端电压为最大。

【例 7-6】 如图 7.15 所示的电路，已知 $L=100\mu H$，$C=100pF$，$Q=100$，在该电路两端并联了一个 $I_S=0.05mA$ 的电流源。如果电路已谐振，试求总电流、两支路电流、电路两端电压和电路吸收的功率。

解：由于电路已谐振，这时电路的阻抗应为谐振阻抗 Z_0

$$Z_0 = Q\rho = 100 \times \sqrt{\frac{100 \times 10^{-6}}{100 \times 10^{-12}}} = 100k\Omega$$

电路总电流为 0.05mA，两支路电流为

$$I_{L0} = I_{C0} = QI_S = 100 \times 0.05 = 5mA$$

电路端电压为

$$U_0 = I_S Z_0 = 0.05 \times 10^{-3} \times 100 \times 10^3 = 5V$$

电路吸收的功率是电路中电阻吸收的功率

$$P = I_{L0}^2 \frac{\rho}{Q} = (5 \times 10^{-3})^2 \times \frac{1000}{100} = 0.25mW$$

或者

$$P = I_S^2 Z_0 = (0.05 \times 10^{-3})^2 \times 100 \times 10^3 = 0.25mW$$

2. 并联谐振电路的频率特性及选频指标

1）电压幅频曲线与相频曲线

前面已经讲述了在谐振状态下的特点，那么在不谐振的时候，电路端电压随频率是如何变化的？符合什么规律？把这个规律用图形的方式表示出来就是电压幅频曲线，在 $Q \gg 1$ 时，电路端电压为

$$\dot{U} = \dot{I}_S \frac{\frac{1}{j\omega C}(R + j\omega L)}{R + j(\omega L - \frac{1}{\omega C})} \approx \dot{I}_S \frac{\frac{1}{j\omega C} j\omega L}{R + j(\omega L - \frac{1}{\omega C})}$$

$$=\dot{I}_{\mathrm{S}}\frac{\frac{L}{RC}}{1+\mathrm{j}Q(\frac{\omega}{\omega_0}-\frac{\omega_0}{\omega})}$$

当电路谐振时，电路两端电压为

$$\dot{U}_0=\dot{I}_{\mathrm{S}}\frac{L}{RC}$$

由上两式可得

$$\frac{\dot{U}}{\dot{U}_0}=\frac{1}{1+\mathrm{j}Q(\frac{\omega}{\omega_0}-\frac{\omega_0}{\omega})} \tag{7-38}$$

模值为

$$\frac{U}{U_0}=\frac{1}{\sqrt{1+Q^2(\frac{\omega}{\omega_0}-\frac{\omega_0}{\omega})^2}} \tag{7-39}$$

式（7-39）就是并联谐振电路的电压幅频曲线的表达式，其规律如图 7.16 所示。

比较式（7-39）和式（7-21）可见，等式右边是完全相同的，只是等式左边一个是$\frac{U}{U_0}$，另一个是$\frac{I}{I_0}$，所以并联谐振电路电压幅频曲线与串联谐振电路的电流幅频曲线具有相同的形状。注意，串联电路采用电压源分析，并联电路采用电流源分析。由此可见，串联谐振电路与并联谐振电路的特性有很多相同的结论，可以对比之。

并联谐振电路中，当 $\omega=\omega_0$ 时电路谐振，$\dot{U}$与$\dot{I}_{\mathrm{S}}$同相，$\omega_0 L=\frac{1}{\omega_0 C}$，即感抗等于容抗，阻抗为纯阻性；当 $\omega<\omega_0$ 时，电路阻抗呈感性，$\dot{U}$超前$\dot{I}_{\mathrm{S}}$一个角度；当 $\omega>\omega_0$ 时，电路阻抗呈容性，$\dot{U}$滞后$\dot{I}_{\mathrm{S}}$一个角度；当 ω 趋于零或趋无穷大时，$\dot{U}$与$\dot{I}_{\mathrm{S}}$相差的角度趋于$\frac{\pi}{2}$。

2）选频指标

并联谐振电路通频带的定义与串联谐振电路一样，表达式相同，即

$$f_{\mathrm{B}}=\frac{f_0}{Q}$$

$$d=\frac{1}{Q}=\frac{f_{\mathrm{B}}}{f_0}$$

同理，并联谐振电路矩形系数、选择性与串联电路完全相同，不再详述。

$$K_{0.1}=10$$

$$S=20\lg\frac{U}{U_0}$$

3）电源内阻和负载电阻对电路通频带的影响

在分析具体问题时，有时需要将 L 与 R 串联与并联互相等效，使分析问题方便，如图 7.17所示。它们的等效互换关系如下。

在 $Q\gg 1$ 时

$$R' = Q^2 R = \frac{\rho^2}{R} = \frac{L}{RC}$$

$$L' \approx L$$

上式说明，把R与L串联形式转换成R′与L′并联形式按上述公式换算；反之把R′与L′并联的形式转换到R与L的串联形式时 $R=\frac{L'}{CR'}$。电感 L 在转换过程中近似不变，即 $L=L'$。

设电流源内阻 R_i、负载电阻 R_L 与并联谐振电路并联以后如图7.18所示。

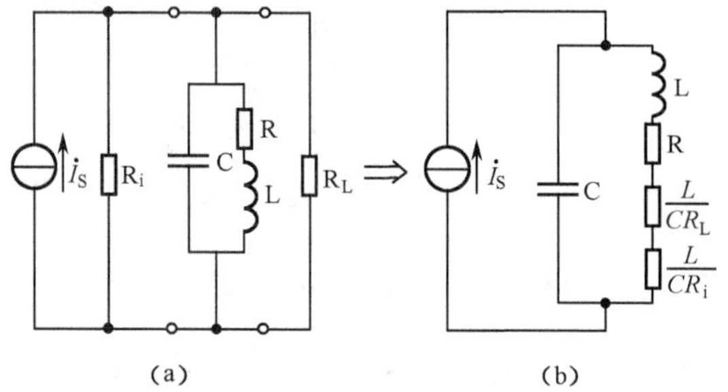

图7.18 并联谐振电路受 R_i 与 R_L 影响的等效电路

为了简化电路，将 R_i 和 R_L 都折合到R与L串联支路中去，它们分别等于 $\frac{L}{CR_i}$ 和 $\frac{L}{CR_L}$，并同R串联在一起，如图7.18（b）所示。这样，并联谐振电路的总电阻便增大至 $(R+\frac{L}{CR_i}+\frac{L}{CR_L})$，电路的有载品质因数 Q_L 为

$$Q_L = \frac{\omega_0 L}{R+\frac{L}{CR_i}+\frac{L}{CR_L}} = \frac{\frac{\omega_0 L}{R}}{1+\frac{\frac{L}{RC}}{R_i}+\frac{\frac{L}{RC}}{R_L}} = \frac{Q_0}{1+\frac{R_0}{R_i}+\frac{R_0}{R_L}} \tag{7-40}$$

式中，R_0 为电路的谐振阻抗；Q_0 为电路的空载品质因数。

很显然，受 R_i 和 R_L 影响后的并联谐振电路有载品质因数 Q_L 小于电路的空载品质因数 Q_0，而且当 R_i 和 R_L 越小时，Q_L 越小，使谐振曲线越平坦，通频带越宽，选择性变得越差。反之，得到相反的结论，这就是 R_i 和 R_L 对电路参数的影响。

【例7-7】 图7.19（a）所示为某放大器的简化电路，其中电源电压 $U_S=12V$，内阻 $R_i=60k\Omega$，并联谐振电路的 $L=54\mu H$，$C=90pF$，$R=9\Omega$；电路的负载是阻容并联电路，其中 $R_L=60k\Omega$，$C_L=10pF$，如已知整个电路已谐振，求谐振频率和 R_L 两端电压及通频带。

解：图7.19（a）的电路，如果不用等效电路的办法，将是复杂的。由于是并联谐振电路，用电流源来分析是较为方便的。因此将 $\dot{U}_S$ 与 R_i 相串联的电压源变换为 $\dot{I}_S=\frac{\dot{U}_S}{R_i}$ 与 R_i 相并联的电流源，同时，将并联谐振电路变为三个单独元件并联的谐振电路，如图7.19（b）和（c）所示。

$$C_\Sigma = C + C_L = 90 + 10 = 100pF$$

于是，可求得谐振频率为

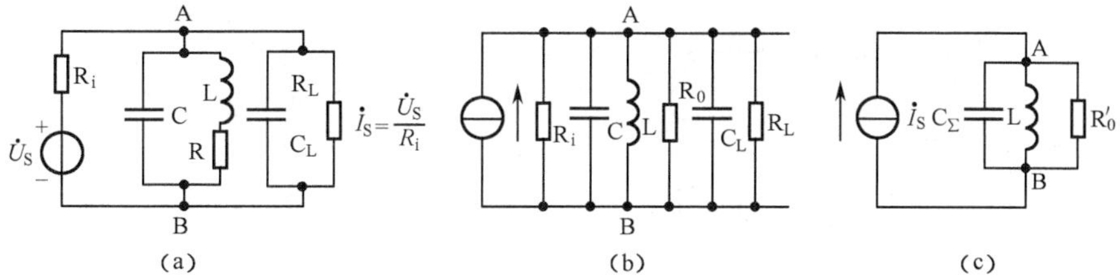

图 7.19 【例 7-7】图

$$f_0=\frac{1}{2\pi\sqrt{LC_\Sigma}}=\frac{1}{2\pi\sqrt{54\times10^{-6}\times100\times10^{-12}}}=2.16\text{MHz}$$

$$R_0=\frac{L}{C_\Sigma R}=\frac{54\times10^{-6}}{100\times10^{-12}\times9}=60\text{k}\Omega$$

$$R'_0=\frac{R_0}{1+\frac{R_0}{R_i}+\frac{R_0}{R_L}}=\frac{60}{3}=20\text{k}\Omega$$

R_L 两端电压（就是 AB 两点之间的电压）为

$$U_L=I_S\times R'_0=\frac{U_S}{R_i}\times R'_0=\frac{12}{60\times10^3}\times20\times10^3=4\text{V}$$

要求出电路通频带，必须先求出有载 Q_L，而 Q_L 可由 $R'_0=Q_L\rho'$ 求出

$$Q_L=\frac{R'_0}{\rho'}=\frac{20\times10^3}{\sqrt{\frac{(54\times10^{-6})}{(100\times10^{-12})}}}=27.2$$

$$f_B=\frac{f_0}{Q_L}=\frac{2.16\times10^6}{27.2}=79.4\text{kHz}$$

其中

$$\rho'=\sqrt{\frac{L}{C_\Sigma}}$$

单元 4 复杂并联谐振电路

1. 复杂并联谐振的形式

信号源内阻 R_i 和负载电阻 R_L 并连接入电路时，会使 Q 值下降，而且是 R_i 和 R_L 越小，Q 值下降得越多，对电路参数的影响越严重。为了减小它们对电路参数的影响，在实际中常常采用部分并联接入的电路方式来改善选频性能。部分接入电路又称复杂并联谐振电路。复杂并联谐振电路还有一个重要作用，就是能够通过改变接入系数达到阻抗匹配。复杂并联谐振电路形式如图 7.20 所示。

由图 7.20 可见，复杂并联谐振电路形式可分为双电感并联谐振电路和双电容并联谐振电路。复杂并联谐振电路的分析方法是将部分接入等效为全部接入，使其转变到基本的并联电路形式，再用已知的方法来分析电路的选频特性。因此，研究部分接入并联谐振电路的关键在于如何将部分接入等效为全部接入。

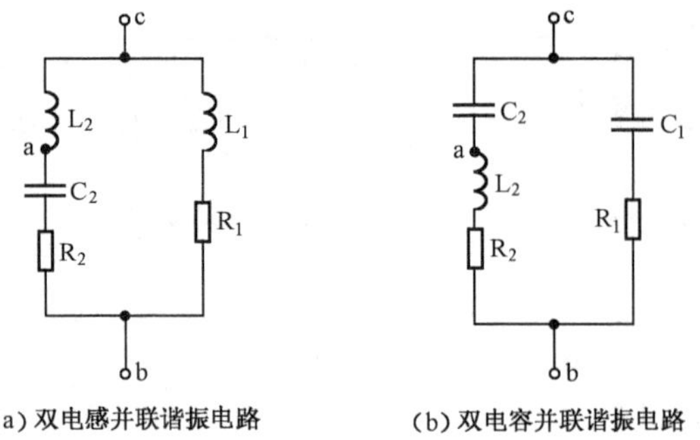

图 7.20　复杂并联谐振电路

2. 双电感并联谐振电路

1）谐振频率

把图 7.20（a）所示的电路形式改变画法，更易理解，如图 7.21 所示。从整个电路来看，电路的总电阻可等效为 $R=R_1+R_2$，总电感 $L=L_1+L_2$，总电容 $C=C_2$。支路 1 电抗 $X_1=\omega L_1$，支路 2 的电抗 $X_2=\omega L_2-\frac{1}{\omega C_2}$。复杂电路在谐振时，并联谐振电路中总电抗的代数和为零，即

$$X_1+X_2=0 \tag{7-41}$$

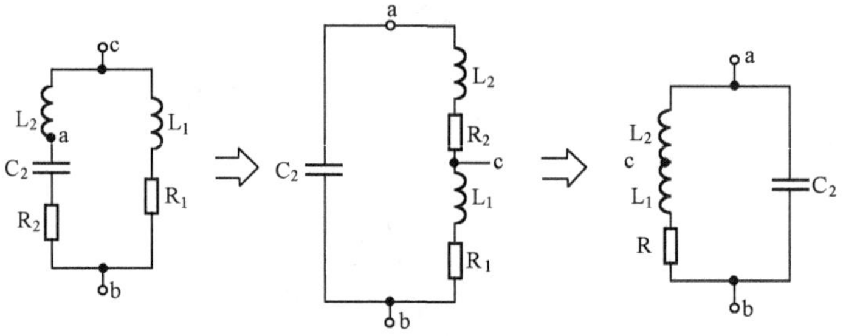

图 7.21　双电感并联谐振电路的变换形式

或者说一条支路的总电抗与另一条支路的总电抗必须大小相等符号相反（一条支路是感性，另一条支路必须是容性），这也是它的谐振条件。根据式（7-41），有

$$\omega_0 L_1+(\omega L_2-\frac{1}{\omega C_2})=0$$

$$\omega_0=\frac{1}{\sqrt{(L_1+L_2)C_2}}=\frac{1}{\sqrt{LC}}$$

$$f_0=\frac{1}{2\pi\sqrt{LC}} \tag{7-42}$$

式中

$$L=L_1+L_2 \qquad C=C_2$$

式（7-42）就是双电感并联谐振电路谐振频率的计算公式。

2）谐振阻抗与接入系数

双电感谐振电路的谐振阻抗用 Z'_0 表示，等于图 7.21 中的 Z_{cb}，即 $Z'_0=Z_{cb}$。L_1 与 L_2 之间无互感，谐振时 $X_1=\omega_0 L_1$，$\omega_0^2=\frac{1}{LC}$。在 $Q\gg1$ 时，可得

$$Z'_0=(\frac{L_1}{L})^2\frac{L}{RC}=p_L^2\frac{L}{RC}=p_L^2 Z_0 \tag{7-43}$$

式中，$p_L=\frac{L_1}{L}=\frac{L_1}{L_1+L_2}$称为接入系数；$Z_0$ 为简单并联谐振电路的谐振阻抗。

在图 7.21 中 $Z_0=Z_{ab}$。由式（7-43）可知：如果双电感并联电路的参数 R，L，C 固定，调节电感 L 在两个支路中的分配数量，使 p_L 发生变化，那么谐振阻抗 Z'_0 随之变化，而谐振频率 f_0 却保持不变。通常把图 7.21 中的 c 点称做中心抽头点，把 cb 两端称做接入端，把 ab 两端称做电路端。

在实际中一般的信号源内阻和负载阻抗是固定的，二者连接很难使阻抗正好匹配。为了达到功率的匹配传输，可以在二者之间加一双电感电路，参考后面图 7.28。调节接入系数 p_1 使电路与信号源匹配，即 $Z'_0=R_1$，再调 p_2 使电路与负载匹配，即 $Z''_0=R_2$，最终保证信号功率匹配地传输到负载上。正是因为复杂并联谐振电路的谐振阻抗可以通过改变接入系数的方法得到改变，而谐振频率保持不变，所以使它广泛地应用在电子线路中。

当处于谐振状态时，在 $Q\gg1$ 的情况下，流过两条支路的电流近似相等，可以把两条支路电流看成电路电流，用 I_K 表示，如图7.22所示。

由于 $U_1=I_K X_1$，$U_K=I_K X_L$ 因此接入系数又可写成

$$p_L=\frac{L_1}{L}=\frac{X_1}{X_L}=\frac{I_K X_1}{I_K X_L}=\frac{U_1}{U_K} \tag{7-44}$$

这说明：接入系数可以定义为接入电压 U_1 与电路两端总电压 U_K 的比值，这个定义对于各种部分接入形式的电路都是适用的。

【例 7-8】　双电感并联谐振电路与电源相接如图 7.23 所示。电路的电容量 $C=200\text{pF}$，电路的品质因数 $Q_0=100$，电源内阻 $R_i=27\text{k}\Omega$。要求电路调谐于电源频率 $f_0=465\text{kHz}$，而电路的通频带 $f_B=10\text{kHz}$。试求电路总电感量及总电感量在两支路中的分配情况。

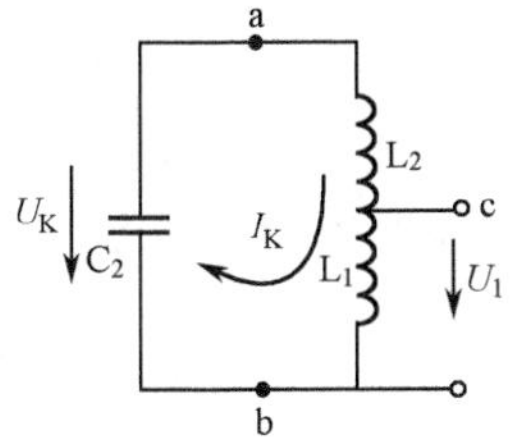

图 7.22　电路的接入系数

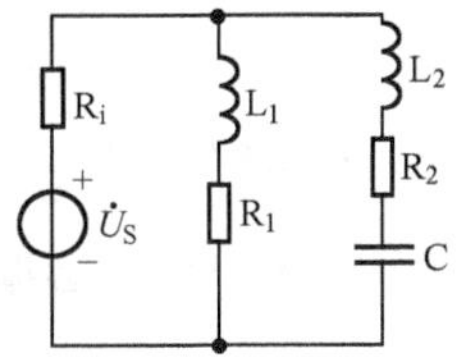

图 7.23　【例 7- 8】图

解：电路的总电感量为

$$L=\frac{1}{(2\pi f_0)^2C}=\frac{1}{(2\pi\times465\times10^3)^2\times200\times10^{-12}}=586\mu\text{H}$$

有载 Q_L 为

$$Q_L = \frac{f_0}{f_B} = \frac{465 \times 10^3}{10 \times 10^3} = 46.5$$

由于

$$Q_L = \frac{Q_0}{1 + \dfrac{R'_0}{R_i}}$$

该双电感并联电路的谐振阻抗

$$R'_0 = \frac{Q_0 - Q_L}{Q_L} R_i = \frac{100 - 46.5}{46.5} \times 27 = 31\text{k}\Omega$$

而简单并联电路的谐振阻抗为

$$R_0 = Q_0 \rho = 100 \times \sqrt{\frac{586 \times 10^{-6}}{200 \times 10^{-12}}} = 171\text{k}\Omega$$

接入系数 p_L 为

$$p_L = \sqrt{\frac{R'_0}{R_0}} = \sqrt{\frac{31}{171}} = 0.43$$

$$L_1 = p_L L = 0.43 \times 586 = 252\mu\text{H}$$

$$L_2 = L - L_1 = 334\mu\text{H}$$

3. 双电容并联谐振电路

1）谐振频率

图7.20（b）所示的电路形式为双电容并联谐振电路。将它改变一下画法如图7.24所示。

从图7.24的整个电路看，总电阻为 $R=R_1+R_2$，总电容 $C=\dfrac{C_1C_2}{C_1+C_2}$，总电感 $L=L_2$。可用与双电感电路同样的方法求出谐振频率为

$$\omega_0 = \frac{1}{\sqrt{LC}}$$

$$f_0 = \frac{1}{2\pi\sqrt{LC}} \tag{7-45}$$

2）谐振阻抗与接入系数

经推导得双电容回路的谐振阻抗 Z'_0 为

$$Z'_0 = Z_{cb} = \left(\frac{C}{C_1}\right)^2 \frac{L}{RC} = p_C^2 Z_0 \tag{7-46}$$

式中，$p_C=\dfrac{C}{C_1}$称为接入系数；$Z_0=Z_{ab}$为简单谐振电路的谐振阻抗。

同理，通过式（7-46）可知，当电路参数一定时，调节 C_1 与 C_2 在两个支路中的分配数量，使 p_C 发生变化，谐振阻抗 Z'_0 将随之改变，而谐振频率不变。

【例7-9】　图7.25中已知 $L=80\mu\text{H}$，$C_1=400\text{pF}$，$C_2=100\text{pF}$，$R=5\Omega$，$R_i=8\text{k}\Omega$，求通频带（设 $R_L=\infty$）。

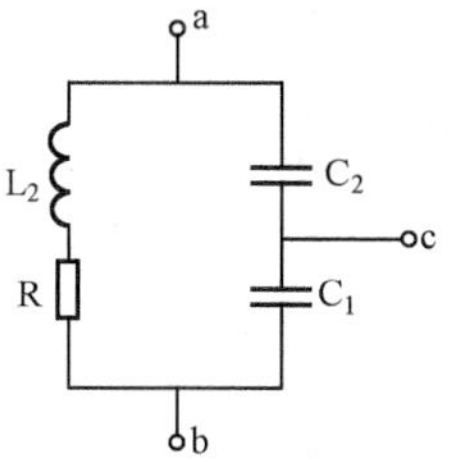

图 7.24　双电容谐振电路的变换形式

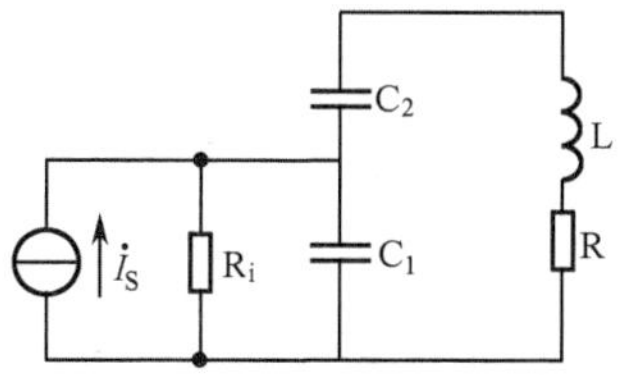

图 7.25　【例 7-9】图

解：此电路为一个电容部分接入电路，接入系数为

$$p_C=\frac{C}{C_1}=\frac{C_2}{C_1+C_2}=\frac{100}{400+100}=\frac{1}{5}=0.2$$

回路总电容

$$C=\frac{C_1C_2}{C_1+C_2}=\frac{400\times100}{400+100}=80\text{pF}$$

R_i 从部分接入等效为全部接入的 R'_i

$$R'_i=\frac{R_S}{p_C^2}=\frac{8}{0.2^2}=200\text{k}\Omega$$

并联谐振电路自身谐振阻抗 Z_0 为

$$Z_0=\frac{L}{CR}=\frac{80\times10^{-6}}{80\times10^{-12}\times5}=200\text{k}\Omega$$

空载 Q_0 值为

$$Q_0=\frac{\rho}{R}=\frac{\sqrt{\frac{L}{C}}}{R}=\frac{\sqrt{\frac{80\times10^{-6}}{80\times10^{-12}}}}{5}=200$$

有载 Q_L 值为

$$Q_L=\frac{Q_0}{1+\frac{Z_0}{R'_i}}=\frac{200}{1+\frac{200}{200}}=100$$

谐振频率为

$$f_0=\frac{1}{2\pi\sqrt{LC}}=\frac{1}{2\pi\sqrt{80\times10^{-6}\times80\times10^{-12}}}=1.99\times10^6\text{Hz}$$

可以求出通频带 f_B

$$f_B=\frac{f_0}{Q_L}=\frac{1.99\times10^6}{100}=19.9\text{kHz}$$

如果信号源改为全部接入，R_S 直接并在电路两端，此时将对 Q 有更大的影响，会使选择性大大降低，读者可以自行计算一下。

3）部分接入的复杂并联谐振电路

在实际的电子线路中，负载和信号源常采用部分接入的形式。图 7.26（a）与（b）所示分别是负载电阻部分接入的复杂并联电路及其等效电路。

电阻从 R_L 等效变换为 R'_L，其原则是依据二者吸收的功率相等，即

$$\frac{U_1^2}{R_L}=\frac{U_K^2}{R'_L}$$

于是

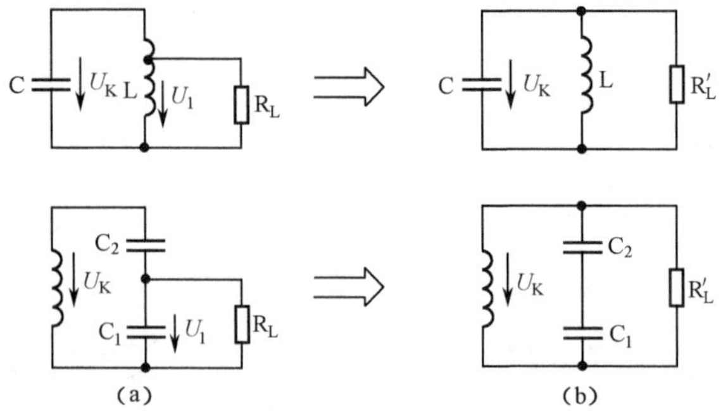

图 7.26 负载部分接入的复杂并联电路及其等效电路

$$R'_L = (\frac{U_K}{U_1})^2 R_L = \frac{1}{p^2} R_L \tag{7-47}$$

式中，p 为接入系数，当 R_L 接在电感线圈的抽头位置时 p 为 p_L；当 R_L 接在电容的抽头位置时 p 为 p_C。

图 7.27（a）是电源部分接入的复杂并联电路，图（b）为其等效电路，仍从功率相等的条件可得

$$U_1 I_S = U_K I'_S$$

于是

$$I'_S = \frac{U_1}{U_K} I_S = p I_S \tag{7-48}$$

通过上面分析可知，无论是负载 R_L 还是信号源 I_S 的部分接入，分析方法都是把它们等效到电路两端去，然后再分析它们的各种特性参数。

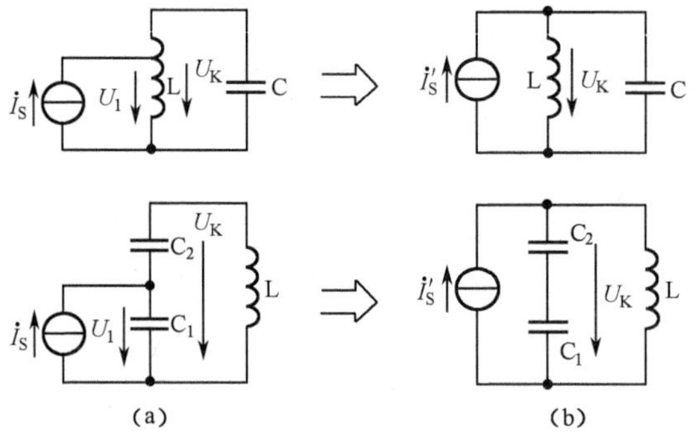

图 7.27 电源部分接入的复杂并联电路及其等效电路

【例 7-10】 某晶体管收音机的一级中频放大器的等效电路如图 7.28（a）所示，其中 R_1 是本级晶体管的输出电阻（它相当于电流源的内阻），I_S 是电流源电流，R_2 是下一级晶体管的输入电阻，如已知 $R_1=32\text{k}\Omega$，$R_2=320\text{k}\Omega$，$I_S=60\mu\text{A}$，谐振电路本身的品质因数 $Q=117$，$C=200\text{pF}$，$L=586\mu\text{H}$，接入系数 $p_1=0.4$，$p_2=0.04$，若电路对电源频率谐振（$f_0=465\text{kHz}$）。试求输出电压 U_2 和通频带。

解：首先将图 7.28（a）的电路转化为图 7.28（b）的等效电路，其中

$$R'_1 = \frac{1}{p_1^2} R_1 = \frac{32\times 10^3}{(0.4)^2} = 200\text{k}\Omega$$

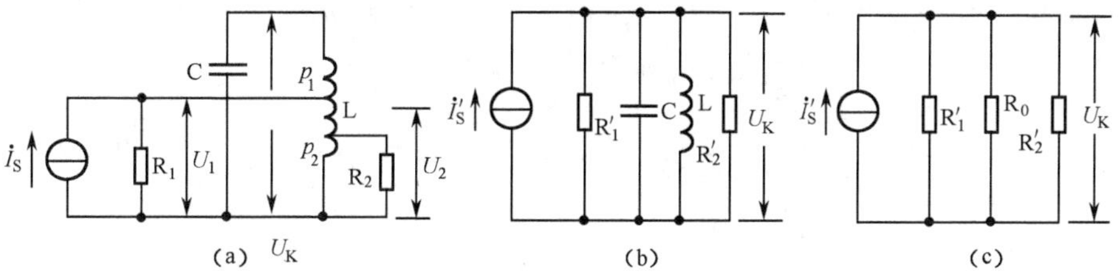

图 7.28 【例 7-10】图

$$R'_2 = \frac{1}{p_2^2}R_2 = \frac{320}{(0.04)^2} = 200\text{k}\Omega$$

$$I'_S = p_1 I_S = 0.4 \times 60 = 24\mu\text{A}$$

并联谐振电路的谐振阻抗

$$Z_0 = Q\rho = Q\sqrt{\frac{L}{C}} = 117 \times \sqrt{\frac{586 \times 10^{-6}}{200 \times 10^{-12}}} = 200\text{k}\Omega$$

所以图 7.28（b）又可以转化为图 7.28（c）的电路，三个阻抗并联后的总阻抗为

$$R = \frac{1}{\dfrac{1}{R'_1} + \dfrac{1}{R_0} + \dfrac{1}{R'_2}} = \frac{200}{3} = 66.7\text{k}\Omega$$

电路两端电压为

$$U_K = I'_S R = 24 \times 10^{-6} \times 66.7 \times 10^3 = 1.6\text{V}$$

输出电压为

$$U_2 = p_2 U_K = 0.04 \times 1.6 = 64\text{mV}$$

考虑到 R'_1 和 R'_2 对电路的影响后，有载 Q 值为

$$Q_L = \frac{Q_0}{1 + \dfrac{Z_0}{R'_1} + \dfrac{Z_0}{R'_2}} = \frac{117}{3} = 39$$

或

$$Q_L = \frac{R}{\rho} = R\sqrt{\frac{C}{L}} = 66.7 \times 10^3 \times \sqrt{\frac{200 \times 10^{-12}}{586 \times 10^{-6}}} = 39$$

通频带为

$$f_B = \frac{f_0}{Q_L} = \frac{465 \times 10^3}{39} = 11.9\text{kHz}$$

单元 5 耦合谐振电路

前面讨论的谐振电路结构简单，调试方便，在选频和振荡电路中得到广泛应用。但是其通频带和选择性两者间的矛盾非常突出，如果提高选择性，则通频带变窄；如果加宽通频带，则选择性变差，二者不能兼顾。若将两个（或两个以上）电路组合起来构成耦合谐振电路，则可以缓解二者之间的矛盾，从而更能满足实际需要。

1. 耦合谐振电路的种类

根据电路之间耦合方式的不同，耦合谐振电路有许多不同的形式，图 7.29 所示为几种常见的耦合谐振电路。图中所示产生相互影响的公共元件称为耦合元件，接入电源的电路称为初级电路，与初级电路相耦合的电路称为次级电路。

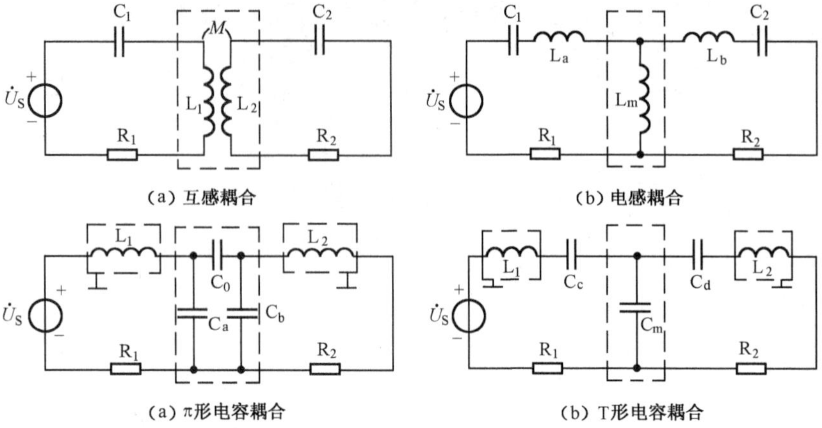

图 7.29 耦合谐振电路的几种基本形式

2. 耦合谐振电路的等效

耦合谐振电路的等效分析过程与空心变压器的等效分析过程相同，为了分析次级等效电路，将其分析过程简单重述一下。下面以最常用的互感耦合谐振电路为例分析它的等效电路。如图 7.29 (a) 所示，图中 L_1 与 L_2 为初级和次级电路电感，由互感（M）将两个电路耦合在一起，根据基尔霍夫定律列出电路方程。

$$\left.\begin{aligned} Z_1\dot{I}_1 - Z_M\dot{I}_2 &= \dot{U}_S \\ Z_2\dot{I}_2 - Z_M\dot{I}_1 &= 0 \end{aligned}\right\} \tag{7-49}$$

式中，$Z_1=R_1+\mathrm{j}X_1$，$Z_2=R_2+\mathrm{j}X_2$，$Z_M=\mathrm{j}X_M=\mathrm{j}\omega M$。$Z_1$ 和 Z_2 称为初级和次级电路的自复阻抗，Z_M 称为互复阻抗。

解方程组式（7-49）得

$$\dot{I}_1=\frac{\dot{U}_S}{Z_1-\dfrac{Z_M^2}{Z_2}}=\frac{\dot{U}_S}{Z_{1e}} \tag{7-50}$$

$$\dot{I}_2=\frac{\dot{U}_S\dfrac{Z_M}{Z_1}}{Z_2-\dfrac{Z_M^2}{Z_1}}=\frac{\dot{U}_2}{Z_{2e}} \tag{7-51}$$

式中

$$Z_{1e}=Z_1-\frac{Z_M^2}{Z_2} \tag{7-52}$$

Z_{1e}表示了考虑次级电路的影响后，初级电路总的等效复阻抗。

$$Z_{2e}=Z_2-\frac{Z_M^2}{Z_1} \tag{7-53}$$

Z_{2e}表示了考虑初级电路的影响后，次级电路总的等效复阻抗。

$$\dot{U}_2=\frac{Z_M}{Z_1}\dot{U}_S \tag{7-54}$$

$\dot{U}_2$ 表示初级电路耦合到次级电路的等效电压。它就是次级电路开路时在耦合阻抗上的电压。

由式（7-50）、式（7-51）画出耦合电路的初级等效电路和次级等效电路，如图 7.30 所示。

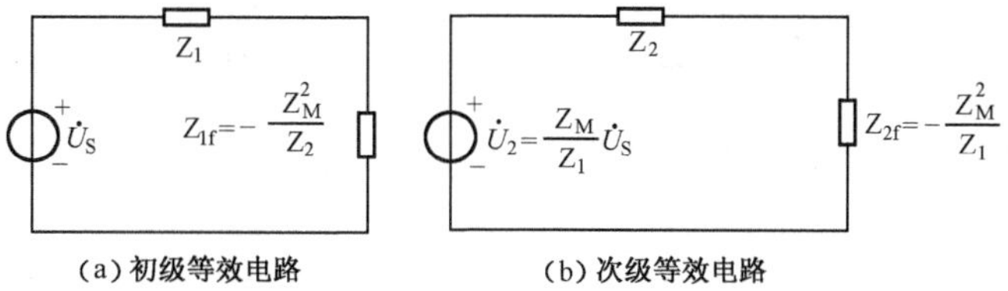

图 7.30　耦合电路的初级和次级等效电路

图 7.30 中，$-\frac{Z_M^2}{Z_2}$是次级电路反射到初级电路的反射阻抗，用 Z_{1f} 表示。$-\frac{Z_M^2}{Z_1}$是初级电路反射到次级电路的反射阻抗，用 Z_{2f} 表示。

进一步分析反射阻抗，有

$$Z_{1f}=-\frac{Z_M^2}{Z_2}=\frac{X_M^2}{R_2^2+X_2^2}R_2-\mathrm{j}\frac{X_M^2}{R_2^2+X_2^2}X_2=R_{1f}+\mathrm{j}X_{1f} \tag{7-55}$$

式（7-55）表明，次级电路在初级电路的反射阻抗是由反射电阻 R_{1f} 和反射电抗 X_{1f} 两部分串联组成。则初级等效电路可进一步描述如图 7.31 所示。

需要指出的是：R_{1f} 反映了次级电路对初级电路电阻成分的影响，恒为正值，说明次级电路消耗的功率取自初级电路；X_{1f} 反映了次级电路对初级电路电抗成分的影响，X_{1f} 与 X_2 的电抗性质总是相反的，即 X_2 为感性，则 X_{1f} 为容性；X_2 为容性时，X_{1f} 为感性。

同理

$$Z_{2f}=-\frac{Z_M^2}{Z_1}=\frac{X_M^2}{R_1^2+X_1^2}R_1-\mathrm{j}\frac{X_M^2}{R_1^2+X_1^2}X_1=R_{2f}+\mathrm{j}X_{2f} \tag{7-56}$$

根据式（7-56）可以画出次级等效电路，如图 7.32 所示。

式（7-56）表明，初级电路反射到次级电路的反射阻抗 Z_{2f} 由反射电阻 R_{2f} 和反射电抗 X_{2f} 两部分串联组成。R_{2f} 恒为正值，因为初级电路的电阻总是消耗能量的，X_{2f} 的电抗性质总是与 X_1 的电抗性质相反。

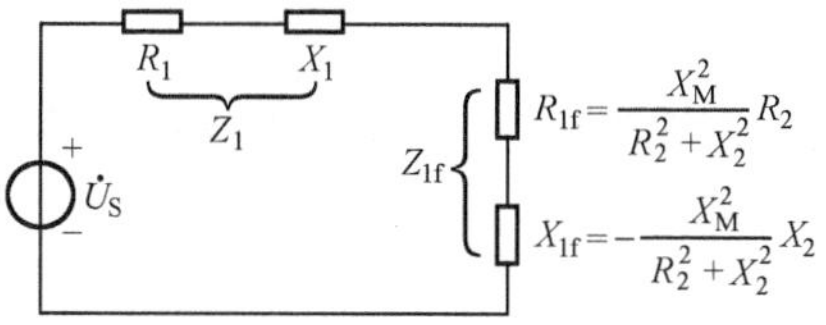

图 7.31　初级等效电路

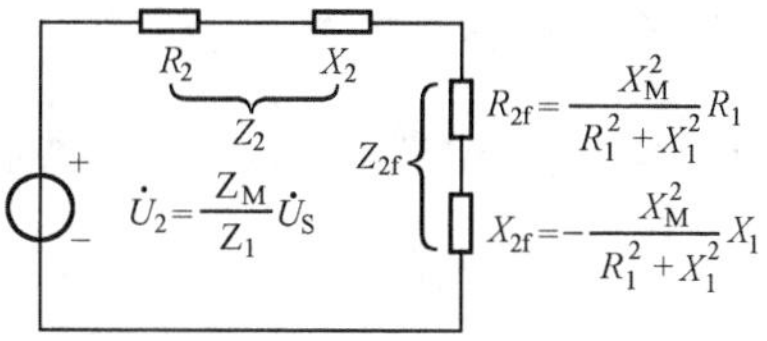

图 7.32　次级等效电路

3. 互感耦合双调谐电路的次级电流频率特性

如图 7.29（a）所示的互感耦合双调谐电路，假定初级电路与次级电路的谐振频率相同，品质因数相等，常称为等振等 Q，即

$$\omega_0=\frac{1}{\sqrt{L_1C_1}}=\frac{1}{\sqrt{L_2C_2}},\quad Q_1=Q_2=Q$$

经推导互感耦合电路次级电路电流 I_2 随频率变化的数学表达式模值为

$$\frac{I_2}{I_{2mm}}=\frac{2(\frac{k}{k_c})}{\sqrt{[1+(\frac{k}{k_c})^2]^2+2[1-(\frac{k}{k_c})^2]\xi^2+\xi^4}} \tag{7-57}$$

式中，k 为耦合系数；k_c 为临界耦合系数；I_{2mm} 为次级电路电流可能达到的最大值；ξ 为电路一般失谐，$\xi=Q\ (\frac{\omega}{\omega_0}-\frac{\omega_0}{\omega})$。

由式（7-57）可画出次级电路电流的幅频特性曲线，如图 7.33 所示。

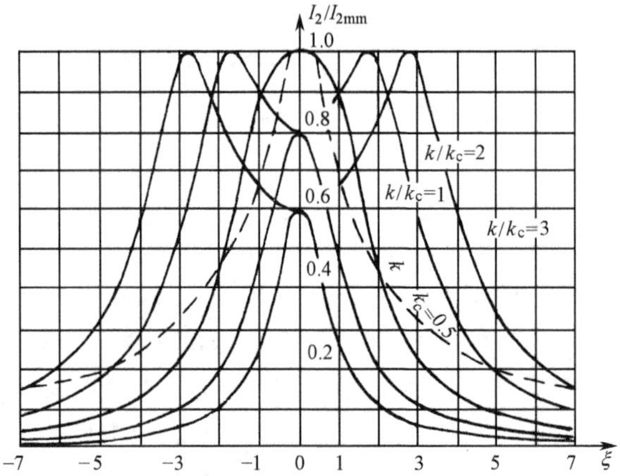

图 7.33 互感耦合电路次级电流频率特性

当$\frac{k}{k_c}<1$时，电路处于弱耦合状态，电流幅频曲线只有一个峰值，即单峰，且这个单峰值是随$\frac{k}{k_c}$的增大而增大的。

当$\frac{k}{k_c}=1$时，电路处于临界耦合状态，电流幅频曲线也是一个单峰，但此时 $I_2=I_{2mm}$，即 I_2 达到了可能达到的最大值。

当$\frac{k}{k_c}>1$时，电路处于强耦合状态，电流幅频曲线出现两个峰值和一个谷值，曲线出现双峰。

4. 互感耦合电路的通频带

互感耦合电路的通频带与简单谐振电路的通频带具有相同的定义，即指互感耦合电路次级电流不小于最大值的$\frac{1}{\sqrt{2}}$所对应的频率范围。因为互感耦合电路幅频特性曲线的形状与 k 有关。所以，要分别在弱耦合、临界耦合和强耦合的情况下讨论通频带。

$\frac{k}{k_c}=1$时，将它代入式（7-57）并根据通频带定义，可得通频带为

$$f_B = \sqrt{2}\,\frac{f_0}{Q} \tag{7-58}$$

显然，互感耦合电路的通频带是简单调谐电路通频带的$\sqrt{2}$倍，同时通过曲线还看到它的顶部较平坦，两边比较陡峭，即幅频曲线更接近于矩形，说明它具有更好的选择性和抑制干扰的能力。

互感耦合电路的矩形系数为

$$k_{0.1} = \frac{f_{B0.1}}{f_{B0.7}} = 3.2$$

这个数值比简单谐振电路的矩形系数 $k_{0.1}=10$ 小得多。

$\frac{k}{k_c}>1$ 时，谐振曲线出现两个峰值和一个谷值，即出现双峰，$\frac{k}{k_c}$值越大，两峰点距离越远，谷点下降的越严重，此时需要注意的是通频带是指在此频率范围内$\frac{I_2}{I_{2mm}}$的值大于或等于 0.707。对于双峰曲线，谷点值也不能低于 0.707 才能满足通频带的定义。对应的通频带为

$$f_B = \frac{f_0}{Q}\sqrt{(\frac{k}{k_c})^2 + 2(\frac{k}{k_c})^2 - 1} \tag{7-59}$$

当谷点值等于 0.707 时对应的$\frac{k}{k_c}=2.41$，此时对应的双耦合电路通频带为最宽的通频带，其值为

$$f_B = 3.1\,\frac{f_0}{Q} \tag{7-60}$$

【例 7-11】　在等振等 Q 的互感耦合双调谐电路中，工作频率为 $f_0=465\text{kHz}$，品质因数 $Q=63.7$，试求$\frac{k}{k_0}=1$ 时的通频带。

解：
$$f_B = \sqrt{2}\,\frac{f_0}{Q} = \sqrt{2}\times\frac{465}{63.7} = 10.32\text{kHz}$$

小结

本章讨论了 3 种谐振电路（串联谐振电路，并联振电路和耦合谐振电路）的选频特性。介绍了电路形式，找到了元件参数和电路参数的关系，阐述了谐振现象及其特点，描述了频率特性曲线，分析了各个选频特性指标。

在串联和并联谐振电路的分析中，有很多相同的结论：例如二者的谐振频率表达式相同；品质因数、通频带、矩形系数和选择性都具有相同的意义和表达式。也有很多相对应的关系：例如二者幅频特性表达式，只是纵坐标有区别，串联谐振电路纵坐标为$\frac{I}{I_0}$，并联谐振电路纵坐标为$\frac{U}{U_0}$，函数式相同，对应的幅频曲线形状相同。

幅频特性曲线描述了谐振电路的一般频率响应规律，谐振现象只是电路一个特殊的工作状态，但它很有应用价值。

串联与并联谐振电路谐振时具有不同的特点。串联谐振时，阻抗最小；元件上电压是电源电压的 Q 倍，$\rho=\omega_0 L=\frac{1}{\omega_0 C}$；并联谐振时，阻抗最大，支路电流是总电流的 Q 倍等，这

些特点在实际中都得到广泛的应用。研究谐振电路频率特性最终落实到四个具体指标上，即谐振频率 f_0、通频带、选择性和矩形系数。

复杂并联谐振电路分为双L和双C谐振电路，通过部分接入可以减小 R_i 和 R_L 对电路的影响，另外可调节接入系数的大小，达到电路与信号源及负载的阻抗匹配。分析复杂并联谐振电路总是将部分接入电路折合到电路两端去，把部分接入的分析转化为简单并联谐振电路的分析，使问题的分析得到简化。

互感耦合谐振电路的种类很多，信号的传输靠耦合元件来完成。互感耦合电路的频率特性与耦合系数有关，通常分3种情况：

弱耦合：$k/k_c<1$，曲线为单峰；

临界耦合：$k/k_c=1$，曲线为单峰，它对应的曲线顶部较平坦，而且宽，两边较陡峭，具有较好的选频特性，因此实际应用非常多。

强耦合：$k/k_c>1$，曲线为双峰。

3种谐振电路的特性列表总结如下。

（1）串联、并联谐振电路的比较及基本公式如下表。

	串联谐振电路	并联谐振电路
电路形式	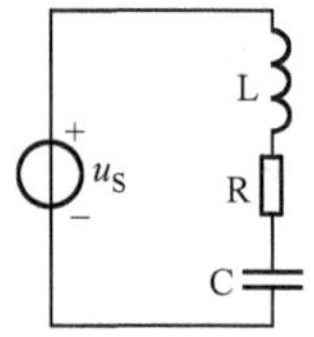	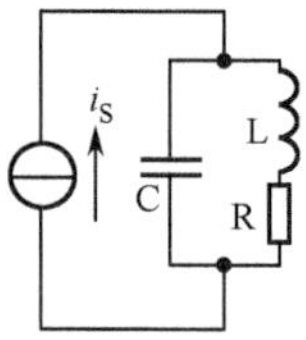
特性阻抗	$\rho=\sqrt{\frac{L}{C}}$	$\rho=\sqrt{\frac{L}{C}}$
品质因数	$Q_0=\frac{\rho}{R}=\frac{\omega_0 L}{R}=\frac{1}{\omega_0 CR}$	$Q_0=\frac{\rho}{R}=\frac{\omega_0 L}{R}=\frac{1}{\omega_0 CR}$
谐振条件	$X_L=X_C$	$B_L=B_C$ $X_L=X_C$（$Q\gg1$）
谐振频率	$f_0=\frac{1}{2\pi\sqrt{LC}}$	$f_0\approx\frac{1}{2\pi\sqrt{LC}}$（$Q\gg1$）
谐振阻抗	$Z_0=R$（最小）	$Z_0=\frac{X_1^2}{R}=\frac{X_2^2}{R}=\frac{L}{CR}=Q\rho$（最大）
失谐时阻抗的性质	（1）$f>f_0$　感性 （2）$f<f_0$　容性	（1）$f>f_0$　容性 （2）$f<f_0$　感性
R_i（R_g）和 R_L 对电路的影响	$Q_L=\frac{\omega_0 L}{R+R_i+R_L}$ $=\frac{Q_0}{1+R_i/R+R_L/R}$ 降低 Q 值使 f_B 加宽	$Q_L=\frac{Q_0}{1+R_0/R_i+R_0/R_L}$ 降低 Q 值使 f_B 加宽
元件上电压或电流	$\dot{U}_{L0}=jQ\dot{U}_S$ $\dot{U}_{C0}=-jQ\dot{U}_S$	$\dot{I}_{L0}=-jQ\dot{I}_S$ $\dot{I}_{C0}=jQ\dot{I}_S$

续表

	串联谐振电路	并联谐振电路
幅频曲线及表示式	$\frac{I}{I_0}=\frac{1}{\sqrt{1+Q^2\ (\omega/\omega_0-\omega_0/\omega)^2}}$ 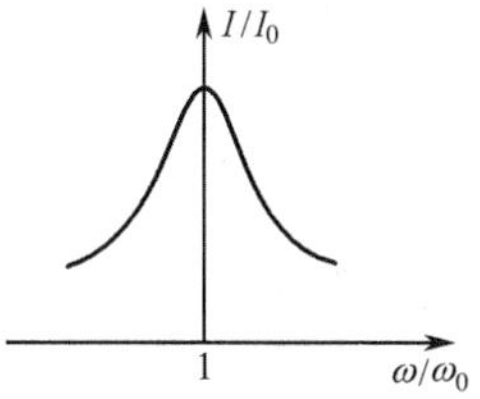	$\frac{U}{U_0}=\frac{1}{\sqrt{1+Q^2\ (\omega/\omega_0-\omega_0/\omega)^2}}$ 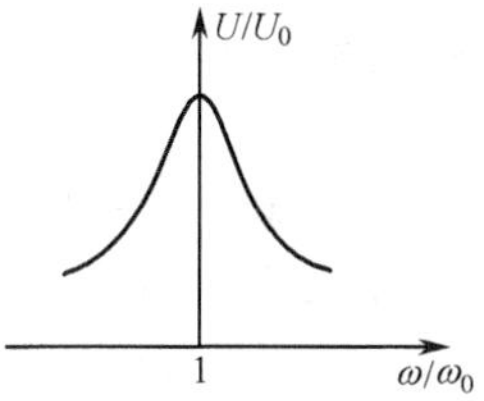
通频带	$f_B=f_0/Q$	$f_B=f_0/Q$
对电源要求	适用于低内阻信号源	适用于高内阻信号源

（2）3 种并联谐振电路的比较如下表。

电路形式	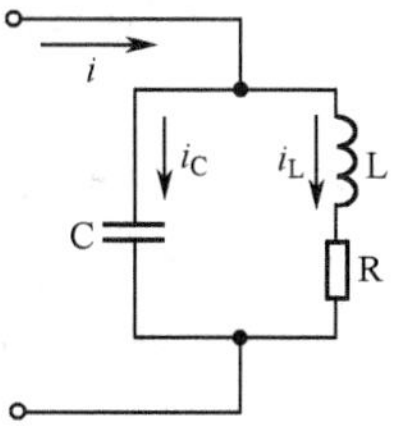	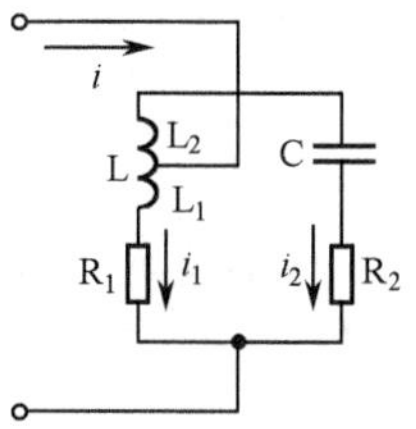	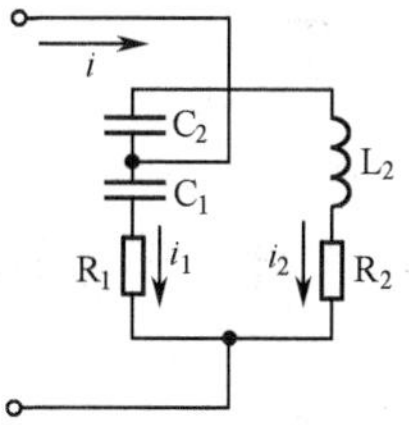
谐振频率	$f_0=\frac{1}{2\pi\sqrt{LC}}$	$f_0=\frac{1}{2\pi\sqrt{(L_1+L_2)\ C}}=\frac{1}{2\pi\sqrt{LC}}$	$f_0=\frac{1}{2\pi\sqrt{L_2\frac{C_1C_2}{C_1+C_2}}}=\frac{1}{2\pi\sqrt{LC}}$
品质因数	$Q=\frac{\rho}{R}\approx\frac{\omega_0L}{R}=\frac{1}{\omega_0CR}$	同左	同左
接入系数	$p=1$	$p_L=\frac{L_1}{L}<1$	$p_C=\frac{C}{C_1}<1$
谐振阻抗	$Z_0=Q\rho=\frac{L}{CR}$	$Z'_0=p_L^2\frac{L}{CR}=p_L^2Z_0$	$Z'_0=p_C^2\frac{L}{CR}=p_C^2Z_0$
电流关系	$I_L\approx I_C=QI_S$	$I_1\approx I_2=p_LQI_S$	$I_1\approx I_2=p_CQI_S$

习题 7

7.1　为什么串联谐振叫做电压谐振？

7.2　串联谐振有何特点？

7.3　何谓通频带？它与哪些量有关？

7.4　说明 Q 值的大小对谐振曲线的影响。

7.5　在串联电路中，$f>f_0$，$f=f_0$ 及 $f<f_0$ 时，电路阻抗呈现什么性质？

7.6　某无线电信号的频带为 f_{B1}，串联电路的通频带为 f_B，若保证无线电信号不失真地通过电路，f_B 如何选择？

7.7　在串联谐振电路中，若改变电源频率，电路中的电流是否发生变化？

7.8　某 R，L，C 串联电路处于谐振状态，如果分别改变电路的参数 R，L 或 C 的数值（增大或减小），电路的阻抗性质是否发生变化？为什么？

7.9 为什么并联谐振称为电流谐振？

7.10 如果电源的频率大于、等于及小于并联电路的谐振频率，问电路阻抗将具有何种性质？

7.11 电源内阻和负载电阻对串联电路和并联电路的通频带有何影响？

7.12 试比较并联谐振电路和串联谐振电路，找出它们的特性有哪些相同点和不同点。

7.13 简述 R_i 与 R_L 对并联电路参数的影响。

7.14 什么叫耦合电路？

7.15 耦合系数表示什么意义？在什么情况下耦合系数等于1？

7.16 在双耦合电路中，次级电路对初级电路的影响表现在哪里？

7.17 试用物理意义解释反射电抗的性质。反射电阻为什么恒为正值？

7.18 双耦合电路在临界耦合时的幅频曲线与简单谐振电路的幅频曲线有何不同。

7.19 矩形系数的大小说明了什么问题？

7.20 某晶体管收音机的输入电路是由 L 和 C 组成的串联电路，已知电路的品质因数 $Q=50$，$L=310\mu H$，电路调谐于600kHz，信号在线圈中感应电压1mV。试求信号在电路中产生的电流。

7.21 串联谐振电路如图7.34所示，电路电压 $U=0.707mV$，频率 $f=10^6Hz$，调节 C 使电路发生谐振，这时电路中的电流 i_C 的有效值为 $I_0=100\mu A$，电容 C 两端的电压 $U_{C0}=100mV$，试求 R，L，C 及 Q 值。

7.22 将电压 $U=5mV$ 的交流电压接入由 $L=1.3\times10^{-4}H$，$C=588pF$ 及 $R=10\Omega$ 所组成的串联电路中，试求电路谐振频率和谐振时元件 L 和 C 上的电压？电路电流以及电路的品质因数？

7.23 若将一电压 U 为10V的交流电源接入一个串联电路，已知当谐振时电感上的电压 U_L 为314V，试问这个电路的衰减因数 d 等于多少？

7.24 串联谐振电路电感 $L=150\mu H$，电容器的电容量 $C=470pF$，电阻 $R=5\Omega$，接到电压 $U=10V$ 的电源上，试求谐振频率、谐振时的电压 U_L 和 U_C、特性阻抗及品质因数。

7.25 电容器与电感线圈串联，$L=103mH$，谐振频率 $f_0=100Hz$，求电容量 $C=$？

7.26 一串联电路谐振频率为1 150kHz，在相同外加电压下，如频率偏离谐振频率15kHz，而电流下降为谐振值的0.53倍，求电路的品质因数。

7.27 如图7.35所示的 Q 表原理线路，电源电压 $U=1V$、电源频率是可变的，当调节电容 $C=100pF$ 时，电容两端电压表的读数为100V，且为最大，此时电源的频率为100kHz，试求此时的被测电感线圈的 Q 值及 L_x 的值各为多少？

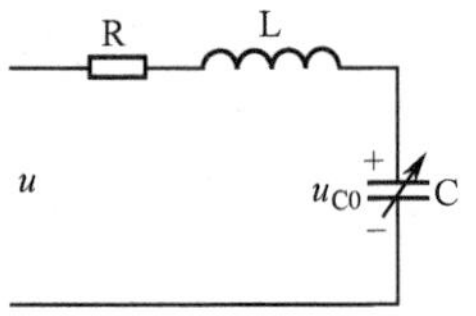

图7.34 题7.21图

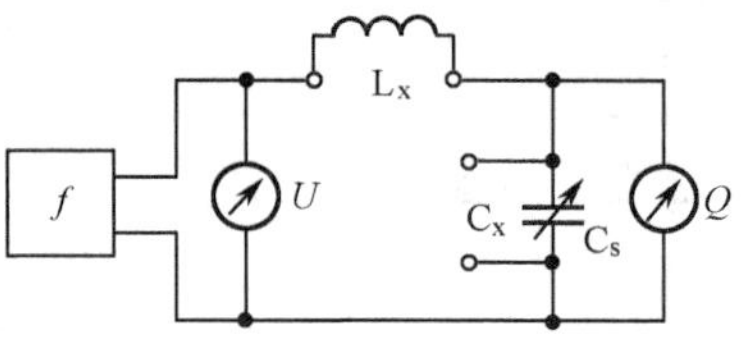

图7.35 题7.27图

7.28 试求通过由 $L=200\mu H$，$C=450pF$ 及 $R=40\Omega$ 组成的串联电路的通频带？

7.29 某串联谐振电路的谐振频率 $f_0=465kHz$，试求当电路的品质因数 $Q=80$ 和 $Q=50$ 两种情况下，回路对 $f=475kHz$ 信号的选择性（以分贝表示）。

7.30 品质因数 $Q=80$ 的串联电路接在频率 $f=500kHz$、电压 $U=500\mu V$ 的信号源上，调节可变电感，使 $L=126.7\mu H$ 时对信号源发生谐振。试求谐振时的电容 C、电路的特性阻抗 ρ、谐振阻抗 Z_0、谐振电流 I_0 和电容两端电压 U_{C0}。

7.31 已知串联谐振电路的 $f_0=100kHz$，$Q=100$，$R=20\Omega$，$L=680\mu H$，问通频带为多大？如果接入信号源的内阻 $R_i=5\Omega$，接入负载电阻 $R_L=5\Omega$ 后，通频带为多大？

7.32　某一收音机中放电路的并联谐振电路调谐于 465kHz，其电容量为 200pF，电路品质因数 $Q=100$，试求（1）线圈的电感量及损耗电阻？（2）若要求电路的通频带为 10kHz，试问应在电路两端并联多大的电阻？

7.33　如图 7.36 所示的双电容并联电路，已知 $L=80\mu H$，$C_1=400pF$，$C_2=100pF$，$R=20\Omega$，流经电路的总电流 $I=100\mu A$，其角频率 $\omega=12.5\times10^6 rad/s$。回路处于谐振状态，试求各支路电流和电路吸收的功率。

7.34　并联谐振电路中，已知 $L=100\mu H$，$C=100pF$，$Q=100$，$I_S=100\mu A$。求谐振频率、谐振时电路的电压 U_0 和环路电流 I_K 以及电路吸收的功率 P。

7.35　如图 7.37 所示的并联谐振电路，已知谐振频率 $f_0=465kHz$，$Q=100$，电路的谐振阻抗 $Z_0=80k\Omega$，假如不考虑信号源内阻的影响，求电路的通频带宽度；假如信号源内 $R_i=80k\Omega$，求此时电路通频带的宽度？

7.36　给定并联谐振电路的 $f_0=10MHz$，$C=56pF$，$f_B=150kHz$，$R=5\Omega$，求 L 与 Q_0 及对 $\Delta f=600kHz$ 信号的选择性。又若把 f_B 加宽为 300kHz，应在电路两端再并联一个多大的电阻？

7.37　如图 7.38 所示电路，若 $C=500pF$，$L=20\mu H$，$R=2\Omega$。试求抽头在 a，b 和 c 三点时电路的谐振频率，若要求电路的谐振阻抗为 5kΩ 时，抽头应在什么位置（假定 $M=0$）？

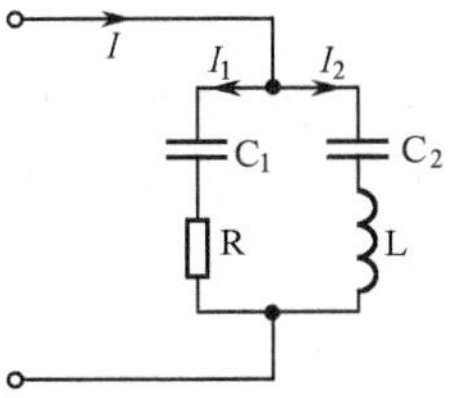

图 7.36　题 7.33 图

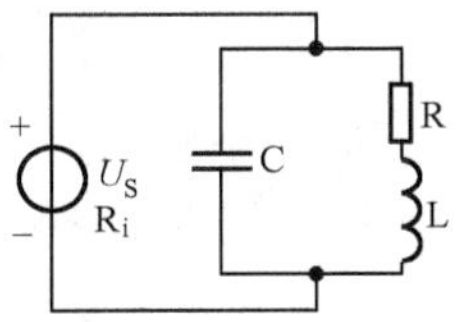

图 7.37　题 7.35 图

7.38　有一个并联电路，已知 $L=8\times10^{-3}H$，$C=8\times10^{-10}F$，$R=9\Omega$，是否能获得 $Z'_0=10^6\Omega$ 的谐振阻抗？如有可能，则在各支路上电容 C 及电感 L 将如何分配？

7.39　某电视机的输入电路的简化电路如图 7.39 所示，如已知 $C_1=15pF$，$C_2=5pF$，$R_i=75\Omega$，$R_L=300\Omega$，为使电路匹配（即使 R_i 和 R_L 变换到电路两端的阻抗相等），试求线圈的变换系数 $p_L=N_1/N=?$

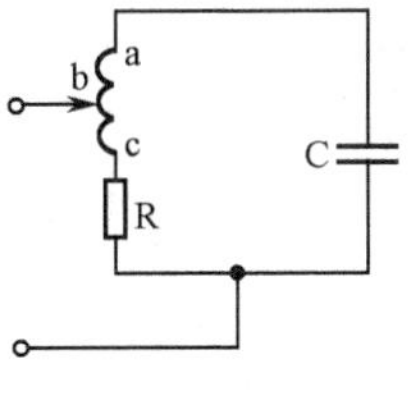

图 7.38　题 7.37 图

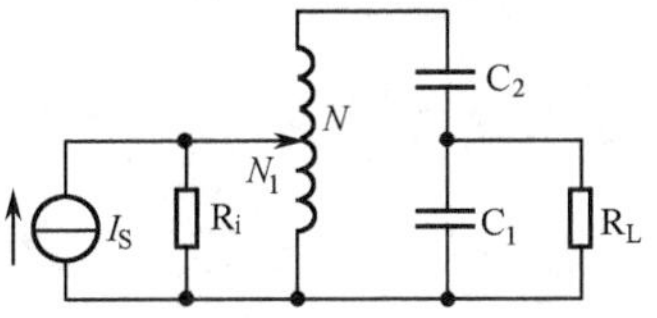

图 7.39　题 7.39 图

7.40　串联谐振电路调谐在 $f_0=600kHz$，电路的电感 $L=150\mu H$，电阻 $R=10\Omega$。试求：（1）电路的通频带。（2）若电源频率与电路谐振频率相差 $10^4 Hz$ 时，要求电路的电流不小于谐振时的 80%，此时应在电路中加入多大电阻？

7.41　等振等 Q 互感耦合电路的谐振频率 $f_0=1MHz$，品质因数 $Q=80$。试求 $k/k_c=1$，$k/k_c=2.41$ 时的通频带各为多少？并说明在这 3 种情况下次级电流曲线的形状大概如何。

模块8

线性动态电路的分析

含有储能元件即动态元件 L 和 C 的电路称为动态电路。不论是电阻电路还是动态电路，各支路电流和电压都遵从基尔霍夫定律。电阻元件服从欧姆定律；电感元件和电容元件受其自身性质的约束，其电压、电流是微分或积分关系。因此线性动态电路中，要用线性微分方程来描述。用解析方法求解动态电路就是求解微分方程。

在实际电子技术中经常遇到只有一个动态元件的线性网络，用线性常系数一阶微分方程来描述，称为一阶网络。本模块讨论具有动态元件组成的一阶网络中出现的从一种稳定状态向另一种稳定状态过渡时电压、电流的变化规律。

单元 1　换路定律

1. 过渡过程的概念

电路从一种稳定状态变化到另一种稳定状态的过程称为过渡过程。例如电容器的充放电过程就是一种过渡过程。引起过渡过程的原因有两个：其一是电路中含有动态元件；其二是改变电路参数或电源发生变化。

1）稳态与暂态

如前所述，R，L，C 元件上的电压与电流关系分别为

$$u_{\mathrm{R}} = Ri_{\mathrm{R}} \qquad u_{\mathrm{L}} = L\frac{\mathrm{d}i_{\mathrm{L}}}{\mathrm{d}t} \qquad i_{\mathrm{C}} = C\frac{\mathrm{d}u_{\mathrm{C}}}{\mathrm{d}t}$$

其中，L 和 C 元件上的电压、电流关系是微分或积分关系，L 和 C 是动态元件，具有储能功能。

如图 8.1（a）所示，一个电阻 R 与一个电容 C 串联再与恒定电源接通。当开关 S 合上后，电源通过 R 给 C 充电，电容极板上的电压 u_{C} 逐步上升，电路处于暂态；经过一段时间，电容两端的电压 $u_{\mathrm{C}} \approx U_{\mathrm{S}}$ 不变，充电结束，电路进入稳态。

稳态指的是电路中的电压、电流为稳定值的状态；暂态指的是电路从一种稳定状态过渡到另一种稳定状态的动态过程。图 8.1（b）中的 u_{C} 曲线从 0 值变化到接近 U_{S} 值的暂态过程，是按指数规律增长的。

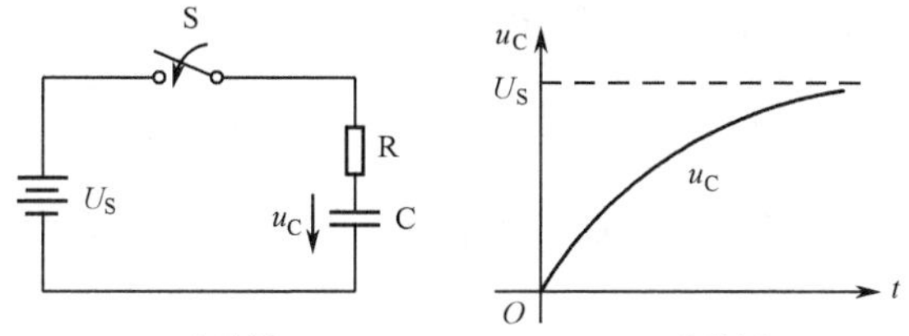

（a）电路图　　（b）曲线图

图 8.1　RC 串联电路及 u_C 曲线

2）换路

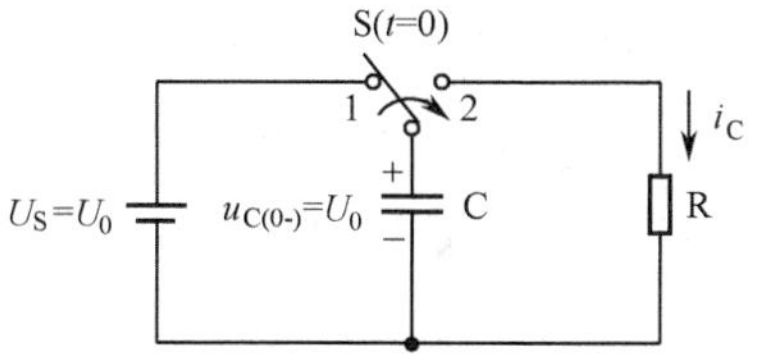

图 8.2　已充电的电容与电阻连接

如图 8.1（a）所示电路中，开关 S 合上的瞬时接通电路，即在此瞬间换路。又如图 8.2 所示电路中，已充电的电容与电阻连接时，当开关 S 与电源断开而接通电阻 R 时，电路发生换路，这是开关的动作引起的过渡过程。电路参数改变或电源发生变化同样会产生过渡过程。所谓换路就是引起过渡过程的电路变化。

在实际工作中，换路是经常发生的。换路包括电路的接通与断开、电路参数的改变或连接负载的 Y 形连接变换为 Δ 形连接、脉冲电源的突变等，都会在动态电路中产生暂态过程。

3）过渡过程的意义

动态电路的过渡过程具有重要的实际意义。一方面，电路在过渡过程中会产生比稳定状态时大得多的过电压和过电流，过电压会损坏电气设备的绝缘，过电流引起的电磁力会使电气设备的机械部分受损；另一方面，在自动控制、测量、调节、接收系统和计算机系统中，许多电路始终工作在过渡过程中。利用过渡过程可以制成各种控制电器、保护装置。通过对过渡过程的研究，可以充分利用其规律为生产和生活服务，同时设法防止其危害。

2. 换路定律

由于动态元件上的电压和电流关系是微分或积分关系，所以在换路时动态元件特性与纯电阻元件特性不同，下面将分别进行讨论。

1）含电感的动态电路

在 RL 串联电路与直流电源 U_S 接通即换路时，产生过渡过程，其原因是

$$u_L = \frac{d\psi_L}{dt} = L\frac{di_L}{dt}$$

由于磁链 ψ_L 不能跃变，即 i_L 不能跃变，这是电感性质决定的。假设电感电流可以跃变，即 $dt=0$ 时，$u_L=\infty$，违背了基尔霍夫电压定律，而电路中瞬时功率 $p=\frac{dW}{dt}=\infty$，并不存在这样的实际电源。所以 R-L 串联电路接通电源的瞬间，电感电流不能跃变。如果把换路瞬间作为计时起点，则换路前瞬间记为 $t=0_-$，换路后瞬间记为 $t=0_+$，那么含电感的动态电路的换路定律为

$$i_L(0_+) = i_L(0_-) \tag{8-1}$$

换路后的一瞬间，电感中的电流应当保持换路前一瞬间的原有值而不能跃变。对于一个

原来未储能的电感线圈，在换路的一瞬间 $i_L(0_+)=i_L(0_-)=0$，电感相当于开路。

2）含电容的动态电路

在 RC 串联电路与直流电源 U_S 接通即换路时，产生过渡过程的原因是

$$i_C=\frac{dq_C}{dt}=C\frac{du_C}{dt}$$

由于电荷 q_C 不能跃变，故 u_C 不能跃变，这是电容性质决定的。若换路后电容电压可以跃变，即 $dt=0$ 时，$i_C=\infty$，不满足基尔霍夫电流定律。而电路的瞬时功率 $p=\frac{dW}{dt}=\infty$，事实上不会有这样的电源。可见 RC 串联电路接通电源的瞬间，电容电压只能逐渐变化。含电容的动态电路的换路定律为

$$u_C(0_+)=u_C(0_-) \tag{8-2}$$

换路后的一瞬间，电容上的电压应当保持换路前一瞬间的原有值而不能跃变。对于一个原来未储能的电容，在换路的一瞬间 $u_C(0_+)=u_C(0_-)=0$，电容相当于短路。

需要指出的是：在电路换路时，只有电感中的电流和电容上的电压不能跃变，电路中其他部分的电压和电流都能跃变。

3. 线性动态电路初始值的计算

在分析线性动态电路的过渡过程时，与电磁场能量有直接关系的物理量 q_C，u_C，ψ_L，i_L 不能跃变，这些不能跃变量的初始值用换路定律求出；而其他跃变的物理量如 i_C、u_L，u_R，i_R 的初始值根据基尔霍夫定律和欧姆定律求出。

【例 8-1】 如图 8.2 所示电路中，直流电源 $U_S=U_0=50V$，$R=100\Omega$，换路前电容已充电 $u_C(0_-)=U_0$，求换路后瞬间的电容电压 $u_C(0_+)$，电阻电压 $u_R(0_+)$及电流 $i_C(0_+)$的值。

解：换路后的电路如图 8.3 所示。

根据换路定律有

$$u_C(0_+)=u_C(0_-)=U_0=50V$$

根据基尔霍夫电压定律有

$$u_C-u_R=0$$

所以

$$u_R(0_+)=u_C(0_+)=50V$$

则

$$i_C(0_+)=\frac{u_R(0_+)}{R}=\frac{50}{100}=0.5A$$

【例 8-2】 如图 8.4 所示电路，已知 $U_S=100V$，$R_1=10\Omega$，$R_2=15\Omega$，$L=2mH$。求换路后瞬间各电流及电感电压值（换路前电路处于稳态）。

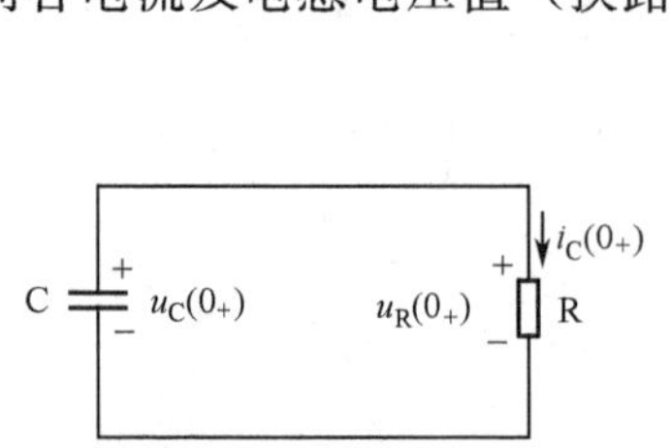

图 8.3 【例 8-1】图

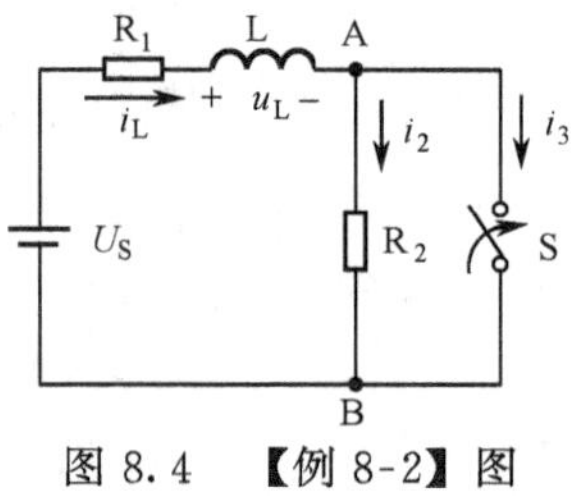

图 8.4 【例 8-2】图

解：电流电压参考方向如图 8.4 所示，换路前 L 视为短路。则换路前为

$$i_L(0_-) = \frac{U_S}{R_1 + R_2} = \frac{100}{10+15} = 4A$$

换路后 R_2 被短路，根据换路定律，则

$$i_L(0_+) = i_L(0_-) = 4A$$

且

$$u_{AB}(0_+) = 0V \qquad i_2(0_+) = \frac{u_{AB}(0_+)}{R_2} = 0A$$

由基尔霍夫电流定律有

$$i_3(0_+) = i_L(0_+) - i_2(0_+) = 4 - 0 = 4A$$

由基尔霍夫电压定律有

$$u_L(0_+) = U_S - R_1 i_L(0_+) = 100 - 10 \times 4 = 60V$$

单元 2　RC 串联电路的零输入响应

1. 零输入时的电压和电流

如前所述，图 8.2 所示电路为充电的电容器与电阻串联的动态电路。换路后电容器放电，如图 8.3 所示。

换路前电路已处于稳态。在 $t=0$ 时换路，即电路与电源 U_S 断开，其输入信号为零。换路后的电路响应取决于电容的初始状态。这种无外输入信号的响应称为零输入响应。

根据基尔霍夫电压定律，由换路后的图 8.3 得到电路电压方程为

$$u_C = u_R = Ri_C$$

因为

$$i_C = -C\frac{du_C}{dt}$$

式中，负号是因为电流 i 与电容电压 u_C 的参考方向相反。

整理上述方程得到以 u_C 为变量的微分方程

$$RC\frac{du_C}{dt} + u_C = 0 \tag{8-3}$$

式（8-3）是一阶线性常系数齐次微分方程。用数学方法得到微分方程的解为

$$u_C = U_0 e^{-t/\tau} \tag{8-4}$$

式（8-4）中，$\tau = RC$ 为时间常数，单位是秒（s）。u_C 为一个随时间衰减的指数函数，其初始值为 U_0。换路前后 u_C 是连续的，没有跃变。放电电流 i_C 为

$$i_C = -C\frac{du_C}{dt} = \frac{U_0}{R}e^{-t/\tau} \tag{8-5}$$

而

$$u_R = Ri_C = U_0 e^{-t/\tau} \tag{8-6}$$

i_C 也是一个随时间衰减的指数函数，其换路前为零值，换路后瞬间为$\frac{U_0}{R}$，所以 i_C 是跃变的。同理，u_R 也是跃变的。u_C 与 i_C 随时间变化的曲线如图 8.5 所示。

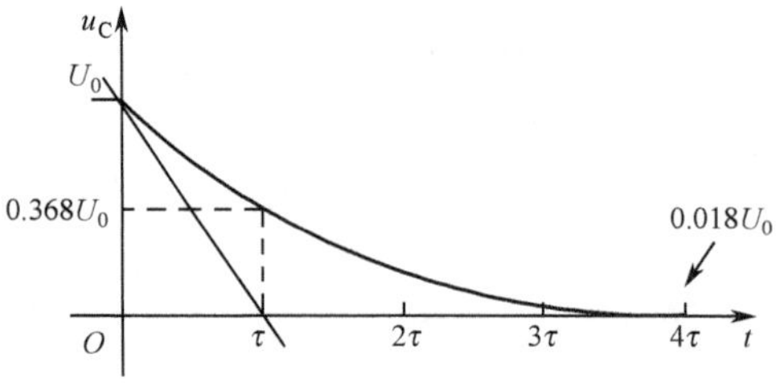

（a）RC电路电容放电时u_C-t曲线

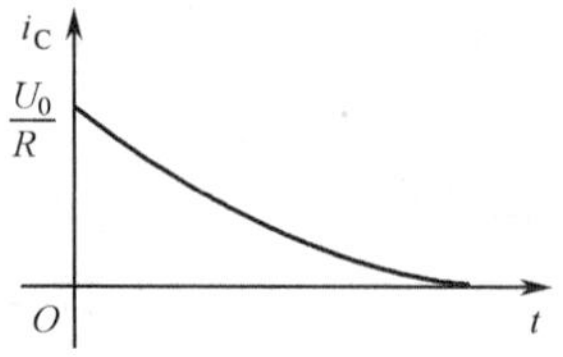

（b）RC电路电容放电时i_C-t曲线

图 8.5 RC 电路放电时 u_C 与 i_C 的变化曲线

2. 时间常数

时间常数 $\tau=RC$，由电路参数决定。R 为电路中的总电阻，其值越大，电路中放电电流越小，放电的时间越长；C 为电路中的总电容，其值越大，储存的电场能量越大，放电时间越长。时间常数越小，电压电流衰减越快。时间常数是表示过渡过程中电压电流变化快慢的一个物理量。

当 $t=0$ 时，$u_C(0)=U_0e^0=U_0$；

当 $t=\tau$ 时，$u_C(\tau)=U_0e^{-1}=0.368U_0$；

当 $t=2\tau$ 时，$u_C(2\tau)=U_0e^{-2}=0.135U_0$；

当 $t=3\tau$ 时，$u_C(3\tau)=U_0e^{-3}=0.050U_0$；

当 $t=4\tau$ 时，$u_C(4\tau)=U_0e^{-4}=0.018U_0$；

当 $t=5\tau$ 时，$u_C(5\tau)=U_0e^{-5}=0.007U_0$；

⋮

当 $t=\infty$ 时，$u_C(\infty)=U_0e^{\infty}=0$。

由此可见，过渡过程理论上要到 $t=\infty$ 时为止。实际上经过（3～5）τ，u_C 已是初始值的（5%～0.7%）了，所以认为此时的过渡过程基本上结束。τ 值越大，其暂态过程越长。图 8.6 给出了 3 条不同时间常数的函数曲线，反映出过渡过程的快慢。

3. 能量关系

RC 串联电路零输入响应的过程，就是电容器把最初存储的电场能量消耗在电阻上变为热能的过程。在放电的整个过程中，电阻 R 上消耗的能量为

$$W_R=\int_0^{\infty}Ri^2\mathrm{d}t=\frac{1}{2}CU_0^2$$

即等于放电前电容 C 中存储的电场能量。由此可见，暂态过程就是把电容中的电场能量全部转换给电阻变成热能的过程。

【例 8-3】 如图 8.7 所示电路中，$U_0=10\text{V}$，$C=10\mu\text{F}$，$R_1=10\text{k}\Omega$，$R_2=R_3=20\text{k}\Omega$。试求放电时的最大电流及经过 600ms 时，电容上的电压。

解：
$$\tau=RC=(R_1+\frac{R_2R_3}{R_2+R_3})C=(10+\frac{20\times20}{20+20})\times10^3\times10\times10^{-6}$$
$$=200\text{ms}$$

当 $t=0$ 时，放电电流最大为

$$i_C(0)=\frac{U_0}{R}e^{-t/\tau}=\frac{U_0}{R}e^0=\frac{U_0}{R_1+\dfrac{R_2R_3}{R_2+R_3}}=\frac{10}{(10+\dfrac{20\times 20}{20+20})\times 10^3}=0.5\text{mA}$$

当 $t=600$ ms 时，电容上的电压为

$$u_C(600\text{ms})=U_0e^{-t/\tau}=10e^{-600/200}=10e^{-3}=0.5\text{V}$$

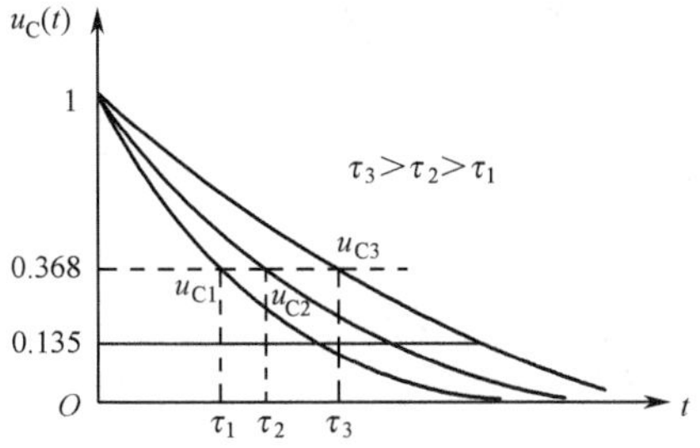

图 8.6　τ 对过渡过程的影响

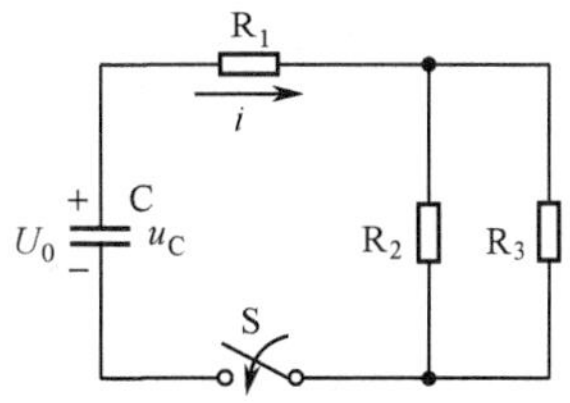

图 8.7　【例 8-3】图

单元 3　直流激励下 RC 串联电路的零状态响应

零状态响应就是零初始状态下，仅由施加于电路的输入信号产生的响应。最简单的输入形式就是直流电压。

1. 零状态时的电压和电流

如图 8.8 所示 RC 串联电路，电容原来未充电，即初始状态为零。在 $t=0$ 时换路，即闭合开关 S，电源 U_S 通过电阻 R 给电容 C 充电。

根据图 8.8 中电压电流的参考方向。由基尔霍夫电压定律得

$$u_R+u_C=U_S$$

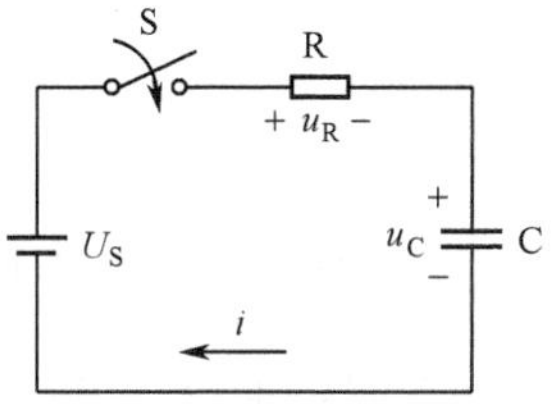

图 8.8　RC 充电电路

由于

$$u_R=Ri_C\qquad i_C=C\frac{du_C}{dt}$$

有

$$RC\frac{du_C}{dt}+u_C=U_S \tag{8-7}$$

式（8-7）是一阶线性常系数非齐次微分方程。用数学方法求得该方程的解为

$$u_C=U_S(1-e^{-t/\tau}) \tag{8-8}$$

电容的充电电流

$$i_C=C\frac{du_C}{dt}$$

代入式（8-8）后得

$$i_C=\frac{U_S}{R}e^{-t/\tau} \tag{8-9}$$

而

$$u_R=Ri_C=U_Se^{-t/\tau} \tag{8-10}$$

由于稳态时电容相当于开路，电流只有暂态分量 $i_C=\frac{U_S}{R}e^{-t/\tau}$。换路时由于 u_C 不能跃变，外施电压全加在R上，此时充电电流最大为$\frac{U_S}{R}$。随着 u_C 的增加，R上电压变小，充电电流变小，稳态时趋于零。

零状态响应下的 i_C，u_R，u_C 随时间变化的曲线如图8.9所示。

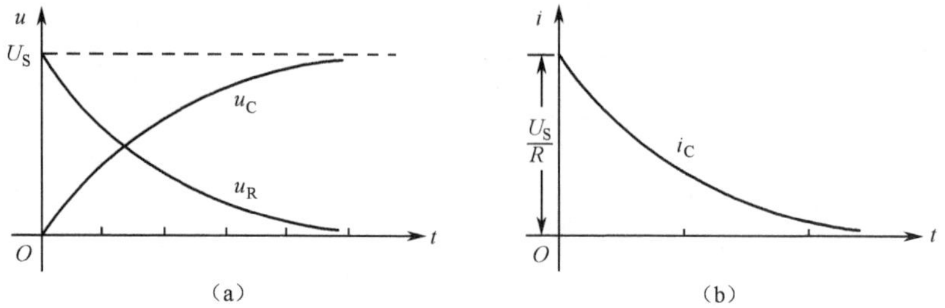

图8.9　i_C，u_R，u_C 随时间变化的曲线

不同时间常数的 u_C 曲线如图8.10所示。

与放电相似，充电时间常数 τ 越大，u_C 上升越慢，充电时间越长。当 $t=\tau$ 时，$u_C=0.632U_S$，当 $t=4\tau$ 时，$u_C=0.982U_S$。一般认为经过 $(3\sim5)\tau$ 的时间充电结束。

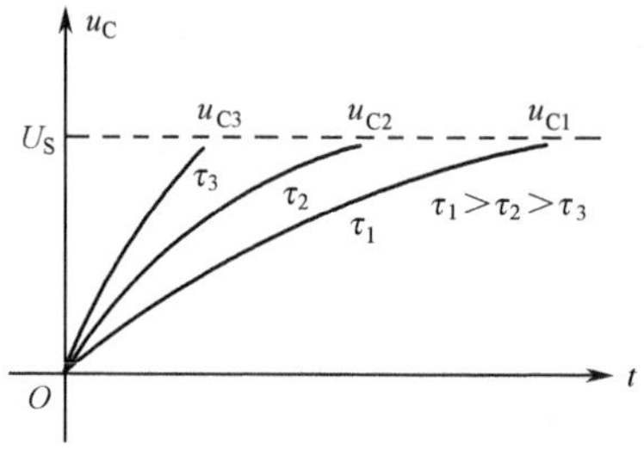

图8.10　不同 τ 值的 u_C 曲线

2. 电容中储存的电场能量

在直流激励下，RC串联电路换路前，电容电压 $u_C=0$。换路后，电容被充电，u_C 按指数规律增长，最终趋于稳态值 U_S。稳态时电容相当于开路，即停止充电。

充电过程中电阻始终消耗能量，电容始终储存能量。电源提供的能量一部分储存在电容的电场中，另一部分消耗在电阻上。

充电过程中储存在电容中的总能量经推导得

$$W_C=\int_0^{\infty}u_Ci_C\mathrm{d}t=\frac{1}{2}CU_S^2$$

充电过程中消耗在电阻上的总能量经推导得

$$W_R=\int_0^{\infty}Ri_C^2\mathrm{d}t=\frac{1}{2}CU_S^2$$

电源提供的能量为

$$W=W_C+W_R=CU_S^2$$

可见，无论电阻 R 多大，电源提供的能量，一半消耗在电阻上，一半储存在电容中，充电效率只有 50%。

【例 8-4】　如图 8.11 所示电路，电源电压 $U_S=100V$，开关 S 在 $t=0$ 时闭合。用示波器观测电流波形，测得电流的初始值为 20mA。电流在 0.1s 时接近于零。试求（1）R 值；（2）C 值；（3）u_C 值；（4）i_C 值（设开关闭合前电容电压为零）。

解：（1）根据换路定律得

$$u_C(0_+)=u_C(0_-)=0$$

由已知

$$i_C(0_+)=\frac{U_S}{R}e^0=\frac{U_S}{R}=\frac{100}{R}=20\text{mA}$$

则

$$R=\frac{100}{20\times 10^{-3}}=5\text{k}\Omega$$

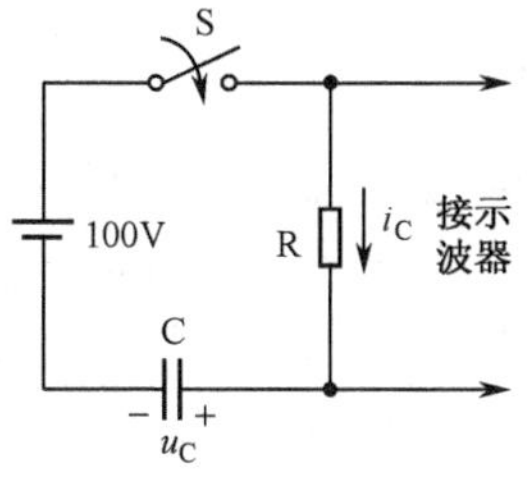

图 8.11　【例 8-4】图

（2）取 $t=4\tau$ 时，电流衰减为零，则

$$4\tau=0.1\text{s}$$

故

$$\tau=\frac{0.1}{4}=0.025\text{s}$$

则

$$C=\frac{\tau}{R}=\frac{0.025}{5\times 10^3}=5\mu\text{F}$$

（3）
$$u_C=U_S(1-e^{-t/\tau})=100(1-e^{-40t})\text{V}$$

（4）
$$i_C=\frac{U_S}{R}e^{-t/\tau}=20e^{-40t}\text{mA}$$

3. RC 串联电路过渡过程的应用

在电子技术中，常用到微分电路和积分电路，这两种电路都由不同电路参数的 RC 电路的过渡过程来实现。

1）微分电路

微分电路也是 RC 串联电路，输出电压 u_o 取自电阻两端。输入电压 u_i 为矩形脉冲，其脉冲宽度 t_w 远大于电路的时间常数 τ，如图 8.12 所示。

选择电压和电流的参考方向如图 8.12 所示，输出电压为

$$u_o=Ri=RC\frac{du_C}{dt}$$

输入电压为

$$u_i=u_C+u_o$$

当时间常数 $\tau \ll t_w$ 时，$u_C \gg u_R$

则

$$u_C\approx u_i$$

所以

$$u_o\approx RC\frac{du_i}{dt} \tag{8-11}$$

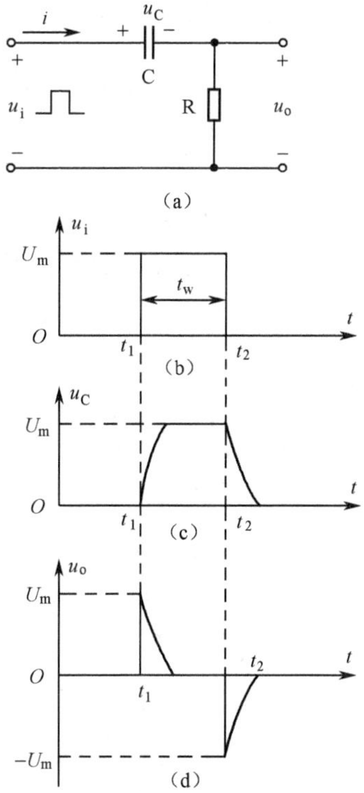

图 8.12　微分电路及其波形

即输出电压近似与输入电压的微分成正比。

(1) 微分电路的工作过程。

当 $t < t_1$ 时，$u_i = 0$，$u_o = 0$。

在 $t = t_1$ 瞬间，u_i 从0跃变到 U_m，由于电容电压不能跃变，此时 $u_C = 0$，u_i 全部降落到R上，则 $u_o = u_i - u_C = U_m$，输出电压从0跃变到 U_m。

在 $t_1 < t < t_2$ 期间，$u_i = U_m$，$\tau \ll t_w$，电容迅速充电，u_C 很快达到 U_m 值，此时 $u_o = u_i - u_C = 0$，在输出端形成一个正尖脉冲。

在 $t = t_2$ 瞬间，u_i 从 U_m 跃变到0，电容两端电压不能跃变，$u_C = U_m$，$u_o = u_i - u_C = -U_m$，即 u_o 从0下跳至 $-U_m$。

在 $t > t_2$ 后，$u_i = 0$，电容放电，u_C 迅速下降到0，$u_o = u_i - u_C = 0$，在输出端形成一个负尖脉冲。由此可见，微分电路是一种波形变换电路，可将输入的矩形脉冲，变为正负相间的尖脉冲，如图8.12（d）所示的波形图。

(2) 尖脉冲的幅度与宽度。

幅度：当输入矩形脉冲信号的幅度为 U_m 时，由于电容电压不能跃变，所以电阻R上的尖脉冲的幅度等于矩形脉冲的幅度 U_m。

宽度：把尖脉冲从其幅度值 U_m 下降至 $0.1U_m$，所需要的时间定义为微分脉冲的宽度 T_u。根据电容放电公式 $u_C = U_m e^{-t/\tau}$ 得

$$0.1\,U_m = U_m e^{-t/\tau}$$

$$T_u = RC\ln 10 = 2.3RC = 2.3\tau \tag{8-12}$$

如图8.13所示，微分脉冲宽度 T_u 正比于 τ，一般取 $\tau \leqslant \frac{t_w}{10}$。

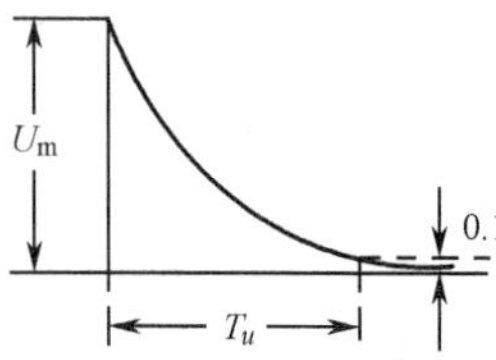

图8.13 尖脉冲的宽度

若时间常数 τ 选择不同，输出脉冲的形状也不同，如图8.14所示。

在电子技术中常用尖脉冲作触发信号。由RC串联电路组成的微分电路必须满足两个条件：

① 时间常数 $\tau \ll t_w$（矩形波脉宽）；

② 从电阻两端取输出量。

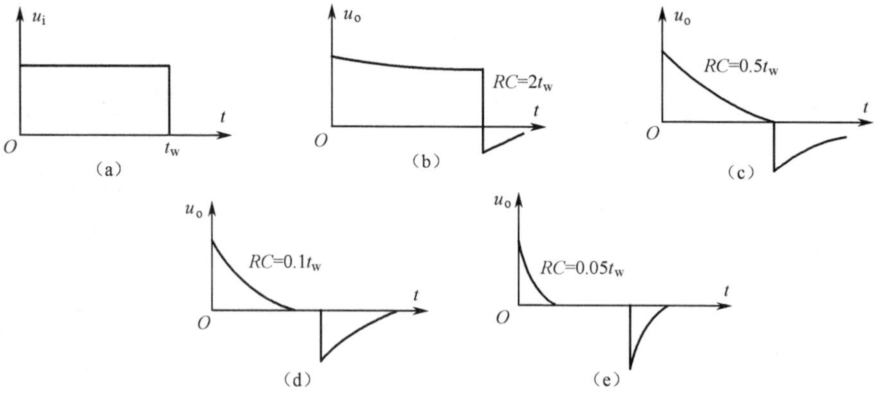

(a) 输入波形；(b)～(e) 输出波形

图8.14 τ 与脉冲波的关系

2）积分电路

图 8.15（a）所示电路为 RC 串联组成的积分电路，将 RC 位置与图 8.12（a）所示微分电路中的 R 与 C 位置对调，即从电容 C 上取出电压。时间常数 τ 远大于输入矩形波的脉宽 t_w，即 $\tau \gg t_w$。积分电路是将矩形波变换成锯齿波或三角波的波形变换电路。

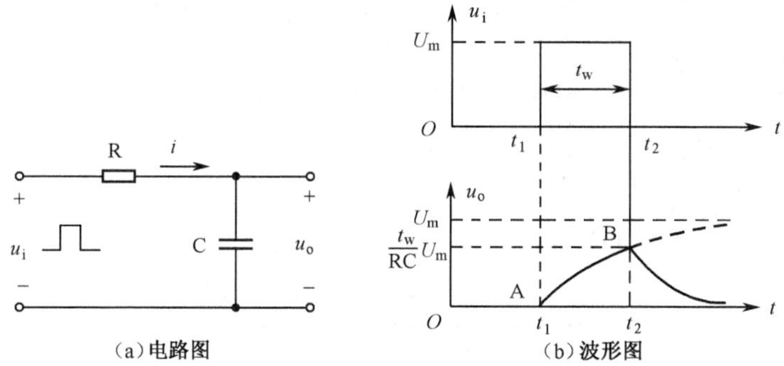

图 8.15 积分电路

选择电压及电流参考方向如图 8.15 所示，输出电压为

$$u_o = u_C = \frac{1}{C}\int i\mathrm{d}t$$

输入电压为

$$u_i = u_R + u_o$$

当时间常数 $\tau \gg t_w$ 时，$u_R \gg u_C$，则

$$u_R \approx u_i$$

所以有

$$i = \frac{u_R}{R} \approx \frac{u_i}{R}$$

故

$$u_o \approx \frac{1}{RC}\int u_i \mathrm{d}t$$

即输出电压近似与输入电压的积分成正比。

（1）积分电路的工作过程。

当 $t < t_1$ 时，$u_i = 0$，$u_o = 0$。

在 $t = t_1$ 瞬间，u_i 从 0 跃变到 U_m，由于电容电压不能跃变，此时 $u_o = u_C = 0$，则 $u_o = 0$。

在 $t_1 < t < t_2$ 期间，$u_i = U_m$，$\tau \gg t_w$，电容充电速度缓慢，u_C 近似直线增长，如图 8.15（b）中 AB 段所示。

在 $t = t_2$ 瞬间，u_i 从 U_m 下跳到 0，电容两端电压不能跃变，$u_C \approx \frac{t_w}{RC}U_m < U_m$，未充到稳态值。

在 $t > t_2$ 后，$u_i = 0$，电容放电，u_C 从曲线 B 点值 $\frac{t_w}{RC}U_m$ 逐渐下降至 0，在输出端形成近似锯齿波波形，如图 8.15（b）所示。

（2）积分的幅度与脉宽。当输入矩形脉冲信号的幅度为 U_m 时，且时间常数 $\tau \gg t_w$（矩形

脉冲脉宽)，积分电路输出电压幅度为

$$u_o \approx \frac{t_w}{RC} U_m$$

脉宽 t_w 越小，输出幅度越小，曲线越接近于直线，输出线性越好。在电视接收机的行、场扫描电路中就是用这种电容积分电路，获得线性良好的锯齿波电流。

积分电路输出波形脉宽大于输入矩形波脉宽，所以积分电路又称为脉冲展宽电路。积分电路元件参数一般取 $\tau \gg 10t_w$。

由 RC 串联电路组成的积分电路必须满足的两个条件是：

① 时间常数 $\tau \gg t_w$；

② 从电容两端取输出量。

几种简单 RC 电路的时间常数求法列于表 8-1 中。

表 8-1　几种简单 RC 电路的时间常数

电路	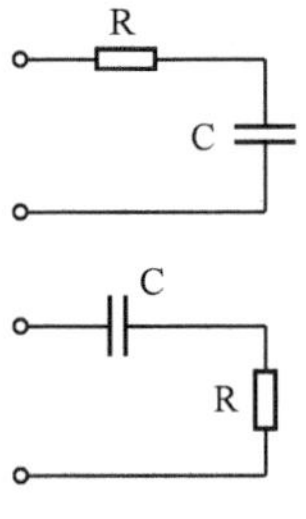	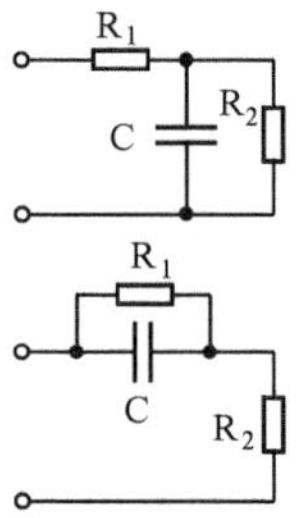	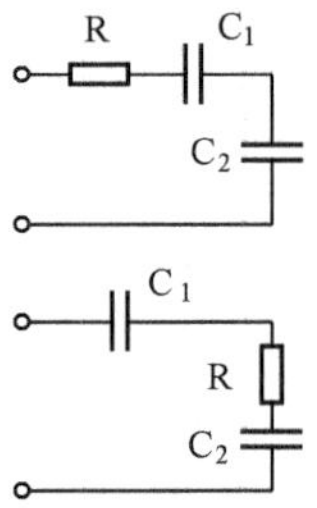	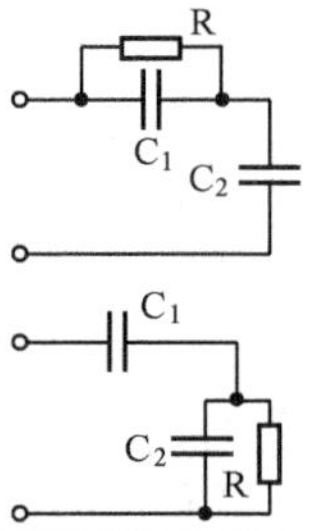
时间常数	RC	$\frac{R_1R_2}{R_1+R_2}C$	$\frac{C_1C_2}{C_1+C_2}R$	$(C_1+C_2)R$
电路	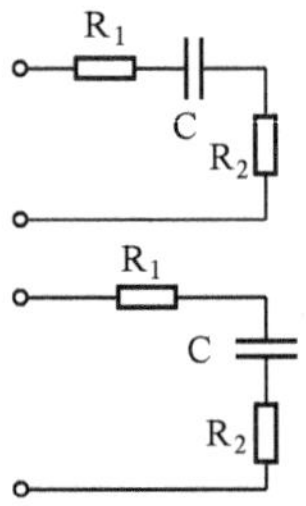	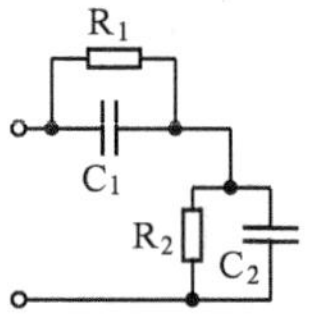	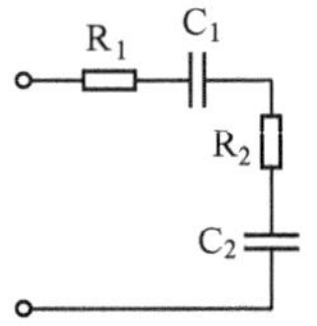	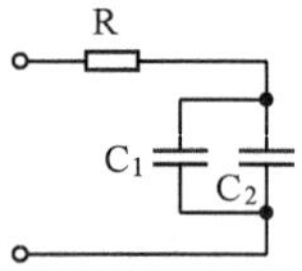
时间常数	$(R_1+R_2)C$	$\frac{R_1R_2}{R_1+R_2}(C_1+C_2)$	$\frac{C_1C_2}{C_1+C_2}(R_1+R_2)$	$R(C_1+C_2)$

单元 4　RL 串联电路的动态分析

1. RL 串联电路的零输入响应

如图 8.16 所示电路中，无输入信号作用，仅由电感元件初始时刻所储存的磁能引起的响应，称为 RL 串联电路的零输入响应。

换路前电路已处于稳态。在 $t=0$ 时刻换路，其输入信号为零。由于电感中电流不能跃变，开关 S 突然由“1”端接到“2”端的瞬间，电感中的电流遵从换路定律，即

$$i_L(0_+) = i_L(0_-) = \frac{U_S}{R} = I_0$$

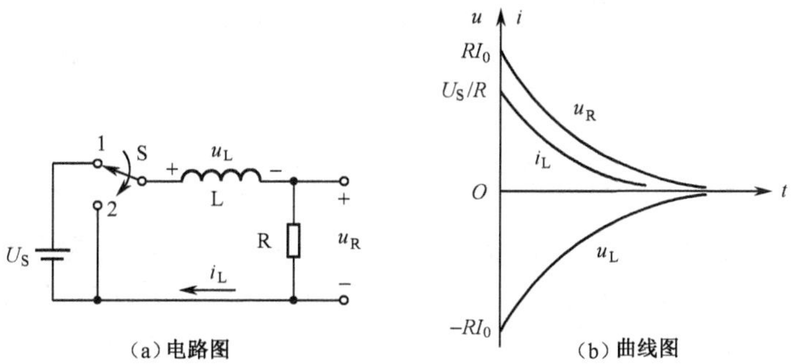

（a）电路图　　（b）曲线图

图 8.16　RL 串联电路 i_L，u_R，u_L 的曲线

根据 KVL 定律，得到回路电压方程为

$$L\frac{di_L}{dt}+Ri_L=0 \tag{8-13}$$

式（8-13）为一阶线性常系数微分方程，其微分方程的通解为

$$i_L=I_0e^{-t/\tau} \tag{8-14}$$

而

$$u_L=L\frac{di_L}{dt}=-RI_0e^{-t/\tau} \tag{8-15}$$

且

$$u_R=Ri_L=RI_0e^{-t/\tau} \tag{8-16}$$

上式中 $\tau=\frac{L}{R}$ 为 RL 串联电路的时间常数，单位是秒（s）。

换路时，i_L 不能跃变，而 u_L 和 u_R 是可跃变的，如图 8.16（b）所示。

【例 8-5】　如图 8.17 所示电路，已知开关 S 闭合前电路已处于稳态。求开关 S 闭合后各电压、电流的初始值及 i_L 的表达式。

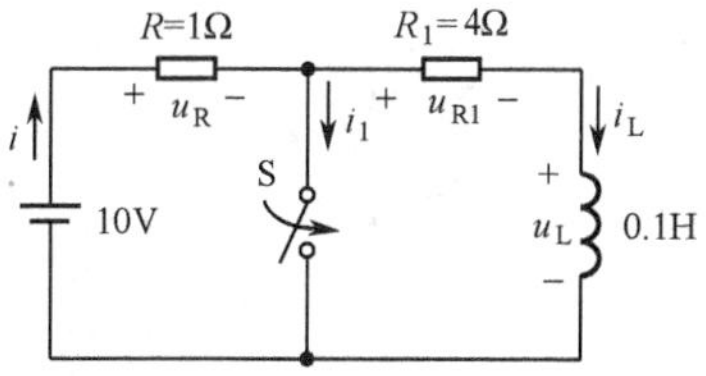

图 8.17　【例 8-5】图

解：由已知条件可将电感视为短路，则

$$i_L(0_+)=i_L(0_-)=\frac{10}{1+4}=2A$$

在 $t=0_+$ 瞬间，电感 L 相当于一个电流源，其电流初始值为

$$i_L(0_+)=2A$$

$$i(0_+)=\frac{10}{1}=10A$$

$$i_1(0_+)=i(0_+)-i_L(0_+)=10-2=8A$$

$$u_R(0_+)=Ri(0_+)=1\times 10=10V$$

$$u_{R1}(0_+)=R_1i_L(0_+)=4\times 2=8V$$

$$u_L(0_+)=-u_{R1}(0_+)=-8V$$

电感电流 $i_L=I_0e^{-t/\tau}$，其中 $I_0=i_L(0_+)=2A$。时间常数 τ 的求法是将电路中的电压源短路，电流源开路时，从动态元件两端看进去的等效电阻与动态元件 L（或 C）的数学表达式，则 RL 串联电路的时间常数为

$$\tau=\frac{L}{R_1}=\frac{0.1}{4}=0.025\text{s}$$

故

$$i_L=2e^{-t/0.025}=2e^{-40t}\text{A}$$

2. 直流激励下 RL 串联电路的零状态响应

如前所述，零状态响应是在初始状态为零的时候，由外输入信号产生的响应。在图8.18所示的电路中，当开关S闭合时，电路中的电感电流不能跃变，且 $i_L(0_+)=i_L(0_-)=0$。接通直流电源后有

$$u_L+u_R=U_S$$

得

$$L\frac{di_L}{dt}+Ri_L=U_S \tag{8-17}$$

与RC串联电路接通直流电源相似，式（8-17）的通解为

$$i_L=\frac{U_S}{R}(1-e^{-t/\tau}) \tag{8-18}$$

而

$$u_L=L\frac{di_L}{dt}=U_Se^{-t/\tau} \tag{8-19}$$

$$u_R=Ri_L=U_S(1-e^{-t/\tau})=U_S-u_L \tag{8-20}$$

式中，时间常数 $\tau=\frac{L}{R}$，单位为秒（s）。

当 $t=0$ 时，$i_L=0$，$u_L=U_S$。随着时间的延续，电感电流逐渐增大，电感电压逐渐衰减至零。

当 $t=5\tau$ 时，$i_L(5\tau)=\frac{U_S}{R}(1-e^{-5})=0.993\frac{U_S}{R}$，过渡过程基本结束。$i_L$ 和 u_L 随时间变化的曲线如图8.19所示。

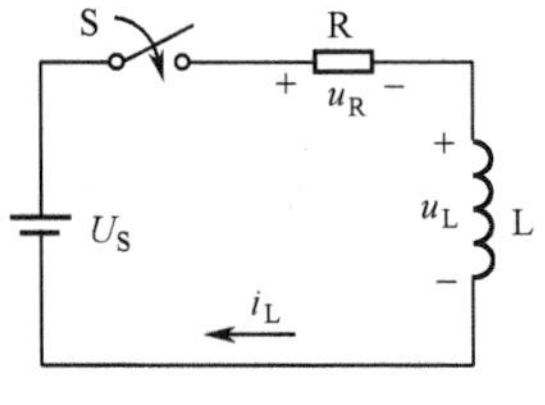

图8.18 RL串联电路的零状态响应

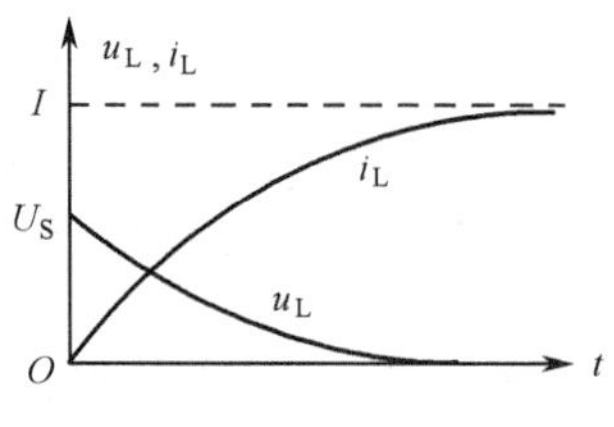

图8.19 i_L 与 u_L 的变化曲线

【例8-6】 电阻 $R=20\Omega$ 与电感 $L=5\text{H}$ 的串联电路如图8.18所示，现接在 $U_S=20\text{V}$ 的直流电源上。求（1）时间常数；（2）u_L 与 i_L 的表达式；（3）经过0.5 s后的 u_L 和 i_L 的数值；（4）$t=\infty$ 时的 u_L 与 i_L 的数值。

解：（1）$\tau=\frac{L}{R}=\frac{5}{20}=0.25\text{s}$

（2）$u_L=U_Se^{-t/\tau}=20e^{-4t}\text{V}$

$$i_L=\frac{U_S}{R}(1-e^{-t/\tau})=\frac{20}{20}(1-e^{-4t})=(1-e^{-4t})\text{V}$$

（3）$u_L(0.5\text{s})=20e^{-4\times0.5}=20e^{-2}=2.7\text{V}$

$i_L(0.5s) = 1 - e^{-4\times0.5} = 1 - e^{-2} = 0.865A$

(4) $u_L(\infty) = 20e^{(-\infty)} = 0V$

$i_L(\infty) = 1 - e^{(-\infty)} = 1A$

3. 电感中储存的磁场能量

RL 串联电路接通直流电源时，电感电流不能跃变，是由于磁通的变化在电感上产生自感电压阻碍电流变化，且一直持续到电感电流逐渐升到稳态值后，自感电压才消失。电源提供的能量一部分储存在磁场中，一部分消耗在电阻上。RL 串联电路接通直流电源时，储存在电感中的总能量为

$$W_L = \int_0^{\infty} u_L i_L \mathrm{d}t = \frac{1}{2}LI^2$$

能量的单位是焦耳 (J)。

【例 8-7】 某电磁铁的电感为 50H，内阻为 20Ω，接在 220V 的直流电源上，问电流达到稳态后，电磁铁中储存的磁能是多少？

解：稳态电流值

$$I = \frac{U}{R} = \frac{220}{20} = 11A$$

$$W_L = \frac{1}{2}LI^2 = \frac{1}{2} \times 50 \times 11^2 = 3025J$$

单元 5　一阶电路的全响应及三要素法

我们分别讨论了只有非零初始状态下的零输入响应和只有输入作用时的零状态响应。一阶电路的完全响应是零输入和零状态响应都存在的一阶网络的响应。

1. 一阶电路的全响应

对于线性电路，一阶电路的全响应等于零输入响应加上零状态响应，即稳态分量加上暂态分量。如图 8.8 所示 RC 串联电路，若为非零初始状态，在直流电源激励下的完全响应分析过程如下：

若换路时，$u_C(0_+) = u_C(0_-) = U_0 \neq 0$。换路后既有非零初始状态的作用又有输入信号的作用。根据 KVL 定律得

$$RC\frac{\mathrm{d}u_C}{\mathrm{d}t} + u_C = U_S$$

上式与 RC 串联电路零状态的微分方程式 (8-7) 完全相同，其求解过程相同，故得完全响应为

$$u_C = U_S + (U_0 - U_S)e^{-t/\tau}$$

稳态分量　暂态分量　(8-21)

式 (8-21) 中，时间常数为 $\tau = RC$，单位为秒 (s)。

由式 (8-21) 得知，完全响应等于稳态分量加上暂态分量。稳态分量仅与输入信号有关，当输入为直流量时，稳态分量为恒定量；当输入正弦量时，稳态分量为同频正弦量（本章不讨论）。

式（8-21）的波形图如图 8.20 所示，且有 3 种情况：

（1）$U_0<U_S$，电容充电，电容上的电压从 U_0 按指数规律增大到 U_S。

（2）$U_0>U_S$，电容放电，电容上的电压从 U_0 按指数规律下降到 U_S。

（3）$U_0=U_S$，电容不充电也不放电，电容上的电压等于 U_S，无暂态分量。

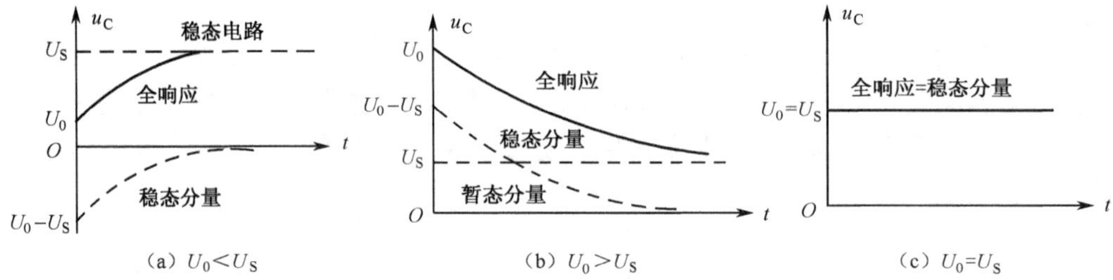

图 8.20 u_C 的暂态、稳态响应

电路中的电流为

$$i_C=C\frac{\mathrm{d}u_C}{\mathrm{d}t}=\underbrace{\frac{U_S-U_0}{R}e^{-t/\tau}}_{\text{暂态分量}} \tag{8-22}$$

电流只有暂态分量没有稳态分量，说明电容在稳态时相当于开路。

式（8-21）还可以写为

$$u_C=\underbrace{U_0e^{-t/\tau}}_{\text{零输入响应}}+\underbrace{U_S(1-e^{-t/\tau})}_{\text{零状态响应}} \tag{8-23}$$

由式（8-23）得知，完全响应等于零输入响应与零状态响应之和。电路的完全响应是由输入信号和初始状态分别单独作用时产生响应的总和。体现了线性电路的叠加性。式（8-23）的波形图如图 8.21 所示，图中给出了 $U_0<U_S$，$U_0>U_S$，$U_0=U_S$3 种情况下 u_C 随时间变化的曲线。

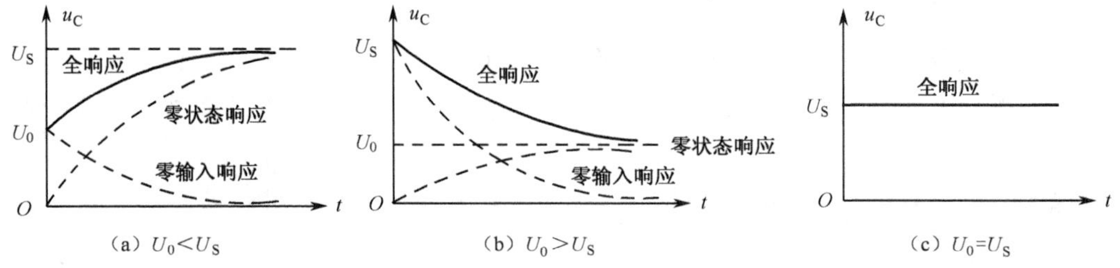

图 8.21 u_C 的零状态和零输入响应

式（8-22）也可以写为

$$i_C=\underbrace{\frac{U_S}{R}e^{-t/\tau}}_{\text{零状态响应}}-\underbrace{\frac{U_0}{R}e^{-t/\tau}}_{\text{零输入响应}} \tag{8-24}$$

综上所述，一阶电路的全响应分为两种形式：

（1）全响应 = 稳态分量 + 暂态分量；

（2）全响应 = 零状态响应 + 零输入响应。

2. 一阶电路的三要素法

在脉冲数字电路中，常遇到一阶电路。如电容充、放电电路等。在实际电路中一般使用晶体管、继电器或门电路等电子开关。在解决实际问题时，往往采用简便方法迅速算出一阶电路的完全响应。

如前所述，不难得到，在非零初始状态，直流电源输入作用下，一阶电路内各处的电压、电流都按指数规律变化，电压和电流都从初始值开始，逐渐增长或衰减到稳态值，且同一电路中各支路电流和电压的时间常数相等。所以我们只要知道换路后的初始值、稳态值和时间常数这三个要素，就能直接写出一阶电路的全响应，这种求解方法称为一阶电路的三要素法。

设 $f(0_+)$ 表示电压或电流的初始值，$f(\infty)$ 表示电压或电流的稳态值，τ 表示电路的时间常数，$f(t)$ 表示电路中待求的电压或电流，一阶电路全响应的三要素法通式为

$$f(t)=f(\infty)+[f(0_+)-f(\infty)]e^{-t/\tau} \tag{8-25}$$

由于 $f(0_+)$ 和 $f(\infty)$ 的值不同，电压、电流随时间变化的情况分为增长与衰减两类、4 种情况，分别如图 8.22 和图 8.23 所示。

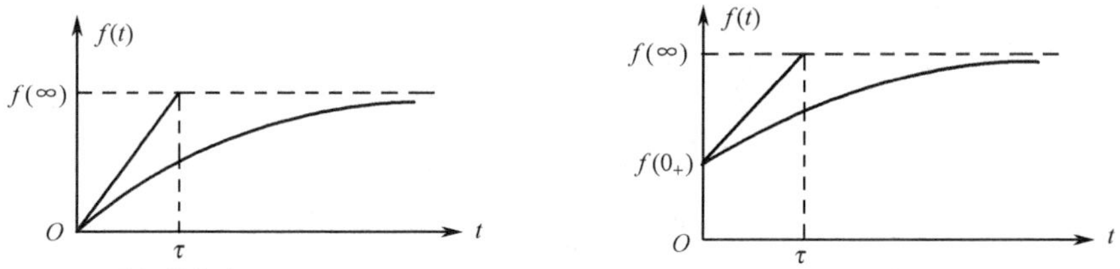

（a）零初始值时，$f(t)=f(\infty)(1-e^{-t/\tau})$　（b）非零初始值时，$f(t)=f(0_+)+[f(\infty)-f(0_+)](1-e^{-t/\tau})$

图 8.22　$f(t)$ 增长的情况

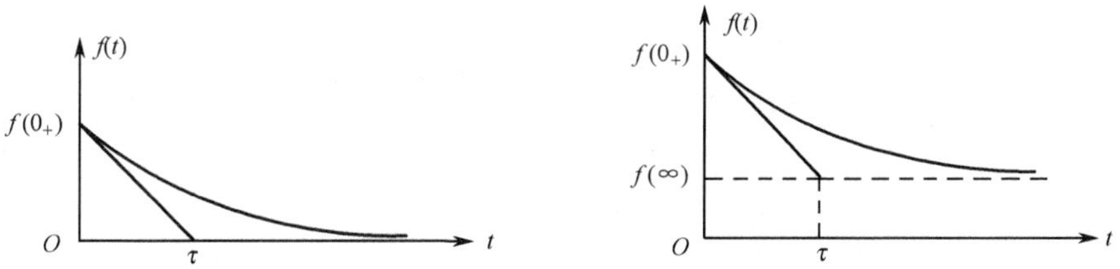

（a）零稳态值时，$f(t)=f(0_+)e^{-t/\tau}$　（b）非零稳态值时，$f(t)=f(\infty)+[f(0_+)-f(\infty)]e^{-t/\tau}$

图 8.23　$f(t)$ 衰减的情况

$f(0_+)$ 根据换路定律求得，$f(\infty)$ 是电容相当于开路；电感相当于短路时求得的新稳态值，τ 在同一电路中只有惟一的值，$\tau=RC$ 或 $\tau=\dfrac{L}{R}$。其中，R 应理解为从动态元件两端看进去的戴维南或诺顿等效电路中的等效电阻。

【例 8-8】　电路如图 8.24 所示，电路处于稳态，在 $t=0$ 时，开关 S 闭合，求 u_C 与 i_C 的表达式并画出曲线图。

解：(1)

$$u_C(0_+)=u_C(0_-)=2\times1=2\text{V}$$

$$u_C(\infty)=1\times\frac{2\times1}{2+1}=\frac{2}{3}\text{V}$$

$$\tau = RC = \frac{2\times 1}{2+1}\times 3 = 2\text{s}$$

代入

$$u_C = u_C(\infty) + [u_C(0_+) - u_C(\infty)]e^{-t/\tau}$$

得

$$u_C = \frac{2}{3} + (2 - \frac{2}{3})e^{-t/2} = \frac{2}{3} + \frac{4}{3}e^{-t/2}\text{V}$$

换路后的等效电路如图 8.25 所示。

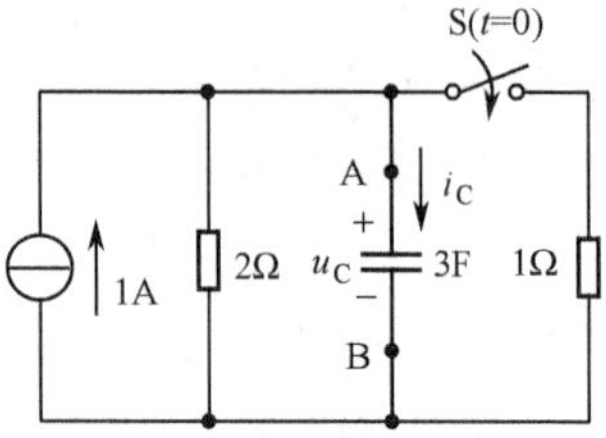

图 8.24 【例 8-8】图

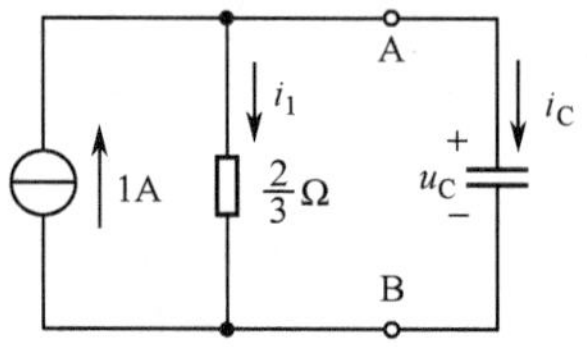

图 8.25 【例 8-8】等效电路

（2）
$$i_C(0_+) = 1 - i_1(0_+) = 1 - \frac{u_C(0_+)}{2/3} = 1 - \frac{2}{2/3} = -2\text{A}$$

$$i_C(\infty) = 0$$

代入

$$i_C = i_C(\infty) + [i_C(0_+) - i_C(\infty)]e^{-t/\tau}$$

得

$$i_C = -2e^{-t/2}\text{A}$$

u_C 和 i_C 曲线如图 8.26 所示。

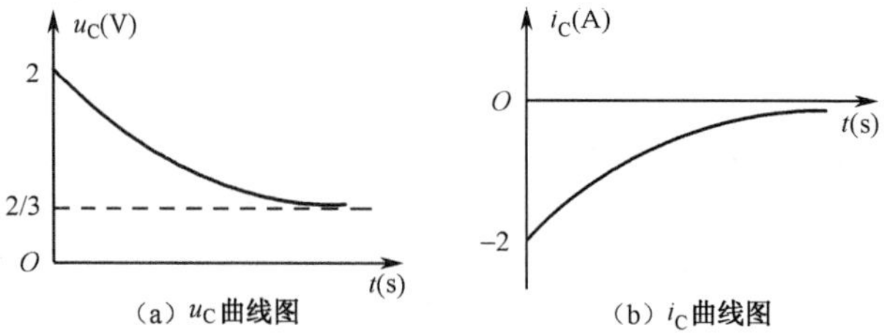

图 8.26 u_C 和 i_C 曲线图

【例 8-9】 图 8.27 所示电路已处于稳态，在 $t=0$ 时，开关由 a 扳向 b。求 i_L 和 i 的解析式，并画出波形图。

换路后的等效电路如图 8.28 所示。

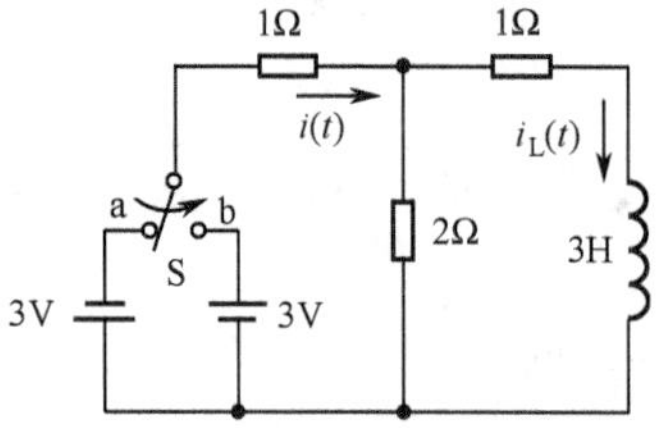

图 8.27 【例 8-9】图

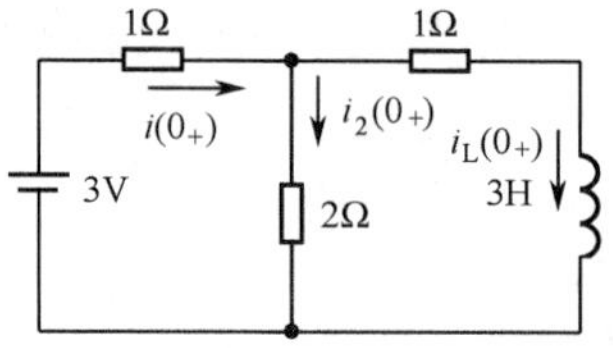

图 8.28 $t=0_+$ 时的等效电路

解：(1)
$$i_L(0_+)=i_L(0_-)=-\frac{3}{1+\frac{1\times 2}{1+2}}\times\frac{2}{1+2}=-\frac{6}{5}\text{A}$$

且

$$1\times i(0_+)+2[i(0_+)-i_L(0_+)]=3\text{V}$$

即 1Ω 电阻上压降加上 2Ω 电阻上压降等于电源电压。代入 $i_L(0_+)$ 值，得

$$3i(0_+)+2\times\frac{6}{5}=3$$

$$i(0_+)=\frac{3-\frac{12}{5}}{3}=\frac{1}{5}\text{A}$$

(2) $t=\infty$ 时，电感相当于短路，如图 8.29 所示。

$$i_L(\infty)=\frac{3}{1+\frac{2\times 1}{2+1}}\times\frac{2}{2+1}=\frac{6}{5}\text{A}$$

$$i(\infty)=\frac{3}{1+\frac{2\times 1}{2+1}}=\frac{9}{5}\text{A}$$

(3)
$$\tau=\frac{L}{R}=\frac{3}{1+\frac{2\times 1}{2+1}}=\frac{9}{5}=1.8\text{s}$$

得

$$\begin{aligned}i_L&=i_L(\infty)+[i_L(0_+)-i_L(\infty)]e^{-t/\tau}\\&=\frac{6}{5}+\left[-\frac{6}{5}-\frac{6}{5}\right]e^{-5t/9}=\frac{6}{5}-\frac{12}{5}e^{-5t/9}\text{A}\\i&=i(\infty)+[i(0_+)-i(\infty)]e^{-t/\tau}\\&=\frac{9}{5}+\left(\frac{1}{5}-\frac{9}{5}\right)e^{-5t/9}=\frac{9}{5}-\frac{8}{5}e^{-5t/9}\text{A}\end{aligned}$$

画出 i_L 及 i 的曲线如图 8.30 所示。

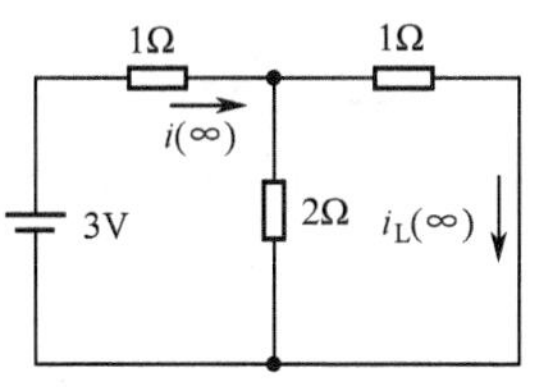

图 8.29　$t=\infty$时的等效电路

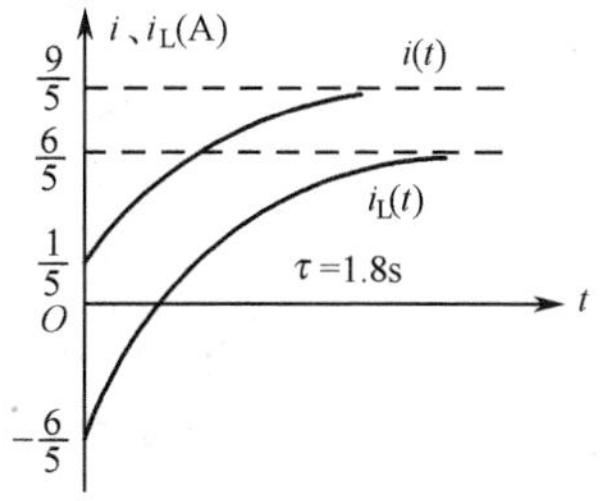

图 8.30　i_L 和 i 的波形图

小结

本章分析了线性动态电路由一种稳定状态到新的稳定状态的动态过程。

1. 过渡过程

在直流激励下，一阶电路的过渡过程是：电路中的电流和电压由初始值向新的稳态值过渡，且按指数规律增长或衰减，趋向新的稳态值。电路过渡过程的速率与时间常数 τ 紧密

相关。

2. 换路定律

引起过渡过程的电路变化称为换路。由于电路含储能元件电感和电容，其能量不能跃变，所以电感电流 i_L 和电容电压 u_C 不能跃变，即

$$u_C(0_+) = u_C(0_-) \qquad i_L(0_+) = i_L(0_-)$$

用换路定律可求出一阶电路的初始值 $f(0_+)$。

3. 一阶电路的三要素法

（1）一阶电路。仅含一个储能元件的电路，在直流激励下，其电路性质用一阶微分方程描述，在任何瞬间，电流电压的瞬时值受基尔霍夫定律制约。

（2）一阶电路的全响应

$$全响应 = 零状态响应 + 零输入响应$$

$$全响应 = 稳态分量 + 暂态分量$$

一阶电路在直流激励下的零状态响应和零输入响应都视为全响应的特例。

（3）一阶电路的三要素法。设 $f(0_+)$ 表示电压或电流的初始值；$f(\infty)$ 表示电压或电流的稳态值，τ 表示电路的时间常数，$f(t)$ 表示电路中待求的电压或电流，一阶电路全响应的三要素法通式为

$$f(t)=f(\infty)+[f(0_+)- f(\infty)]e^{-t/\tau}$$

习题 8

8.1　如图 8.31 所示电路，已知 $R_1=1\text{k}\Omega$，$R_2=500\Omega$，$C=10\mu\text{F}$，$L = 0.1\text{H}$，$I_S=10\text{mA}$。开关 S 打开前 $u_C(0_-)=0$，$i_L(0_-)=0$，试求开关 S 打开后的电流 i_1 与 i_2 以及电压 u_C 和 u_L 的初始值。

8.2　如图 8.32 所示电路，已知 $U_S=1\text{V}$，$R_1=4\Omega$，$R_2=6\Omega$，$L=5\text{mH}$。求开关 S 打开后 $i_L(0+)$，$u_L(0+)$和 $u_{R1}(0+)$。

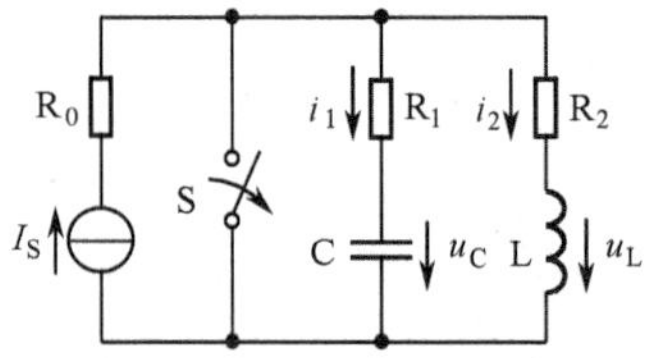

图 8.31　题 8.1 图

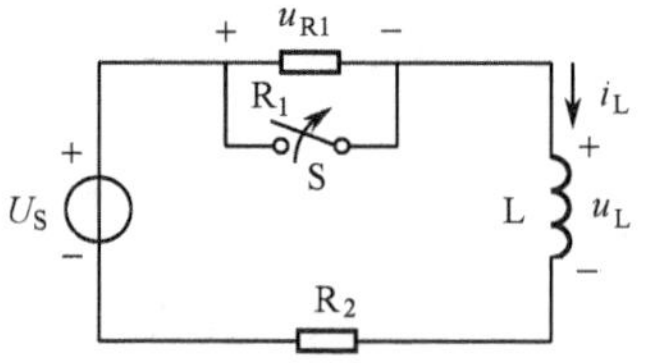

图 8.32　题 8.12

8.3　如图 8.33 所示电路，已知 $U_S= 60\text{V}$，$R=10\Omega$，$R_1= 5\Omega$，$L_3= 0.1\text{H}$ ，$C_4= C_2= 1\mu\text{F}$，开关 S 闭合前电路已处于稳定状态。试求开关闭合后各支路电流和电感电压的初始值。

8.4　如图 8.34 所示电路，已知 $U_S= 10\text{V}$，$R_1= 2\Omega$，$R_2= 8\Omega$，$C_1= 1\mu\text{F}$，$C_2= 2\mu\text{F}$，$L_1= 1\text{H}$，$L_2=2\text{H}$，试求开关 S 闭合后各支路电流和电路达到新稳态值时的各电容电压值。

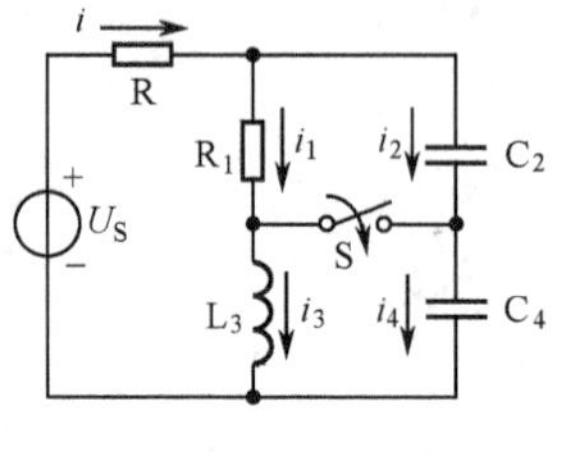

图 8.33　题 8.3 图

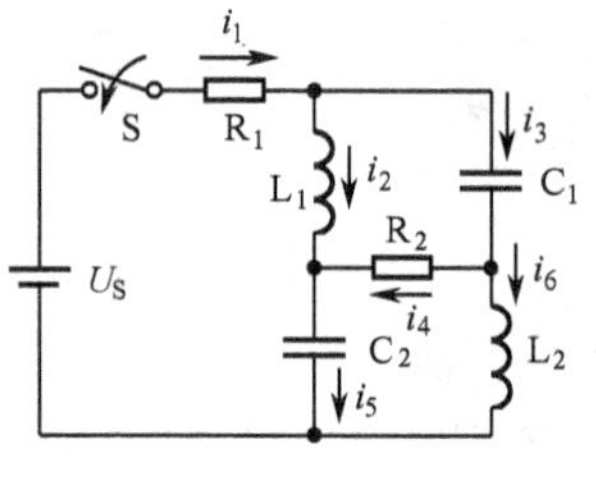

图 8.34　题 8.4 图

8.5　如图 8.35 所示电路，开关未动前电路已处于稳定状态。在 $t=0$ 时，把开关由触点 1 合至触点 2，电容 C 便向 R_L 放电，今已知 $R_1=20\Omega$，$R_L=400\Omega$，$C=0.1\mu F$，$U=100V$。求：（1）放电时最大电流；（2）电压 u_C 和电流 i 的表达式；（3）放电过程中电阻 R_L 吸收的能量。

8.6　如图 8.36 所示电路，在换路前已处于稳态，在 $t=0$ 时开关打开，求 $u_C(t)$。

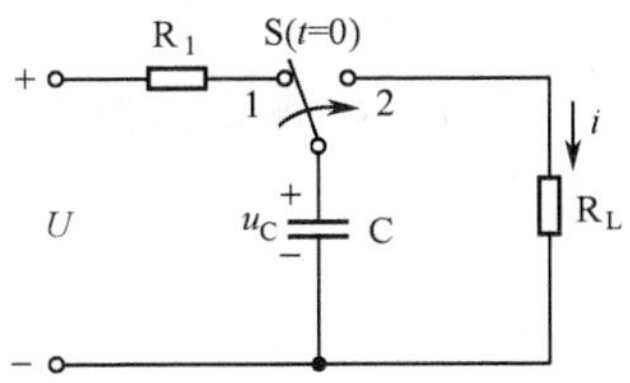

图 8.35　题 8.5 图

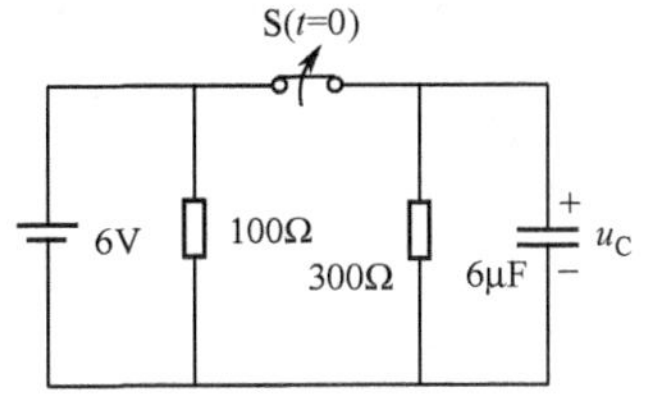

图 8.36　题 8.6 图

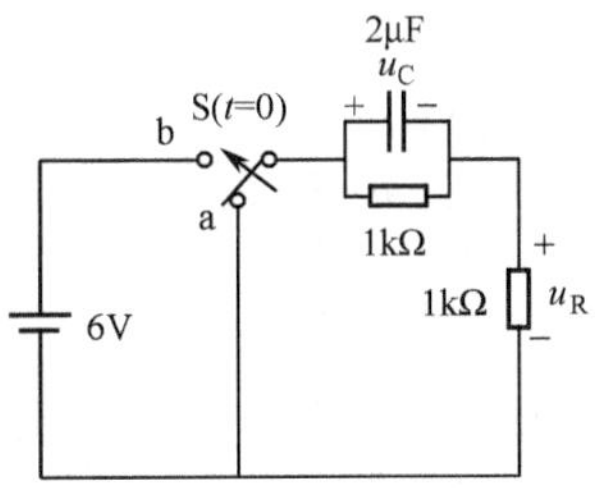

图 8.37　题 8.9 的图

8.7　由电容为 2μF 的电容器和电阻 $R=5\Omega$ 组成无分支电路，接上电源 $U_S=100V$，试求电流表达式及起始电流。

8.8　$C=10\mu F$，$u_C(0-)=0$ 的 RC 充电电路接到 $U_S=10V$ 的电源上要使接通 0.02s 时，$u_C=8.7V$，求电阻 R_0。

8.9　如图 8.37 所示电路，开关动作前电容电压为零。在 $t=0$ 时，开关由 a 投向 b，求 $u_C(t)$与 $u_R(t)$，并绘制其曲线。

8.10　如图 8.38 所示电路，试求各电路的时间常数。

8.11　RL 串联电路，$R=10\Omega$，$L=0.5H$，通过的稳定电流 1.2A，RL 短接后，试求减少到初始值的一半时所需要的时间。

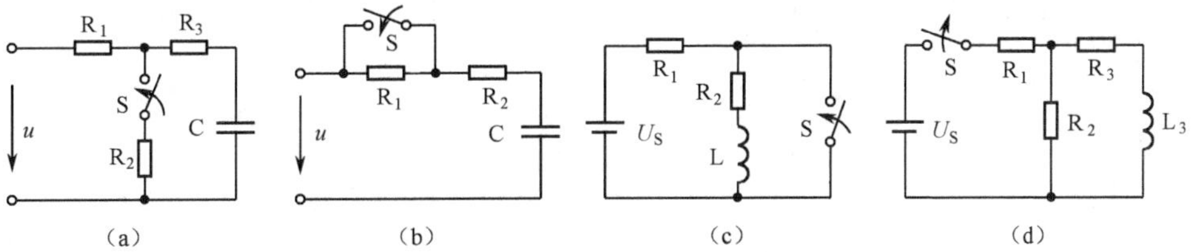

图 8.38　题 8.10 图

8.12　如图 8.39 所示电路，$U_S=10V$，$R_1=2k\Omega$，$R_2=4k\Omega$，$R_3=4k\Omega$，$L=200mH$，开关 S 未打开前电路已处于稳态。$t=0$ 时把开关打开。求开关打开后：（1）电感中电流；（2）电感上的电压；（3）在整个过渡过程中，电阻 R_2 所吸收的能量。

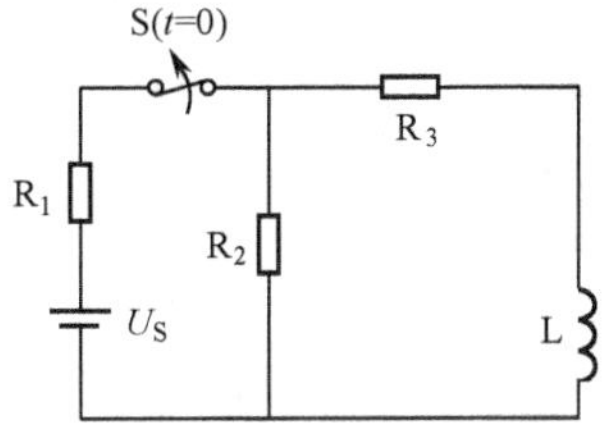

图 8.39　题 8.12 图

8.13　一个 RL 串联电路有 $R=50\Omega$ 和 $L=10H$，在 $t=0$ 时接通一直流电压 $U=100V$，求 i，u_L，u_R 的方程并绘制其曲线。

8.14　RC 串联电路中，已知 $R=600\Omega$，$C=2\mu F$，外加电压 $U=250V$，开关合上前，电容已充电到达 50V，即 $u_C(0_+)=50V$，求开关合上后，i_C 与 u_C 的表达式，并绘出其曲线。

8.15　如图 8.40 所示电路，开关 S 合于位置 1，在 $t=0$ 时，外加电压 100V 作用于 RL 电路，而在 $t=500\ \mu s$ 时，开关移向位置 2。求出两个时间区间内的电流方程，并画出 $i(t)$的曲线。

8.16　如图 8.41 所示，已知 $U_S=100V$，$R_1=R_3=10\Omega$，$R_2=20\Omega$，$C=5\mu F$，开关 S 打开前，电路已处于稳态。当 $t=0$ 时，S 打开，求 $u_C(t)$与 $i_C(t)$，并绘制其曲线。

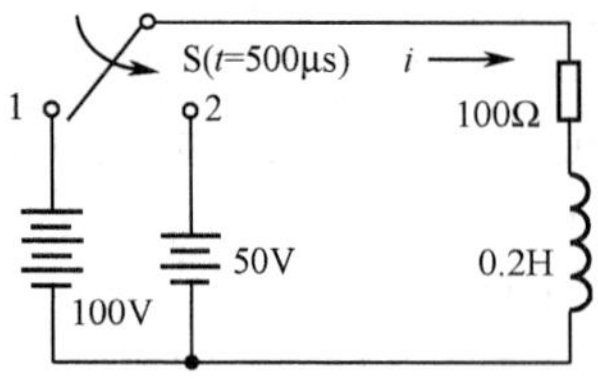

图 8.40　题 8.15 图

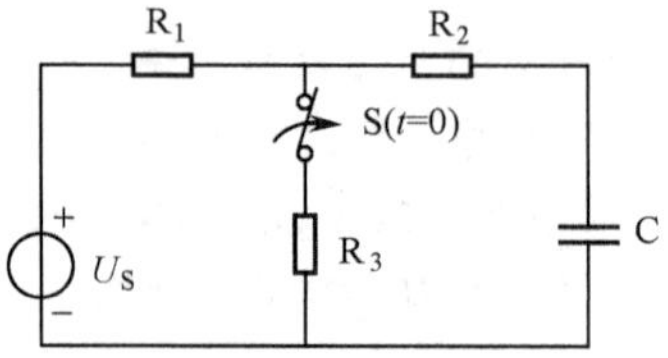

图 8.41　题 8.16 图

模块9 双端口网络与滤波器

单元1 双端口网络的概述

1. 双端口网络的概念

任意复杂的网络，按照网络引出端的数量来区分，有一对引出端钮的网络称为单端口网络或二端网络，具有二对引出端钮的网络称为双端口网络或四端网络。无论是单端口网络还是双端口网络，在任一时刻流入任一对的一个端钮的电流与流出该对的另一端钮的电流相等。

图 9.1 所示为双端口网络，1-1′为输入端口，2-2′为输出端口，端口电压、电流的参考方向如图所示。

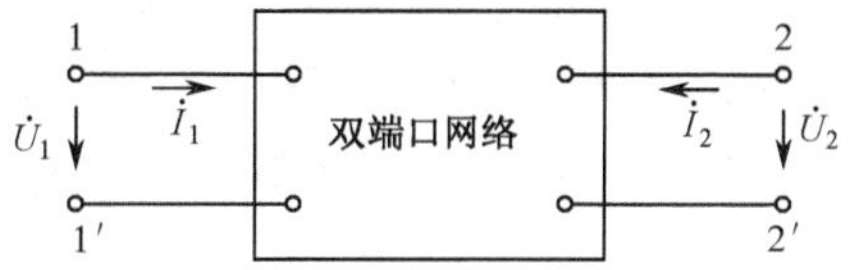

图 9.1 双端口网络

由线性元件（如 R，L，C 等）组成的双端口网络称为线性双端口网络。线性元件的参数与通过的电流或施加的电压无关。线性网络中各电压与电流之间呈线性关系，因此适用于叠加定理和互易定理。

由非线性元件组成的网络称为非线性网络，其各电压与电流不满足线性关系。

如果网络内部不含有电源或内部虽有电源，但对外相互抵消不起作用，称为无源双端口网络，否则称为有源双端口网络。

双端口网络按其结构特点，有对称与不对称，平衡与不平衡之分。如图 9.2 所示，在通过图中所画的垂直轴 yy' 的两边具有相等阻抗（或互成镜像的）的双端口网络称为对称网络，否则为不对称网络。图 9.3 所示是不对称的双端口网络。

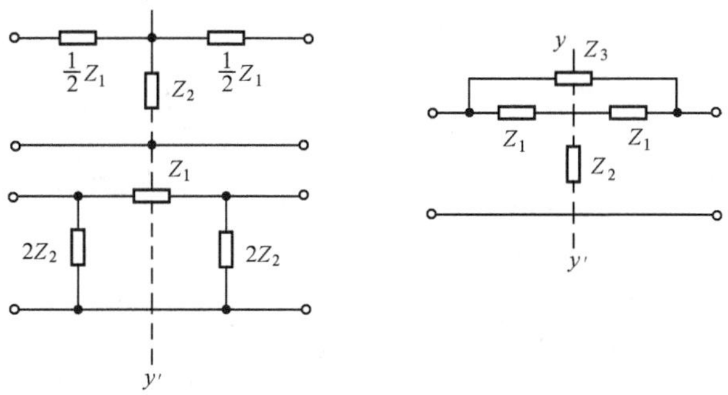

图 9.2 对称双端口网络

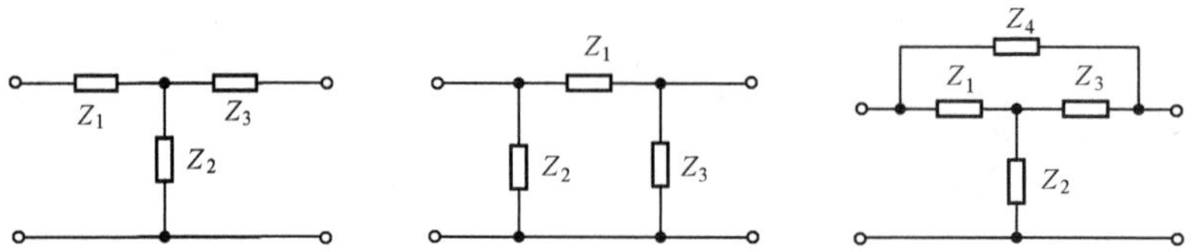

图 9.3 不对称双端口网络

若双端口网络对水平中心轴 xx'的上下两半是对称（互成镜像）的关系，则称为平衡网络。如果网络以垂直轴和水平轴为中心轴，上下、左右均互成镜像对称，则称为对称平衡双端口网络，如图 9.4 所示。

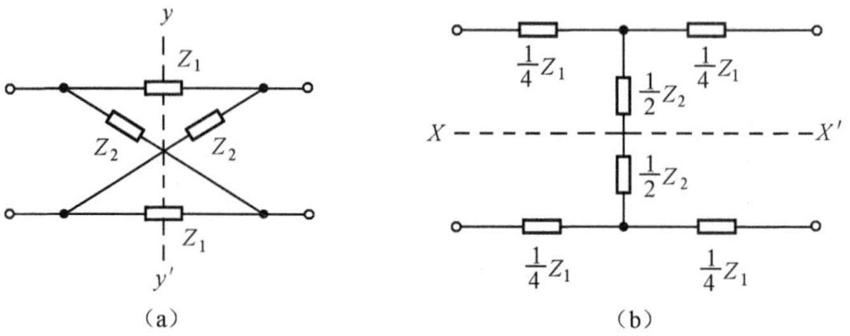

图 9.4 对称平衡双端口网络

网络的内部结构可能相当复杂，不过在网络的分析过程中，只考虑端口变量间的关系，不考虑内部的复杂结构，或者可以通过等效变换，得到一个简单的基本网络结构，使分析问题得到简化，这种分析方法在实际中具有一定的指导意义。

常见的双端口网络基本结构有 T 形、π 形和 Γ 形（半节形）3 种，如图 9.5 所示。

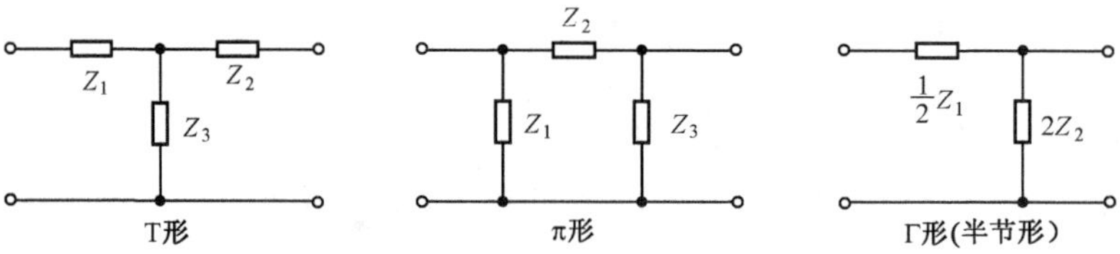

图 9.5 双端口网络的基本结构

2. 互易定理

在无源线性双端口网络的两对端钮中，不论哪一对端钮作为激励端或响应端，其响应（电流）对激励（电压）的比值是相等的，这就是互易定理。电路互易性示意图如图 9.6 所示。

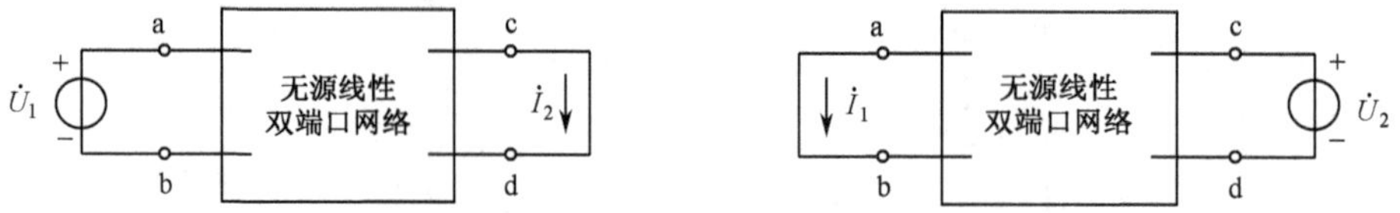

图 9.6 电路互易性示意图

即

$$\left.\frac{\dot{I}_2}{\dot{U}_1}\right|_{\dot{U}_2=0}=\left.\frac{\dot{I}_1}{\dot{U}_2}\right|_{\dot{U}_1=0} \tag{9-1}$$

互易定理形象地说，就是一个电压源和一个电流表可以互换位置而电流表的读数不变。同理，若激励源是电流源，响应量是电压，则可得

$$\left.\frac{\dot{U}_2}{\dot{I}_1}\right|_{\dot{I}_2=0}=\left.\frac{\dot{U}_1}{\dot{I}_2}\right|_{\dot{I}_1=0} \tag{9-2}$$

在应用互易定理时必须注意：激励和响应，一个是电压，一个是电流，不能全是电流，也不能全是电压。

如果双端口网络的两个端口变量服从互易定理，则这个双端口网络称为是可逆的，否则便是不可逆的网络。对于一般的无源线性双端口网络都是服从互易定理的，因此也是可逆的。而有源双端口网络一般都不满足互易定理，因而是不可逆的。

单元2 双端口网络的基本方程和参数

网络的作用是传输信息及其能量，它所要研究的主要问题并不是网络本身的结构，而是输入端口和输出端口变量间的相互关系。端口变量间的相互关系是可以通过一些参数来表征的，它决定于双端口网络本身的结构和元件参数。利用这些参数可以比较和评价双端口网络的传输性能及其质量。

双端口网络的端口有四个变量，即$\dot{I}_1$，$\dot{U}_1$，$\dot{I}_2$，$\dot{U}_2$，实际应用中往往是已知其中两个物理量，求解其他两个物理量，这样排列组合，便有6组关系式来表述端口变量的相互关系。

1. 阻抗方程与 Z 参数

以图9.7所示的T形双端口网络为例，来分析该网络端电压与电流的关系。已知输入端电流$\dot{I}_1$和输出端电流$\dot{I}_2$，试求输入端电压$\dot{U}_1$和输出端电压$\dot{U}_2$。

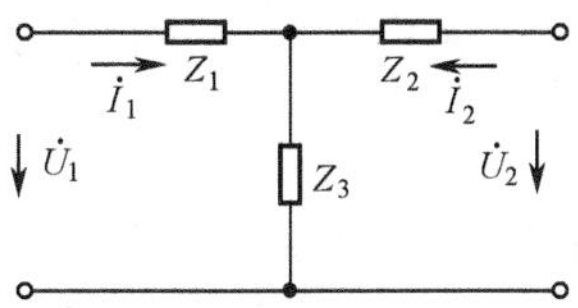

图9.7 T形双端口网络

根据基尔霍夫第二定律列出回路方程为

$$\dot{U}_1=\dot{I}_1Z_1+(\dot{I}_1+\dot{I}_2)Z_3=\dot{I}_1(Z_1+Z_3)+\dot{I}_2Z_3$$

$$\dot{U}_2=\dot{I}_2Z_2+(\dot{I}_1+\dot{I}_2)Z_3=\dot{I}_1Z_3+\dot{I}_2(Z_2+Z_3)$$

令

$$Z_{11}=Z_1+Z_3 \qquad Z_{12}=Z_3$$

$$Z_{21}=Z_3 \qquad Z_{22}=Z_2+Z_3$$

代入上式得

$$\dot{U}_1=Z_{11}\dot{I}_1+Z_{12}\dot{I}_2 \tag{9-3a}$$

$$\dot{U}_2=Z_{21}\dot{I}_1+Z_{22}\dot{I}_2 \tag{9-3b}$$

式（9-3）中$\dot{I}_1$和$\dot{I}_2$的系数具有阻抗的性质，故称为阻抗参数方程，或称为Z参数方程，对应的系数称为Z参数。

由以上的例子可以看出，无源线性双端口网络的Z参数是与网络的内部结构、元件参数及信号源频率有关的量，而与信号源的幅度、负载等情况无关。因此说这些参数描述了双

端口网络本身的电特性。

对于不同结构的双端口网络，式（9-3）的阻抗参数方程仍然成立，只是 Z_{11}，Z_{12}，Z_{21} 和 Z_{22} 的具体参数值有所不同。

从物理意义上来说，双端口网络的 Z 参数可以理解为开路阻抗参数。由式（9-3）可见，当仅有恒流源 $\dot{I}_1$ 单独作用时，$\dot{I}_2=0$，这相当于输出端口开路，这时有

$$Z_{11}=\left.\frac{\dot{U}_1}{\dot{I}_1}\right|_{\dot{I}_2=0} \tag{9-4}$$

即 Z_{11} 是输出端口开路时的输入阻抗，它的单位是欧姆（Ω），而

$$Z_{21}=\left.\frac{\dot{U}_2}{\dot{I}_1}\right|_{\dot{I}_2=0} \tag{9-5}$$

即 Z_{21} 是输出端口开路时的转移阻抗，它的单位为欧姆（Ω）。所谓转移阻抗就是指某端口的电压与另一端口电流之比。

同理，当仅有 $\dot{I}_2$ 作用时，$\dot{I}_1=0$，这相当于输入端口开路，这时有

$$Z_{22}=\left.\frac{\dot{U}_2}{\dot{I}_2}\right|_{\dot{I}_1=0} \tag{9-6}$$

即 Z_{22} 是输入端口开路时的输出阻抗，它的单位为欧姆（Ω），而

$$Z_{12}=\left.\frac{\dot{U}_1}{\dot{I}_2}\right|_{\dot{I}_1=0} \tag{9-7}$$

即 Z_{12} 为输入端口开路时的转移阻抗，它的单位为欧姆（Ω）。

对于一般的无源线性网络（如由 R，L，C 和 M 组成的网络）都是遵守互易特性的，即有

$$Z_{12}=Z_{21} \tag{9-8}$$

满足式（9-8）条件的网络称为互易网络或可逆网络。可逆双端口网络的四个 Z 参数中，只有三个 Z 参数是互相独立的。

如果双端口网络是对称的，那么输出端口和输入端口互换位置后，端电压和电流均不改变，因此有

$$\left.\frac{\dot{U}_1}{\dot{I}_1}\right|_{\dot{I}_2=0}=\left.\frac{\dot{U}_2}{\dot{I}_2}\right|_{\dot{I}_1=0}$$

即

$$Z_{11}=Z_{22} \tag{9-9}$$

一般对称无源线性双端口网络的四个参数中，只有两个参数是互相独立的。

2. 导纳方程与 Y 参数

若已知输入端电压 $\dot{U}_1$ 和输出端电压 $\dot{U}_2$，试求输入端电流 $\dot{I}_1$ 和输出端电流 $\dot{I}_2$。只要将式（9-3）变形即可得

$$\dot{I}_1=\frac{Z_{22}}{Z_{11}Z_{22}-Z_{21}Z_{12}}\dot{U}_1+\frac{-Z_{12}}{Z_{11}Z_{22}-Z_{21}Z_{12}}\dot{U}_2=Y_{11}\dot{U}_1+Y_{12}\dot{U}_2 \tag{9-10a}$$

$$\dot{I}_2=\frac{-Z_{21}}{Z_{11}Z_{22}-Z_{21}Z_{12}}\dot{U}_1+\frac{Z_{11}}{Z_{11}Z_{22}-Z_{21}Z_{12}}\dot{U}_2=Y_{21}\dot{U}_1+Y_{22}\dot{U}_2 \tag{9-10b}$$

式中，$\dot{U}_1$ 和$\dot{U}_2$ 的系数都是属于导纳的性质，故称为 Y 参数，这组方程称为导纳参数方程。显然 Y 参数与 Z 参数有着一定的关系，只要知道一种参数，就可以求出另一种参数。它们之间的关系在表 9-1 中列出。

从物理意义上说，双端口网络的 Y 参数可以理解为短路导纳参数。当输出端口短路时，有

$$Y_{11} = \left.\frac{\dot{I}_1}{\dot{U}_1}\right|_{\dot{U}_2=0} \tag{9-11}$$

即 Y_{11} 为输出端口短路时的输入导纳，而

$$Y_{21} = \left.\frac{\dot{I}_2}{\dot{U}_1}\right|_{\dot{U}_2=0} \tag{9-12}$$

即 Y_{21} 为输出端口短路时的转移导纳。

同理，当输入端口短路时有

$$Y_{12} = \left.\frac{\dot{I}_1}{\dot{U}_2}\right|_{\dot{U}_1=0} \tag{9-13}$$

即 Y_{12} 为输入端口短路时的转移导纳，而

$$Y_{22} = \left.\frac{\dot{I}_2}{\dot{U}_2}\right|_{\dot{U}_1=0} \tag{9-14}$$

即 Y_{22} 为输入端口短路时的输出导纳。导纳参数的单位为西门子（S）。

从式（9-10）中可以看出，对于一般的无源线性网络，由于 $Z_{12}=Z_{21}$，所以有

$$Y_{12} = Y_{21} \tag{9-15}$$

如果网络是对称的，由于 $Z_{11}=Z_{22}$，因而有

$$Y_{11} = Y_{22} \tag{9-16}$$

这说明，对称的无源线性双端口网络的 Y 参数只有两个是相互独立的。

【例 9-1】　试求图 9.8 所示 π 形双端口网络的 Z 参数。

解：

$$Z_{11} = \left.\frac{\dot{U}_1}{\dot{I}_1}\right|_{\dot{I}_2=0} = \frac{Z_a(Z_b+Z_c)}{Z_a+Z_b+Z_c}$$

$$Z_{12} = \left.\frac{\dot{U}_1}{\dot{I}_2}\right|_{\dot{I}_1=0} = \frac{\dot{I}_2\dfrac{Z_cZ_a}{Z_a+Z_b+Z_c}}{\dot{I}_2} = \frac{Z_cZ_a}{Z_a+Z_b+Z_c}$$

$$Z_{21} = \left.\frac{\dot{U}_2}{\dot{I}_1}\right|_{\dot{I}_2=0} = \frac{\dot{I}_1\dfrac{Z_aZ_c}{Z_a+Z_b+Z_c}}{\dot{I}_1} = \frac{Z_aZ_c}{Z_a+Z_b+Z_c}$$

$$Z_{22} = \left.\frac{\dot{U}_2}{\dot{I}_2}\right|_{\dot{I}_1=0} = \frac{Z_c(Z_a+Z_b)}{Z_a+Z_b+Z_c}$$

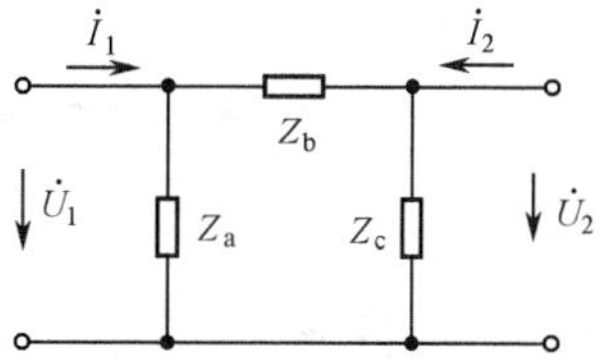

图 9.8　【例 9-1】图

由此可知 $Z_{12}=Z_{21}$，这是线性无源双端口网络普遍适用的关系。

除了上述两组基本方程以外，还有 A、h、G 和 B 方程，这里不再叙述，常用 4 种方程及参数在表 9-1 中列出。

6 组参数方程及其参数，都可以用来描述双端口网络本身的性质，它们之间存在着一定

的关系，可以互相换算。但是对于同一个双端口网络，在分析和运算时用不同的参数来描述，其方便程度是不同的。例如，分析和运算并联网络时，用 Y 参数比较方便；讨论晶体管放大电路时，用 h 参数比较方便；分析链形网络、传输线和滤波器时，用 A 参数比较方便等。

表 9-1　双端口网络方程和参数间的关系

	方　程	互易网络参数间关系	对称网络参数间关系	用 Z 表示	用 Y 表示	用 H 表示	用 A 表示
Z	$\dot{U}_1=Z_{11}\dot{I}_1+Z_{12}\dot{I}_2$ $\dot{U}_2=Z_{21}\dot{I}_1+Z_{22}\dot{I}_2$	$Z_{12}=Z_{21}$	$Z_{12}=Z_{21}$ $Z_{11}=Z_{22}$	$\begin{matrix} Z_{11} & Z_{12} \\ Z_{21} & Z_{22} \end{matrix}$	$\begin{matrix} \frac{Y_{22}}{\lvert Y\rvert} & \frac{-Y_{12}}{\lvert Y\rvert} \\ \frac{-Y_{21}}{\lvert Y\rvert} & \frac{Y_{11}}{\lvert Y\rvert} \end{matrix}$	$\begin{matrix} \frac{\lvert H\rvert}{H_{22}} & \frac{H_{12}}{H_{22}} \\ \frac{-H_{21}}{H_{22}} & \frac{1}{H_{22}} \end{matrix}$	$\begin{matrix} \frac{A_{11}}{A_{21}} & \frac{\lvert A\rvert}{A_{21}} \\ \frac{1}{A_{21}} & \frac{A_{22}}{A_{21}} \end{matrix}$
Y	$\dot{I}_1=Y_{11}\dot{U}_1+Y_{12}\dot{U}_2$ $\dot{I}_2=Y_{21}\dot{U}_1+Y_{22}\dot{U}_2$	$Y_{12}=Y_{21}$	$Y_{12}=Y_{21}$ $Y_{11}=Y_{22}$	$\begin{matrix} \frac{Z_{22}}{\lvert Z\rvert} & \frac{-Z_{12}}{\lvert Z\rvert} \\ \frac{-Z_{21}}{\lvert Z\rvert} & \frac{Z_{11}}{\lvert Z\rvert} \end{matrix}$	$\begin{matrix} Y_{11} & Y_{12} \\ Y_{21} & Y_{22} \end{matrix}$	$\begin{matrix} \frac{1}{H_{11}} & \frac{-H_{12}}{H_{11}} \\ \frac{H_{21}}{H_{11}} & \frac{\lvert H\rvert}{H_{11}} \end{matrix}$	$\begin{matrix} \frac{A_{22}}{A_{12}} & \frac{-\lvert A\rvert}{A_{12}} \\ \frac{-1}{A_{12}} & \frac{A_{11}}{A_{12}} \end{matrix}$
H	$\dot{U}_1=H_{11}\dot{I}_1+H_{12}\dot{U}_2$ $\dot{I}_2=H_{21}\dot{I}_1+H_{22}\dot{U}_2$	$H_{12}=-H_{21}$	$H_{12}=-H_{21}$ $\lvert H\rvert=1$	$\begin{matrix} \frac{\lvert Z\rvert}{Z_{22}} & \frac{Z_{12}}{Z_{22}} \\ \frac{-Z_{21}}{Z_{22}} & \frac{1}{Z_{22}} \end{matrix}$	$\begin{matrix} \frac{1}{Y_{11}} & \frac{-Y_{12}}{Y_{11}} \\ \frac{Y_{21}}{Y_{11}} & \frac{\lvert Y\rvert}{Y_{11}} \end{matrix}$	$\begin{matrix} H_{11} & H_{12} \\ H_{21} & H_{22} \end{matrix}$	$\begin{matrix} \frac{A_{12}}{A_{22}} & \frac{\lvert A\rvert}{A_{22}} \\ \frac{-1}{A_{22}} & \frac{A_{21}}{A_{22}} \end{matrix}$
A	$\dot{U}_1=A_{11}\dot{U}_2+A_{12}(-\dot{I}_2)$ $\dot{I}_1=A_{21}\dot{U}_2+A_{22}(-\dot{I}_2)$	$\lvert A\rvert=1$	$\lvert A\rvert=1$ $A_{11}=A_{22}$	$\begin{matrix} \frac{Z_{11}}{Z_{21}} & \frac{\lvert Z\rvert}{Z_{21}} \\ \frac{1}{Z_{21}} & \frac{Z_{22}}{Z_{21}} \end{matrix}$	$\begin{matrix} \frac{-Y_{22}}{Y_{21}} & \frac{-1}{Y_{21}} \\ \frac{-\lvert Y\rvert}{Y_{21}} & \frac{-Y_{11}}{Y_{21}} \end{matrix}$	$\begin{matrix} \frac{-\lvert H\rvert}{H_{21}} & \frac{-H_{11}}{H_{21}} \\ \frac{-H_{22}}{H_{21}} & \frac{-1}{H_{21}} \end{matrix}$	$\begin{matrix} A_{11} & A_{12} \\ A_{21} & A_{22} \end{matrix}$

注：(1) 表中 $\lvert Z\rvert=Z_{11}Z_{22}-Z_{12}Z_{21}$；$\lvert Y\rvert=Y_{11}Y_{22}-Y_{12}Y_{21}$；$\lvert H\rvert=H_{11}H_{22}-H_{12}H_{21}$；$\lvert A\rvert=A_{11}A_{22}-A_{12}A_{21}$。

(2) 本表所列参数，电流 $\dot{I}_2$ 的正方向为流入（如下图所示）。

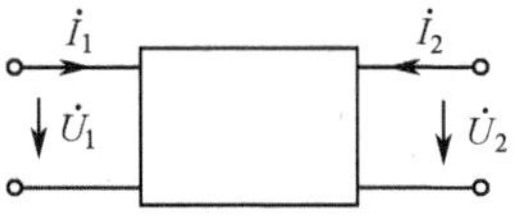

单元 3　网络的传输函数与传输常数

1. 网络的传输函数

传输函数定义为输出端口的响应量与输入端口的激励量之比，即

$$\text{传输函数}=\frac{\text{输出端口的响应量}}{\text{输入端口的激励量}} \tag{9-17}$$

由于激励量与响应量分别为电压、电流，因此传输函数分为 4 种情况。

1) 电压传输函数（或称电压传输系数）

如果激励是电压 $\dot{U}_1$，响应是电压 $\dot{U}_2$，则它们的比称为电压传输函数，用 K_u 表示，即

$$K_u=\frac{\dot{U}_2}{\dot{U}_1} \tag{9-18}$$

2）电流传输函数

如果激励是电流 $\dot{I}_1$，响应是电流 $\dot{I}_2$，则它们的比称为电流传输函数（又称电流传输系数），用 K_i 表示，即

$$K_i = \frac{\dot{I}_2}{\dot{I}_1} \tag{9-19}$$

一般情况下，电压和电流传输系数都是复数，且都是频率的函数。它的模表示幅度比，反映了幅度的变化关系，称幅频特性；其幅角反映了相位的变化关系，称相频特性。

3）传输阻抗

如果激励是电流 $\dot{I}_1$，响应是电压$\dot{U}_2$，则它们的比称为传输阻抗（或称转移阻抗），用 Z_T 表示，即

$$Z_T = \frac{\dot{U}_2}{\dot{I}_1} \tag{9-20}$$

4）传输导纳

如果激励是电压$\dot{U}_1$，响应是电流 $\dot{I}_2$，则它们的比称为传输导纳（或称为转移导纳），用 Y_T 表示，即

$$Y_\mathrm{T} = \frac{\dot{I}_2}{\dot{U}_1} \tag{9-21}$$

【例 9-2】　试求如图 9.9（a）所示电路的电压传输系数。假定负载阻抗很大，可视为开路。

解：当负载开路时，输出电压为

$$\dot{U}_2 = \dot{U}_\mathrm{C} - \dot{U}_\mathrm{R} = \frac{\dot{U}_1}{R+\frac{1}{\mathrm{j}\omega C}} \times \frac{1}{\mathrm{j}\omega C} - \frac{\dot{U}_1}{R+\frac{1}{\mathrm{j}\omega C}} \times R = \frac{1-\mathrm{j}\omega CR}{1+\mathrm{j}\omega CR}\dot{U}_1$$

$$K_u(\mathrm{j}\omega) = \frac{1-\mathrm{j}\omega CR}{1+\mathrm{j}\omega CR} = 1e^{-\mathrm{j}2\arctan\omega CR}$$

它的幅频特性为

$$K_u(\omega) = 1$$

它的相频特性为

$$\varphi(\omega) = -2\arctan\omega CR$$

图 9.9（b）和（c）画出了它的幅频特性曲线和相频特性曲线。

由图 9.9 可以看出，对于所有的频率均满足 $K_u(\omega)=1$。这表明：对任何频率的信号电压均能无衰减地通过（因而叫全通网络），网络只是对不同的频率产生不同的相移。

2. 传输常数

双端口网络在匹配条件下的传输特性可用传输常数来说明。传输常数被定义为匹配情况下输入端$\dot{U}_1$ $\dot{I}_1$ 与终端$\dot{U}_2$ $\dot{I}_2$ 之比的平方根再取自然对数，用符号 γ 表示，即

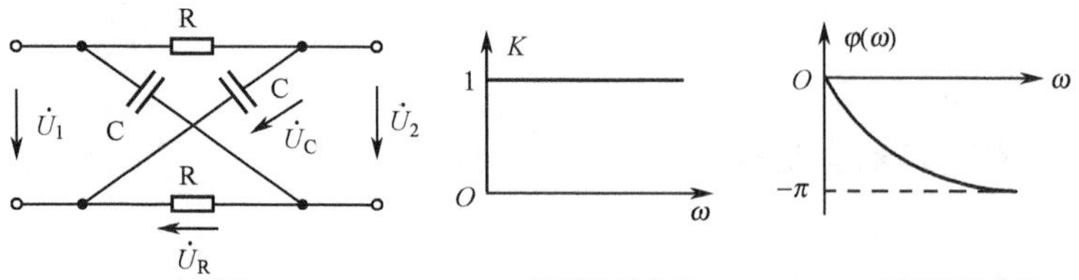

图 9.9 【例 9-2】图

$$\gamma = \ln\sqrt{\frac{\dot{U}_1\ \dot{I}_1}{\dot{U}_2\ \dot{I}_2}} = \frac{1}{2}\ln\frac{\dot{U}_1\ \dot{I}_1}{\dot{U}_2\ \dot{I}_2} \tag{9-22}$$

由此可见，传输常数 γ 是一个复数，它反映了电磁能量通过双端口网络所引起的视在功率的变化程度和$\dot{U}\dot{I}$的幅角大小，可分为实部和虚部两部分。

$$\gamma = \frac{1}{2}\ln\frac{\dot{U}_1\ \dot{I}_1}{\dot{U}_2\ \dot{I}_2} = \frac{1}{2}\ln\frac{U_1 I_1}{U_2 I_2} + j\ \frac{1}{2}(\varphi_u + \varphi_i) = \beta + j\alpha \tag{9-23}$$

式中，φ_u 为$\dot{U}_2$ 落后于$\dot{U}_1$ 的相角；φ_i 为$\dot{I}_2$ 落后于$\dot{I}_1$ 的相角。

$$\beta = \frac{1}{2}\ln\frac{U_1 I_1}{U_2 I_2} \tag{9-24}$$

$$\alpha = \frac{1}{2}(\varphi_u + \varphi_i) \tag{9-25}$$

β 为衰减常数，它表示在匹配情况下，信号通过双端口网络时视在功率的衰减程度。α 称为相移常数，它表示匹配情况下，信号通过双端口网络时电压和电流发生相移的大小。若网络是对称的，并在匹配情况下，有

$$\beta = \ln\frac{U_1}{U_2} = \ln\frac{I_1}{I_2} \tag{9-26a}$$

$$\alpha = \varphi_u = \varphi_i \tag{9-26b}$$

由式（9-26）可知：在对称和匹配情况下，衰减常数 β 是电流或电压绝对值之比的自然对数，也即网络两端口电流或电压的幅度衰减。相移常数 α 是网络两端口电流或电压相位的变化。

相移常数的单位是弧度或度。衰减常数的单位是奈培（Np）。

在数量运算时，用奈培有些不方便，实用中常取 $U_1 I_1/U_2 I_2$ 常用对数的 10 倍，取名分贝（dB），则 β 表示为

$$\beta = 10\lg\frac{U_1 I_1}{U_2 I_2}\text{dB} \tag{9-27}$$

若网络是对称的，则

$$\beta = 20\lg\frac{U_1}{U_2} = 20\lg\frac{I_1}{I_2}\text{dB} \tag{9-28}$$

需要指出的是，传输常数 γ 所描述的是在匹配条件下网络的衰减和相移特性。它没有说明在不匹配的情况下网络的传输特性，这是它的不足之处。

单元 4 滤波器

1. 滤波器的基本概念

滤波器是一种高选频性能的选频网络。它对某个特定频带内的信号衰减很小，使其畅通，但对此频带之外的信号却衰减很大，从而抑制信号的传输，因此说这种选频网络具有分离频带的作用。

很容易通过滤波器的信号频率范围称为滤波器的通带（或称通频带）；不能通过滤波器的信号频率范围（准确地说是以较大衰减通过的信号频率范围）称为滤波器的阻带（或称止带）。一个理想滤波器的衰减常数在通带内为零，在阻带内应为无穷大。滤波器通带与阻带的交界频率被称为截止频率，用符号 f_c 表示。

滤波器的用途很多，例如，话音信号的频率范围为 16Hz～15kHz，在电话通信中传送的信号是话音信号，但它的频率范围只限制在 300～3400 Hz 之内就足以保证语言清晰。这样尽量压缩话音信号的频带宽度，不仅可以提高通信系统的频带利用率，而且还能降低通信设备的复杂性。如何保证每路话音信号只传送 300～3400 Hz 的信号，而其他频率信号不被传送呢？如图 9.10 所示用一个滤波器就可以完成这项任务。

图 9.10 中输入信号是话筒产生的话音信号，包括几十赫兹到几十千赫兹的频率成分，经过 300～3400 Hz 的带通滤波器后，保证只有 300～3400 Hz 内的频率成分有输出，其他的频率成分没有输出，从而完成分离信号的作用。

图 9.10 滤波器电路应用之一

又如，各个城市目前均有几十个频道的电视信号，每个频道占据的带宽为 8MHz。当要收看某个频道的电视节目时，就要在许多个电视频道中选择其一，这个任务利用滤波器也可以完成，如图 9.11 所示。

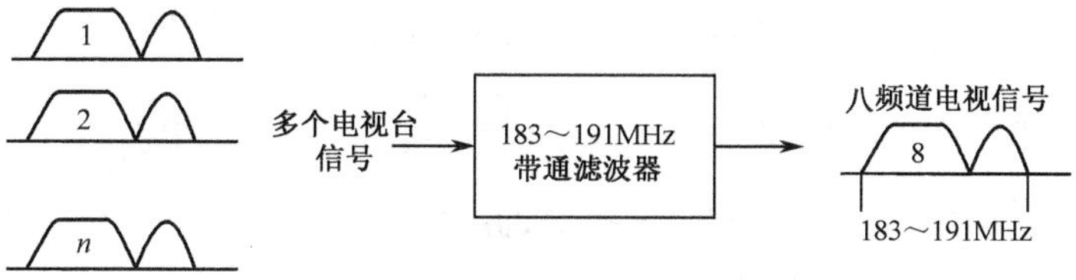

图 9.11 滤波器电路应用之二

图 9.11 中输入信号包括了多个电视台的信号，假设现在需要选择八频道的电视信号，利用通带为 183～191MHz 的带通滤波器，可只取出八频道的电视信号输出，其他频道的电视信号没有输出。

2. 滤波器的种类

滤波器可以由电感和电容组成（称做 LC 滤波器），也可以由晶体元件组成（称做晶体滤波器或压电陶瓷滤波器）。根据通带的范围，滤波器可分为低通滤波器、高通滤波器、带通滤波器和带阻滤波器 4 种类型。

（1）低通滤波器：允许通过的频率范围为 $0 \sim f_c$；

（2）高通滤波器：允许通过的频率范围为 $f_c \sim \infty$；

（3）带通滤波器：允许通过的频率范围为 $f_{c1} \sim f_{c2}$；

（4）带阻滤波器：抑制的频率范围为 $f_{c1} \sim f_{c2}$。

滤波器的衰减特性如图 9.12 所示。

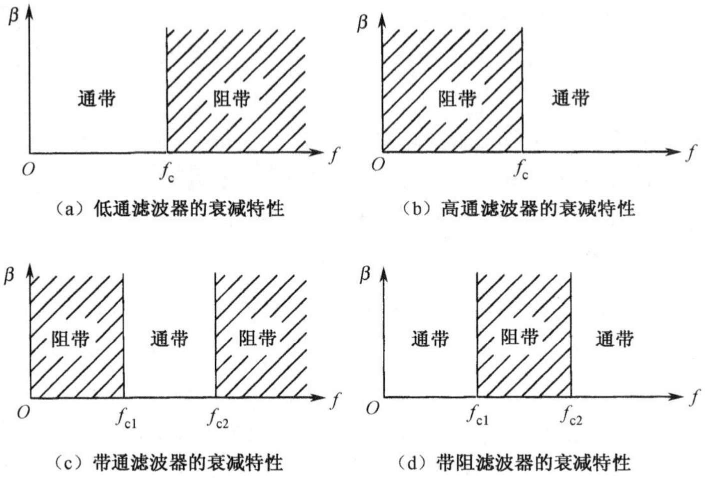

图 9.12　滤波器的衰减特性

滤波器按其电路结构可分为梯形滤波器和 X 形滤波器。常用的滤波器主要是梯形滤波器，它的基本结构可分为 Γ 形、T 形和 π 形，如图 9.13 所示。

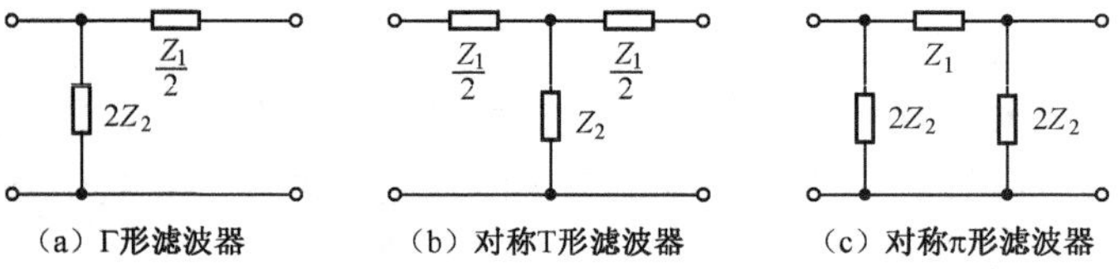

图 9.13　梯形滤波器的结构

在图 9.13（a）中，Γ 形滤波器的串联臂阻抗为 $\frac{Z_1}{2}$，并联臂阻抗为 $2Z_2$。T 型滤波器和 π 型滤波器都做成对称形式，以满足在通带内能等量地传输各个频率，如图 9.13（b）和（c）所示。

若串联臂阻抗与并联臂阻抗的乘积为实常数，并可用 K^2 表示，则这种滤波器被称为 K 式滤波器，满足 K 式滤波器的条件是

$$Z_1 Z_2 = K^2 \tag{9-29}$$

滤波器的输入端和输出端应该连接等于相应特性阻抗的电源内阻抗和负载阻抗，以达到阻抗匹配；滤波器的特性阻抗一定是一个纯电阻才可能在信号的各个频率成分下与信号源内阻或负载电阻相匹配，保证信号有效地传输；滤波器在通带内的衰减常数等于零，在阻带内的衰减常数应为无穷大（理想状况），这是对滤波器的三点基本要求。

3. 滤波器的特性阻抗和传通条件

根据二端口网络知识，可得对称 T 形和 π 形滤波器的特性阻抗分别为

$$Z_{cT}=\sqrt{Z_{\infty}Z_0}=\sqrt{Z_1Z_2}\sqrt{1+\frac{Z_1}{4Z_2}} \tag{9-30}$$

$$Z_{c\pi}=\sqrt{Z_{\infty}Z_0}=\sqrt{Z_1Z_2}\Bigg/\sqrt{1+\frac{Z_1}{4Z_2}} \tag{9-31}$$

从式（9-30）和式（9-31）可以看出：只有当 Z_1 和 Z_2 是性质不同的电抗，并$(1+\frac{Z_1}{4Z_2})\geqslant 0$ 时，特性阻抗 Z_{cT}和 $Z_{c\pi}$才可能是纯电阻。Z_1 和 Z_2 是性质不同的电抗使得串联臂阻抗与并联臂阻抗之比

$$\frac{\frac{1}{2}Z_1}{2Z_2}=\frac{Z_1}{4Z_2}\leqslant 0$$

而 $(1+\frac{Z_1}{4Z_2})\geqslant 0$ 使得$\frac{Z_1}{4Z_2}\geqslant -1$，于是可得

$$0\geqslant\frac{Z_1}{4Z_2}\geqslant -1 \tag{9-32}$$

因此，在通带内，$\beta=0$ 和 $0\geqslant\frac{Z_1}{4Z_2}\geqslant -1$ 是滤波器的传通条件，也就是说凡是能满足式（9-32）的频率必然在通带内，凡是不能满足式（9-32）的频率必然在阻带内，满足$\frac{Z_1}{4Z_2}=-1$ 或$\frac{Z_1}{4Z_2}=0$ 的频率处于通带与阻带的交界，这个交界处的频率就是截止频率 f_c。滤波器的截止频率可由下式求得

$$\frac{Z_1}{4Z_2}=-1\text{ 或 }\frac{Z_1}{4Z_2}=0$$

滤波器可以根据 Z_1 和 Z_2 呈现不同性质的电抗组成 4 种基本的滤波器电路，如图 9.14 所示。

图 9.14 所示的 4 种基本滤波器电路中，都能满足 K 式滤波器的条件，所以都是 K 式滤波器。现将它们对信号的影响及其主要特性简述如下。

在图 9.14（a）所示的 Γ 形、对称 T 形和对称 π 形滤波器中，串联臂的电感对低频信号产生较小的阻抗使其能够畅通，对高频信号产生较大的阻抗使其受到抑止；并联臂的电容对低频信号产生较大的阻抗，对高频信号产生较小阻抗。串联臂和并联臂的综合作用，使这种滤波器起到了畅通低频信号和抑止高频信号的作用，因此被称为低通滤波器。f_c 是低通滤波器的截止频率，是由电路本身参数决定的。低于 f_c 的信号能够顺利通过，而高于 f_c 的信号不能通过，这就是低通特性。

对于高通、带通及带阻滤波器的分析，在原则上与低通滤波器的分析过程是相似的，这里不再叙述。需要指出，对于带通和带阻滤波器，串联臂和并联臂阻抗都是谐振电路，作为 K 式滤波器，两臂的串联谐振频率和并联谐振频率必须相等，这样才能满足 K 式滤波器的条件。对于带通滤波器，当工作频率等于谐振频率，串联臂阻抗 $Z_1=0$（即串联谐振），而并联阻抗 $Z_2=\infty$（即并联谐振）时，信号能顺利通过。当工作频率低于谐振频率时，串联臂阻抗 Z_1 呈容性，并联臂阻抗 Z_2 呈感性，滤波器具有高通特性，因而有一低于谐振频率的截止频率 f_{c1}；相反，当工作频率高于谐振频率时，串联臂阻抗 Z_1 呈感性，并联臂阻抗 Z_2 呈容性，滤波器具有低通特性，因而还有一高于谐振频率的截止频率 f_{c2}。也就是说，带通

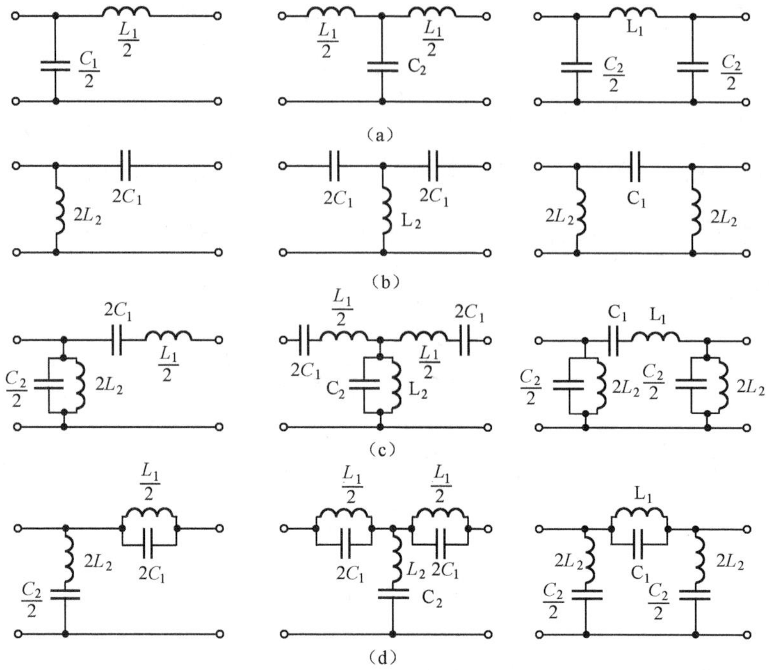

图 9.14　几种基本的滤波电路

滤波器具有两个截止频率，因而可以设想，带通滤波器的特性是由高通与低通滤波器的特性组合而成。可以认为，带通滤波器的频率特性是由高通与低通滤波器的相应曲线叠加而成。带阻滤波器的情况恰好和带通滤波器相反。

前面所讨论的 K 式滤波器的优点是电路结构简单，在阻带内，它的衰减是随离开截止频率越远则越大。但是它也有缺点：第一，在通频带范围内，特性阻抗变化较大，它引起滤波器与负载不能很好地匹配，而产生反射，因而使滤波器特性变坏，滤波器质量大大降低。第二，滤波特性曲线不够陡峭，因而不能很好分开通带与阻带，从而不能保证某一通路的有用信号与干扰信号有效地分开。为了克服 K 式滤波器的缺点，在 K 式滤波器的基础上可导出 m 式滤波器。在实际应用中，为了得到更满意的衰减特性，常采用 K 式与 m 式滤波器多节链接后组成的复合滤波器或晶体滤波器。

单元 5　其他类型的滤波器

1. 晶体滤波器

在多路通信设备和测试仪器中，需要衰减曲线很陡的带通滤波器，这就要求元件的品质因数 Q 值必须很高。普通的线圈和电容器在高频时的损耗较大，它们的品质因数 Q 值较小，不能满足需要。晶体具有高达数千的品质因数，并且稳定性又高，因此用晶体组成的滤波器不仅衰减曲线陡直，而且性能稳定，因而得到广泛应用。

目前采用的晶体片有石英晶体片及陶瓷片两种，石英晶体也叫水晶或水晶玻璃，有天然的和人工制造的两种，它的化学成分是二氧化硅（SiO_2）。将石英晶体按照一定的方位切成适当形状的薄片构成晶体元件。陶瓷片是用一定材料配方，经多道工序焙烧，极化而成，其中锆钛酸铅是主要配料。

晶体之所以能用作高品质因数的电抗元件，是由于晶体具有压电效应的基本特性，这种压电效应，可将机械能转变为电能，也可将电能转变为机械能。当晶体受到机械压力时，它的表面会产生电荷，例如晶体表面由原机械压力变为机械张力时，它表面将产生符号相反的电荷。反之，如果在晶体上加上交变电压，就能使晶体产生交变的机械力，因而产生机械振动，其振动频率等于外加电压频率。因为晶体和其他弹性体一样，具有惯性和弹性，所以它有固有振动频率。当晶体的固有频率与外加电源频率相等时，晶体就产生谐振，这时机械振动的幅度最大，晶体表面所产生的电荷量亦最大，外电路电流也最大。这表征了晶体具有谐振电路的特性，它的谐振频率等于晶体机械振动的固有频率。

(a) 符号　　(b) 等效电路

图 9.15　石英晶体符号及其等效电路

图 9.15（a）所示为石英晶体的符号，图 9.15（b）为其等效电路，C_0 代表晶体片及其支架的静态电容，即在未振动时的电容。C_0 的数值一般在几个皮法到几十个皮法，C_1 的数值为百分之几皮法，L_1 的数值由几十至几百甚至上千毫亨，r_1 的数值从几欧到几百欧。由此可见，石英晶体的等效 Q 值 $Q_0=\frac{1}{r}\sqrt{\frac{L_1}{C}}$ 很高（达到几千以上），这是其他谐振回路所不能比拟的。由晶体的等效电路看出，它是一个双电容并联谐振电路，具有两个谐振频率，一个是串联谐振角频率 $\omega_{01}=\frac{1}{\sqrt{L_1C_1}}$，另一个是并联谐振角频率 $\omega_{02}=\frac{1}{\sqrt{L_1\frac{C_1C_0}{C_1+C_0}}}$。

利用晶体组成 T 形晶体滤波器电路如图 9.16（a）所示，它的等效电路如图 9.16（b）所示。为了满足滤波器在通频带内使阻抗 Z_1 和 Z_2 具有性质相反的电抗，必须使串联臂上晶体的串联谐振频率等于并联臂上晶体的并联谐振频率。

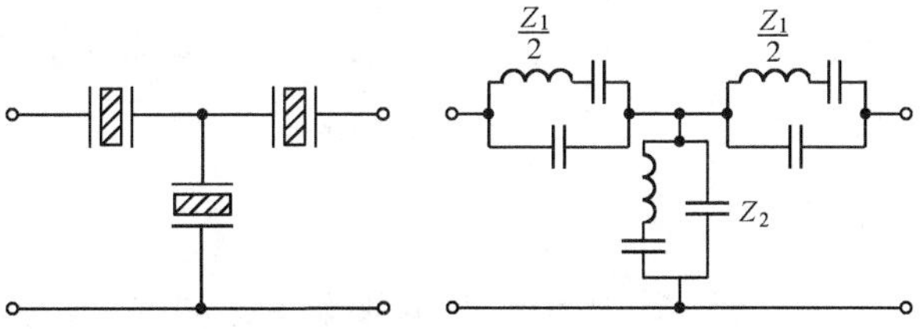

(a) 电路图　　(b) 等效电路图

图 9.16　T 形晶体滤波器及其等效电路

从图 9.16（b）所示的电路可见，当工作频率 ω 等于串联臂上晶体的串联谐振频率，同时等于并联臂上晶体的并联谐振频率时信号能顺利的通过。当工作频率 $\omega=\omega_{c1}$ 或 $\omega=\omega_{c2}$ 时，由于晶体的 Q 值很高，使得串联臂回路阻抗很大，并联臂阻抗很小，信号不能顺利通过。在串联臂发生并联谐振的同时，并联臂发生串联谐振，信号完全被阻止掉，此时的频率称为无穷大衰减频率，用 f_∞ 表示，形成 T 形晶体滤波器的衰减特性如图 9.17 所示。

实际中晶体的 Q 值很高，使晶体的串联谐振频率与并联谐振频率很接近，所以晶体滤波器的衰减特性是非常陡峭的。因而利用晶体可以制作窄带滤波器，甚至是通过单一频率的窄带带通滤波器或阻止单一频率通过的带阻滤波器。以上是用定性的分析方法简单阐述晶体

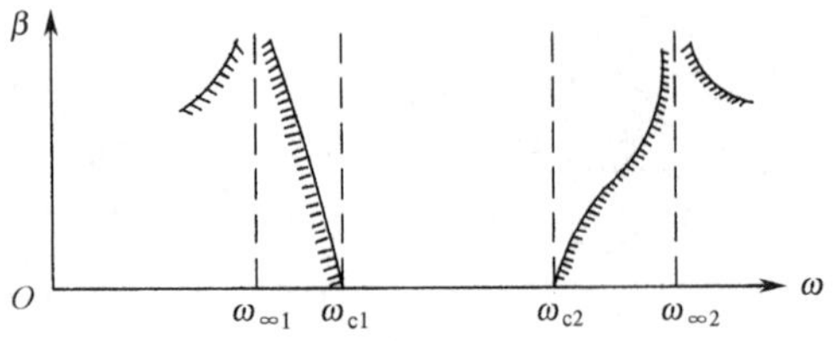

图 9.17　T形晶体滤波器的衰减特性曲线

滤波器的工作原理，若详细分析工作原理需结合晶体的电抗曲线去分析，这里不再赘述。晶体滤波器具有如下优点：

（1）稳定性高。

（2）选择性好。

（3）损耗小。

（4）体积小。

石英晶体制造工艺要求高、造价高是它的缺点之一。

2. 陶瓷滤波器

陶瓷片是用窑业工艺制造出来的多晶体材料，它具有石英晶体一样的压电效应。因此两者具有相同的等效电路，用压电陶瓷片制成的滤波器称为压电陶瓷滤波器，简称陶瓷滤波器。若将陶瓷片的两面涂上银层，作为电极，再把它夹在有弹性的金属板之间，用塑料壳封装，就构成二端陶瓷滤波器，它的符号及等效电路如图 9.18 所示。

在二端陶瓷滤波器的电极两端加上交变电压，陶瓷片将随着交变信号的变化而产生机械振动。这种机械振动又能转换成电信号输出，当外加信号频率等于陶瓷片的固有频率时，机械振动最强，输出的电信号幅度也最大，可见这与 LC 谐振回路作用相同，所以它可等效于一个谐振回路，如图 9.18（b）所示。

若将二端陶瓷滤波器的某个单面的电极分成两个电极，就构成三端陶瓷滤波器，其符号及等效电路如图 9.19 所示。图中 C_0 及 C'_0 分别为输入、输出端的固有电容。

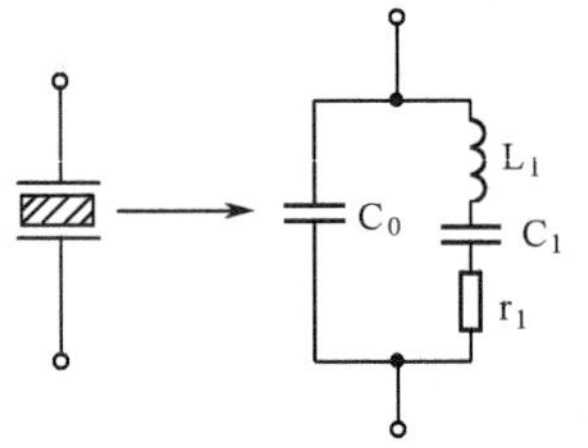

（a）符号　（b）等效电路

图 9.18　二端陶瓷滤波器

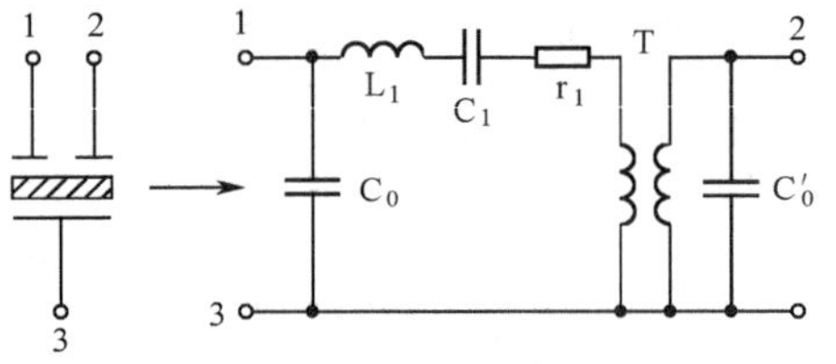

（a）符号　（b）等效电路

图 9.19　三端陶瓷滤波器

当 1，3 两端间的输入信号频率等于陶瓷片的串联谐振频率 f_0 时，输入电路就产生串联谐振，陶瓷片在频率 f_0 上作较大的机械振动，由于压电效应，这个机械振动又转换成电信号，从 2，3 两端输出频率为 f_0 的信号，因此，在三端陶瓷滤波器中，输入电路选出的信号通过机械振动转换成电信号而耦合到输出端，这种耦合方式在电路上等效于一个变压器 T，如图 9.19（b）所示。

三端陶瓷滤波器相当于一个双调谐回路，其谐振曲线呈现双峰，与二端陶瓷滤波器相比，其通频带宽，矩形系数好，因而具有较好的选择性，可代替中频变压器。

陶瓷滤波器是具有选择特性的一种新型器件，体积小，温度稳定性好，工艺简单，它可代替某些 LC 谐振回路完成选频作用。例如，在电视接收机的中放电路中，可以利用陶瓷滤波器把 6.5MHz 第 2 伴音中频信号取出来，送到伴音中放电路中去，如图 9.20 所示。

由图 9.20 可见，从电视中放电路中一起输出 0～6MHz 的视频信号和 6.5MHz 的第 2 伴音中频信号，两个信号没有分开。利用陶瓷滤波器（固有频率为 6.5MHz）只取出

6.5MHz 的第 2 伴音中频信号送到伴音中放电路，而 0～6MHz 的视频信号没有输出。

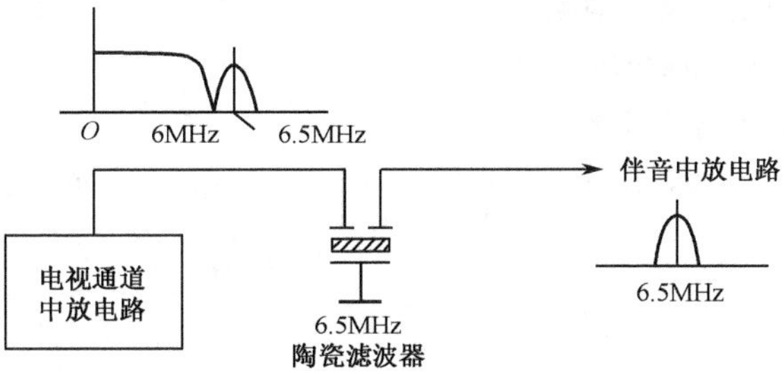

图 9.20　陶瓷滤波器的应用

3. 声表面波滤波器（SAWF）

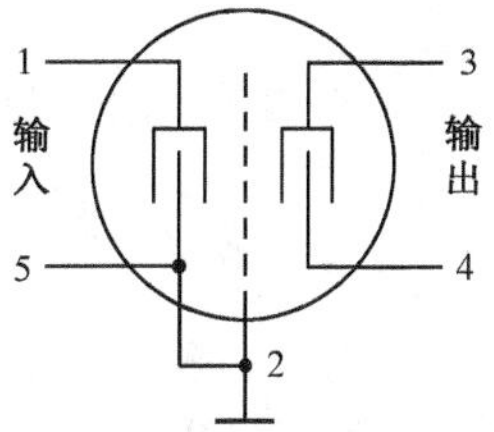

图 9.21　声表面波滤波器符号

沿物体表面传播的声波称为声表面波。在压电材料上（如石英晶体等）利用声表面波传播特性制成的滤波器称声表面波滤波器。声表面波滤波器的电路符号如图 9.21 所示。引脚 1 是输入端，引脚 3 和 4 是输出端，引脚 2 和 5 是输入接地端，与管壳和屏蔽电极相连。

声表面波滤波器的基本结构框图如图 9.22 所示。

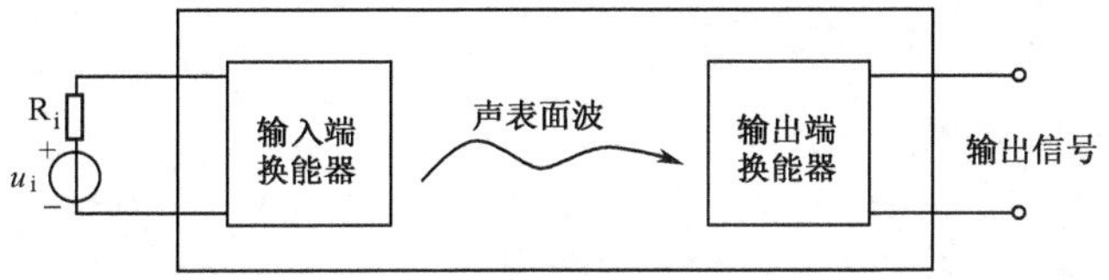

图 9.22　声表面波滤波器的结构框图

声表面波滤波器工作过程简述如下：输入换能器将电信号转换成声表面波，表面波在压电基片上传播，经过一定的延迟时间后被输出换能器接收，输出换能器又将声表面波转换成电信号输出。在电信号转换成声信号的过程中，信号受到一次选频滤波，在声信号转换成电信号的过程中，信号又一次被滤波，这两次转换的过程也是选频的过程。声表面波滤波器的结构决定了它的频率特性，只要设计合理就能满足不同频率特性的需要，即可获得所需的带通滤波特性，而且精度高，不需调整，但也给电路带来一定的损耗。

同 LC 滤波器相比，声表面波滤波器的选频特性应用显得特别优越。例如，对于电视机中放电路的频率响应特性，一般应该满足三个要求：第一，使图像载频获得足够的增益；第二，伴音载频的放大倍数要低，以免伴音干扰图像；第三，对邻近频道的差频信号要有良好的抑制。如果采用 LC 滤波器来解决如此复杂的频率响应特性，至少要用七个调谐回路。这样不仅调试非常麻烦，而且稳定性亦较差。改用声表面滤波器，只需一个器件就能满足上述三个要求。因此，声表面波滤波器特别适用于电视机的中频滤波电路。

小结

1. 双端口网络的概念

（1）线性网络和非线性网络；

（2）有源网络和无源网络；

（3）对称和不对称的双端口网络；

（4）平衡和不平衡的双端口网络。

2. 双端口网络的基本方程及参数

学习端口网络重要的内容是找出端口变量的相互关系，共有6组方程。本章主要讲述前两种。

（1）Z 参数（Z_{11}，Z_{22}，Z_{12} 和 Z_{21}）：

① 参数方程

$$\dot{U}_1 = Z_{11}\dot{I}_1 + Z_{12}\dot{I}_2$$
$$\dot{U}_2 = Z_{21}\dot{I}_1 + Z_{22}\dot{I}_2$$

② 参数的物理意义：开路阻抗参数

$$Z_{11} = \left.\frac{\dot{U}_1}{\dot{I}_1}\right|_{\dot{I}_2=0} \qquad Z_{12} = \left.\frac{\dot{U}_1}{\dot{I}_2}\right|_{\dot{I}_1=0} \qquad Z_{21} = \left.\frac{\dot{U}_2}{\dot{I}_1}\right|_{\dot{I}_2=0} \qquad Z_{22} = \left.\frac{\dot{U}_2}{\dot{I}_2}\right|_{\dot{I}_1=0}$$

（2）Y 参数（Y_{11}，Y_{12}，Y_{21} 和 Y_{22}）：

① 参数方程

$$\dot{I}_1 = Y_{11}\dot{U}_1 + Y_{12}\dot{U}_2$$
$$\dot{I}_2 = Y_{21}\dot{U}_1 + Y_{22}\dot{U}_2$$

② 参数的物理意义：短路导纳参数

$$Y_{11} = \left.\frac{\dot{I}_1}{\dot{U}_1}\right|_{\dot{U}_2=0} \qquad Y_{12} = \left.\frac{\dot{I}_1}{\dot{U}_2}\right|_{\dot{U}_1=0} \qquad Y_{21} = \left.\frac{\dot{I}_2}{\dot{U}_1}\right|_{\dot{U}_2=0} \qquad Y_{22} = \left.\frac{\dot{I}_2}{\dot{U}_2}\right|_{\dot{U}_1=0}$$

其余方程及参数之间的关系在表9-1中列出。

3. 网络的传输函数

激　励	响　应	传输函数
电压	电压	电压传输系数 $K_u=\frac{\dot{U}_2}{\dot{U}_1}$
电流	电流	电流传输系数 $K_i=\frac{\dot{I}_2}{\dot{I}_1}$
电流	电压	转移阻抗 $Z_T=\frac{\dot{U}_2}{\dot{I}_1}$
电压	电流	转移导纳 $Y_T=\frac{\dot{I}_2}{\dot{U}_1}$

4. 双端口网络的传输常数

$$\gamma = \frac{1}{2}\ln\frac{\dot{U}_1\dot{I}_1}{\dot{U}_2\dot{I}_2} = \beta + j\alpha$$

$$\beta = \frac{1}{2}\ln\frac{U_1 I_1}{U_2 I_2}(\mathrm{Np})$$

$$\alpha = \frac{1}{2}(\varphi_u + \varphi_i)(\mathrm{rad})$$

若网络对称，则有

$$\gamma = \ln \frac{\dot{U}_1}{\dot{U}_2} = \ln \frac{\dot{I}_1}{\dot{I}_2}$$

$$\beta = \ln \frac{U_1}{U_2} = \ln \frac{I_1}{I_2}(\text{Np})$$

$$\alpha = \varphi_u = \varphi_i(\text{rad})$$

5. 滤波器的基本概念

（1）滤波器的种类及其通带和阻带：

低通滤波器	高通滤波器	带通滤波器	带阻滤波器
通带：$0 \sim f_c$	通带：$f_c \sim \infty$	通带：$f_{c1} \sim f_{c2}$	通带：$0 \sim f_{c1}$ 和 $f_{c2} \sim \infty$
阻带：$f_c \sim \infty$	阻带：$0 \sim f_c$	阻带：$0 \sim f_{c1}$ 和 $f_{c2} \sim \infty$	阻带：$f_{c1} \sim f_{c2}$

（2）对滤波器的基本要求：

① 为了达到阻抗匹配，输入端的特性阻抗等于电源内阻；输出端的特性阻抗等于负载电阻。

② 为了使信号的各个频率成分在通带内都能顺利地通过，特性阻抗一定是纯电阻。

③ 理想状态下，在通带内的衰减常数等于零；在阻带内的衰减常数为无穷大。

6. *K* 式滤波器

（1）基本结构：可分为 Γ 形滤波器、对称 T 形滤波器、对称 π 形滤波器。

（2）以低通滤波器为例定性说明滤波器的滤波特性。

（3）K 式滤波器的主要优点是结构简单，在远离截止频率的地方，有较好的衰减特性。主要缺点是在截止频率附近衰减特性不陡峭，不能明显地把通带与阻带分开。

7. 其他滤波器

（1）晶体滤波器：

① 晶体的等效电路和基本特性。晶体的压电效应使得一个晶体元件相当于一个双电容并联谐振电路。

② 类型。T 形对称晶体滤波器。T 形带通晶体滤波器，它的衰减曲线比较陡峭。

③ 优点。衰减曲线陡直、*Q* 值高、性能稳定。

（2）陶瓷滤波器及声表面波滤波器的符号及特性。

（3）几种滤波器的特性比较。

石英晶体滤波器和声表面波滤波器的稳定性和选择性最好，陶瓷滤波器次之，LC 滤波器最差。但 LC 滤波器能适用于低通、带通等各种情况，因此应用范围很广。其他几种滤波器主要用于带通，且一般是窄带。

几种滤波器的特性比较

	LC 滤波器	陶瓷滤波器	石英晶体滤波器	声表面波滤波器
工作频率	几千赫兹至几兆赫兹	0.5kHz～30MHz	几赫兹至 100MHz	1～1000MHz
选择性	差	中	高	高
用途	广泛用于各种无线电装置	用于收音机，电视机和调频机的中频放大器等	用于多路通信设备和无线电测量仪器	用于高频、超高频以致微波波段，如彩色电视雷达等

习题 9

9.1 什么叫双端口网络？什么叫无源线性双端口网络？

9.2 什么叫对称网络、可逆网络和平衡网络？

9.3 试说明 Z 参数的物理意义。

9.4 试说明 Y 参数的物理意义。

9.5 对称网络的 Z 参数、Y 参数各有何特点？

9.6 试求如图 9.23 所示 π 形四端网路的 Z 参数。

9.7 试求如图 9.24 所示电路的 Z 参数、Y 参数。

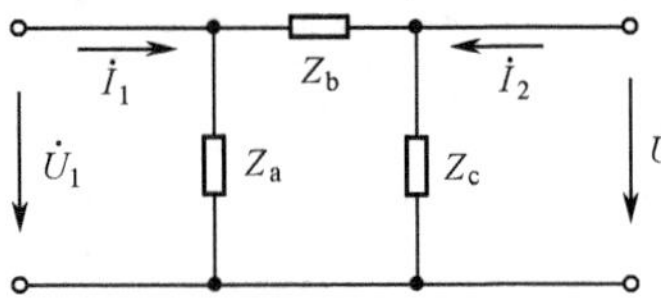

图 9.23　题 9.6 图

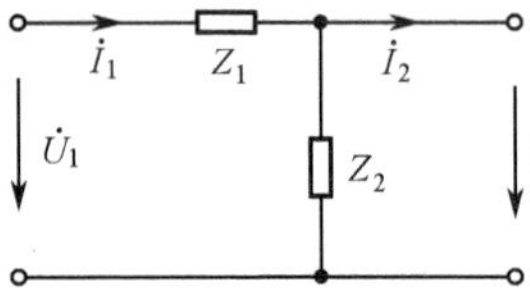

图 9.24　题 9.7 图

9.8 试求图 9.25 所示 T 形网络的 Y 参数。

9.9 试求出图 9.26 所示电路的 Y 参数，它的 Z 参数是否存在？

9.10 试求出图 9.27 所示电路的 Z 参数，它的 Y 参数是否存在？

9.11 求图 9.28 所示 X 形二端口网络的 Z 参数。

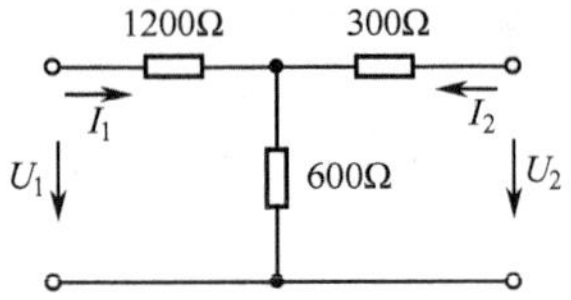

图 9.25　题 9.8 图

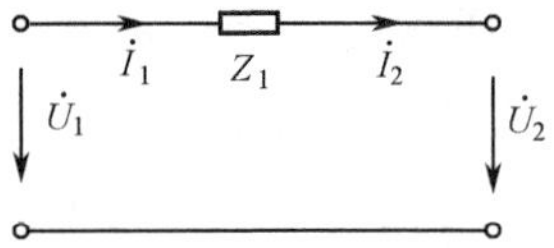

图 9.26　题 9.9 图

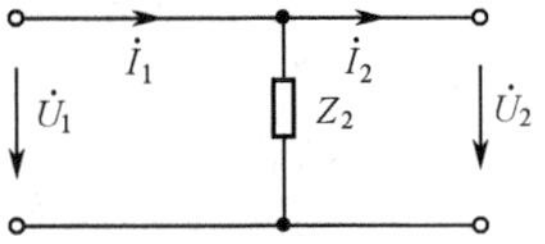

图 9.27　题 9.10 图

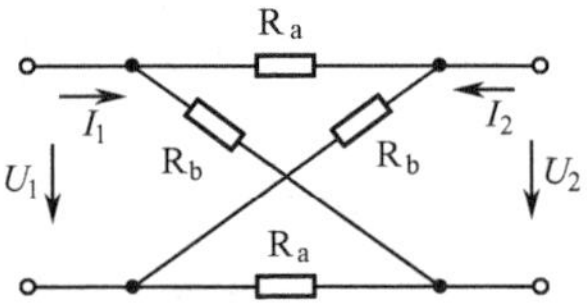

图 9.28　题 9.11 图

9.12 如图 9.29 所示，求 RC 网络电压传输系数。

9.13 如图 9.30 所示，求电压传输系数。

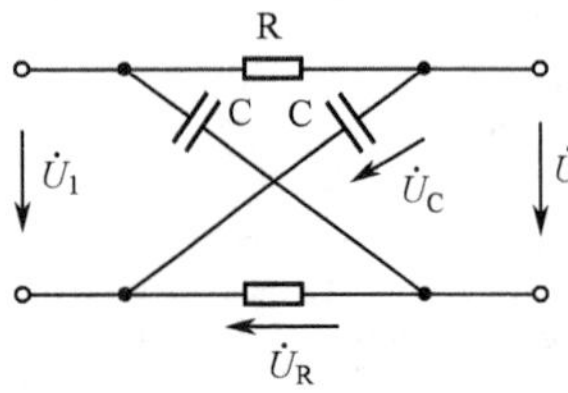

图 9.29　题 9.12 图

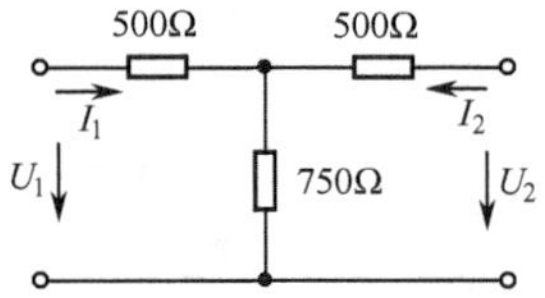

图 9.30　题 9.13 图

9.14 T形网络如图9.31所示，试求传输常数。

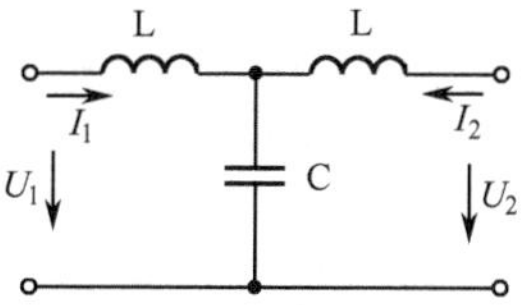

图9.31 题9.14图

9.15 通带、阻带和截止频率各是什么含义？

9.16 根据通带的范围，滤波器可分为哪几种？

9.17 理想滤波器在通带和阻带内的衰减常数分别应该怎样？

9.18 什么叫做K式滤波器？

9.19 对滤波器的基本要求是什么？

9.20 K式滤波器的主要缺点是什么？

9.21 滤波器的传通条件是什么？

9.22 晶体滤波器的优点是什么？

9.23 晶体元件的等效电路是什么？

9.24 陶瓷滤波器有什么特点？

9.25 声表面波滤波器有什么特点？

9.26 陶瓷滤波器、声表面波滤波器的电路符号是什么？

9.27 简述声表面波滤波器的工作过程。

反侵权盗版声明

举报电话：（010）88254396；（010）88258888
传　　真：（010）88254397
E-mail：　dbqq@phei.com.cn
通信地址：北京市万寿路 173 信箱
　　　　　电子工业出版社总编办公室
邮　　编：100036